21世纪社会学系列教材
Textbooks of Sociology in the 21st Century

质性研究概论

Qualitative Research Method

文军 蒋逸民 ⊙主编

北京大学出版社
PEKING UNIVERSITY PRESS

图书在版编目(CIP)数据

质性研究概论/文军,蒋逸民主编. —北京:北京大学出版社,2010.1
(21世纪社会学系列教材)
ISBN 978-7-301-09441-9

Ⅰ.质… Ⅱ.①文…②蒋… Ⅲ.社会科学-研究方法-高等学校-教材 Ⅳ.C3

中国版本图书馆CIP数据核字(2009)第224433号

书　　　名:	质性研究概论
著作责任者:	文　军　蒋逸民　主编
责 任 编 辑:	诸葛蔚东
标 准 书 号:	ISBN 978-7-301-09441-9/C·0362
出 版 发 行:	北京大学出版社
地　　　址:	北京市海淀区成府路205号　100871
网　　　址:	http://www.pup.cn
新 浪 微 博:	@北京大学出版社　@未名社科-北大图书
微信公众号:	北京大学出版社　北大出版社社科图书
电 子 邮 箱:	编辑部 ss@pup.cn　总编室 zpup@pup.cn
电　　　话:	邮购部 010-62752015　发行部 010-62750672　编辑部 010-62753121
印　刷　者:	北京虎彩文化传播有限公司
经　销　者:	新华书店
	730毫米×980毫米　16开本　20.5印张　357千字
	2010年1月第1版　2025年1月第10次印刷
定　　　价:	45.00元

未经许可,不得以任何方式复制或抄袭本书之部分或全部内容。
版权所有,侵权必究
举报电话:010-62752024　电子邮箱:fd@pup.cn

目　录

第一章　绪论 ………………………………………………………… (1)
　　第一节　质性研究的含义 ……………………………………… (2)
　　第二节　质性研究的特征 ……………………………………… (3)
　　第三节　质性研究的历史 ……………………………………… (5)
　　第四节　质性研究的类型 ……………………………………… (12)
　　第五节　质性研究的伦理问题 ………………………………… (15)
　　第六节　做好质性研究的标准 ………………………………… (18)
　　第七节　质性研究和量性研究的比较 ………………………… (21)

第二章　质性研究的理论基础 ……………………………………… (28)
　　第一节　实证主义 ……………………………………………… (28)
　　第二节　解释学 ………………………………………………… (33)
　　第三节　人种学 ………………………………………………… (38)
　　第四节　现象学 ………………………………………………… (43)
　　第五节　建构主义 ……………………………………………… (47)
　　第六节　批判理论 ……………………………………………… (53)
　　第七节　女性主义 ……………………………………………… (58)

第三章　质性研究设计 ……………………………………………… (64)
　　第一节　质性研究的基本步骤 ………………………………… (64)
　　第二节　质性研究课题的选择 ………………………………… (67)
　　第三节　质性研究中的抽样 …………………………………… (72)
　　第四节　质性资料的性质 ……………………………………… (77)
　　第五节　质性研究中收集资料的技术 ………………………… (78)
　　第六节　质性资料的分析方法 ………………………………… (82)
　　第七节　质性研究设计中的信度与效度 ……………………… (86)

第八节　电脑在质性研究中的运用……………………………(90)
　　第九节　质性研究成果的发表……………………………………(91)

第四章　个案研究法……………………………………………………(95)
　　第一节　个案研究的含义和特点…………………………………(95)
　　第二节　个案研究技术……………………………………………(98)
　　第三节　个案研究的资料来源……………………………………(101)
　　第四节　个案选择的标准及其成果推广…………………………(106)
　　第五节　个案研究的优点和局限…………………………………(107)
　　第六节　个案研究中的常见错误…………………………………(110)
　　第七节　个案研究法的应用………………………………………(112)

第五章　参与观察研究法………………………………………………(117)
　　第一节　参与观察的含义与特点…………………………………(117)
　　第二节　参与观察的类型与适用情形……………………………(125)
　　第三节　参与观察的实施…………………………………………(128)
　　第四节　对参与观察法几个问题的探讨…………………………(138)
　　第五节　参与观察研究法的应用…………………………………(141)

第六章　访谈研究法……………………………………………………(144)
　　第一节　访谈的含义与类型………………………………………(144)
　　第二节　访谈准备…………………………………………………(151)
　　第三节　访谈技巧…………………………………………………(155)
　　第四节　访谈记录…………………………………………………(167)
　　第五节　焦点团体访谈……………………………………………(169)
　　第六节　访谈研究法的应用………………………………………(175)

第七章　历史研究法……………………………………………………(180)
　　第一节　历史研究的价值…………………………………………(180)
　　第二节　历史研究的步骤…………………………………………(183)
　　第三节　历史研究中的资料来源…………………………………(186)
　　第四节　历史资料的评估和诠释…………………………………(192)
　　第五节　历史研究法的应用………………………………………(199)

第八章　民族志研究方法………………………………………………(204)
　　第一节　民族志研究的渊源和发展………………………………(204)

第二节　科学民族志时代 …………………………………… (211)
　　第三节　田野工作 …………………………………………… (214)
　　第四节　作为民族志的深描 ………………………………… (217)
　　第五节　民族志研究法的应用 ……………………………… (220)

第九章　扎根理论研究法 ………………………………………… (226)
　　第一节　扎根理论的渊源 …………………………………… (226)
　　第二节　扎根理论的特点 …………………………………… (229)
　　第三节　扎根理论研究方法的步骤 ………………………… (232)
　　第四节　扎根理论研究方法的应用 ………………………… (243)

第十章　内容分析法 ……………………………………………… (245)
　　第一节　内容分析法的历史和现状 ………………………… (245)
　　第二节　内容分析法的含义与特征 ………………………… (249)
　　第三节　内容分析法的过程 ………………………………… (253)
　　第四节　内容分析法的应用 ………………………………… (255)

第十一章　行动研究法 …………………………………………… (262)
　　第一节　行动研究法的含义与特征 ………………………… (262)
　　第二节　行动研究法的理论基础 …………………………… (269)
　　第三节　行动研究法的类型及其运用 ……………………… (273)
　　第四节　行动研究法的实施程序 …………………………… (279)
　　第五节　行动研究法的应用 ………………………………… (283)

第十二章　德尔菲法 ……………………………………………… (289)
　　第一节　德尔菲法的含义与特性 …………………………… (289)
　　第二节　德尔菲法的主要类型 ……………………………… (295)
　　第三节　德尔菲法的运用步骤 ……………………………… (297)
　　第四节　德尔菲法的应用 …………………………………… (302)

主要参考文献 ……………………………………………………… (313)

后　　记 …………………………………………………………… (321)

第一章

绪 论

社会科学研究是人们应用某些方法和技术来系统分析或解释社会历史现象的一种社会活动。通过这种活动,我们可以获得有关社会历史现象或事物的知识,解决一定的理论或现实问题。① 根据认识社会历史现象的理念与途径的不同,我们可以把社会科学研究方法分为量性研究方法(quantitative research method)和质性研究方法(qualitative research method)两种。质性研究方法是从英文翻译过来的,又可译为"定性研究方法""定质研究方法"或"质化研究方法"等。作为认识社会历史现象的一种实践,量性研究方法和质性研究方法体现了研究者不同的思考逻辑:演绎逻辑和归纳逻辑。演绎逻辑通常由理论概念的建构开始,透过验证理论的过程发展出研究假设,再对假设中的变量进行观察与测量,作为最终检验假设真实与否的基础。相反,归纳逻辑往往对研究现象进行观察,通过广泛的资料收集,逐步归纳出对研究现象的解释观点,发展出理论建构的基础。② 不同的思考逻辑会产生不同的理论定位、专业术语、研究方法与策略。量性研究方法强调客观和中立的实证主义方法论立场,在社会科学研究中一直占据主导地位。但是,随着生活世界的越来越多元化,社会研究者发现许多社会现象是无法进行量化和测量的,只能去理解和诠释。这促使人们逐步接受质性研究方法作为认识社会现象的一个有用工具。本章试图从整体

---

① 林聚任、刘玉安主编:《社会科学研究方法》,济南:山东人民出版社,2004年版,第19页。
② 文军主编:《西方社会学理论:经典传统与当代转向》,上海:上海人民出版社,2006年版,第4—6页。

上对质性研究方法进行介绍,阐述质性研究方法的含义和特点,质性研究方法的历史,质性研究方法的伦理问题,做好质性研究的标准,并对质性研究方法和量性研究方法进行比较。

第一节 质性研究的含义

自20世纪90年代以来,西方出版了大量有关"质性研究方法"的图书,国内也陆续有这方面的专著问世。然而,对于究竟什么是"质性研究方法",研究者却有不同的理解。由于质性研究方法尚未有完全属于自己的理论、范式和方法,又受到多种思潮、理论和方法的影响,因此质性研究方法出现了非常复杂的情况,有关质性研究的定义也是众说纷纭。比如有些学者是从研究策略的层次来阐释质性研究的含义,而另一些学者则从质性研究所具有的动态与意义的特质来进行解释的。

从研究策略层次来看,质性研究是一种研究者进入到自然情景中通过各种方式(如深度访谈、参与式观察)来收集资料并对研究结果进行深入诠释的活动。纽曼(W. L. Neuman)曾指出:"质性研究是一种避免数字、重视社会事实的诠释。"[1]他的定义很容易把质性研究看成是一种对社会事实进行诠释的策略。斯特劳斯(A. Strauss)对质性研究的过程与策略进行了相当完整的说明,"质性研究的目的不在验证或推论,而是在探索深奥、抽象的经验世界之意义,所以研究过程非常重视被研究者的参与及观点之融入;同时,质性研究对于研究结果不重视数学与统计的分析程序,而是强调借由各种资料收集方式,完整且全面性地收集相关资料,并对研究结果做深入的诠释"[2]。邓津(N. K. Denzin)和林肯(Y. S. Lincoln)把质性研究看成是一种在自然情境下,对个人的生活世界以及社会组织的日常运作进行观察、交流、体验与解释的过程。迈克斯威尔(J. A. Maxwell)将质性研究定义为一个对多重现实的探究和建构的过程,研究者在此过程中将自己投身到实际发生的事件中来探究局内人的生活经历和意义。[3]

台湾地区学者陈伯璋提出,质性研究是"一种着眼于研究者和被研究者,在

---

[1] W. L. Neuman (1997), *Social Research Methods: Qualitative and Quantitative Approaches*, Boston: Allyn and Bacon, p.7.

[2] 〔美〕Strauss and Corbin:《质性研究概论》,徐宗国译,台北:巨流图书公司,1997年版,第19—20页。

[3] J. A. Maxwell (1996), *Qualitatve Research Design: An Interactive Approach*, Thousand Oaks, CA: Sage.

日常生活世界中意义的描述及诠释。在日常生活世界中,无论是客观的描述或主观的诠释,都牵涉到语言的问题,因此日常语言分析及语意诠释,提供了了解客观世界或主观价值体系的媒介。同时在研究过程中,研究者与被研究者间的互动关系以及意义的分析与理解,本身就是一种复杂的符号互动过程"①。陈向明认为:"质性研究是以研究者本人作为研究工具,在自然情境下采用多种资料收集方法对社会现象进行整体性探究,使用归纳法分析资料和形成理论,通过与被研究者的互动对其行为和意义建构获得解释性理解的一种活动。"②实际上,从质性研究所具有动态与意义的特质来看,质性研究含有意义、概念、定义、特质、隐喻、象征和对事物的描述等意义。③ 伯格(B. L. Berg)指出,所谓"质"是指一件事物是什么、如何、何时和何地等意义,其本质是非常含糊的。④ 邓津和林肯也认为"质的"概念,隐含着"过程"与"意义"双重意义。

综合上述有关文献,我们可以对质性研究做以下界定:质性研究是在自然的情境下从整体的高度对社会现象进行深度探究和诠释的过程。它要求研究者在研究过程中要融入被研究对象的经验世界中,深入体会他们的感受与看法,并从被研究者的立场来诠释这些经验和现象的意义。由于人类社会高度的异质性和动态性,社会现象往往因为不同的时空、文化与社会背景而具有不同的意义。因此,研究者在进行质性研究的过程中,必须充分理解社会现象的不确定,对研究对象要有高度的敏锐性,通过与被研究者的密切互动,对社会现象或行为进行全面、深入的理解。

第二节 质性研究的特征

对质性研究方法的认识,必须把它与其他方法进行比较,从而找出该方法有别于其他研究方法的特点。国外学者鲍格丹(R. C. Bogdan)和比克林(S. K. Biklen)认为质性研究在研究环境、研究者角色或素质、收集资料的方式、理论的形成方式(归纳法)、理解的视角等方面构成了质性研究区别于其他研究方法的

---

① 陈伯璋:《教育研究方法的新取向:质的研究方法》,台北:南宏图书有限公司,1989年版,第26页。
② 陈向明:《质的研究方法与社会科学研究》,北京:教育科学出版社,2002年版,第12页。
③ 潘淑满:《质性研究:理论与应用》,台北:心理出版社,2003年版,第16页。
④ B. L. Berg (1998), *Qualitative Research Methods for the Social Sciences*, Boston: Allyn and Bacon.

特性。① 概括起来,质性研究至少具有以下几个方面的特征:

(1) 以理解作为认识论的原则。质性研究的目的在于对被研究者的个人经验和意义进行解释性理解。这种以理解作为理论建构的研究,就是要理解被研究者的观点、社会情境,以及与社会情境相关的社会规律。研究者只有理解了被研究者的思想、感情、价值观,才能理解他们对自己行为和环境的解释,进而才能理解他们的外显行为。对如何把这种以理解作为认识论的原则加以贯彻运用,不同的研究理论取向有不同的主张。比如,常人方法论强调微观的人际互动过程,强调对行动者主观意图的理解,这种理论取向研究的主要实践方式是对话分析。

(2) 强调整体主义(holism)和情境主义(contextualism)。质性研究在了解社会现象时,倾向把现象放在发生的具体场景或社会网络中去考察,并试图对事件的来龙去脉进行整体的了解。整体主义和情境主义的目的是借助对现象整个背景的了解去解释现象。质性研究者相信,所收集的资料只有在社会及历史的语境中才有意义,才能加以理解。在质性研究过程中,保持所研究现象的原有情境非常重要,因此,研究者应该有意识地不扰乱或改变研究情境,使其改变在最低程度。

(3) 重视参与者的个别经验。质性研究特别重视参与者个别经验的特殊性。这不仅因为每个参与者都有特殊性,研究的结果无法被复制或被进一步推论到相似情境的对象,而且因为对社会现实的了解,必须以生活于其中的个人的特殊经验及感受为基础。虽然研究者可以对社会现实作出解释,但是只有基本掌握了参与者的个人解释,才能真正弄清楚参与者行为的动机。如果研究者无法确定认知事件对参与者的意义,那么他所描述的社会现实就是一个与参与者无关、而强加于参与者的虚构世界。当然,研究者还需要以参与者本身的解释及动机为依据,建构参与者对社会现实的理解。这样的建构当然必须忠实于参与者本人的世界观和价值观。

(4) 强调研究的动态发展过程。质性研究者认为社会生活是动态的发展的,是一系列相互关联的活动。因此质性研究是一个动态发展的过程,不可能一次定终身。在实际研究过程中,研究者应该采取"即时性策略",而不是按照一个事先设计好的固定方案行事。研究者要善于根据自己的研究目的来选择适当的操作手段,根据当时当地的实际情况来"即兴创造"合适的研究路经。研

---

① R.C. Bogdan and S.K. Biklen(1982), *Qualitative Research for Education: An Introduction to Theory and Methods*, Boston: Allyn and Bacon, p.11.

究者除了关注即时即地纷繁复杂的社会生活之外,还要重视社会生活的变迁及其背后的过程转换。

(5)以文本的形式呈现资料。研究者所收集到的资料,无论是田野观察日志、录像带、访谈录音、图片或影像资料等,最后都要以文本的形式加以呈现,研究者要经过资料转录的过程,才能进入资料分析的阶段。在资料整理和分析的过程中,研究者必须放空自我,让自己和资料不断进行对话,让资料与理论进行对话,再从参与者的立场观点来解读资料语境的意义。资料分析的目的是在庞杂的资料中,通过运用对照、比较和归纳的方法,提取主题或通则,最后建构理论。可以说,在田野资料基础上形成的文本资料是重建与诠释参与者观点的根基所在。

(6)研究者在研究过程中具有反思性。在质性研究中,对社会现象的研究这一行为本身会影响现象的变化。研究者是他们所研究的世界一部分,研究者与被研究对象是密不可分的。汉莫斯里(M. Hammersley)和阿特金森(P. Atkinson)指出:"这不是方法论承诺的问题,而是一个存在的事实。要研究社会世界,我们就无法回避它;幸运的是,回避也是不必要的。"①研究者事实上是无法做到所谓的"客观性"和"中立性",应该清楚地认识到研究者自身可能对研究过程的产生影响。这就要求研究者必须具有反思性,不仅清楚地认识整个研究过程,而且还要把握好与被研究者的关系。反思性对提升质性研究的品质是必不可少的。

(7)研究者使用多面的、反复的和同步的复杂推理。虽然推理大多是归纳性的,但其实归纳法和演绎法都在起作用。思考的过程同样是反复的,总是从数据收集与分析到问题的重构周而复始地循环往复。收集、分析和补写数据也是同步进行的。②

第三节 质性研究的历史

质性研究起源于不同的理论传统和学科领域。关于质性研究的起源,主要有三种不同的观点:(1)质性研究起源于人类学的人种志方法。根据史密斯(A. Smith)观点,质性研究的历史可以追溯到古希腊。质性研究的主要方法

---

① M. Hammersley and P. Atkinson (1983), *Ethnography: Principles and Practices*, London: Tavistock.
② 〔美〕约翰·W.克雷斯威尔:《研究设计与写作指导:定性、定量与混合研究的路径》,雀延强主译,重庆:重庆大学出版社,2007年版,第145页。

"ethnography"（人种志）一词的词根"ethno"就来自希腊文的"ethnos"，意指"一个民族""一群人"或"一个文化群体"。"Ethno"作为前缀与"graphic"组合成"ethnography"以后，便成为人类学的主要分支"人种志"。① 虽然一些早期的人类学家的兴趣在于猎取原始的、落后的、野蛮的部落或民族的资料，但是人种志的方法开创了长时间进行实地调查的先河，成为质性研究最主要的来源之一。

（2）质性研究起源于社会工作方法。19世纪末，英国工业化和城市化的发展改变了人们的生活，加深了城乡差异和不同社会阶层之间的冲突，对于这些问题的思考和解决，出现了社会工作实务和研究领域，产生了"个案工作""团体工作"和"社区组织"等社会工作方法。质性研究是"脱胎于企图对社会中受到不平等待遇的各种弱势群体，以改善其境遇所产生的一种探讨方式"②。在这样的探讨方式中，研究者身份的转变构成最大的特点。传统量性研究方法要求研究者用"中立""客观""科学"的方法"自上而下"地去了解社会，而质性研究却强调被研究者的主体性，要求"自下而上"地去看社会，从而提出改善现状的方法。

（3）质性研究起源于20世纪60年代对实证主义和量性研究程序的反抗。量性研究是用演绎逻辑来对社会现象进行思考的一种方法，量性研究有一套"标准化"的研究方法：建立假设、操作化具体指标、收集实证资料和验证假设，其重点在于"验证假说"，但这一标准化方法受到质性研究者的质疑。他们认为，社会现象是动态的和多元的，量性研究者却按照一定程序把它转化为具体的、可测量的指标，这无疑忽视了文化的独特性和多元性。质性研究并不是要提出一个反对、对抗甚至取代量性研究的范式，而是要针对量性研究的方法论霸权进行深刻的和批判性的反思。

总之，在认识论上，质性研究打破了传统的二元论，认识到了社会现象是根植于特定的社会文化中，只有基于特定的社会文化中，才能将社会现象给予更多的"呈现"。在方法论上，质性研究是对"量性研究所导致的创意萎缩、分析面向和范围日益缩小所做的补充之尝试"③。因此，质性研究对人文和社会学科就有重要意义。质性研究试图引起人们对多元研究方法的重视，让人们在探讨社会现实时有更多的选择。

---

① 陈向明：《质的研究方法与社会科学研究》，北京：教育科学出版社，2002年版，第25页。
② 谢卧龙：《质性研究》，台北：心理出版社，2004年版，第18页。
③ 同上书，第25页。

第一章　绪论

一、质性研究在西方的发展历史

质性研究在西方不同的时期和不同的国家,表现出不同的研究兴趣和特点。早期的人种志研究发源于西方学者对世界上其他地区残存"原始"文化的兴趣。他们认为"落后"民族是人类进化链中的一个环节,希望通过对异文化的了解反观自己的文化发展历程。德裔美国人类学家博厄斯(F. Boas)首创实地调查方法,从1886年开始在美国西北海岸的印第安部落做实地调查。波兰裔英国人类学家马林洛夫斯基(B. Malinowski)率先进行长时期实地调查,他在1914—1915年和1917—1918年间在新几内亚和特罗比恩(Trobriand)岛上进行了长期艰苦的实地工作。通过亲身经历"在这里""到过这里"和"回到这里"的三阶段,他发现研究者只有离开自己的文化群体,参与到当地人的日常生活之中,才能对他们的制度、风俗、行为规范以及思维方式有所了解。博厄斯和马林洛夫斯基的实地调查方法对后来的西方人类学家产生了很大的影响,这些人类学家包括本尼狄克特(Benedict)、米德(M. Mead)、莱德克里夫·布朗(Redcliff-Brown)、罗威(Lowie)、克罗伯(Krober)、普利查德(Pritchard)、弗斯(Firth)、保德玫克(Powdermaker)、列维-斯特劳斯(Levi-Strauss)等。他们分别在非洲、太平洋岛国、美国本土以及其他地区进行了长期的实地研究,在实地调查方法的发展和传播上发挥了重要的作用。

19世纪末和20世纪初西方社会改革运动也在一定程度上推动了质性实地调查方法的发展。美国杜·波依斯(Du Bois)在研究费城黑人社区时,除了大规模的统计调查外,还对5000受访者进行了访谈,以该项调查为基础而写成的《费城的黑人》(1899/1967)一书被认为是早期城市人种志研究的一个典范。马克思主义创始人之一的恩格斯长期深入英国工厂和工人居住区,其著作《英国工人阶级的状况》(1845/1969)被视为实地研究的佳作。布思(C. Booth)《伦敦人民的生活和劳动》(1927)用统计分析、访谈和观察等方法,将伦敦划分为50个区,根据不同标准(如贫穷率、出生率、死亡率、早婚率等)对这些区域进行了排序比较。芝加哥学派的代表人物帕克(R. Park)等人对城市少数民族群体、亚文化群体(特别是贫困人群)进行了研究,在其著名的《城市》(1916)一文中明确用人类学方法来研究城市社会学问题。林德(Lynd)夫妇对美国中部城镇居民生活进行研究,其著作《中镇——美国现代文化研究》(1929/1956)和《过渡中的中镇——文化冲突研究》(1937)从谋职、成家、生儿育女、闲暇、宗教、社会活动等六个方面,对居民的道德观念和精神状况进行了考察。这个时期的研究不太重视研究者的个人作用,侧重从资料中去挖掘当事人的观点和态度,从而发现所谓的"客观现实"。即使研究涉及研究者的主观世界,这个主观世界也被认为是"客观存在的"。①

从 1930 年到 1960 年的 30 年时间里,随着殖民主义的衰落以及亚非国家的兴起,人类学开始受到独立国家人民的排斥。人类学家逐渐进行自我反省,意识到他们的文化进化观过于褊狭,在研究中保持"客观中立"几乎是不可能的。他们逐渐将注意力放到对历史文献、语言学以及本土文化的研究上。在这里人类学与社会学有了学科上的融合,两者在人种志方法上找到了共同点:与被研究的城市居民群体一起长期生活,了解他们的真切关怀和日常困扰。此时的研究者越来越多地反思和分享自己的主观性,将自己的"前见"公布于众,探讨研究者自己对研究过程和结果的影响。美国社会学家怀特(Whyte)在其《街角社会》(1943)中便直接与多克等知情人士互动,参与到对方的各种活动之中。

20 世纪 60 年代以后,质性研究受到现象学和阐释学的进一步影响,研究者越来越意识到,自己与被研究者之间是一种"主体间性"的关系。研究者的自我意识不仅可以包容被研究的对象世界,而且可以创造一个社会世界。研究不仅仅是一种意义的表现,而且是一种意义的创造。研究不再只是对一个固定不变的"客观事实"的了解,而是一个研究双方彼此互动、相互构成、共同理解的过程。这种理解不仅仅要求研究者在认知层面上了解对方,而且还需要研究者通过自己的亲身体验去"理解"对方,并通过"语言"这一具有人类共同性的中介,将研究结果"解释"出来。只有当研究者进入对方所关注的问题领域时,"意义"才可能向研究者展现。

进入 20 世纪 90 年代以后,世界范围的国家意识和民族意识进一步高涨,世界政治和文化格局在不断"去中心化"和"边缘与中心互换"。在"文化多元"思潮的影响下,质性研究加入到价值观和理论范式的论战中。在后现代的语境下,质性研究者意识到,不存在"客观的"和"中立的"研究,研究其实就是在"写文化"。这个时期的质性研究已经从对自我和他人关系的反思,转到对语言、政治、历史以及社会科学家职业的反省。他们不仅对不同文化的人观(personhood)、自我和情感的界定和经验进行探究,了解传统小型地方性社区与世界全球化之间的关系,而且将社会科学研究本身作为一种文化批评。在方法上,研究者不再像前人那样讲究研究的客观性、真实性和确定性,而是采取一种"视情况而定"的态度,在关系中对"效度""信度"等问题进行深入的思考。

---

① 〔英〕梅拉尼·莫特纳等主编:《质性研究的伦理》,丁三东、王岫庐译,重庆:重庆大学出版社,2007 年版,总序第 2—3 页。

二、质性研究的历史分期

质性研究在西方国家演变的历史复杂,对质性研究的历史分期尚未达成共识。邓津和林肯将北美的质性研究的演变历史分成七个时期:传统阶段、现代主义阶段、类型模糊阶段、再现危机阶段、第五阶段、第六个阶段和第七阶段。

(1)传统阶段:从20世纪初叶到第二次世界大战。以马林诺夫斯基人种志研究和芝加哥学派社会学研究为主要代表。这一时期的质性研究专注于异文化、外国或奇风异俗等题材,在叙述与诠释方面还或多或少地带有追求客观性的倾向。人种志研究题材多半聚焦于异国文化,而社会学的研究对象则专注于当地社会的外来者或边缘人。

(2)现代主义阶段:此阶段从二战结束一直持续到20世纪70年代。其显著特点是试图将质性研究形式化或正规化。为此,美国出版了较多的相关教科书。目前美国学术界仍然可以看到与格拉斯和斯特劳斯(Glaser & Strauss)信念相似的观点。

(3)领域模糊阶段:从20世纪70年代到80年代中期。这一时期以格尔兹(Geertz)的模糊类型(blurred genres)为其代表。各种理论模式和研究方法同时并存或混合并用。符号互动论、俗民方法论、现象学、符号学或是女性主义等影响加大,文本分析、语义分析、内容分析、符号学、结构主义等方法开始进入质性研究的范畴。这个时期常用的质性方法包括扎根理论、个案研究、历史研究、传记研究、人种志行动研究和临床研究等。

(4)表达危机阶段:在20世纪80年代中期,质性研究出现了表达的危机。人种志的发展从整体上给质性研究带来了极大的冲击。质性研究者认为,研究和写作本身就是权力、社会阶层、种族和性别的反映。在这个时期,表达被看成是研究发现或成果一部分的观点,吸引了相当多的关注。按照此观点,质性研究就变成了建构许多真实版本的持续过程。比如研究者所呈现的有关某一事件访谈的版本,并不一定符合实际所发生的真实情形。不同的研究者或是不同的提问情境,访谈的对象所提出的版本可能不一定相互呼应。更为重要的是,当研究者试图对访谈结果进行诠释,将研究的发现进一步整理成可发表的成果时,研究者实际上生产了一个新的版本。不同读者对于图书、文章或报告中研究者所生产的版本,可能会有不同的诠释。这样一来,各种新版本也就层出不穷。在这其中,每一次阅读所内含的特殊旨趣就扮演了非常重要的角色。在此语境下,对研究与发现的评估就变成了对研究方法论的探讨,这又进一步涉及质性研究评价标准的有效性问题。

(5) 第五阶段:邓津和林肯将质性研究的最近发展确定为第五个阶段。主要的特点是:多样而分歧的叙事已经取代了普遍而统一的理论,或者说理论被解读为叙事。这意味着大叙事的时代已经终结。叙事的论调转变为小叙事或小理论,更贴近特定的、局部的、区域性的和历史的非普遍性情境和问题。

(6) 第六阶段:现阶段也就是邓津和林肯所确定的第六个阶段,其主要的特色就是,后现代时期的新形态书写。与此同时,质性研究议题也开始与民主政策产生关联。

(7) 第七阶段:质性研究的未来可能发展。弗里克(Uwe Flick)将德国质性研究的历史发展分为三个阶段:一是进口阶段,这一时期从20世纪60年代到70年代初期。这个阶段的主要特点是德国将许多美国质性研究的论著翻译成德语。例如:人种志和符号互动理论等。二是原创阶段,这一时期主要从20世纪70年代中后期到80年代初期。在这一时期,德国出现了两项原创的质性研究方法,即舒茨(Schtüze)的"叙说访谈法"(narrative interview)和欧文曼(Oevermann)等人的"客观诠释论"(objective hermeutics),这两种方法得到了广泛运用,促进了德国质性研究的发展。三是质性研究方法的落实和程序性问题。这一时期从20世纪80年代中后期到现在。在这一时期,有关质性研究成果的有效性和类推的可能性、研究成果的呈现和透明度等问题引起了相当广泛的关注和讨论。同时电脑技术运用于对这些大量而非结构化的质性研究材料的处理。①

三、质性研究在中国的发展

我国最早的质性研究是20世纪前后由一批外籍传教士、学者和教授发起并完成的。美国传教士史密斯(Smith)于1878—1905年对山东农民进行了广泛调查,出版了《中国农村生活》(1989)一书。1917年美籍教授狄特莫(Ditlmer)指导清华学生对北京西郊居民的生活进行了调查。美籍教授古尔普带领学生到广东潮州凤凰村进行调查,著有《华南乡村生活》(1925)一书。美籍传教士甘博(Gamble)和燕京大学教授步济时(Burgess)在国外用英文发表了《北京——一个时代的调查》(1921)。

20世纪20—30年代是中国社会调查发展最迅速的时期。当时有两个著名的社会调查机构:北京"中华教育文化基金董事会社会调查部"、南京"国立中央

---

① 〔德〕Uwe Flick:《质性研究导论》,李政贤、廖志恒、林静如译,台北:五南图书出版公司,2007年版,第11—14页。

研究院社会科学研究所社会学组"。这个时期的代表调查成果有:李景汉的《北京郊外乡村家庭》(1929)和《定县社会概况调查》(1933);严景耀使用参与观察对犯罪问题所做的调查(1927—1930);陈翰笙对无锡、广东和保定三个地区农村社会经济问题的大规模调查(1929—1930);王同惠和费孝通关于"花篮瑶社会组织的调查"(1934)。20世纪30年代后期和40年代比较著名的研究成果有:费孝通的《江村经济》(1939),史国衡的《昆厂劳工》(1943),费孝通和张之毅的《乡土中国》(1946),陈达的《上海工人》等。作为革命领导人的毛泽东也是社会调查的身体力行者,他的《中国社会各阶级的分析》(1926)、《湖南农民运动考察报告》(1927)、《寻乌调查》(1930)、《长冈山调查》(1930)等使用了深入细致的实地调查方法。40年代,中共中央西北局组织了一个考查团,对陕北地区绥德、米脂一带的土地问题进行了社会调查研究,完成了《绥德、米脂土地问题初步研究》和《米脂县杨家沟调查》等调查报告。但仍有少数学者到实地进行追踪调查,如费孝通1957年和1980年重访1935年调查过的"江村"。

改革开放以后,我国社会科学研究受到重视,调查方法也越来越规范。20世纪90年代以来质性研究方法在不同的社会科学研究领域得到越来越多的运用。如项飚的《跨越边界的社区:北京"浙江村"的生活史》(2000),李书磊的《村落中的"国家"——文化变迁中的乡村学校》(1999),陶庆的《福街的现代"商人部落":走出转型期社会重建的合法化危机》(2007)等。一些有海外学习工作背景的中国学者也纷纷使用质性研究方法进行实地调查研究,如王铭铭的《村落视野中的文化与权力:闽台三村五论》(1997)、吴飞的《麦芒上的圣言——一个乡村天主教群体中的信仰和生活》(2001)。有的海外中国学者用英文写作,然后翻译成中文在国内发表,如阎云翔的《礼物的流动:一个中国村庄里的互惠原则与社会网络》(2000)和《私人生活的变革:一个中国村庄里的爱情、家庭和亲密关系——1949—1999)》(2006)。也有海外学者到中国做田野调查,如丹麦的曹诗第(Thoegersen)的《文化县:从山东邹平的乡村学校看二十世纪的中国》(2005)。20世纪末以来,很多港澳台学者也发表了不少使用质性研究方法获得的研究成果。

此外,不少中国学者从方法论的高度对质性研究方法进行了探讨。早在1934年,林惠祥的《文化人类学》就对人类学和文化人类学的定义、对象、分科、发展和流派等进行了系统的和通俗的介绍。改革开放以后,又有朱红文的《人文精神与人文科学——人文科学方法论导论》(1994)、黄淑娉和龚佩华的《文化人类学理论方法研究》(1996)、水延凯的《社会调查教程(修订本)》(1996)、李德洙的《都市人类学与边疆城市理论研究》(1996)、夏建中的《文化人类学理论学派——文化研究的历史》(1997)、袁方主编的《社会研究方法教程》、钟敬文的《民俗学概论》(1998)、陈向明的《质性研究方法与社会科学研究》(2000)以及陈向明等人的《社会科学研究：方法评论》(2006)、杨念群的《中层理论——东西方思想会通下的中国史研究》(2001)、台湾学者胡幼慧主编的《质性研究》(1996)等。在历史学领域，我国学者在对质性资料的鉴别、考据和分析方面，积累了大量的经验，也可看成是质性研究方法的一个重要知识来源。

目前，质性研究方法在国内一些高校成为社会科学的必修课。20世纪90年代之前，质性研究基本上与量性研究一起教授，学生进行实地操作和使用的机会比较少。90年代以后，不少大学(如北京大学、南京大学、华东师范大学等)开始独立开设质性研究课程，并要求学生在学习过程中独立完成一项小型的实地调查。一些大学的研究生还自发编撰论文集，将学做质性研究的艰辛、喜悦和顿悟记录下来，如杨钋和林小英主编的《聆听与倾诉——质性研究方法应用论文集》(2001)。

第四节　质性研究的类型

理论上讲，有多少种量性研究方法，就有多少种质性研究方法。然而现实中这两种研究方法不是一一对应的。由于不同研究者采用了不同的划分标准，因此质性研究方法有不同的划分类型。质性研究方法本身就错综复杂和变化多端，这更增添了划分工作的难度。有的按研究策略分类，分成三种类型：内容分析、个案研究、人种志。有的按研究者的立场分为六种：个案研究、扎根理论、现象学、符号互动、人种志、行动研究。有的按照研究者经常探讨的问题分成五类：意义类问题、描述性问题、过程类问题、对话类问题、行为类问题，还有的根据研究路径分成人种志和分析研究两类。下面列举几种常见的质性研究方法。

一、人种志

人种志研究是一种试图从文化局内人的视角来描述文化质性研究方法。人种志的研究是质性研究的一种经典形式，是由长时间从事族群田野调查的人类学家发展出来的，田野调查通常包括参与式观察、访谈以及实物收集等，目的在于了解族群的日常生活经验及其文化。当代人种志研究主流文化中的亚文化，这些亚文化以其共同的种族、文化、阶级、宗教或其他特征而有别于主流文化。当代人种志的目的是理解在一定环境中产生的信念、态度、价值观、角色、社会结构以及行为规范等，这些环境与他们自身的环境截然不同。人种志研究往往通过不同参与程度的观察、不同结构程度的访谈、轶事记录以及生活史、族谱、民间传说等静态资料的收集来获得研究资料。

二、参与观察

在参与式观察中,研究者通常带着特有的兴趣点(如校长与教师之间关系的性质是什么?)或者具体问题(如这些学生是如何理解阅读指导的?)进入研究现场。参与观察也需要在研究现场待上相当长的时间,但由于焦点明确,研究者可以就自己感兴趣的以及觉得重要的问题进行田野调查,所费时间应该要少于人种志的研究。参与观察方法应用也比较广泛,这方面的例子有:对小学日常生活中的隐性课程的研究,对不同社区中学前教育准备的社会建构的研究,对高辍学率的公立城市中学的政策与实践的研究,对小学生制作录像的行为的研究等。

三、访谈法

访谈可以成为质性研究资料收集的首要方法。访谈研究的目的是要收集人的行为、态度、感受和信念等人类现象的准确资料。研究者试图发现人们遭遇某种现象或经历的方式,了解它们的意义和实质。在实际访谈过程中,研究者尽量不改变或以任何方式影响受访者以保证研究的客观性。质性研究者所使用的访谈法与量性研究者所使用的方法不太一样,量性访谈基本上采用封闭式的问题,而质性访谈则创造了一种特殊的谈话,所问的问题是开放式问题,鼓励受访者对自己的观点进行解释,并认真细致地倾听,以找到特殊的话语或其他线索,来揭示受访者用来理解世界的意义结构。访谈者带着问题进入访谈现场,力求相互之间建立一种信任的关系,回应受访者的问题,并引出新的问题。访谈研究的例子有:有关教师对停薪留职看法的研究,对少数民族教师成功者的研究,对女性行政人员的叙事研究等。

四、主题小组(焦点团体)

在主题小组访谈法中,一群具有相似特征或具有共同经历的人组成一个小组,在主持人的协调下讨论某个问题。主题指的是将要讨论的题目,所得到的最终资料是小组成员发言的记录。主题小组的讨论与个别访谈的不同之处,在于主题小组使用团体互动方法来获取资料和观点。主题小组特别适用于了解受访者一些难以启齿的经验,小组可以作为情感支持的来源。同时小组也能够刺激和帮助受访者回忆起一些可能淡忘的情形或细节。更为重要的是,主题小组可以是高效率的,在不太长的时间内收集到大量的受访者资料。专题小组的缺陷是,受访者的发言可能会受到小组中其他受访者的影响,因此难以确定受访者是否是如实地讲述他们自己的经历和看法,是否是按其他组员的期望方式来讲述内容。主题小组访谈法的例子有:调查高中学生对性教育的看法;了解家长和特殊教育专家对全能教育和早期干预教育的意见;调查学前教师对儿童性游戏的态度;等等。

五、扎根理论

扎根理论是重要的质性研究方法之一。扎根理论的目的在于理解人们赋予自己生活事件的含义,试图从资料中来建构理论,因此需要富有技巧的访谈和深入的内容分析。扎根理论的根据是符号互动理论,即人们为自己构建了事件的意义,而这又是以与别人的互动为基础的。在扎根理论研究中,取样、资料收集和资料分析是同步进行的,对前面资料的分析可以指导以后样本的选择方式和资料收集的重点,研究者利用初步的理论框架来影响下一步的资料收集。随着收集到的资料越来越丰富,研究者就要把资料概念化并进行剖析和分类,形成核心概念以及概念之间关系的命题,最后提出理论或假设作为研究成果。扎根理论是一种后实证主义的方法,亨利对沃尔多夫学校与一所大学预科学校的仪式的研究,堪称在教育情境中利用扎根理论的一个范例。

六、叙事研究

叙事研究用来解读人们描述其生活的故事,其目的在于通过故事来理解人们的生活。叙事研究包括对生活史、生活故事、传记、个人经历、口述史、叙事等研究。布鲁纳区分了范式性的认知方式和叙事性的认知方式。范式性知识的特征是逻辑—科学的模式。叙事性知识则是故事性的知识。布鲁纳指出,叙事性知识从本质上不比范式性知识更低级,虽然它在西方文化中被赋予的价值要更低一些。叙事研究试图获得故事性知识。克兰迪宁和康纳利共归纳了以下几种叙事研究方法:口述史、记录与编年史、家庭故事、照片、记忆盒及其他个人/家庭实物、研究访谈、日记、自传性文字材料、书信、谈话录、实地笔记以及其他类型的故事。叙事研究是基于建构主义、批判理论与女性主义这三种范式。这类研究所强调的是个体从故事中引申出来的意义,建构主义研究者和参与者一起建构被作为研究的一部分而讲述的故事。柯亨的《教一辈子书:五位高中老教师肖像》以及凯西的《我以生命作答:为社会改革而工作的女性教师生活史》分别是建构主义和批判理论与女性主义研究范例。

七、个案研究

个案研究是一种特殊的质性研究方法,它把行为观察和态度观察以及研究对象的感受结合在一起。个案研究只从一个或少数几个案例中收集资料,通常数量不超过 5 个。个案可以是一个城市、一项制度、一个社区、一个团体、一个家庭、一个项目、一次事件、一个人、一个程序等可以预先界定的系统或实体。在个案研究设计中,界定边界或明确分析单元是关键所在。资料收集与分析程序都与其他质性研究方法相差无几,非常依赖于研究者访谈的技巧和他们建立信任关系的能力。个案研究的优点是可以深入考察用量性方法无法做到的事情,如人们对社会现象的感受和经历。个案研究的最大缺点是产生确定性知识的能力有限。个案研究合适的主题有性变态、白领犯罪等反社会行为,典型范例有莱特富特对六所高中的描述性研究以及沙姆亚对女性校长的研究。

以上所列举的几种质性研究方法并没有囊括所有类型的质性研究方法,但它们代表了质性研究方法的基本类型。实际的质性田野调查很少只使用单一的研究方法,通常会将访谈法、参与观察和内容分析等多种质性研究方法结合起来使用,或者将某种单一的质性研究方法(如访谈法)与某种单一的量性研究方法(如问卷调查)结合起来使用。

第五节 质性研究的伦理问题

在质性研究过程中,研究者需要进入被研究者较为隐秘的生活领域,深入了解他们的生活经验和内心世界,与他们有较多时间的密切互动,这引发了一些量性研究者不曾面临的伦理问题。质性研究伦理是指研究者在整个质性研究过程中道德上的考虑、选择和责任。质性研究的研究设计、田野特征、研究方法与过程资料特性及分析,甚至研究结果的推广和应用,都涉及伦理问题。下面列举了四项重要的质性研究伦理标准。

一、告知同意

所谓告知同意,是指被研究者是否完全被告知参与研究的意义及相关信息。"告知同意"的原则强调两点:(1)被研究者的自愿参与,(2)需要取得被研究者的口头或书面的同意。告知的内容应该包括:(1)被研究者将会被要求做什么。被研究者应该被告知在研究过程中可能被要求配合的行为及所需要的时间。(2)中途撤销同意权。基于自愿参与的原则,即使被研究者签署了书面同意书,同样也有权利选择退出。(3) 可能发生的风险和收益。研究者需要充分告知在研究过程中可能会出现什么样的风险以及可能给被研究者带来的好处。(4) 研究者的身份、赞助机构及其目的。

告知与同意是研究者与被研究者的一种协商过程。这个协商过程并不是在签订书面同意书时就终止了,而应该贯穿质性研究的全过程。同意是当下发生的,具有即时性,在未来不一定有效。[1] 这就是说,在整个研究过程中,随着时间的推移,即使研究者与被研究者在某些问题上是事先协商好的,也是可以改变的。研究者与被研究者可以处于不断的协商过程之中。例如,研究者事先征得了被研究者的同意,进行了访谈并收集了信息,但是有时研究结果可能对被研究者造成一些不良影响,是否将其公开发表,需要与被研究者进行协商,研究者不能擅自做主。

二、隐私和保密

由于质性研究进入被研究者的生活世界,去观察、倾听、理解和诠释被研究者的个人生活,因此隐私和保密就显得格外重要。所谓隐私是指个人决定何时及如何将信息传达给他人,以及信息传达要到何种程度。根据陈向明的分析,隐私其实就是指"个人资讯"。"个人资讯"与"隐私资讯"是有差异的,前者是指个人资讯可以在公开场所被谈论,后者则是指个人资讯不可以在公开场合被谈论。简单地说,隐私是属于私人领域中不可以被公开的资讯。

保护被研究者的隐私不受侵犯的最好办法就是保密。所谓保密就是对研究中所涉及的被研究者的信息不予泄露。研究者在收集资料前,就应该主动说明如何处理被研究者的姓名或可辨识身份信息;在研究结果发表之前,应该将自己的研究发现反馈给被研究者。如果研究者不愿公开发表某些隐私问题,研究者则需要与被研究者进行协商,必要时应该删除这些隐私问题,更不应擅自发表。作为质性研究者,应该珍惜进入他人世界的特权并谨慎小心地行使自己的权利。要在研究过程中,与被研究者建立一种友善、信任的合作关系,在双方"知情"的情况下开展研究工作,优先考虑被研究者的利益,尽可能避免伤害对方。

---

[1] 〔英〕梅拉尼·莫特纳等主编:《质性研究的伦理》,丁三东、王岫庐译,重庆:重庆出版社,2007年版,第52页。

三、潜在的伤害

质性研究最根本的伦理原则是,研究者不应该给被研究者造成生理或心理的伤害。使被研究者免于伤害的办法就是匿名。所谓匿名是指研究者无法辨识某个回答背后的被研究者。利甫森认为,研究者可以通过两种方式来避免伤害:(1) 不在任何研究记录上留下姓名。研究者可以口头同意,而不用书面同意;(2) 研究者必须谨慎阅读研究记录或研究报告,剔除其中可能对被研究者造成伤害的信息。①

研究者必须控制资料收集过程中的一些意外事件对被研究者的可能伤害,并将对被研究者造成的伤害降到最低程度。有时研究者在收集资料过程时会涉及被研究者痛苦经历或不良行为,如离婚、逝世和婚姻暴力等,研究者必须让被研究者自由表达自己的意见与想法,不可勉强被研究者谈论不愿谈的内容。还有,在涉及社会弱势群体或少数民族问题时,往往会保留较为特殊或不寻常的资料,但这些资料往往会给他们贴上"丑化"的标签,所以研究者务必小心处理,避免对被研究者造成不可预知的伤害。

四、互惠关系

在质性研究过程,被研究者往往需要花费许多时间和精力参与研究者的活动,提供研究者所需要的信息,甚至讨论与自己有关的隐私问题。因此,研究者应该通过某种方式对被研究者表达自己的谢意。有研究者主张,应该根据被研究者的贡献给予口头或物质的回报。当然,对被研究者支付多少钱进行补偿,采取什么方式进行补偿也是有争议的。并不是每一个质性研究者都有相应的财力来补偿被研究者的付出。

在研究期间,可以有多种形式的补偿办法。研究者可以做一些简单的、力所能及的但是对被研究者来说却是非常有用的事情,比如帮助被研究者种地、盖房子,为他们孩子补习功课,帮助他们处理法律纠纷,出借自己的物品给他们用,帮助他们买东西,主动充当当地人的听众,倾听他们诉说自己生活中的困难,做一场学术报告,接受研究对象的相关咨询,帮助他们出谋划策等。这些其实都是对被研究者的一种"报偿"。

总之,质性研究的伦理问题十分复杂。对研究者来说,保持足够的敏感,及

---

① J. G. Lipson (1994), Ethical Issues in Ethnography, in J. M. Morse (ed.), *Critical Issues in Qualitative Research Methods*, Thousand Oaks, CA: Sage Publications.

时敏锐地加以识别,意识到自己应该承担的伦理责任,在科学方法与伦理价值之间保持适当的张力显得格外重要。应该清醒地意识到,伦理问题可以使研究者更加严谨地从事研究工作。

第六节 做好质性研究的标准

对"什么是好的质性研究"还没有形成各方都认可的评价标准。有些质性研究者主张,用传统量性研究信度和效度的标准来评价质性研究。信度指的是研究结果的可重复性;效度指的是研究结果是否反映了研究对象的真实情况。在量性研究中,"效度"指的是正确性程度,即一项测试在何种程度上测试了它所要想测试的东西。这包括两个方面的意思:一是测查了什么特性;二是测查到何种程度。效度越高,即表示测量的结果越能显示其所要测量的对象的真实性。①

但是,也有些质性研究者认为,评价量性研究的标准并不一定适用于质性研究,这些标准至少要经过某种程度的修正才能应用到质性研究上。"好的科学"标准固然有其价值,但是这些标准需要重新定义,才能契合质性研究的真实情况和高度复杂的社会现象。比如,有学者指出,用信度标准对某一质性研究进行评估面临着困难,因为质性研究的不可重复性使得信度评价不太适合于这类质性研究。还有学者指出,质性研究的目的在于将该事实或真实予以最接近的呈现,而不是要去再生产实在或真实。弗里克(Flick)等学者也认为,每一个质性研究都是基于特殊的理论背景而做的具体性研究,一个好的质性研究就应该是最接近、最科学地去呈现这一特定的事实,因此评估质性研究品质的标准不能简单地化约为其是否符合某种固化了的标准,而是要考量整个研究过程是否适当。

基于以上论述,可以把每一个特殊的质性研究都视为一个整体性的过程,研究者只有采取适当的研究方法并在研究过程的每一阶段严格地加以操作,才能真正提升质性研究的质量。梅瑞克(Jane Meyrick)是将质性研究看成是一个整体性过程,更加强调对过程的评估,而不是拘泥于某些特定的标准。他提出,"透明性"和"系统性"这两个基本原则应该贯穿于整个质性研究过程中,而且应该较好地体现在每一个具体研究阶段中。他认为,这样的过程评估使研究者能够使用多元方法。因为没有任何一个标准能够广泛地应用于所有的质性研

---

① 陈向明:《质的研究方法与社会科学研究》,北京:教育科学出版社,2002年版,第389页。

究,所以只有根据研究需要来选择适当的方法,并在"透明性"和"系统性"这两个原则的指导下,对质性研究每一阶段都严格地加以控制和操作。事实上,弗里克等许多研究者认为,质性研究过程的评估使研究者面对多元的社会现象,只有选择适当的质性研究方法,才能有助于提升质性研究的质量。

因此,探索好的质性研究标准的最好切入点是将质性研究分为以下三个阶段:(1)研究准备阶段。在此阶段,研究者要选择适当的方法,同时要明确自己的研究立场。(2)资料的收集和分析阶段。这一阶段包括对样本资料的收集以及对资料的分析。这一阶段通过考察质性研究过程各个阶段的具体特征,以判定彼此是否相互契合。对质性研究方法好坏的判断要特别考察其他阶段的研究程序与当前的研究议题是否能够达到琴瑟和鸣的境界,而不是去按照某些特定的标准去评定个别方法的优劣。(3)研究成果撰写阶段。研究者在撰写研究报告时需要详细说明,从开始搜集资料到最终形成理论的全部过程,同时强调在研究成果发表之前得到被研究者的确证。

一、研究准备阶段

一个好的质性研究首先要保证研究者持有明确的理论立场,即研究者对其所进行的研究保持客观性和反思性。所谓客观性是指研究者要与所进行的研究"保持一定的距离",也就是说,研究者要力图避免把个人情感的主观状态带入研究过程中,从而影响整个研究过程和研究结果的客观性和科学性。所谓反思性是指研究者对研究对象本身进行反思,以达到对"事实或真实予以最接近的呈现"。其次,可以通过不同的研究策略来对同一社会现象进行阐释,针对某一特定的研究,研究者要明确研究的具体目标以及所要探讨的研究问题,并选择一种合适的研究方法。思考有关质性研究方法适用的问题,也就是要针对具体的研究议题、研究问题、研究对象,逐一检视各项适用指标问题反映出来的适切程度,从而决定采用那一种研究方法和取向。这是确保提升质性研究质量的首要步骤。对于一个好的质性研究来说,选择一个合适的研究方法是至关重要的。所以,研究者应该谨慎思考所列问题并制订翔实的研究计划,这不仅有助于质性研究者清醒地审视自己的理论立场,而且也可以检视自己研究方法是否适合当前具体的研究议题。在某种程度上,一个合适研究方法的选择与运用是考察一个好的质性研究的首要标准。

二、资料收集和分析阶段

资料的收集和分析是质性研究最核心的过程,直接关系到质性研究的质量。对于质性研究而言,首先要保证作为其研究开端或基础的资料抽样和收集工作的科学性。具体来讲,有关样本的选取工作要保证其抽样技术的恰当性和合理性,同时也是抽样工作的意图所在,即保证所选取的样本的代表性,也就是说要去考量所欲选取的样本是否能够与研究过程达到琴瑟合鸣的状态,所选取的样本是否能够恰当地反映研究主题。一个好的质性研究应该对自然情境下资料收集和方法的选取的每一个细节都有充分的描述。

对资料分析来说,首先要建立一个明确而适当地分析框架以保证资料分析工作的系统性,同时提供大量的信息并进行系统的描述以便从资料分析导向最后的结论。据此,可以验证整个分析路径的操作过程是否符合"公平""合理"和"有序"的要求。[1] 此外,还要避免只依靠几个样本就得出结论的冲动,因为只有在对所收集的全部资料进行全面和深入分析的基础上,才能从所做的具体分析中引出有针对性的结论。同时,对于不符合研究结论的样本,应该去深入探究其偏离研究结果的特殊性或原因,这种分析工作在很大程度上可以巩固所得出的既有结论。有时这些样本的存在迫使研究者不得不重新反思所得研究结论的正确性。资料分析工作与整个研究的目的是最接近的,因为通过分析所得出的就是整个研究的结论。对有关研究结论的考察,通常从其内外部效度的维度开始,以评估研究结果接近"真实"或"事实"的程度。所谓"内在效度",就是要对研究数据进行反思,对由研究资料通向研究结论的具体路径予以审核。对"外在效度"的考察一般采用多重编码的方式来进行,考查这一研究结论可类推到其他研究现象的程度,即这一研究结论是否在某些条件下具有普遍性的意义。

三、研究成果的撰写阶段

研究成果能否科学而真实地加以呈现是评估一个好的质性研究的又一个重要的标准。首先,要保证研究结论的科学性和可验证性,就要把研究结论的某些可告知的方面(有些时候可能无法做到将研究结果彻底告知)交给被研究者去重新验证。只有得到他们的认可和同意,研究结论才可以说是科学的。在将研究成果予以呈现时,可以用一种例证的方式去加以描述,即借用大量丰富的资料和真实的案例去说明所得到的研究成果。这样做的目的,一方面是有助于全面呈现研究成果,另一方面也有助于读者从各个方面对该研究的结论进行

---

[1] Jane Meyrick (2006), What is Good Qualitative Research: A First Step Towards a Comprehensive Approach to Judging Rigor/Quality, *Journal of Health Psychology*, 11: 799-808.

评价和验证。适用性是评价一个研究成果的标准,但对于质性研究而言,这一标准可能不是必要的。因为,质性研究可能是基于某一特定的理论背景而作出的具体研究,其结论未必具有普遍性,也没有推广的价值。对这类质性研究或者大多数质性研究来说,研究的目的是为了在最大限度上去接近并呈现一种客观事实或真实,这或许就是其最大的意义之所在。

总之,对质性研究质量的评估,应该不同于实证主义的量性研究。由于大多质性研究是基于特定的理论背景而做的具体研究,所以可能无法用量性研究的信度和效度等标准来对其进行考察。质性研究不存在一个统一的评价标准。"一个好的质性研究的标准"应该是一种特殊的具体标准,对其所做的考察也应是基于此特殊性而对其整个研究过程的每个具体步骤所做考察和分析,包括研究方法的选择、资料的收集和分析、研究结果的呈现等等。此外,在对这一具体研究的考察中,要注意把"透明性"和"系统性"贯彻到每一个步骤中去。只有这样,才能保证整个研究过程操作的客观性和科学性,也只有这样,才能达到研究的真正目的,即最接近于"事实"或"真实"的呈现。

第七节 质性研究和量性研究的比较

以演绎逻辑为主的量性研究方法主要运用标准化的测量工具将研究现象简约为数字与数字之间的关系,运用统计分析方法来进行分析。因此,量性研究是一种对事物进行量化测量和分析,以检验研究者有关理论假设的研究方法。量性研究有一套完备的操作技术:包括抽样方法,如(随机抽样、分层抽样、系统抽样、整群抽样);资料收集方法(如问卷法、实验法);数字统计方法等。[①]而以归纳逻辑为主的质性研究方法重视在自然的情境下,通过人际互动来诠释研究现象的意义。因此,质性研究是一种从整体观点对社会现象进行全面建构和深度理解的过程。质性研究强调研究者必须在自然情境中通过与被研究者密切的互动过程,通过一种或多种的资料收集方法,对所研究的社会现象或行为进行全面而深入的理解。在社会科学研究中,量性研究历史较久,一直受到较多的关注,质性研究历史较短,有渐受重视的发展趋势。如果将质性研究与量性研究争论过程加以划分,可归纳为三个阶段:(1)互相批判时期,质性研究与量性研究两个阵营相互叫嚣,并对彼此之方法提出严厉批判;(2)低谷时期,无论是质性或量性研究都不再坚持非此即彼的敌我分明立场,开始主张如何将

---

① 陈向明:《质的研究方法与社会科学研究》,北京:教育科学出版社,2002年版,第10页。

两种研究方法整合于整个研究过程之中;(3)辩论或对话时期,对于质性与量性研究的整合,提出较为深刻的思考,认为两者虽可合作,但必须以充分的对话与沟通作为基础。

一、质性研究与量性研究的区别

根据哈夫彭尼(Halfpenny,1979)的观点,1970年以后,社会科学对质性与量性研究的争论约略可归纳为表1-1。从该表中我们可以看到1970年社会科学界对于质性研究的理解,几乎是建立在以量化为思考前提来考量质性研究的内涵的。哈夫彭尼对质性与量性研究的对比式分析,是一种简略的分析方法,不过有助于对质性与量性研究的差异有粗略的了解,见表1-1。①

表1-1 质性研究与量性研究的比较

	质性研究	量性研究
研究目标	叙述多层面的世界	检验学说,显示变项间的关系
人与现象关系	介入者:现象由人们的经验所构成	旁观者:现象在量化数据中显现
现象的性质	变动的:环境因人类知觉改变而变化	稳定的:现象由不变的事实所组成
研究焦点	全貌:探索整体或完全的面貌	部分的:探讨精选的、事先界定的变项
研究偏向	发现:由搜集资料中演化出学说及假设	验证:研讨事先已确定之假说
资料性质	主观的:数据是人们在情境中的知觉	客观的:数据不受人们知觉的影响
研究情境	自然的:研究在自然情境中进行	控制的:研究在善加控制的条件下进行
研究结果	可信的:研究设计与技术以获取真实丰富而深层了解的数据为目的	可靠的:研究设计与技术以获得可靠而能检验的数据为目的

关于质性与量性研究的差异,有学者试图进行一对一的比较,但归纳起来,两者主要有以下几方面的区别:

(1)哲学基础。质性研究与量性研究有不同的认识论基础。质性研究以人道主义和自然主义为哲学基础。首先,质性研究认为个体是积极地参与社会活动的,通过这些活动可以用不同的方法来了解和理解现象。质性研究关注对这些社会现象的意义的理解。真理是复杂的、动态的,只有对相互影响的人和在他们所处的社会文化历史场合进行研究才能得到。其次,质性研究具有整体的意义的视角,主要认为不仅有一个事实,而且相信多个事实的存在。对不同

---

① 相关分析可参阅高敬文:《质化研究方法论》,台北:师大书苑有限公司,1996年版。

的人不同的情境而言,存在不同的事实。因此每个研究都会产生各自的意义,而这个意义仅仅是针对特定的场合情境下的意义。量性研究则以经验论或实证主义为基础,通过逻辑原理和推理认识事物的"本质"。量性研究讲究严谨、客观和控制,认为事实是绝对的,只有一个由仔细测量决定的事实;认为个人行为都是客观的、有目的的、可测量的;必须用正确的测量工具去测量行为;个人的价值观、感受和观点不会影响测量。

(2) 研究目的。质性研究的目的在于描述和理解,是用系统的、互动的、主观的方法来描述生活经验并赋予其一定的意义。强调对被研究者有重要意义的观点和事实,而不是对研究者有重要意义的结果。量性研究的目的是预测和控制,这种方法用来描述变量,检测变量间的关系,决定变量间的因果关系,常用于验证理论。

(3) 资料收集。量性研究以数字资料获取信息。因为要获得数字资料,因此常采用结构完整、格式严格的量表、问卷等进行测量,以减少研究者对被研究者的主观影响。质性研究要求从参与者的观点来看问题。通常采用非结构式的访谈法、观察法等,所采用的方法可根据实际情况进行调整。资料包括研究者和被研究者对现象的描述和解释。资料收集的过程中不控制研究者和被研究者的相互影响。但应注意到研究者和被研究者的社会互动关系既可以促进也可以限制真实资料的获得。

(4) 资料分析。量性研究运用严格的统计方法进行量化资料的分析,用统计方法来简化和组织资料,检验结果是否有统计学上的意义,以验证研究假设是否成立,决定是否存在关系和差异。由控制,测量工具,统计分析来保证结果的正确,以推广研究结果。质性研究的资料收集与资料分析常同时进行,是一个不断循环的提问和证实的过程,十分费时,需要研究者沉浸在资料中,去理解资料的含意。研究者确定分类、组织资料的类别,然后将相似的资料归纳,形成主题(themes)。再对所有主题进行阐述和说明。再将资料组织为对被研究者的有意义、个体化的解释或框架。结果用来确定变量间的关系,并发展理论。而结果只是本研究的独特的结果,不能也不必推广,这种对特殊条件下的现象的理解将有助于理解相似条件下的相似现象。

(5) 结果报告。量性研究以数字结果报告,质性研究则以丰富的文字形式报告结果,研究结果是参与者的经历,必须从他们的自身感受出发,用个人回答来报告。结果是叙述性的文字,包括对这些经历的引述、评论、故事等。总体而言,由于质性研究和量性研究的认识论与方法论上的差异,导致两者在对事物"质"的认识和理解时,所关注的焦点以及技术或策略应用有所差异。值得强调的是两者中任何一个并没有优越于另一方,两者各有其优点和局限,事实上一些研究者已经探讨质性和量性研究的整合,从而弥补各自的缺点,达到互补的作用。

二、质性研究和量性研究的结合

从 20 世纪 80 年代以来,许多研究者积极探讨在具体研究中如何整合质性和量性研究。塔莎克隆和特蒂里(Tashaklon & Teddlie,1998)曾提出两种研究方法整合的目的有五个方面:(1)聚合作用,在研究的各个结果中寻找趋于相同的结果;(2)补充作用,检查同一现象相互重叠和不同的方面;(3)创新作用,发现矛盾、冲突之处,提出新的视角;(4)发展作用,先后使用不同的研究方法,在第一种方法的使用中加入第二种研究方法的使用;(5)扩展作用,不同方法的结合增加了研究的规模与范围。

目前学术界关于质性研究和量性研究结合的观点主要有四种设计类型,即三角互证设计、嵌入式设计、解释性设计和探索性设计。①

(一)三角互证设计

三角互证设计是单个阶段的研究设计,在该设计中,研究者同时、同等地使用量性和质性方法,如图 1-1。由于该方法经常并行和分别地收集和分析量性与质性数据,该设计又被称为"并行三角互证设计"。研究者在分析中将量性与质性数据合起来进行解释或者通过转换数据来整合这两种数据。

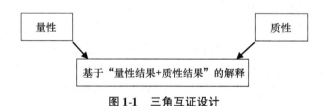

图 1-1 三角互证设计

三角互证设计包括"结合模型""数据转换模型""量性数据验证模型"和"多层模型"。前两个模型随研究者在分析和解释数据时如何合并两种数据而有所变化。第三个模型用来提高调查结果的准确性。第四个模型用于调查不同的分析水平。"结合模型"是结合方法三角互证设计的传统模式,在这个模型里,研究者就同一个社会现象分别收集和分析量性与质性数据,然后在解释时

---

① J. W. Creswell and V. L. P. Clark (2007), *Designing and Conducting Mixed Methods Research*, Thousand Oaks, CA: Sage Publications.

通过比较和对比不同的结果将不同的结果合在一起。"数据转换模型"涉及分别收集和分析量性与质性数据。在初步分析以后,研究者通过量化质性发现或质性化量性结果,将一种数据转换成另一种数据。"量性数据验证模型"通常指研究者在调查中通过追问几个开放式质性问题来验证问卷调查的结果。在这种模型中,研究者用调查问卷来收集两种数据。由于是在量性调查中追问质性问题,这些问题通常得不到严格的质性数据,但是这些数据可以被用来验证和修饰问卷调查的结果。"多层模型"是"多层"设计,在这个设计中,研究者用不同的方法来解决不同层次的问题,并对每个层次的发现进行概括,从而形成一个整体解释。

三角互证设计可以同时在同一个研究阶段收集两种数据,因而是一种高效的设计。三角互证设计所面临的挑战是:它不仅需要付出很多努力,而且还需要研究者有良好的专业素养,甚至需要处理两种数据结果不一致的棘手问题。

(二)嵌入式设计

嵌入式设计是以某一种数据为主、另外的数据为辅的结合方法设计。这种设计的前提是单一数据不充分,要用不同的数据回答不同的问题。在某项大规模的量性或质性研究中,当研究者需要用量性和质性数据回答研究问题时,就可使用嵌入式设计。当研究者需要在量性设计中使用质性数据时,这种设计也特别有用。例如,为了研发某种治疗手段、检验有关变量的干预过程、跟踪实验结果,研究者往往在实验研究中使用质性数据。

嵌入式设计把不同类型的数据结合在一起,将其中一种数据嵌入另一种数据框架。例如,研究者可以将质性数据嵌入量性框架,或者将量性数据嵌入质性框架,如图1-2。嵌入式设计收集了量性和质性两种数据,其中有一种数据在整个研究设计中发挥辅助作用。

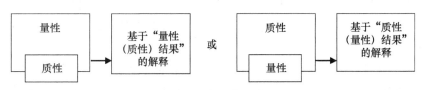

图1-2 嵌入式设计

嵌入式设计有两种形式:"实验模型"和"相关模型"。"实验模型"是一种最常见的嵌入式设计,该模型将质性数据嵌入实验设计,量性实验框架占主导地位,而质性方法只起到辅助作用。"相关模型"是另一种嵌入形式,它将质性数据嵌入量性设计。在这个设计中,研究者收集质性数据来进行相关研究,目的是解释相关模型的运作机制。

嵌入式设计在收集大量量性或质性数据时,不需要花费太多的时间和资源,因为其中的一种数据是辅助性的,这种数据的数量要比另一种数据少得多。嵌入式设计的不足是:研究者必须详细说明在量性研究中收集质性数据的目的。如果用两种方法去回答不同的研究问题,就很难对所获得的结果进行整合。

(三) 解释性设计

解释性设计是一种两个阶段的结合方法设计。该设计的总体目标是用质性数据来帮助解释初步的量性结果。例如,当研究者要用质性数据来解释显著性统计结果、异常结果、令人吃惊的结果时,该设计就很适合这样的研究。

解释性设计又称为解释性顺序设计。该设计始于收集和分析量性数据,然后再收集和分析质性数据。由于该研究从量性阶段开始,调查者更重视量性方法,如图 1-3。

图 1-3　解释性设计

通常有两种形式的解释性设计:"后续解释模型"和"参与选择模型"。当研究者要用质性数据来解释量性结果时,通常会使用"后续解释模型"。在这个模型中,研究者辨别了一些需要进行额外解释的特殊的发现,比如不同组别之间的统计差异、得分极端的个人、意外结果等。这种模型通常把重点放在量性方面。当研究者要用量性数据来辨别和选择后续研究、深度研究和质性研究的参与者时,就会使用"参与选择模型"。在这个模型中,研究者通常把研究重点放在质性阶段。尽管这两种模型都是先有量性阶段、后有质性阶段,但是它们在两个阶段的连接上有所不同:一个侧重于更详细地检验结果,另一个则关注选择合适的参与者。

解释性设计的步骤清晰明了,便于操作,非常适合单个研究者的研究,也适用于多阶段调查以及单独的结合方法研究。它通常从量性开始,因此对量性研究者更有吸引力。解释性设计面临的挑战是:实施两个阶段的调查很费时间,很难合理安排质性阶段的时间。研究者需要决定是否在两个阶段使用相同的参与者。

(四) 探究性设计

像解释性设计一样,探究性设计是一个两个阶段的方法,又称为探索性顺序设计。该设计的意图是质性方法能有助于拓展和深化量性方法。当缺乏现成的问卷、变量或概念框架时,就可以使用探究性设计。该设计是从质性研究开始的,因此适用于探索某种社会现象,比如将结果推广到其他人群、检验分类是否恰当、测量某个现象的流行情况等。

该设计始于质性方法,用来探索某个社会现象,再构建量性阶段,如图1-4。研究者用质性结果来探索和发展研究主题,为量性研究确定关键变量,并在此基础上设计调查问卷。该设计始于质性方法,因此往往把重点放在质性数据上。

图1-4 探究性设计

探究性设计有两个主要模型:"工具发展模型"和"分类发展模型",这两种模型都始于质性研究,终于量性研究。不过,它们在两个阶段的连接方式和两种方法的侧重点上有所差异。当研究者需要在质性发现基础上来设计量性问卷时,就要使用"工具发展模型"。在这个设计中,研究者先用几个受访者对研究问题进行质性探索,然后用质性结果来指导设计调查问卷。在第二个数据收集阶段,研究者使用和验证这个调查问卷。当研究者用质性研究来确认重要变量、设定分类系统时,就要使用"分类发展模型"。在这个模型中,先用质性方法得出具体类别或关系,然后用这些类别和关系来指导量性阶段的研究问题和数据收集。该模型适用于在质性发现基础上来提出量性研究问题或假设,并用量性研究来回答这些问题的研究。

探究性设计的长处是,该设计特别适合多阶段研究,该设计的描述、实施和报告相对简单。探究性设计面临的挑战是,研究者需要用大量的时间来实施两个阶段的数据收集和分析,同时还要决定是否在两个阶段使用相同的参与者。

以上四种设计模式可以发现,质性研究与量性研究是一个连续统一体。

第二章

质性研究的理论基础

任何研究都有其基本的理论基础。质性研究的理论基础不是来自一种哲学、一个社会理论或一类研究传统,而是受到很多不同思潮、理论和方法的影响。因此,它起源于很多不同的学科,拥有众多的理论基础。也许正是由于这些丰富多彩但又在很多方面相互矛盾的传统,质性研究在其不同的层面、不同角度都表现出不同的面向、冲突、甚至张力。实证主义、解释学、人种学、现象学、建构主义、批判主义以及女性主义等流派都是质性研究的基本理论基础,本章将对此分别作简要的阐述。

第一节 实 证 主 义

实证主义理论范式就广泛的意义而言,是自然科学的研究取向,绝大多数从事质性研究的学者对其嗤之以鼻。就我们目前所查阅到的资料来看,鲜有学者在考察质性研究的理论基础时将实证主义列入其中。在一些人看来,质性研究作为对以实证主义及其变种理论为基础的量性研究的一种批判,似乎已经推倒了实证主义的大厦,但实际上,其所使用的仍旧是一些实证主义的术语,只不过赋予其新的内涵而已。甚至可以说实证主义理论范式对于质性研究的其他理论范式起到"参照标准"的作用,众多其他的理论范式大都是为弥补实证主义之不足或批判其理论上的谬误而发展起来的。换言之,质性研究更多的是将反实证主义的内容纳入实证主义的结构框架之中,进而奠定了质性研究的理论基础。

第二章　质性研究的理论基础

一、实证主义理论范式的形成与发展

"实证主义"在19世纪30年代最早出现于法国,19世纪40年代出现于英国,后来又流传到其他西方国家。"实证主义"(Positivism)出自希腊文"positivus",原意是肯定、明确、确定的意思,这是与中世纪的经院哲学相对立的。在圣西门看来,过去的社会是神学时代,而当时已经处于实证时代,是他首先创用了"实证"一词。可以说,"实证"不仅限于一种方法的运用,更是通过实证主义建立了一套全新的社会观。① 孔德(Auguste Comte)作为实证主义观点的首倡者,其所著的《实证哲学教程》(1830—1840)、《实证主义概论》(1848)、《实证政治学体系》(1851—1854)等著作旨在建立一种"实证主义"的思想体系,对于实证主义的方法论具有规范性的意义。

孔德尽管构想出实证主义的理论体系、方法和目标,但他的学说更接近于社会哲学,而不是经验科学。② 英国哲学家约翰·密尔(John Stuart Mill)在其《逻辑体系》一书中,对孔德提出的迄今依然沿用的实证主义原则作出详尽的诠释与修正。涂尔干(émile Durkheim)则通过《社会学方法的规则》将孔德的实证主义思想加以发展和具体化,进而概述出实证主义观。③ 实证主义理论范式已经经历了将近两个世纪的发展历程,其间虽然饱受反实证主义流派的诘难和冲击并相应地作出调整,但实证主义理论范式仍被奉为是社会科学研究的正统,一直在西方社会科学研究中占据主流的地位。

从横向看,实证主义理论范式在早期大体可以分为两种基本类型:有机论与机械论。孔德、斯宾塞、涂尔干是有机论的代表,他们认为社会现象就像生物机体的某种器官那样,在完整的社会体系实现着某种功能。J. S. 穆勒、L. 凯特莱是机械论的代表,在机械论的社会模式中,个人被视为一种社会原子,而社会的组织与制度则是物理的或心理的机制。到20世纪30年代以后,有机论逐渐演化为结构主义、功能主义等变种(帕森斯和默顿则是结构功能主义理论的杰出代表);机械论的模式最终演变为行为主义社会学(各种类型的交换理论、行动理论等),可以看作是现代实证主义的激进变种。④

---

① 文军主编:《西方社会学理论:经典传统与当代转向》,上海:上海人民出版社,2006年版,第59页。
② 林聚任、刘玉安主编:《社会科学研究方法》,济南:山东人民出版社,2004年版,第24页。
③ 〔美〕劳伦斯·纽曼:《社会研究方法:定性和定量的取向(第五版)》,郝大海译,北京:中国人民大学出版社,2007年版,第91页。
④ 于海:《西方社会思想史》,上海:复旦大学出版社,1993年版,第186—187页。

从纵向来看,实证主义理论范式的发展史大体可以分为两个阶段:古典实证主义(又称早期实证主义)与新实证主义(新实证主义又经历了现代与后现代两个部分)。第一阶段从19世纪30年代开始,它同孔德、斯宾塞、涂尔干及其大批追随者的名字连在一起,而至20世纪初,即在机械论观念与进化论观念发生危机的时期结束。实证主义发展的第二阶段约从20世纪30年代开始一直持续至今。在这一阶段,社会学的研究重心从欧洲转向美国,尤其是1937年帕森斯的成名作《社会行动的结构》一书的出版,开创了美国社会学理论研究的现代阶段,也在某种意义上标志着以实证主义为特征的美国社会学理论开始成为整个西方社会学理论主流范式。实证主义社会学也由此一直占据了西方社会学的主流地位。①

20世纪70年代以后,实证主义方法论受到极大的怀疑和挑战,主要表现在以下几个方面:第一,社会科学研究没有能够取得有效的发现或定律性的经验概括;第二,由于社会行动是基于人的主观性、反思性和创造性之上的情境诠释构成的,因此社会中不存在决定论的定律;第三,我们处于一个话语分析(discourse)的社会世界;第四,社会中只存在着历史意义的特殊事件,而不可能找到适用于任何时间和地点的一般规律;第五,社会科学研究中的因果性解释受到批评。② 20世纪80年代以来,一部分学者公开或不公开地维护实证主义观点,形成所谓的"新实证主义"或"后实证主义"(post-positivism),主要代表人物为华莱士(W. Wallace)、亚历山大(J. Alexander)等。亚历山大提出"重建帕森斯的功能主义理论"的口号,故又有"新功能主义"之称;在其所著的四卷本《社会学中的理论逻辑》(1982—1983),亚历山大试图为实证主义理论范式寻求新的理论逻辑。

二、实证主义理论范式的含义与特征

伴随着实证主义理论范式的形成与发展,实证主义的内涵也发生了变化。"实证"(positive)是孔德实证哲学的核心术语。1844年孔德在其《论实证精神》中阐述了他对"实证"的解释:第一,实证是现实的而不是幻想的;第二,是有用的而不是无用的;第三,是可靠的而不是可疑的;第四,是确切的而不是含糊的;

---

① 文军主编:《西方社会学理论:经典传统与当代转向》,上海:上海人民出版社,2006年版,第60页。

② R. Collins (1989), Sociology: Proscience or Antiscience? *American Sociology Review*, 54: 124.

第二章 质性研究的理论基础

第五,是肯定的而不是否定的。① 如果说孔德的论述还带有浓厚的哲学意味的话,那么涂尔干则鲜明地指出社会科学研究首要和最基本的规则:把社会事实当作物。孔德和涂尔干的观点代表实证主义发展的经典阶段,其基本特征可概括为:第一,社会科学在学科性质上和自然科学是一致的;第二,社会科学的目的和自然科学一样,寻找和建立"规律";第三,社会事实是一种外在于人的客观存在;第四,整体主义的方法论。

根据以上对"实证"范畴的考察,我们也大致可以归纳出实证主义理论范式最核心的理论特点:

(1) 本体论上的自然主义取向。实证主义理论范式在本体论上的自然主义取向,就是指追求社会事实原来的自然状态而不要过分人为地干预。实证主义者承认自然科学方法论在社会科学中的正当性,坚持统一的科学观,认为社会是在自然之中的,社会现象与自然现象之间并没有本质的差异;社会科学研究对象与自然科学研究对象一样,都是纯客观的;社会现象背后存在着必然的因果规律,在自然科学中运用的那些方法在社会科学中同样适用。因此,可以仿效自然科学将社会学建设成一门类似自然科学的精密学科,即用自然科学的方法论来研究社会现象。

(2) 认识论上的经验主义取向。实证主义理论范式在认识论上的经验主义取向就是指重视经验和感性资料在社会认识中的重要作用,坚持认为社会研究的逻辑方法是假设演绎法,科学假说的陈述必须由经验事实来检验,理论仅当它得到经验证据的完备支持时才是可接受的。这些经验证据可以是个人的,也可以是群体的或他人的,借鉴他人的经验,才能获取现有的知识。因此,实证主义者主张研究结果必须由经验所证实,从而得出结论。因为实证主义者只承认感官确认的"真"的问题,作为社会学家,应该放弃对被研究对象与所获得的结果的本质做任何的判断,也就是要保持"价值中立"的要求。

(3) 方法论上的整体主义取向。实证主义理论范式在方法论上的整体主义取向就是指强调只有研究社会整体的本身才能理解社会整体的部分(社会唯名论)。因此,主张在研究某个特定问题时反对孤立地研究这个问题,而主张将问题放到整个社会之中加以认识与理解。②

---

① 〔法〕奥古斯特·孔德:《论实证精神》,黄建华译,北京:商务印书馆,1996 年版,第 29—30 页。
② 文军主编:《西方社会学理论:经典传统与当代转向》,上海:上海人民出版社,2006 年版,第 61 页。

三、实证主义理论范式对质性研究的影响

实证主义理论范式起源于经验主义哲学,是一种朴素的现实主义。① 在我们看来,作为一种理论范式,实证主义对于质性研究的主要影响是保证质性研究的真实性,具体体现在以下几个方面:

第一,按照实证主义的观点,研究客体不依赖于研究者而独立存在,不受主观价值因素的影响;事物本身具有其内在的、固定的、可以重复发生的规律,事物的量性维度可以用来考察事物的本质。正如劳伦斯·纽曼(W. L. Neuman)所言,社会与自然是真真实实地存在于"那里"的,并等着人们去发现。再者,社会现实不是随机的,而是有着固定的模式与秩序的。②

第二,事物内部和事物之间必然存在着逻辑因果关系,对事物的研究就是要找到这些关系,并通过理性的工具对它们加以科学论证。意味着研究者必须使用一套既定的工具、方法、程序获得对研究对象的认识,即以严谨的逻辑推理法则为根据,通过发现因果关系(Y 是 X 所创造的,Y 与 X 是因果关系的特定例证),解释、说明涵盖于社会生活的特定观察的一般性因果法则。这些法则的运用是根据严谨的逻辑推理进行的,是研究者以演绎逻辑将因果法则与社会生活中所观察到的特定事实加以联结。③

第三,实证主义者认为社会科学的任务仅仅在于说明社会现象是什么,而不是应该是什么,或者必须是什么,进而诉求于整体主义的方法论,力求确立"价值中立"的原则。即强调对社会现象进行整体的探究,而不是对其中一些孤立的变量进行调查。也就是涂尔干所认为的,社会科学不是研究个别人和个别事件,而是研究普遍的社会现象,这些现象是在各种社会力量作用下产生的客观事实,它们是受一定的社会规律支配的。在涂尔干看来,社会事实是存在于人们自身以外的行为方式、思想方式和感觉方式,同时通过一种强制力,施加于每个个人。④

当然,实证主义理论范式也存在着一些弊端,主要表现在:以自然科学的客观科学真理取代生活世界的存在真理,从而使社会科学研究缺乏源头活水;倾向于把纷繁复杂和变动不居的社会生活现象还原成几种因素的互动关系,导致

---

① 陈向明:《质的研究方法与社会科学研究》,北京:教育科学出版社,2002 年版,第 14 页。
② 〔美〕劳伦斯·纽曼:《社会研究方法:定性和定量的取向(第五版)》,郝大海译,北京:中国人民大学出版社,2007 年版,第 92 页。
③ 同上书,第 93 页。
④ 仇立平:《社会研究方法》,重庆:重庆大学出版社,2008 年版,第 21 页。

质性研究中以模式或变量的互动关系取代真实的社会存在;强调社会科学研究中的一切现象都应量化,而对社会行动主体的人之生命的意义和评价或采取任意量化处理或根本忽略不计;主张社会科学研究要保持虚假的客观性、中立性,反对把主观情绪和价值因素带入研究中去,等等。

第二节　解　释　学

解释学作为最早的反实证主义的理论范式,似乎与社会哲学有着一种天然的理论联系。它旨在挖掘富有创造性和启发意义并使思维变得愈发敏感的思想和观念,刺激人们不断地反思和探索,更加深刻地理解社会生活并积极地参与其中。因此它非常关注某些特定事件或过程所拥有的独特价值与意义,关注社会行动者的动机与意图。无论是早期的圣经解释学或法律解释学,还是后来施莱尔马赫(F. Schleiermacher)的一般解释学或狄尔泰(W. Dilthey)的体验解释学,都指向人文领域或精神现象、社会历史领域。伽达默尔(Hans-Georg Gadamer)的哲学解释学,虽然也注意到自然科学研究中的解释学问题,但它自身设计的解释学问题之分析,仍然指向历史、审美、政治和伦理实践等社会历史领域的现象。正是这样,解释学对质性研究产生重要的影响,并且可能随着时间的推移,这样的影响会越来越重大。

一、解释学理论范式的形成与发展

解释学又称为"诠释学",是西方一支源远流长的哲学流派,最初是作为一种解释技艺出现的。从词义上看,"解释学"(hermeneutics)源自希腊文"Herminiea",也译作"阐释学""释义学""诠释学"。在古希腊的传说中,有一位来往于神人之间的信使者赫耳墨斯(Hermes),他能够把神的意旨转换成人间可理解的语言,从而使得人们能够理解。"解释学"这一概念最初即借用此意,把《圣经》中上帝的话语所蕴含的意旨,通过语言注释与解释,转化为大家可接受或理解的东西。① 可见,最早的解释学乃是指向某些特定的领域(如宗教和法律),以特定的文本(宗教经典、法典或文学作品)为解释对象,与特定的实践活动(如牧师和法官等的职业活动)密切联系的一种解释技艺以及相关的规则和方法,因而可以看成是一种特殊解释学或局部解释学。经历好几个世纪的漫长

---

① 龚群:《生命与实践理性——诠释学的伦理向度》,北京:中国社会科学出版社,2004年版,第3页。

的酝酿过程之后,解释科学得到了长足的发展。①

到了18世纪末19世纪初,德国哲学家和神学家施莱尔马赫第一次把解释学引入哲学,将其研究的重心放在理解本身,而不是被理解的文本上。这样一来,解释不再仅仅是一种方法,而且还具有认识论层面的意义,进而奠定普遍解释学或一般解释学的基础。施莱尔马赫是第一个为解释学奠定系统的原则和方法论的思想家。在施莱尔马赫看来,解释学是一种技术——这种技术的法则只能依据一种积极的、正面的公式而沉思出来。所谓积极的和正面的公式,乃是依据被研究的言谈而获得的既是历史的,又是直觉的;既是客观的,又是主观的意识重建过程。② 理解和解释的过程就是语法解释和心理解释相结合的过程,解释者必须迈出自我的圈子,尽可能排除给理解过程带来的一切主观性的因素,以便克服与作者之间的心理距离,从而达到理解和解释的客观性。③

德国哲学家狄尔泰在《施莱尔马赫的解释学的独特贡献——与以往这门科学所做的工作之比较》一文中开始注意到施莱尔马赫的解释学思想,着重研究其用解释学的方法探讨基督教思想的问题。狄尔泰在解释学上的重要地位则在于他把解释学确立为精神科学普遍的方法论基础,极力反对实证主义理论范式对社会现实的解释。在他看来,与自然科学相比,精神科学具有完全不同的基础和结构。它们的研究主题是由一些既定的、而不是推论出来的单元组成的——这些单元都是可以从内部加以理解的。他进而强调,我们为了逐渐达到概念性的知识,需要从一种直接存在的知识或者理解过程开始。④

海德格尔(M. Heidegger)在早年研读神学时已初步接触圣经诠释学,后来又通过狄尔泰了解到近代诠释学并深受其影响。同时,海德格尔受胡塞尔现象学理论影响很大,一度成为他的助教,形成被称为"现象学的诠释学"的理论,即把现象学的方法用于解释学。具体地说,一切解释都是在前理解的基础上所达到新的理解,而这些理解本身就是对"存在"意义的探寻,强调对"此在之存在"的生存论分析,进而完成哲学解释学的本体论转向。在海德格尔看来,哲学解

---

① 高宣扬:《解释学简论》,台北:源流出版公司,1988年版,第1页。
② 同上书,第14页。
③ 何卫平:《通向解释学辩证法之途》,上海:上海三联书店,2001年版,第15页。
④ 〔德〕威廉·狄尔泰:《精神科学引论》第一卷,童奇志、王海鸥译,北京:中国城市出版社,2002年版,第180页。

释学的真正问题不是"存在如何理解",而是"理解如何存在"①。可以看到,理解不再作为读者追寻作者原意的活动和过程被谈论,而是作为自在的存在方式被关注。进入20世纪60年代以后,解释学在西方学术界大盛,以德国哲学家伽达默尔的诠释学巨著《真理与方法》(1960)的发表为标志。他继承海德格尔的存在主义观点,并进一步探讨解释学的实践意义的问题。有学者认为,伽达默尔意义上的实践是在反思基础上最广泛意义的生活。唯有实践才是社会理性的条件,才能给我们展示真理,展示生活世界的科学。……自我反思是与自我理解和自我解释有机联系着的,它们表达的经常是同一种含义。……自我反思构成实践理性的真正基础。②

二、解释学理论范式的含义与特征

作为康德哲学的继承者,狄尔泰所关心的一个问题是,在康德的《纯粹理性批判》为自然科学奠定认识论基础之后,精神科学的"历史理性"的批判根基何在?狄尔泰首先指出精神科学相对于自然科学的独特性;其次,在他看来,理解活动并非是一种单纯的心理活动,而是包括概念和判断在内的认识对象的过程。③ 具体地说,理解就是通过人类历史中可以观察到的事实,达到感官所不及的地方,由外在的客观实在去探究内在的精神世界,从而认识由人类自己创造的社会和历史的本质,即历史理性。④

后来,文德尔班与李凯尔特进一步强调社会对象的特殊性以及对其进行研究方法上的独特性。可惜的是,他们只是较为空泛地指出实证主义理论范式使文化科学成为自然科学是根本不可能的,而没有给予足够的关切来论证这样一个问题的客观有效性。马克斯·韦伯的重大突破则在于重新提出"价值关联"的问题。他指出,文化概念是一个价值概念,经验实在对我们来说是"文化",只要我们把它置于与价值观念的关系之中,它便包括而且只包括那些通过这种关系才是对我们有意义的实在的成分。我们受那些价值观念制约的兴趣只使每次观察到的个别实在的很小一部分具有色彩,唯有这一部分才对我们有意义:它之所以有意义,是因为它表明了那些由于与价值观念的联结而对我们变得重要的关联。只是因为情况就是如此,并且在这个范围内,它才由于它的个别性

---

① 章启群:《意义的本体论——哲学诠释学》,上海:上海译文出版社,2002年版,第34页。
② 严平:《走向解释学的真理——加达默尔哲学述评》,北京:东方出版社,1998年版,第212页。
③ 谢地坤:《狄尔泰与现代解释学》,北京:《哲学动态》,2006年第3期。
④ 高宣扬:《解释学简论》,台北:源流出版公司,1988年版,第1页。

值得我们去认识。① 除此之外,韦伯继承与发展"理解"方法,创立"理解社会学",即社会学(这个词具有多重意义,下面仅以我们所理解的方式予以定义)是一门科学,其意图在于对社会行动进行诠释性的理解,并从而对社会行动的过程及结果予以因果性的解释。在韦伯看来,所谓的理解是关系到行动者对行动或作为手段或作为目的的选择,而且也常牵涉到行动的指向,只有在这样的范畴中,才谈得上对这种对象的理解。② 所谓"行动"意指行动个体对其行为赋予主观的意义——不论外显或内隐,不作为或容忍默认。"社会的"行动则指行动者的主观意义关涉到他人的行为,而且指向其过程的这种行动。③ 我们可以认为,韦伯有意识地强调"意向行动"是这样的逻辑,即把行动者或其行动作为理解社会学的起点,换言之,正是由于"主观所认为的意向",行动者才是可理解的。

根据以上对"理解"和"解释"含义的探讨,我们可以归纳出解释学理论范式所具有的特征:

(1) 与实证主义理论范式强调"价值中立"相比较,解释学理论范式认同"价值介入"的观点。他们认为严格的"价值中立"不仅做不到,而且还有害。它不但"会引起逃避对重要的然而是有争议的社会问题的研究,以致没有明确的道德义务而难以进行研究",④而且还以"价值中立"为口实阻碍了对现实的批判,实际上隐藏着维护既定现实的倾向。按照韦伯的观点,研究者在科学分析的过程中必须保持价值中立,但是在选择研究的问题时,研究者的价值不可避免地要作为研究的潜在基础。

(2) 解释学理论范式认为社会世界与自然界完全不同,它完全不能脱离个人的主观意识而独立存在。社会世界由充满了主观意义的无数"象征符号"所构成,而这些"象征符号"的意义正是由个人的经验或主观意识所赋予,随个人对它的理解的不同而不同的。由于这种差别,社会世界不存在如自然界那样的因果必然性与规律性,因而不可能像研究自然界那样来研究社会。⑤ 正如劳伦斯·纽曼所言,解释学是表意的。表意是指解释学提供的是一种符号式的呈现或"浓厚"的描述。一份解释研究报告读起来比较像一本小说,或是一本传记,

---

① 〔德〕韦伯:《社会学的基本概念》,顾忠华译,桂林:广西师范大学出版社,2005年版,第28页。
② 同上书,第8页。
③ 同上书,第3页。
④ 〔美〕肯尼思·D.贝利:《现代社会研究方法》,许真译,上海:上海人民出版社,1986年版,第16页。
⑤ 袁方、谢立中:《社会学的认识论的初步探讨》,北京:《社会学研究》,1993年第5期。

第二章 质性研究的理论基础

而不是一个数学证明。对社会背景的解释分析,就像解释一部文学作品那样,具有内在的连贯性并且植根于文本,只不过更加重视研究者认为有意义的日常生活。换言之,解释理论正是借助于揭示日常生活中人们所使用的意义、价值、诠释框架和生活规则,让读者感受到另一个人的社会现实。或许可以这样说,解释理论犹如一张勾勒出社会世界的地图,或是一本描绘地方风俗与非正式规范的旅游指南。①

(3)与实证主义理论范式的社会唯实论和方法论整体主义倾向相比,解释学理论范式一般都倡导社会唯名论和方法论个体主义的原则。解释学理论范式认为社会不是一个独立存在的实体,而是无数个人的总和而已。因此,解释学首先把对个体行动的体验和理解引入到研究中来,将社会行动作为研究对象,认为个体才是社会行动的真正主体,只有通过把握人的行动动机才能"理解"社会现象的"主观意义",不能先撇开个体去研究所谓超越于个体之上的"社会"。社会、文化、结构、制度等都不是实体的抽象词,它们的存在及其变化不能由自身得到解体,而必须由个体的行为来加以说明。要了解社会就必须先了解社会的个体。因此,对社会的研究路径不应是从宏观整体出发再下降到微观个体,而应该是从微观个体出发逐步上升到宏观整体。②

三、解释学理论范式对质性研究之理论分析

大体上来说,解释学研究的取向是对人们如何创造与维持他们的社会世界有所理解并给予诠释,其所重视的是对社会现象的诠释性理解。研究者也正是通过直接详尽地观察在自然环境下的人们,对具有社会意义的行动进行有系统的分析。③ 就此而言,我们可以认为,解释学在以下三个方面对质性研究产生影响:

首先,确认"理解"是质性研究的一个主要目的和功能。"人"既不是一个"实物",也不是一个"概念",对人的研究是要通过研究者的"阐释"把"人作为人"来理解。按照解释学理论范式的观点,关键的问题在于:人们如何体验到这个世界?他们创造、共享意义吗?解释学理论范式假设,人类的经验或现实,有可能存在多种不同的诠释。总之,诠释的社会科学的研究取向把社会现实视为

---

① 〔美〕劳伦斯·纽曼:《社会研究方法:定性和定量的取向(第五版)》,郝大海译,北京:中国人民大学出版社,2007年版,第101—103页。
② 袁方、谢立中:《社会学的认识论的初步探讨》,北京:《社会学研究》,1993年第5期。
③ 〔美〕劳伦斯·纽曼:《社会研究方法:定性和定量的取向(第五版)》,郝大海译,北京:中国人民大学出版社,2007年版,第98页。

由日常社会互动中建构意义与创造诠释的人们所组成的实体。①

其次,理解是在研究者的阐释意图与解释对象之间的循环互动。"解释"要受到历史、文化和语言各方面的制约。正如海德格尔所言,在具体的解释开始之前,要解释的东西已经是我们预先已有的东西。这即是海德格尔所说的"前有"。除此之外,还有"前见"(预先看见的)、前设(预先假设的),它们构成前理解的结构。②

最后,确立"理解"中参与者之间主体间性。由于社会现实建立在人们对它所下定义的基础上,一个人对情境的定义则试图说明在变动不安的情境中意义是如何被赋予的。解释研究取向主张,社会生活是建立在社会互动与社会建构的意义体系之上的,而人们拥有的是对现实的一种内在的经验感觉,并且这样的主观的现实感觉对捕捉人类社会生活来说至为关键。我们每个人正是通过间接的方式,最初是手势、声音和行动,从外在符号走进隐藏着的内在生活。③

第三节 人 种 学

质性研究最为久远的理论基石来自人种学。在早期相当一段时期内,质性研究以对"殖民社会"的田野经验为基础,进行所谓的实证主义范式的"客观描述"。例如摩尔根(L. H. Morgan)在《古代社会》(1877)中的研究,以一种"发明和发现"作为历史分期的标志,并把蒙昧和野蛮又分为初、中、晚三期。进化学派之后受到质疑,进而出现形形色色的理论流派。正是有如此多的学派为质性研究不断提供可借鉴与吸收的资源,尤其是人种学的方法对质性研究产生极为重要的影响。

一、人种学的形成与发展

"人种学"一词起初是采取日本人的译法由英语的 ethnology 转译过来的。人们关于人种学的研究源远流长,最早可以追溯到古希腊、罗马。在地理大发现之后,西方人遇到他们完全生疏的世界与人种,为了侵略的需要,他们搜集这些人种的情况,了解其向文明进展的历史。但是以前的研究大都零散无序,美

---

① 〔美〕劳伦斯·纽曼:《社会研究方法:定性和定量的取向(第五版)》,郝大海译,北京:中国人民大学出版社,2007年版,第99页。
② 章启群:《意义的本体论——哲学诠释学》,上海:上海译文出版社,2002年版,第73页。
③ 〔美〕劳伦斯·纽曼:《社会研究方法:定性和定量的取向(第五版)》,郝大海译,北京:中国人民大学出版社,2007年版,第101页。

第二章 质性研究的理论基础

国学者摩尔根为现代意义上的人种学的奠基人。

摩尔根的人种学研究始于他与印第安人的交往。他从人类发明和发现生产技术、社会各种制度的发展来说明人类的进步,进而在《古代社会》一书中揭示出原始社会的基本细胞氏族,以及胞族、部落和部落联盟这些原始时代的社会组织,并说明人类从母系发展到父系的过程。① 摩尔根的出现也代表人种学研究中最早的一个学派——进化学派的产生。进化学派通过对各人种的文化起源和演变的研究,用进化的观点来说明人类的过去,并试图找出普遍的进化规律,解释人类是怎样由原始时代进化到现代文明时代。他们的观点可以很好地解释人类的发展,可是存在一个根本的缺陷为后世学者诟病,即把人类早期文化的相似点归结于人类心理的一致性。另外,在研究方法上,进化学派的学者单纯使用比较法,而很少注意到各民族的历史特点,以及忽略其具体年代。② 这样一来,进化学派的公式变成形式主义的教条。

与进化学派相对的,反对进化学派的一大学派即历史学派,又称文化史学派。其中的德奥历史学派,以德国的拉策尔(F. Ratzel)为代表,提出"文化圈理论"。德奥历史学派的学者认为人类的创造力非常有限,因而每种文化现象都是在一个中心一次产生的,不同的地区相似的文化现象,是从原始中心传播出来的结果。③ 必须指出的是,德奥学派在观察社会现象方面,注意分析其文化的复杂性,将人种学向前研究推进了一步,不过其局限在于把文化作为一种孤立现象来看待,且无视其内部作用,以为一种文化一经传播就会带来巨大影响。历史学派的另一支流——英国传播学派,以 G. 埃利奥特—史密斯和他的学生 W. J. 佩里为代表。其主要观点与历史学派的一般观点并无二致,特点在于极力主张埃及是人类文化的发源地。历史学派的第三大流派——美国历史学派,也被称为批评学派。其创始人为哥伦比亚大学的教授博厄斯(Boas),其主要观点与前两个支派没有本质差别,但略有差异。批判学派的学者持"文化独立论",认为文化现象并非经济或地理所决定的;并且主张单纯描写事实,不作理论概括,宣扬人类文化发展的非规律性。这一学派在累积人种学的资料方面贡献很大。

第一次世界大战以后,功能学派兴起,其创始人为伦敦大学的马林诺斯基(B. Malinowski)以及英国的布朗(R. Brown)。功能学派也是反对进化学派的,

---

① 林耀华主编:《民族学通论》,北京:中央民族学院出版社,1990年版,第120页。
② 李绍明编:《民族学》,成都:四川民族出版社,1986年版。
③ 林耀华主编:《民族学通论》,北京:中央民族学院出版社,1990年版,第121页。

他们在否认人类社会和文化发生发展的渐进性的基础上,进而提出文化的"意义"和"功能"的观点。在他们看来,每一个社会的每一种文化现象(包括社会制度、风俗习惯)都有它的功能,都在实际生活中起作用;不能脱离整体,如果无视整体,只作个别的变动,则将使这个社会失去均衡。①

二战以来,在美国人种学界中又产生心理学派,其代表人物是本尼迪克特(R. F. Benedict)、米德(M. Mead)等人。他们在美国印第安和大洋洲的大量调查表明,个人人格的社会文化背景在相互影响下而形成各个独特的文化模式,并且这样的文化模式或所谓种族心理类型是永恒不变的,有什么样的种族特征就有与之相适应的心理和相适应的行为。② 20世纪50—60年代以来,结构主义学派出现,以法国学者列维·施特劳斯为代表。他利用语言学的结构分析法来对人种学资料进行分析和研究;通过建造模式去说明人类社会;透过事物表面去揭示它的深层结构。

进入70年代以后,以格尔茨(C. Geertz)为代表的解释人类学派兴起,在人种学界刮起一股"文化解释"的旋风。在他看来,人种学家在进行田野调查的时候,做到"移情"是极为重要的。所谓"移情"就是指人种学家努力地从当地人的视角观察该人种的文化。他对于文化现象的解释最突出地表现在他创作民族志时所强调的"浅描法"和"深描法"上。"浅描法"又称作"薄描法",旨在达到对研究对象以及研究事实较为完整的"描绘与刻画";而所谓的"深描法"就是对田野调查的细微之处进行"具有厚度的记述",以图揭示人类行为与文化背景之间的互动关系,进而真正、全面地解释人类行为的意义。

二、人种学的含义与特征

现代人种学从19世纪中叶兴起至今已过去一个半世纪,大体上相继出现进化学派、德奥文化圈学派、英国传播学派和美国历史学派,以及种族心理学派、结构学派等。如此多的学派对于人种学含义的解释不尽相同,国内学者对人种学的界定也有所不同,不过总体上可以归纳为:所谓人种学就是人种学学者进入田野(field),周密地观察、记录、参与当地日常生活,并收集资料,进而进行理论建构和分析活动,以图探索一个文化的"整体性"生活、态度和模式。一般来说,人种学要求学会当地语言,和当地人打成一片,以求得和当地人一致的文化体验和直觉,正确地感受、认识。在完成田野工作后,细描、说明所观察和

---

① 李绍明编:《民族学》,成都:四川民族出版社,1986年版。
② 同上。

第二章 质性研究的理论基础

体验到的,这样的过程最短也需要1—2年。需要特别指出的是,实际上也是许多人种学学者一直十分强调的:首先,研究者在进入田野的时候要放弃个人的"天真的现实主义"信仰,即人类对现实世界的界定是一样的;其次,"自我"作为观察的起点,田野知识便是研究者与被研究者互动产生且共同建构的,同情心(或者说是应抱有理解的同情)、敏感度及研究者对知识追求的热诚均是十分重要的;最后,田野调查的中心工作是要发掘行动及事件对当事者的"意义",以此来找寻文化的规则及理论。①

根据以上对人种学的论述,我们可以对其研究方法上的特征做出如下总结:

首先,人种学学者研究的主要内容是文化,换言之,通过不同民族的生老病死、衣食住行、喜怒哀乐、风土民情等行为方式的研究,探寻人类千姿百态的文化模式。相对而言,人种学学者很少关心历史学家们笔下名垂青史的人物、轰轰烈烈的事件,但那些人人皆知的"不起眼"的生活领域中的日常琐碎的小事,则为人种学学者所青睐。也许对他们来说,洞察历史的深邃力则表现在不同种族的文化模式里的深沉的历史性。

其次,作为人种学重要的观点,人种学学者特别强调研究的整体性。所谓整体性就是把特定对象系统的各个要素作为一个有机整体的组成部分来看待,部分是整体的成分,部分的特性存在于部分与整体的联系之中。按照人种学学者的观点,对于某一文化的分析,必须将它置于更大的社会系统和框架来思考,探讨与之相关的社会因素,唯独如此,方能对这些现象与问题做出全面的分析。或许可称为微型社会的整体考察。

再次,在研究过程中的主客体方面,人种学提出"主位"与"客位"的论点,换言之,"自观"与"他观"。"自观"是站在当地人的角度,用他们自身的观点去解释他们的文化;"他观"是站在局外的立场,用自己所持的一般观点去解释所看到的当地文化。在人种学学者看来,以什么眼光来看问题是个重要的前提问题。明了"自观",可以克服族际差异所造成的障碍,如实地反映真相,而不带偏见。需要说明的是,"自观"和"他观"是互为补充的,并不是相互排斥的。人种学对于主位与客位的分野,是为了发现真实而深刻的见解,进而分析出表层现象后面的深层结构。

最后,在具体的研究方法方面,实地调查或田野工作是人种学最为重要的研究方法。民族志的主要工作是发现知识而非验证理论,发现行为者所建构的

---

① 李晓凤、佘双好编著:《质性研究方法》,武汉:武汉大学出版社,2006年版,第163页。

社会真实,掌握、理解并发掘行为者的意义,并加以描述解释。在田野调查过程中,研究者亲身体验当地的实际状况,和当地人民相处,参与当地的活动,形成一种直接的感受。当然,需要研究者警醒的是,研究者对所观察到的世界的理解是在自己原有的"背景知识"——个人的生活经验、文化价值、观念体系——下进行的,是一种新的诠释性解释。换言之,研究者在不将周围事物视为理所当然的情况下,学习新的规范与线索,同时也要了解注意自己的行为与行动,并在"拟定情况的介入"与"专业的超然之间"保持一种平衡。

三、人种学对质性研究之理论分析

人种学作为揭示人们行动原因的有力工具,通过观察和倾听田野对象的日常生活,使研究者能够认识并理解田野对象的行动和思想。就人种学作为狭义上的方法而言,参与观察、社区和个案在质性研究中得到广泛运用。

首先,从方法上来说,质性研究是一个建立在研究者与参与者充分互动基础上的探讨方式。以此而言,质性研究者必须深入被研究者的生活世界,经过长时期的沉潜和学习以收集资料;并且在研究过程中观察、学习、体会,并包容和欣赏被研究者的认知架构。① 质言之,质性研究在相当大程度上就是参与观察。参与观察要求观察者身临其境,入乡随俗,参与当地人的生活,尽量像一个当地人。

其次,社区和个案法是人种学在微观范围内的两种典型调查方法。社区调查是质性研究中应用最广泛的一种实地调查,但是其研究方法是从人种学对原始民族的调查研究中产生的。② 在人种学研究中,社区调查是为了揭示民族社会某一层面文化的全貌。社区是一个变量,有大有小,但在实际调查中,社区都是微型的,区域在调查者来说有可能进入直接观察的视野范围之内。人种学是以群体为研究目标的,但这并不排斥个案调查法。它最初是心理学的一种研究方法,民族学借用这种方法,进行文化个案研究。个案法虽然以个体为调查对象,但其目的在于通过个体去发现整体,即通过对一个典型事例或人物的具体研究,以了解其发生、发展的规律,从而为解决更一般的问题提供经验。因此,个案也被称为"一个整体"。③ 目前,个案法已经成了质性研究最为重要的研究方法之一。

---

① 李晓凤、佘双好编著:《质性研究方法》,武汉:武汉大学出版社,2006年版,第23页。
② 吴文藻:《现代社会实地研究的意义与功用》,北京:《社会研究》,第66期。
③ 林耀华主编:《民族学通论》,北京:中央民族学院出版社,1990年版。

第二章 质性研究的理论基础

第四节 现 象 学

自19世纪以来,实证主义理论范式的研究倾向在社会科学研究中一直处于主导地位,其突出表现是强调以自然科学的方法模式研究社会现象。在韦伯看来,实证主义为保证研究结果的客观性与科学性而忽略了社会现象所特有的主观性,为此创立理解社会学。舒茨(A. Schutz)则从韦伯的理解社会学出发,借用胡塞尔(E. Husserl)现象学哲学的概念和方法深入地研究现象所具有的意义。具体地说,舒茨批判地接受了胡塞尔现象学哲学的意向性理论,尝试着把生活世界的主体间性等概念引入社会科学研究,并把它与韦伯的"理解"的概念相结合,主张回到生活世界的基本事实上来。正是这样的理论基点保证了质性研究的"特质",而以现象学理论范式为理论基础的深度访谈,以及随后发展起来的常人方法学的"谈话分析"极大地丰富了质性研究的理论和方法。

一、现象学运动的形成与发展

按哈贝马斯的说法,现象学运动、分析哲学运动、结构主义运动、西方马克思主义运动是西方哲学在20世纪最为重要的"哲学运动",它们在各自的领域中留下最为深刻的痕迹。它们早已找到自己的历史学家并且找到对它们自己的标准说明。① 准确地说,在1900—1901年间出版的《逻辑研究》中,胡塞尔第一次使用现象学为他试图创立的学问命名,嗣后现象学成为20世纪欧洲大陆影响最为广泛的哲学运动,《逻辑研究》也成为现象学运动的奠基性著作。胡塞尔在为《逻辑研究》第二版所写的"引论"中也同样强调,《逻辑研究》是一部突破性著作,因而它不是一个结尾,而是一个开端。② 学者们一般认为,最广义上的现象学运动可以划分为两个圆周:第一个圆周由《逻辑研究》的发表起,至胡塞尔1938年逝世止,前后三十多年,是胡塞尔本人身临其中的现象学的发展时期;第二个圆周则是指胡塞尔去世后现象学运动至今为止的发展。③

1901年胡塞尔来到哥廷根,周围很快聚拢一批有志于现象学的青年学者。

---

① 〔德〕于尔根·哈贝马斯:《后形而上学思想》,曹卫东、付德根译,南京:译林出版社,2001年版,第8页。
② 〔德〕埃德蒙德·胡塞尔:《逻辑研究(修订本)》第二卷第一部分,上海:译文出版社,2006年版,第4页。
③ 倪梁康:《现象学及其效应——胡塞尔与当代德国哲学》,北京:生活·读书·新知三联书店,1994年版,第17页。

到 1904 年,现象学作为一个哲学运动已正式形成。1913 年在胡塞尔主编的《哲学与现象学研究年鉴》第一卷出版,第一批现象学的代表人物得以崭露头角。马克斯·舍勒(Max Scheler)的《伦理学中的形式主义与质料的伦理学》是这一时期除胡塞尔的著作之外最富影响的现象学经典著述。需要指出的是,作为哲学家的胡塞尔,正像其他德国哲学家一样,也曾梦想过建立一座哲学大厦,可是他后来认识到自己有生之年仅足以为这座大厦测量地基。① 他深刻地认识到,哲学是严格科学,通过《逻辑研究》的必经之路,从"现象学的心理学"迈向"现象学的哲学"。

1916 年胡塞尔前往弗赖堡大学接受因李凯尔特离开而空出的哲学教席。随着胡塞尔的迁居,现象学运动的中心逐渐转向弗赖堡,现象学运动的第一圆周的第二阶段便由此开始。与在哥廷根一样,胡塞尔到弗赖堡之后,一批学生和助手很快聚集在他的周围,不久便产生出现象学运动第二阶段的代表人物:海德格尔、卡尔·洛维特(Karl Loewith)、阿隆·古尔维奇(Aron Gurwitch)、伽达默尔、霍克海默(Max Horkheimer)等。海德格尔于 1927 年发表在《哲学与现象学研究年鉴》第八期上的《存在与世间》无疑是现象学运动这一阶段最重要代表作之一。这一阶段随着胡塞尔 1929—1930 年教学活动的结束而告终。

第三阶段现象学运动的重要代表人物与前两个阶段相比没有发生很大变化。胡塞尔的最后一批学生中有日后成为西方马克思主义代表人物的马尔库塞(Herbert Marcuse)和成为法国存在主义哲学代表人物的列维纳斯(Emmanuel Levinas)。较大的变化则在于这一阶段现象学运动的中心人物已经从胡塞尔转到海德格尔。阿尔弗雷德·舒茨则在这一时期与胡塞尔保持联系,后来在 1932 年的《社会世界的有意义构造》一书系统地提出社会现象的纲领并得到胡塞尔本人的承认,以后成为社会现象学的经典著作。② 后来舒茨现象学社会学直接影响常人方法学的理论取向,现象学的敏锐感受(sensibility)在常人方法学中得到表明。甚至可以说,早期常人方法学是通过采纳舒茨和古尔维奇对胡塞尔的解读而达成构成(constitution)立场的。舒茨和古尔维奇把日常世界说成是由意识的心理行为构成的,加芬克尔将这种现象学家的心理行为转化为公共的、场景的互动行动,于是常人方法学就诞生了。③

---

① 〔德〕胡塞尔:《纯粹现象学通论》,李幼蒸译,,北京:商务印书馆,1992 年版,中译者序第 1 页。
② 倪梁康:《现象学及其效应——胡塞尔与当代德国哲学》,北京:生活·读书·新知三联书店,1994 年版,第 23 页。
③ 李培林、覃方明主编:《社会学理论与经验》,北京:社会科学文献出版社,2005 年版,第 103 页。

胡塞尔逝世后,有学者用两个相互对立的倾向来勾画这个圆周。一个倾向的目的在于:将现象学所发出的原动力加以继续展开,它从现象学所获得基地出发,在现象学所开启的新角度中,不断地穿透着科学与生活的所有领域。在这里可以谈得上应用现象学,它的区域在此期间已经有了几乎难以估量的扩展。另一种倾向的目的则在于对现象学清查,对现象学起源的反省和对现象学本质的把握。[1]

二、现象学理论范式的含义与特征

纵观现象学运动的形成与发展,我们可以看到,它首先表现在对传统学说的反叛和对直接面对事实本身的研究态度上。具体地说,现象学拒绝借助于旧的传统,拒绝借助于以往的理论、前人的学说,而是要求直接、明证、原本地把握绝对真理自身。正是这样的"排除成见""面对事实本身"的态度,使得现象学研究成为一大批严肃的哲学家所认同的哲学运动的首要原因。

正是这样的彻底态度,启发舒茨从现象学的角度,强调社会科学研究的独特性。在舒茨看来,自然科学家所必须处理这些事实、材料和事件,在他的观察范围内只不过是事实、材料和事件。但是,这个范围对于其中那些分子、原子和电子来说却不"意味"任何东西。在社会科学家面前,这些事实、事件和材料却具有完全不同的结构。从根本上说,他的观察范围——社会世界——并不是没有结构的。对于人类在其中的生活、思考和活动来说,它具有特殊的意义和特殊的关联结构。[2]

在这样的基础上,现象学社会学在肯定对意义、生活世界和常识世界研究时,特别强调对常识实在的研究。舒茨超越胡塞尔的先验现象学,主张用经验方法去考察"主体间性"这一重要社会实在。他通过"主体间性"的概念,提出我们的生活世界是常识的潜在的典型化(typification),认为生活世界的典型化是建立在主观意义基础上的,分为初级建构(first-order constructs)和次级建构(second-order constructs)。舒茨认为,人们是通过一系列决定他们的行为、行动、目的、行动方式的常识建构,事先限定和解释社会生活世界。社会世界由生活于其中的成员运用一系列客体典型化的形式,把日常世界解释成一个有机的

---

[1] 倪梁康:《现象学及其效应——胡塞尔与当代德国哲学》,北京:生活·读书·新知三联书店,1994年版,第25—26页。

[2] 〔德〕阿尔弗雷德·许茨:《社会实在问题》,霍桂桓、索昕译,北京:华夏出版社,2001年版,第31—32页。

意义系统。所谓初级建构就是典型化使用常识形式来解释它形成日常知识,包括行动者的个人经验,构成被认为是自然的理解世界的方式。我们可以发现,其实初级建构就是从旁观者角度做研究,而在行动者关于社会因果的建构基础上来建构就是次级建构或二度建构。①

总结以上论述,与实证主义理论范式相比,我们不难归纳出现象学理论范式的一些基本特征:

(1) 实证主义试图应用自然科学的范式假设社会现象和自然现象具有相同的性质,现象学理论范式则提出,实证主义是不能成立的。在他们看来,自然界或自然现象是无意义的,事实、材料和事件,是相对客观存在的。与自然世界不同,社会世界或者生活世界包括直接经验的世界,同时代人的世界、前人的世界和后人的世界,是一个意义性(meaning)构成的世界,是人们在其所度过的日常生活所直接经验的主体间的文化世界。每一个社会行动或社会现象都有其特定的含义,这些意义构成人类社会的本质,即生活于其中的成员运用一系列典型化的形式,把日常世界解释成一个有意义的系统。

(2) 现象学者指出,不同于自然科学家的是,他们不能从旁观者角度来判定说明哪一类事实和事件与他们的研究目的是相关或无关的,即社会世界的研究者与自然世界的旁观者相比,他们与研究对象之间的关系是不同的。故提出社会科学家的观察活动,不仅仅是对现象的观察与解释,还需要理解(understanding),从而解释社会世界的意义结构。② 当然,舒茨意义上的"理解"不同于韦伯和胡塞尔。韦伯只是一味地强调对行动意义的理解,舒茨则关心的是为什么理解,理解如何可能,以及如何理解等;胡塞尔关于生活世界要素中主体间性只存在于先验自我之间的观点,而舒茨则强调从生活世界出发理解主体间性问题。

(3) 实证主义认为社会现象可以像自然现象那样精确地加以观察和度量,精确化、操作化、变量化,进而进行理论的检验与验证;按照现象学理论范式的观点,生活世界是由不同意义构成的一个世界,社会成员以此作为参考构架来理解和解释社会现象。具体地说,人们对于日常生活的理解是利用人们自身的"库存知识"来进行的,库存知识的内容又来自于人们在日常生活中直接或者间接的经验。其中的逻辑则是,人们通过"类型化"来组织利用库存知识,形成其社会世界建构的图景的基础。

---

① 林聚任、刘玉安主编:《社会科学研究方法》,济南:山东人民出版社,2004年版,第37—38页。
② 同上书,第24页。

三、现象学理论范式对质性研究之理论分析

按照现象学理论范式的观点,实证主义是一种非常片面的"残缺不全的概念",只关注对纯客观事实的研究,而忽视主体价值问题,进而通过强调对生活世界"主体"分析,树立一种新的更全面的科学观。[1] 这样的一种态度,对于保证质性研究的"质素"尤为重要。具体表现在以下四个方面:

第一,现象学强调研究人们的主观经验以及对它的诠释,亦即这些主观经验的意义。[2] 对于质性研究来说,尽管外在世界是存在的,但只有当我们意识到时才有意义。在现象学中,外在世界只能是显像(appearance)和经验:我们唯有通过我们的感知才能把握它。因此,外在世界只能存在于视觉、听觉、触觉、味觉以及嗅觉的感觉材料中。

第二,现象学强调要把先入为主之见"放入括号"[3]。现象学认为,人们在生活世界中往往抱一种自然态度,这样的自然态度会妨碍我们对主观经验及其主观诠释的理解。研究者在采用质性研究方法,尤其是参与观察的时候,先入为主之见是必须要注意和警惕的。

第三,现象学强调要通过研究对象的眼睛看世界。[4] 对于质性研究来说,研究者不能从外在世界的情况如何来推论人们的主观经验及其主观诠释,而只能从研究对象自己的角度去理解他们的主观经验及其主观诠释。

第四,现象学强调在一定的背景中进行研究。这样的论述提醒质性研究者对人们主观经验及其主观诠释的理解,不能离开他们所处的环境,包括他们个人的生活历史,或"生平情境",及他们与其他环境因素的互动。[5]

第五节 建 构 主 义

建构主义作为一种理论范式颇为庞杂。一方面表现为思想来源的驳杂,最早可以追溯到古希腊哲学对理性的认知,近代以降则是维科、康德、黑格尔的哲

---

[1] 林聚任、刘玉安主编:《社会科学研究方法》,济南:山东人民出版社,2004年版,第37页。
[2] John W. Creswell (1994), *Research Design: Qualitative & Quantitative Approaches*, London: SAGE.
[3] W. James Potter (1996), *An Analysis of Thinking and Research about Qualitative Methods*, New Jersey: Lawrence Erlbum Associates.
[4] A. Rubin and E. Babbie (1997), *Research Methods for Social Work* (7th. ed.), Pacific grove: Brooks/Cole.
[5] I. Hollyway (1997), *Basic Concepts for Qualitative Research*, Oxford: Blackwell Science.

学论述,以及当代的理论资源来自科学哲学、科学社会学理论,等等。另一方面,在过去二三十年的发展中,"建构主义"(constructivism)已经无可辩驳地进入社会理论的殿堂,在当代社会科学研究中越发显现出其批判和解放、解构和重构的理论旨趣,并不断影响着社会科学研究的发展。

一、建构主义理论范式的形成与发展

"建构"(construction)一词在直观上通常表示"由……建造、制作、构成"等含义,建构主义则具有特定的学术内涵。零散的、不系统的建构主义思想和实践古已有之,在苏格拉底著名的"助产术"和柏拉图的理念论中,都包含知识来自人类思维建构的观念;近代西方哲学中的认识论转向和启蒙运动,更是诱发建构主义思想在哲学中的萌芽,后来的建构主义者则尊奉康德、维科和黑格尔等为奠基人。[①] 20 世纪 20 至 30 年代以后,建构主义正式出现。

康德通过对英国经验主义和欧陆唯理主义的调和,提出以先天综合判断来建构知识的认识论思想,即知识是以先天的理智范畴来综合众多的经验材料而得到的一种思维判断。在康德看来,理智的(先天)法则不是理智从自然界得来的,而是理智给自然界规定的。[②] 这样的论述意味着人类将"秩序"赋予对外部世界的"感觉经验",知识不是从世界中发现和识别的,而是建构的。意大利哲学家维科清晰地表明其建构性的观点,即"真理是被人类制造的"或者"我们知道它是因为我们制造了它"。维科认为,人类通过思维结构观察自然世界,但并不能真正理解它。然而,人类可以理解人造世界,如政府、哲学、历史、法律、宗教、诗歌、艺术、道德,甚至数学。所有这些人造世界的产品表明人类的建构性,也就是人类的创造力。到了黑格尔那里,人类的理性则被置于世界主宰的位置,而现实世界就是在绝对理念实现自我的辩证运动中产生的。在黑格尔之后,建构主义思想不同程度地散见于各哲学流派,尤其体现在新康德主义思潮和解释学当中。伴随 19 世纪末的学科分化,许多领域都出现不同形式的建构主义。这样的话语分流不仅表现在不同学科之间,也表现在同一学科内部。

很多学者从不同角度探讨建构主义的形式与分类:从个体与社会的关系可分为"个体认知建构主义"(主要是心理认知层面)和"社会建构主义"或称"社

---

① N. Spivey (1997), *The Constructivist Metaphor: Reading, Writing, and the Making of Meaning*, San Diego: Academic Press, pp.5-9.
② 〔德〕康德:《任何一种能够作为科学出现的未来形而上学导论》,应景仁译,北京:商务印书馆,1982 年版,第 93 页。

第二章　质性研究的理论基础

会建构论"(强调社会因素或文化研究领域);按程度上可分为"温和建构主义"和"激进建构主义"。此外,按照发展进程可分为经典建构主义、现代建构主义、当代建构主义;新古典建构主义、后现代主义的建构主义以及位于这二者连续体(continuum)之间的学派;传统建构主义(conventional)、批判建构主义(critical)、后现代建构主义(postmodern)。①

在社会学意义上涉及建构主义思想主要体现在以下两条脉络中:首先是一种对社会现实、社会世界的建构观点;其次是具体知识的社会建构。前者可以追溯到19世纪晚期20世纪早期的韦伯与齐美尔的相关观点,他们依据德国哲学中的自然科学与文化科学的区分……认为人的行为和自然客体的行为有着根本的不同。人总是积极主动地建构社会现实的行动者,其行为方式则要看他们是以怎样的方式理解其行为的,以怎样的方式赋予其行为以意义的。我们可以发现,韦伯与齐美尔已经从主体人的行为和理解社会现实意义上体现社会建构的观点,但总体说来建构的观点还不够明显,主要还是一种针对社会现实进行理解和诠释。符号互动论则关注个人之间的互动以及由此而形成的社会关系与互动模式;托马斯的那句名言"如果你将情境定义为真的,它就是真的"具有浓厚的社会建构主义色彩;布鲁默(H. G. Bloomer)的符号互动论更加凸显符号的意义,即人类的行为要根据其所赋予的意义而进行,意义来自社会互动,在互动过程中人们可以改变和修订意义。在舒茨看来,每个人都对自己的日常生活有所谓的"常识建构",社会科学的研究工作实际上是二度建构,就是对个人在日常生活经验建构的建构。加芬克尔的常人方法学研究更是开辟一种具有社会建构主义倾向的考察社会秩序如何形成的新观点:社会秩序正是在社会行动者的实践之中巧妙地进行建构,芸芸众生在日常生活中依照常识推理的逻辑建构我们的日常生活世界。换言之,常人方法学作为一种极端的现象学认为,要想用一种科学的方式将社会世界类型化是不可能的,因此,社会学家必须以与行动者的做事方式完全相同的方式来解释社会世界。②

沿第二条脉络,我们可以发现,最具有代表性的就是20世纪70年代末兴起的"科学知识社会学"(Sociology of Scientific Knowledge,简称SSK),强调用科

---

① 有关建构主义的分类可参阅:巨瑛梅、刘旭东编著:《当代国外教学理论》,北京:教育科学出版社,2004年版,第224页;〔澳〕马尔科姆·沃特斯:《现代社会学理论(第2版)》,杨善华等译,北京:华夏出版社,2000年版,第8页;方长平:《国家利益的建构主义分析》,北京:当代世界出版社,2002年版,第59—60页;安维复:《社会建构主义评介》,北京:《教学与研究》,2003年第4期,等等。

② 〔澳〕马尔科姆·沃特斯:《现代社会学理论(第2版)》,杨善华等译,北京:华夏出版社,2000年版,第8—9页。

学本身的方法分析和研究科学和科学知识。① 科学知识社会学传承、结合知识社会学以及科学社会学的传统。1924年,马克斯·舍勒首先创用"知识社会学"一词,知识社会学才作为一门独立的学科确立起来。经过卡尔·曼海姆的发展和伯格(P. Berger)和勒克曼(T. Luckman)的完善,知识社会学着力于探究知识与其他社会或文化存在的关系,对知识的内容进行社会学分析,认为知识(多指社会科学知识)在某种尺度上是社会的产物,即思想的社会决定。② 科学社会学的研究始于20世纪30年代,它其实是属于知识社会学的一块更狭小的领域。③ 其发展经历一段中断期之后,直到20世纪60年代,在罗伯特·默顿的努力下,科学社会学终于发展成为一个得到普遍认同的独立学科。

二、建构主义理论范式的含义与特征

所谓社会建构主义,在布尔(Burr)所著的《社会建构主义导论》一书中,视社会建构主义为一个"大家族",具有若干共同的家族特征:对习以为常的知识的批判立场、强调历史和文化特殊性、知识是由社会过程所维系、知识与社会行动交织在一起。④ 遗憾的是,布尔没有给予建构主义一个明确的定义,根据上文对建构主义理论范式形成与发展的论述,笔者试图从元理论、社会理论两个层面理解这样一个范畴。

作为元理论的建构主义是指建构主义所提供的一种有别于社会实在论或实证主义、本质主义、后实证主义的本体论和知识论。与社会实在论相比较,建构主义拒绝承认存在所谓的社会现实,而强调我们观察到的所有东西都是"人造的",进而主张理论亦是相对的、具有历史的特殊性;事物的价值和意义亦是文化的、历史的。我们理解世界的方式、我们所使用的分类与概念都是具有文化与历史特殊性的,其产生与发展有赖于特定的社会设置和社会场景。与本质主义比较,建构主义否认事物存在本质,否认知识具有"本质"上的普遍性和核心性,而强调知识的政治、历史、文化特殊性。按照建构主义的观点,传统世俗的知识和语言不存在一个稳固和客观的基础,用以描述世界的词语都是一种社会建构,一种文化、符号和人们之间历史互动的产品。换句话说,人们共同建构他们生活于其间的现实。对于后实证主义,建构主义强调所谓的现实或真理是

---

① 〔英〕巴里·巴恩斯、大卫·布鲁尔、约翰·亨利:《科学知识:一种社会学的分析》,邢冬梅、蔡仲译,南京:南京大学出版社,2003年版,中文版序言第1页。
② 刘文旋:《知识的社会性:知识社会学概要》,北京:《哲学动态》,2002年第1期。
③ 〔美〕罗伯特·K.默顿:《科学社会学散忆》,鲁旭东译,北京:商务印书馆,2004年版,第32页。
④ V. Burr (1995), *An Introduction to Social Constructivism*, London: Routledge.

第二章 质性研究的理论基础

在"这里"(in here),即人们头脑之中,而不是在"那里"(out here),即独立于人的存在。在建构主义者看来,人们应该考虑价值、意义和意图对于理解人类行为与社会脉络的重要意义,即存在着的很多的"真理"或"现实"只有置于其情境和关系之中才能理解,我们也需要怀疑日常生活世界所呈现的面貌并不断反思自己的立场或隐含的价值取向。

在上述元理论架构之下,作为社会理论的建构主义实际上是一种解放理论和生产理论,旨在要求走出我们自己曾经创造的现实而重新建构新的对话性的知识与理论,并不断反思自己的价值立场和对不确定性保持开放态度。具体地说,现实和知识都是社会建构的,不是个人的建构,而是"共同的建构",即从共同体那里获得知识、体验和思想渊源。至于建构的过程,可以理解为经由互动过程和社会实践,人们在其共同生活和日常互动之中创建知识。换言之,知识是在社会互动与社会过程之中不断地创造、维持、解构与重构,本身亦是一个过程,并且是一个没有终结的过程。在此过程之中,尤其需要重视作为一种社会实践的语言与话语体系。当人们相互交流之时,世界即被建构,现实则经由叙事、谈话和故事构成不同的话语体系。社会理论的建构主义致力于打破如此话语体系的霸权,揭示背后隐匿的权力关系,生产出解放的理论。

总结以上的论述,我们可以归纳出建构主义的三个主要特征:

(1)建构主义在本体论上持相对主义的态度,即现实具有地方性的特点,是具体地被建构出来的。在建构主义者看来,所谓"事实"是多元的,因历史、地域、情境、个人经验等因素的不同而有所不同。因此,建构起来的"事实"不存在"真实"与否,而只存在"合适"与否的问题。① 换言之,人们要思考的问题不再是所谓的知识的"对或错""真实或谬误",即福柯强调社会建构过程的断裂、偶变。并且,我们应当认识到,我们是只可能判断某一个行为或一种想法是否达到了自己的预期,而无法知道它们是否"真实"。

(2)在认识论上,建构主义主张交往互动。在建构主义者看来,研究者与被研究者之间是一个互为主体的关系,研究结果是由不同主体通过互动而达成的共识。正如伽达默尔所指出的,"领会"不是主体对客体的认识,而是不同主体之间"视域的融合"。② 同样的道理,意义并不是客观地存在于客体的对象那

---

① 陈向明著:《质的研究方法与社会科学研究》,北京:教育科学出版社,2002年版,第16页。
② 〔德〕汉斯—格奥尔格·加达默尔:《哲学解释学》,夏镇平、宋建平译,上海:上海译文出版社,1994年版。转引自陈向明:《质的研究方法与社会科学研究》,北京:教育科学出版社,2002年版,第16页。

里,而是存在于研究者与被研究者的关系之中。正是经由研究者与被研究者在其日常生活之中的社会互动创建意义和知识。

（3）方法论上的阐释与辨证取向。按照建构主义的观点,每一次理解和解释都是对原有诠释的再诠释,这是一个诠释的螺旋,可以永无止境地诠释下去。因此,研究者要做的不是进入被研究者的头脑,而是通过反思、"客观地"审视和领会互为主体的"主观"。其实,我们可以发现,主观和客观、知者和被知者、事实和价值之间的界限已经相当模糊,甚至不存在。此外,研究是一个交往各方不断辩证对话而共同建构研究结果的过程。这样的过程不是为了控制或预测客观现实,也不是为了改造现实,而是为了理解和建构——在人我之间、个体和世界之间、过去和现在之间建构起理解的桥梁。通过主体之间的理解,人类将扩大自身描述和解释事物的认知结构和叙事话语。[①]

三、建构主义理论范式对质性研究之理论分析

建构主义具有浓郁的批判意味,对现存知识的质疑意味着它具有理论和实践层面的颠覆和解放含义。一方面,社会建构主义可以理解为某种对专家话语霸权的信任丧失,并反对简单地根据专业术语进行分类、类化、治疗和介入;另一方面,社会建构主义自身的开放性和反思性亦提供重要的对话机会,如此对话实践有利于不同群体之间的交流与合作,从而建立一个包容性社会。

对于质性研究来说,建构主义所强调的不带"偏见"的理解实际上是对研究者的一种提醒,因为它是一种对理解的不合适的理解,即"理解"和"解释"之间的区别实际上是不存在的。换言之,研究者个人的思维方式、使用的语言和解释原则必然(也必须)符合他们生活中基本的、约定俗成的规范,否则便不可能对研究的现象进行任何意义上的阐释,更不可能与他人进行交流。就积极的意义来说,建构主义者看到人和社会的相互性和交往性,注意到研究者在理解中的能动作用,使研究成为一种发展生成的过程,或者说是一个复杂的社会建构过程。

此外,建构主义在理论上十分迷人,为我们从事研究提供无限广阔的空间和可能性,但是理论层面的探讨总归要落实到实践意义上。在建构主义者的眼中,一切都在流动之中,只有此时此刻才是"真实"的——这种理论不仅不能提出一套可供后人遵循的方法原则,而且无法设立任何衡量研究质量的标准。[②]

---

① 陈向明:《质的研究方法与社会科学研究》,北京:教育科学出版社,2002年版,第17页。
② 同上书,第18页。

第六节 批判理论

在20世纪中叶以前的社会科学研究中,实证主义理论范式一统天下,一般很少有人会提及批判理论。随着社会科学研究的发展,以及西方社会现实的快速变化,马克思逐渐受到重视。随后,批判理论作为一种理论范式,在秉承马克思的批判主义传统的基础上,批判实证主义的理论范式,进而对社会科学研究产生巨大影响。

一、批判理论范式的形成与发展

追溯批判理论的发展历程,我们大致可以区分广义与狭义两种:狭义的批判主义理论是专指法兰克福的社会理论;而广义的批判理论则包括:法兰克福学派的批判理论、后现代主义、多元文化主义、文化研究等当代具有批判取向的各种社会理论。① 法兰克福学派是指以1923年在德国法兰克福成立的"社会研究所"为核心的一批研究马克思学说和现代工业社会的学者形成的理论流派。该学派标榜自己为社会批判理论,将批判的矛头直接指向现代资本主义社会。法兰克福学派在其发展过程中大体上经历三代:20世纪30年代至第二次世界大战前为创立和形成"批判理论"阶段,代表人物有霍克海默(M. Horkheimer)、阿多诺(T. Adorno)、马尔库塞(H. Marcuse)等人;战后至20世纪60年代末过渡到"否定的辩证法"阶段,其中最有影响的是哈贝马斯(J. Habermas);1969年以后,法兰克福社会研究所逐渐解体,批判理论的主旨仍以不同的形式保持在新一代的理论家的著述中。②

马克思作为批判理论的创始人,他用以洞穿"法定的"社会世界的静态表征的核心术语是历史性(historicity),即社会模式的历史流动性。社会的历史性意味着过去与现在的社会模式是可以通过受压迫阶级的协调一致的政治行动与社会努力加以改变的,不存在像"自然法则"那样不可改变的"社会法则"。霍克海默作为批判理论的首脑人物,法兰克福学派的创建者之一,继承和发展马克思的批判理论。在1937年的《传统理论与批判理论》中霍克海默认为传统理论把理论当作是一种对社会实在的描述、预测,乃至于控制,理论家是一个客观

---

① 陶东风:《现代与后现代之间》,济南:山东友谊出版社,2002年版,第103页。
② 文军主编:《西方社会学理论:经典传统与当代转向》,上海:上海人民出版社,2006年版,第177页。

超然的旁观者,欲对社会生活获致一种客观的了解;而批判主义理论则是把社会理论当作一种批判(critique),当作介入干预社会生活的一种力量,旨在改变社会,使其朝某个方向改变,所以理论及理论家都不可能是价值中立的,理论家同时也是一位介入社会生活的行动者。① 在法兰克福学派的早期代表中,阿多诺是仅次于霍克海默的领袖人物。在 1966 年发表的《否定辩证法》一书中,他赋予"否定的辩证法"以否定任何肯定事物的普遍否定性的地位,即是将"否定辩证法"视为一切可能的社会认识之基本原理,从而在哲学成为法兰克福学派确定认识论的根据。在阐述辩证法思想的时候,阿多诺还大力批判实证主义理论范式。在他看来:(1) 不同的研究社会的模式具有极大的差异,以社会总体及其运动的规律作为研究对象,社会以洞察"像交换关系这样的基本的结构"作为研究方法;而研究社会个别现象,就是要"单纯地确立事实";(2) 随着对"形式社会学"的不断失望,出现把经验的社会学推崇到首位的时髦倾向;(3) 不能把自然科学的模式移植到社会学上来;(4) 一般与特殊的关系,在社会和自然界中的表现形式与性质是迥然不同的。② 马尔库塞是法兰克福学派中最为激进的学者之一,曾被誉为"新左派之父"。他与他的同事一样,在对实证主义理论范式进行批判的基础上建立自己的批判理论。在他看来,实证主义理论范式和批判理论之间存在一条清晰的界限。正如亚历山大所言,实证理论按照世界的本来面目接受世界,不相信超越的可能性,而批判理论则把超越作为出发点。③ 哈贝马斯是法兰克福学派第二代至第三代最为重要的人物之一,他继承前辈对于实证主义理论范式的批判,其中最引人注目的是其对科学的批判。按照哈贝马斯的观点,人类全部理性可以划分为三种基本知识,即经验——分析型知识、历史——解释型知识和批判型知识。三种知识分别反映人类的三种基本旨趣:技术、实践以及解放的认知旨趣。这样一来,哈贝马斯就把经验——分析型知识和技术控制旨趣联系起来,科学随之成为政治和经济利益的工具。因此,科学成为一种意识形态,正是这样的意识形态成为发达资本主义社会的合理性发生危机的根本性原因。

20 世纪中期以来,现代人遭遇到普遍的文化困境,社会张力和冲突的焦点从单纯的经济利益和政治权力扩展到人的生存的意义、价值和根据所代表的文

---

① 黄瑞祺:《社会理论与社会世界》,北京:北京大学出版社,2005 年版,第 74 页。
② 上海社会科学院哲学研究所外国哲学研究室编:《法兰克福学派论著选辑》,北京:商务印书馆,1998 年版。
③ 〔美〕杰弗里·亚历山大:《社会学二十讲:二战以来的理论发展》,贾春增、董天民等译,北京:华夏出版社,2000 年版,第 261 页。

第二章 质性研究的理论基础

化层面。正是针对现代人的文化困境,法兰克福学派开始超越传统的阶级分析和政治革命的视野,对现存社会进行全方位的文化批判,即对意识形态、大众文化和技术理性的批判。这样的文化批判理论自问世以来产生持久的历史性影响,方兴未艾的文化研究思潮、文艺美学理论及大众传媒理论几乎无一不从法兰克福学派的文化批判理论中汲取滋养。① 随着社会批判理论自身的发展以及当代各种社会思潮的不断涌现,后现代主义、多元文化主义、文化研究、后结构主义、后马克思主义等都继承批判理论。尤其是各种新马克思主义和后现代思潮的崛起,在一定程度上进一步推动批判理论在当代的发展。

二、批判理论范式的含义与特征

就社会批判理论的"批判"意义本身而言,隐含着双重的意义:一是对方法的内在批判(internal criticism),即提出任何的主张、论点,必须在理论、资料收集和语言论述三者之间取得内在的逻辑一致性。二是对社会现象本质之逻辑思维的怀疑(skepticism)。此外,保罗·康纳顿(Paul Connerton)在其《批判社会学》一书的导言之中,也曾专门就"批判"的意义进行过讨论,并指出在德国思想史中,"批判"的意义也有两种:一种是康德意义上的批判,即强调反省知识的先验条件;另一种是黑格尔意义上的批判,即强调反省社会和历史中的人为束缚。② 按照笔者的理解,批判理论(critical theory)主要是被置于同所有的实证主义理论范式,尤其是同形形色色的功能学说,以及所有那些宣称自己是客观的和中立的社会理论体系相对立的位置上。所谓批判主义,是一种强调对社会现实的批判和否定,并且明确地以把人从压迫性的社会现实中解放出来为理论宗旨的理论范式。

批判主义的主要假设是认定事物的本质在于现实的否定之中。批判理论着眼于分析现存社会的矛盾,否定现存世界的合理性。就广义意义上的批判理论而言,否定的切入点,或批判的视角扩展至整个社会,如文化、语言、技术、意识形态、合理化过程,等等。总的来说,批判理论具有如下几个方面的特征:

一是批判理论高举批判的旗帜,把批判视为社会理论的宗旨,认为社会理论的主要任务就是否定,而否定的主要手段就是批判。批判的对象除了文化、

---

① 文军主编:《西方社会学理论:经典传统与当代转向》,上海:上海人民出版社,2006年版,第182页。

② P. Connerton (1976), Introduction, in P. Connerton (ed.), *Critical Sociology*, Harmondsworth, Eng. Penguim. 转引自周晓虹:《西方社会学历史与体系》第一卷,上海:上海人民出版社,2002年版,第447页。

世界观、意识形态外,就是现存的社会制度,它们与现代资本主义社会采取了势不两立的态度。① 不仅如此,在批判现代资本主义社会的同时,也在不同的方面试图寻找"解放"的出路,通过集体行动来达到改变社会的目的。不管批判主义者所提出的各种方法的可行性如何,至少都在努力地做这样一种尝试。

二是反对实证主义,认为知识不只是对于"外在"于那里的"世界"的被动反映,而是一种积极的建构。批判主义的社会理论家反对实证主义关于科学应该描述社会的所谓"自然法则"的观点,相反,他们相信社会是以历史性(对于变化的敏感性)为特征的。实证主义只能"证实"业已存在的事物,而无法"证实"未来或理想。"未来"是一个由过去、由难以克服的遗产形构的一个冒险、选择。因此,按照批判理论的观点,即使不能证实对于现在的激进替代的可能性,也至少认为"过去"与"现在"不可能原封不动地变成"未来"。②

三是常常通过采取把日常生活与更大的社会结构相联系的方法来分析社会现象与社会行为,十分注重理论与实践的统一。批判理论认为,正是由于传统理论把理论与实践、主体与客体、价值与事实的割裂,从而使理论研究成为脱离社会历史实践的独立王国。③ 因此,他们主张具体的否定(而非全盘否定),不仅要把理论与实践统一起来,而且还要倡导人们为自己的解放负责,并且告诫他们,不要以遥远的"未来""解放"的名义压迫别人,压迫现在的日常生活。换言之,批判理论主张研究者应该通过对话(dialogic approach)来帮助参与研究者从错误的意识形态之中解放出来,进而寻求改革真实社会世界的可能。

总的来说,批判理论在本体论上是一种"历史现实主义",承认客观现实的存在。但是在认识论上,它认为所谓的"现实"是历史的产物,是在历史发展过程中被社会、政治、经济、文化、种族和性别等因素塑造而成的。④ 批判理论指导下的研究主要使用辩证对话的方式,通过研究者与被研究者之间平等的交流,逐步去除被研究者的"虚假意识",达到意识上的真实。换言之,研究的目的就是要通过研究者与被研究者之间的对话和互动来超越被研究者对"现实"的误解,唤醒在历史过程中被压抑的真实意识,逐步解除那些带来痛苦和挣扎的偏见。

---

① 于海:《西方社会思想史》,复旦大学出版社,1993年版,第461页。
② 陶东风:《现代与后现代之间》,济南:山东友谊出版社,2002年版,第109页。
③ 林聚任、刘玉安主编:《社会科学研究方法》,济南:山东人民出版社,2004年版,第39页。
④ 陈向明:《质的研究方法与社会科学研究》,北京:教育科学出版社,2002年版,第18页。

三、批判理论范式对质性研究之理论分析

批判理论作为一种行动型的、带有强烈政治和道德倾向的研究,旨在担当"批判"和"解放"的功能。麦可·布洛维(Michael Burawo)的扩展案例研究法是批判理论的一个具体例子。在他看来,将扩展案例研究法应用到民族志或田野研究之中对于研究者和被研究者间的对话大有助益。[①] 通过采用扩展案例的方法来研究赞比亚的金矿工人,他进一步指出,实证主义理论范式特别适合那些人们无力抵抗更广大的政治经济体系的情境,换句话说,也就是那种人们被控制、无法掌握自身生活的情境而批判的社会科学的取向适合于那种人们力图抵抗或减少权力差别和统治的背景。该方法突出解放的条件,即人们质问或挑战外在的权力及其对他们生活的控制。[②]

反思科学是批判的社会科学的一种类型,特别注重研究者和被研究者之间的一种对话。正是通过这样的对话进一步确定反思科学的特征,表现在以下四个方面:

(1) 研究者与被研究者的互动所产生的分裂或干扰有助于揭示和更好地说明社会生活。

(2) 研究者在特定的情况中,可以采用被研究者的视角,但并不能仅仅停留于此。研究者将个体被研究者的多种视角和特定情况结合起来,并将它们聚合到更广的社会过程中。

(3) 研究者在从内到外研究社会世界的同时(从研究人的主观看法开始),还要从外到内研究(从影响人们的外在力量的视角开始研究)。

(4) 研究者总是不断地建构和重构理论。这样的重构是在与被研究者的对话中进行的,同时也是在于科学共同体中其他研究者的对话中进行的。[③]

布迪厄指出,在充分地了解个人的社会阅历和生活背景之后,我们就可以进一步进行非常详尽的、高度互动的深度访谈,以协助被访者发现和表述他们生活中所存在的惨痛的悲剧或日常的不幸背后所潜藏的规律,帮助他们摆脱这些外在现实的禁锢和袭扰,驱散外在现实对他们的内在占有,克服以"异己"的怪兽面目出现的外在现实对人们自身存在之中的创造力的剥夺。不过,需要注

---

① M. Burawo (1998), Extended Case Method, *Sociological Theory*, 16 (1): 4-33.

② 〔美〕劳伦斯·纽曼:《社会研究方法:定性和定量的取向(第五版)》,郝大海译,北京:中国人民大学出版社,2007 年版,第 112 页。

③ M. Burawo (2003), Revisits: An Outline of a Theory of Reflexive Ethnography, *American Sociological Review*, 68: 645-679.

意到的是,批判理论为社会科学研究提出批判的向度,但是如果使用不当的话有可能表现出一种"精英意识",把自己认为重要的观点强加给被研究者。另外,批判理论者的理论有时过于"宏大",是一种自上而下建构起来的理论,而且在研究的过程中有时过于注重对自己理论的验证。也正因此,批判理论自身存在着"自我挫败"的可能。一方面,他们承认"真实"是客观存在,而另一方面又认为所谓的"真实"只能被历史地认识,那么这些存在于历史之中的人们又怎么可能"真实地"认识"客观真实"呢?①

第七节 女性主义

当代女性主义运动将社会性别作为一个重要变量引入到社会理论的研究之中,引发社会理论和社会研究方法的巨大变化。性别在女性主义者那里不仅作为研究者与被研究者的个体或群体的身份标志,而且作为社会的人受制度约束以及进行行为选择和价值评判的依据。因此,性别以及它所包含的文化含义构成女性主义理论范式的出发点和社会科学知识的来源。可以说,女性主义理论范式的兴起,不仅对传统的社会理论形成强有力的抨击与颠覆,而且成为整合与重建新的社会理论范式的一支重要力量。

一、女性主义理论范式的形成与发展

西方女性主义(feminism)研究的兴盛是20世纪不可忽视的学术现象。其大体发轫于女性主义运动的"第一次浪潮",形成于"第二次浪潮",并且在"第三次浪潮"中得到了进一步补充和发展。② 三次浪潮产生不同的理论流派,这些不同流派理论观点各具特色,政治主张有同有异。它们代表不同阶级、不同肤色、不同国度的女性群体,向社会表达不同声音。

第一次浪潮发生在19世纪中叶到20世纪20年代,它以争取妇女的公民选举权、政治与法律上的平等为主要斗争目标,以自由主义女性主义为代表。自由主义女性主义是指由自由主义思潮发展而来的女性主义,是各流派女性主义的起点或修改和改造的对象。③ 自由主义女性主义深受西方启蒙运动的影响,认为女性和男性一样都是自由平等的人。其理论根基主要是个人权利、公正和

---

① 陈向明:《质的研究方法与社会科学研究》,北京:教育科学出版社,2002年版,第18页。
② 早期的女性主义发端于欧洲,"第二次浪潮"是美国居上,"第三次浪潮"则具有全球性。
③ 罗萍:《略论女性主义诸流派的理论与实践》,杭州:《浙江学刊》,2000年第6期。

第二章 质性研究的理论基础

自由的思想,认为妇女只要给予平等的民权、教育和就业机会,就可以获得与男性平等的发展和地位。因此,自由主义女性主义主张通过法律和教育的途径来改变社会的性别不平等。① 需要指出的是,自由主义女性主义的平等理论强调的是以男性为标准,忽视男女差异的平等。② 此外,自由主义女性主义是在承认现有政治、法律体制的前提下寻求法律保护,争取妇女享有参政权、受教育权的,因此,它基本上还是社会改良主义。③

第二次浪潮发生在 20 世纪 60 年代,它与美国黑人解放运动、学生运动及法国 1968 年五月风暴激进思潮相联系,以激进主义女性主义和社会主义女性主义为代表。激进主义女性主义是自由主义女性主义之激进化,所针对的正是在自由主义女性主义中未能得以妥善解决的一个根本问题,即男女之间的生理差异与其他差异有什么关系的问题。尽管在激进主义女性主义者中仍然有着许多不同的看法,但她们都一致认为:男女之间的生理差异的意义在父权制(patriarchy)中被夸大,人在生物意义上的性别和人在社会意义上的性别没有什么必然联系,父权制的生理或生物的基础是纯属虚构的、甚至是可以改变的。按照这样的逻辑,激进主义女性主义认为妇女受压迫的根本原因是以权利、统治、等级制度为特征的父权制的存在。社会主义女性主义者与激进主义女性主义者一样致力于大范围的社会批评和变革。在社会主义女性主义者看来,资本主义社会中的女人受压迫的根源除了资本主义以外还有父权制。④ 在消除压迫的形式上,社会主义女性主义主张不仅要重新组织人类的生产劳动,而且也要重新组织人类的再生产劳动,即生育。这种重组必须解决生育自由、照料孩子、对家庭给予充分资助、强制性的母亲角色等问题。⑤ 自由主义女性主义、激进主义女性主义和社会主义女性主义是女性主义的三大传统流派。它们就性别压迫的根源各执一词,并且它们都未能很好地说明女性屈从地位的原因。这是因为它们存在两个共同的局限:其一是坚持认为由最根本的、甚至是唯一的原因导致女性屈从;其二是将父权制文化逻辑直接运用于以父权制为斗争目标的女

---

① 沈奕斐:《被建构的女性——当代社会性别理论》,上海:上海人民出版社,2005 年版,第 99—100 页。
② 孔云梅:《关于"女性主义"问题研究综述》,郑州:《中州学刊》,2003 年第 2 期。
③ 继红:《当代西方女权主义》,北京:《马克思主义与现实》,1997 年第 3 期。
④ 夏光:《后结构主义思潮与后现代社会理论》,北京:社会科学文献出版社,2003 年版,第 392—402 页。
⑤ 〔美〕卡拉·亨德森等:《女性休闲——女性主义的视角》,刘耳、季斌、马岚译,昆明:云南人民出版社,2000 年版,第 99 页。

性主义。①

第三次浪潮则主要产生于20世纪70—80年代,与后现代主义、后殖民主义、后结构主义以及环保生态主义等思潮相应而出现女性主义各流派,并开始介入到各个学科的理论研究之中。② 后殖民女性主义又称为第三世界女性主义,其本质上是后现代主义在东方和第三世界国家的一种变体,它与东方和第三世界国家人民反对殖民主义的斗争和非殖民化尝试有一定的相关性。③ 与第一世界女性主义往往以性别抗争为主轴思考问题不同,后殖民女性主义将所面临的问题放在当地特定殖民政治经济脉络里来思考,进而寻求解决之道,即强调两性权利关系上的种族、阶级性。随着后现代思潮的兴起及其影响力的扩散,女性主义也与其紧密结合形成后现代女性主义思潮。后现代女性主义十分关注多元性、差异性、反权威性等,反对本质主义,并且否定被压迫妇女作为普遍化范畴的存在。同时,后现代女性主义非常重视对边缘群体的关注,如对同性恋的关注,其视角和态度都是更为解放和开阔的。④

二、女性主义理论范式的含义与特征

准确地讲,当代女性主义理论范式的确立就是建立在对传统社会理论与方法进行不遗余力的批判上。具体来说,这种批判主要集中在以下几个方面:

(1) 对忽视与曲解女性议题的批判。在传统的社会理论中,女性常常是被忽视的,性别属于生物学的范畴,而不是社会学的范畴。即使在家庭研究中,由于女性与男性的天然差异,女性的功能只能是在家庭里承担妻子和母亲的角色。女性服务于家庭中的男性,而家庭和其他社会组织之间的联系则由男性来承担。在女性主义看来,所谓公共领域与私人领域的划分以及与男性角色和女性角色之间的对应,是基于"生理决定论"的一种文化诡计。它已经预设男人和女人在家庭和社会中的现有角色分工和地位的合理性,也为社会学将女性及相关议题排除在外提供理由。

(2) 对主导概念和理论中男性化取向的批判。1970年代初期,女性主义学

---

① 李霞:《传统女性主义的局限与后现代女性主义的超越》,北京:《社会学》(月刊),2001年第6期。
② 荣维毅:《女性主义与后现代主义的相遇》,北京:《首都师范大学学报(社会科学版)》,2000年第6期。
③ 王宁、薛晓源主编:《全球化与后殖民批评》,北京:中央编译出版社,1998年版。
④ 沈奕斐著:《被建构的女性——当代社会性别理论》,上海:上海人民出版社,2005年版,第103页。

者对性别角色理论提出批评,体现在以下三个方面:① 性别角色理论总是热衷于研究性别差异,从而落入男性角色和女性角色的僵化的二元框架。② 性别角色理论没有实现将个体与社会有效地连接起来的承诺。一旦人的行为违反角色规定,受到责难的总是人而不是性别本身。③ 性别角色理论最根本的弱点是无法说明性别关系中存在的权力、不平等和冲突。因此女性主义主张彻底摒弃"角色"这一不合适的概念,并以社会性别(gender)这一概念取而代之。①

(3) 对实证主义的本体论及价值中立的批判。女性主义作为实证主义的坚定反对者认为,实证主义虽然标榜客观地描述社会世界,但在研究过程中保持价值中立是不可能的。处于权力中心的男性将自己对两性关系的态度带入社会学研究中,就会用男性思维表达科学、用男性的价值观定义科学和科学的方法,它不仅不能反映"真理"和"现实",反而会利用科学固有的理性观对被排斥在话语权以外的立场造成了压迫。②

(4) 对实证主义的认识论及认知主体的批判。女性主义者认为,实证主义所强调的抽象的个体认知主体是一个抽象的大写的人,实际上是"男人"。她们认为所有的认知进程和认知者都是具体的、情境中的。认知主体参与对象和客体本身的建构,认知者本身成为认知过程和结果的一部分。

(5) 对实证主义的方法论及技术策略的批判。女性主义是对原有的社会科学研究的挑战,其最重要的价值在于方法论层面。女性主义者认为,以往的实证主义的方法论是以自然科学模式为参照,以"客观性""普遍性"为依据的,难以满足女性主义的研究需求。因此,主张建立起相互分离的女性主义方法论,这种方法论强调男人与女人、男性经验与女性经验、男性方法与女性方法的根本差异,将性别视为社会中的人首要的区分标准。

虽然女性主义社会学理论的观点因其多样性而难以一概而论,不过就女性主义研究的方法论而言,表现出大体一致的共同特征。1986 年,朱蒂·柯克和玛丽·富诺在总结前十年的女性社会调查研究的基础上总结出女性主义方法论的五个要素,其中每一个要素都在某种程度上向性别不平等提出了挑战:③

(1) 性别和不平等。女性主义者假设女人受到男人和男人统治的社会范式的压迫,这种压迫不是由生理性别而自然产生的,而是由社会性别范式所决

---

① 吴小英:《"他者"的经验和价值——西方女性主义社会学的尝试》,北京:《中国社会科学》,2002 年第 6 期。
② 胡涤菲:《西方女性主义认识论与科学批判》,杭州:《浙江学刊》,2002 年第 6 期。
③ 许艳丽、谭琳:《女性主义方法论:向男女不平等挑战的方法论》,杭州:《浙江学刊》,2000 年第 5 期。

定的,因此是可以改变的。

(2) 经验。许多女性研究课题描述男人和女人的个人日常生活经验。她们采用定性分析来分析人们的感觉和行为,使分析具有可信性。而感觉和行为在传统研究中常被忽视。女性主义方法研究重点强调人们的经验,而不是定性分析技术。

(3) 行动。理想的女性主义研究常常包括一个具体的行动或政治成分,主要针对社会变革或是提高某一特殊妇女群体的地位。这些行动的目的是"为了妇女进行研究"试图带来某些社会变化。与强调价值中立的研究相比,女性主义研究是具有价值导向的研究。

(4) 对研究的批判。女性主义始终保持批判的立场,对传统的假设质疑,分析研究过程如何受到研究者的性别、种族和阶层以及性别观念的影响。

(5) 参与性方法。女性主义抛弃了研究者和被研究对象分离的僵化模式,喜欢采用更有效的研究模式,例如,访问中的双向沟通与交流取代了由访谈者发问而被访谈者一味回答的单向交流。

三、女性主义理论范式对质性研究之理论分析

女性主义的方法论是多元的而不是统一的,方法也是多样的。它强调从女性的自我经验出发,强调研究者作为主体的介入以及与研究对象的互动关系。研究者与研究对象之间有着密不可分的关系,着眼于对男性中心主义的批判,是一种为了女人而不仅仅是关于女人的研究。这样的理论范式对于质性研究的影响主要表现在以下方面:①

(1) "提出女性问题"的原则。其含义是,指出在社会惯习中社会性别的意义,如:女性为什么在社会上受到歧视,在社会的政治选择和结构安排上女性为什么居于从属地位,这些都是如何造成的,等等。

(2) 持续反思的原则。女性主义者必须不断地反思和研究作为社会生活基本特点的性别和性别平等的重要性。

(3) 提高觉悟(consciousness-raising)的原则。这是一个新的、特殊的、面向女性的方法论原则,目的在于扩大视野。它有三个维度:研究者和被研究者的女性觉悟意识;作为一种研究方法和技术的提高觉悟;活动中的潜在的提高觉悟。

(4) 拒斥"主观—客观"二分法的原则。女性主义者反对研究者和被研究

---

① 刘军:《女性主义方法研究》,北京:《妇女研究论丛》,2002年第1期。

者的区分,提出一种参与式的研究策略,即研究者也要把自己看成被研究者的一员,随时随地意识到自己的价值观和态度情感对研究过程和结果的影响;而研究对象的主体意识和情感意愿也要通过这个过程体现出来。

（5）"社会性别计划"(gender planning)的原则。这一原则明确提出了"战略性社会性别需求"(strategic gender needs)和"实用性社会性别需求"(practical gender needs)的区别。前者致力于克服妇女的从属地位,如消除性别歧视,要求政治平等等;后者致力于在具体的领域给予妇女一定的位置,在住房、交通等方面充分考虑妇女的要求等。

（6）重视伦理问题的原则。伦理问题表现在:多数的女性研究都要参与到被研究者的个人私生活之中,如何处理被研究者的提问,女性研究还倡导调查者帮助被调查者。

（7）强调授权和转型的原则。女性主义者认为,女性主义的研究不仅仅是关于(of women)的研究,更是为了女性(for women)的研究,关于女性的理论研究和实践目的都是重要的。我们可以用以往的理论研究,赋权于女性,使之提高觉悟,并且改变歧视女性的社会机制,从而改变男权社会。①

---

① 文军主编:《西方社会学理论:经典传统与当代转向》,上海:上海人民出版,2006年版,第295页。

第三章

质性研究设计

研究设计是研究者事先将自己打算研究的项目进行一个初步的计划,也就是在对研究现象的初步了解的基础上,根据自己所拥有的研究手段、方法、能力、时间和财力等条件因素,为满足自己的研究目的而进行的一个初步的筹划。它大致包括问题的提出、具体方法和手段、研究的步骤和进程、所期待的研究结果以及检验结果的方式。与其他类型的研究相比,设计在质性研究中享有十分特殊的地位:"由于质性研究是一个循环反复、不断演化发展的过程,允许研究者在研究的进程中根据情况对事先设定的方案进行修改,因此,质性研究中的设计不能像量性研究那样确定和固定。质性研究中的设计不能一次定终身,而是要根据研究的具体情况做出相应的调整和修改。"[①]虽然质性研究比量性研究在预期的研究设计上更容易发生改变,但是质性研究的设计仍然是非常必需的。

第一节　质性研究的基本步骤

质性研究说到底是通过与研究对象互动对其行为和意义建构获得解释性理解的一种活动。由于质性研究这种性质就决定了收集资料的方法是可以多种形式的,如开放型访谈、参与型和非参与型观察、实物分析等,一般不使用量表或其他测量工具。而结论的给出也是自下而上的归纳法,在收集资料的基础

---

① 陈向明:《质的研究方法与社会科学研究》,北京:教育科学出版社,2002年版,第67页。

上得以提升。因此,质性研究与量性研究也有共同之处:"两者都强调研究中的经验主义成分,尽管收集的资料类型以及分析资料和利用资料的方法有所不同,但是都必须以深入、细致、系统的调查资料作为基础,从研究者自己收集的资料中寻找意义解释或理论的根据。"①

一、选择研究问题

在质性研究设计中,研究问题可以具体说明研究者试图要知道或理解什么。在研究设计中,研究问题还起到另外两个重要的作用:帮助研究者聚焦研究(研究问题同研究者的研究目的与研究框架之间的关系)和指导研究者如何实施研究(研究问题同方法的关系)。②

提出研究问题不是一个简单直接的任务。一个好的问题提出可能是后来研究获得成功的必经之路。有一类课题脑筋一动就能研究出来,但它们也许不能对知识系统的积累作出巨大贡献,或者根本无助于改进实践以形成经验和技术;还有一种情况,你所选择的课题确实很重要,但你目前缺乏必要的研究资源或研究技能;当然也有一些问题非常好,但不应属于社会科学研究范畴,比如"人生的意义"等。可见,选择研究问题,对研究者来说是一个重大的挑战。我们在接下来的一节中将详细阐述如何确定既有重要意义又有可行性的研究问题。

二、抽样

抽样指的是根据研究的需要对有关的人、时间、地点、事件、行为、意义等进行选择的行为。一般而言,社会科学研究中的抽样可以分成两大类:概率抽样和非概率抽样。与量性研究不同的是,质性研究不可能进行随机抽样(随机抽样是指在被限定的研究对象中每一个单位都具有同样大的被抽中的概率)。

质性研究的样本一般比较小,采取的是目的性抽样的原则,这个与概率抽样中的随机概念不同。按照研究的目的抽取能够为研究问题提供最大信息量性研究对象。③ 因此,研究者在选择样本时,需要考虑抽样对象是否是一个能够提供非常密集、丰富信息的个案,即抽取那些能够为研究问题提供最大信息量

---

① 陈向明:《质的研究方法与社会科学研究》,北京:教育科学出版社,2002 年版,第 5—12 页。
② 〔美〕约瑟夫·A. 马克斯威尔:《质的研究设计——一种互动的取向》,重庆:重庆大学出版社,2007 年版,第 51 页。
③ Patton (1990), *Qualitative Evaluation and Research Methods*, New bury Park:Sage, p.169.

的人或事物。

三、搜集资料

和量性研究不同,质性研究可选用的资料收集的方法会显得更多。因为在质性研究中,任何东西只要能为研究的目的服务都可以成为"资料",所以几乎任何方法都可以成为质性研究中搜集资料的方法。在搜集资料的时候最重要的问题是:"如何从被研究者那里获得能够表现他们所思所想、所作所为的资料? 如何从他们的角度理解他们的行为和意义构建?"[1]质性研究中主要的三种收集资料的方法是:访谈、观察、实物分析。访谈注重对意义的解释,主要回答的问题是:"如何了解被研究者的所思所想?"观察主要回答"如何了解被研究者的所作所为?"实物分析主要回答"如何解释自己所看到的物品的意义?"这三种方法都需要设计收集方案。当然在这些行动之前都是要带着问题去寻找资料的。

同时,需要对资料进行描述,对现场的描述不是要复制现场的每个细节和人们说的每句话,而是用完整的方式呈现现实真相,提供情境脉络和意义。为了使描述条理清晰,研究者一般记有现场笔记,由研究者自己进行观察时撰写,包括描述性记录、理论备忘录(由观察而联想到的相关理论观点)、观点摘录、一己之见和推论等。

四、分析资料

在对资料进行描述整理后,就开始了分析资料的过程。研究者需对资料进行提取、分析并界定这些研究事件如何形成、改变的基本元素和基本特征,以及它们之间的相互影响和相互作用关系。在分析的过程中,研究者努力把自身熟知的答案或前见悬置起来,直面需要探究的现象,并尽可能以自己的理解和同参与者交往过程中的理解和体验进行分析。资料分析的讨论经常是研究计划书中最弱的部分,有些研究案例中,这种讨论完全是从一般性或从方法论的文本中摘取一些"样板式"的语言构成,对理解如何真正分析资料毫无意义。

五、撰写研究报告

质性研究之现场工作就像一个人在做心智的旅行,而研究报告的写作就像

---

[1] 陈向明:《质的研究方法与社会科学研究》,北京:教育科学出版社,2002年版,第163页。

第三章 质性研究设计

旅行的终点。① 研究者曾到不熟悉的文化情境去"旅行",花了几个星期、几个月去了解这个情境,在情境中注意倾听、观察、对人们访谈、参与人们的活动,以了解人们是如何组织他们的行为和解释他们的经验的,然后将搜集到的资料转译成研究报告,让不熟悉这个文化情境的读者分享这种了解,研究报告的写作就是如此一种转译的过程。② 质性研究过程通常是资料搜集、分析和撰写的循环周期,撰写质性研究报告因而是一个持续的过程,几乎在研究开始之时,作者即开始起草报告的一些部分,接着在资料的搜集和分析过程中,撰写的工作亦持续进行。

另外在设计阶段,研究者除了对上述方面进行设计以外,还要探讨如何对研究的质量进行检测,其中包括结果的真实性、可靠性、代表性等问题,也就是要涉及研究的信度和效度问题,下面各节将对这些步骤和研究中的信、效度问题进行阐述。

这里我们需要注意,尽管我们上面给出了一个格式化的质性研究的研究步骤。但和量性研究的步骤不同的是,量性研究程序往往是直线进行的,操作各自分离的顺序步骤,采用直线型研究程序:界定问题、建立假设、设计检验假定的工具、搜集分析资料、获得结论;而质性研究采用循环式步骤探究问题,即在质性研究过程中,从发现研究问题到解释研究的发现,并不是那么步骤分明、循序渐进的,而是一个周而复始的循环过程,表现为研究者选择一个研究方案后,即一再地重复探索的过程:问问题、搜集资料、做记录、分析资料……撰写研究报告。因此切莫把这看成是一个机械的流程。

第二节 质性研究课题的选择

选择研究课题是研究设计的重要组成部分。从某种程度上说,任何人都可以找得到任何一个前人没有研究过的课题,但其研究结果可能并没有任何意义。比如研究这样的问题:全世界有多少只苍蝇?同时,在质性研究中,最容易出现的问题是,研究者也很容易被他人所提供的精彩的故事所迷惑或陷入研究现场所发生的事情中,尽管收集了很多资料,却看不清自己究竟要研究什么。

---

① 黄瑞琴:《质的研究方法》,台北:心理出版社,1991年版。
② Spradley and McCurdy (1988), *The Cultural Experience: Ethnography in Complex Society*, Chicago: Science Research Associates, p. 81.

一、思考研究目的

在选择研究课题时,首先要考虑的是我们的研究目的。研究目的对研究将起到两个重要的作用:第一,它们有助于你在设计中进行选择,以保证你的研究是值得做的,确保你从研究中获得有价值的东西;第二,在论证你的研究的合理性方面是必不可少的,这也是你申请资助或提交研究计划书中的一个主要任务。[①] 一般学者都把研究目的区分为三种:个人的目的、实践的目的及知识或学术的目的。

(一) 个人目的

个人目的是指那些激发你去做这项研究的目的,而对其他人却未必重要。(比如你对自己家乡的某件事情的研究。)个人目的可以包括希望改变或改进自己所处的环境,对一个具体问题或事件的好奇,喜欢一项特定的研究,或仅仅是职业发展的需要。这些个人目的常常同实践的目的与知识(学术)的目的相重叠,只是在研究中个人目的的经验和需要常常被实践的目的和知识的目的深深包藏。所表现出来的选择研究问题的理由可能和个人扯不上半点关系。传统的研究方法一般明确地认为,个人目的应该建立在客观、中立的科学主义理性基础上,但大量的历史、社会及哲学研究都说明了科学研究中主观动机和目的的重要性。因此,承认并考虑个人目的非常重要,正是个人目的促进并影响了我们的研究。研究设计中想要排除个人目的与关注,既不可能也没有必要。

在许多的研究中个人目的可能会深深地影响到研究者选择什么样的研究问题。研究问题建立在自己个人经验的基础上,一个甚至可以说是最重要的优点是使研究具有动力。缺乏动力会导致我们无法继续从事该项研究;对课题具有强烈的个人兴趣且特别渴望探究问题的答案时,研究者会克服来自生活、工作等方面的困难,而不会拖延。遗憾的是现在大多数研究都不是起始于这个目的了。

对于研究者来说,不管你的研究报告中是否呈现个人目的,但重要的是要意识到这些目的,以及它们可能对你的研究产生什么影响,并考虑如何更好地实现你的目的,处理它们的影响。[②]

有一点在质性研究中尤其要注意,研究者在选择质性研究中,他的个人目

[①] M. Hummersley (1992), *What's Wrong with Ethnography?* London: Routledge, p.28.
[②] 〔美〕约瑟夫·A.马克斯威尔:《质的研究设计——一种互动的取向》,朱光明译,重庆:重庆大学出版社,2007年版,第15页。

的中不应该带有逃避统计的目的。事实上,质性研究并不比量性研究更容易,选择质性研究取决于个人兴趣以及研究技巧,关键的问题是"选择质的方法"的原因要同研究中的其他目的、研究问题以及实施质性研究所需的要求相一致,而不是在方法上探求讨巧。

(二) 实践目的和知识目的

实践的目的是为了实现某种东西——满足某种需求、改变某个环境或达到某个目标。而知识的目的则主要是为了理解事物——洞悉事情及其发生的原因,或解决以往研究没有正确说明的问题。

这两种目的都是研究者在研究设计中的合理组成部分。质性研究方法与量性研究方法之间的区别并不是简单地做同样研究的两种不同方法。他们有着各自不同的研究传统、思维模式和优势,可以通过不同的研究问题达到研究目的。质性研究的优势主要在于它所关注的是特定的情境或情境中的人物,突出语言的作用而不是强调数据。[①] 关于实践目的和知识目的这里我们将引用马克斯威尔的观点,下面所提到的知识目的和实践目的都特别适合通过质性研究来实现。

1. 知识目的

(1) 理解事件、情境、经历及行动对研究参与者的意义。这里的意义是指包括认知、情感、意向以及其他的通常被质性研究者称作"参与者视角"的那些东西。在质性研究中,除了对正在发生的事件和行动感兴趣,还要注意参与者如何理解这些事情以及这种理解又是如何影响他们的行为的。这种对意义的关注是社会科学"解释性"研究取向的中心所在。

(2) 理解参与者行动所处的具体情境和情境对他们行动的影响。质性研究一般研究数量相对较少的个人或情境,并在研究分析中保留他们(它们)的个性特征,因此,研究者能够理解事件、行动以及意义是如何在他们(它们)所发生的独特情境中具体形成的。

(3) 寻找非预期的现象及其影响,并就这种影响提出新的"扎根"理论。质性研究有着内在的开放性与灵活性,为了理解新的发现和关系,它允许在研究中修改你的设计和研究问题。这与量性研究非常不同,一般量性研究在基于研究问题的基础上收集到资料和数据后,就无法再修改研究问题了。

---

① 〔美〕约瑟夫·A.马克斯威尔:《质的研究设计———一种互动的取向》,朱光明译,重庆:重庆大学出版社,2007年版,第17页。

（4）理解事件和行动发生的过程。"质性研究的旨趣在于过程而不是结果"①，这并不意味着质性研究不关心结果，只是强调质性研究是一个主要优势在于获悉导致这些结果的过程，而量性研究很难发现这些问题。

（5）提出因果解释。传统观点也是主导观点，认为只有量性研究才能得出可靠的因果关系。但事实上量性研究是回答"在什么程度上变量 X 引起了变量 Y"，而质性研究则是回答"X 是如何导致 Y 的？"在质的访谈中主要是通过生动、有序地描述具体事件来展示因果关系，这些事件环环相扣……而量性研究是通过显示先前事件和随后事件的关联来证明因果假设。②

2. 实践目的

质性研究在说明以下三个实践目的方面具有很大优势。

（1）质性研究产生并提出了可以理解并且在经验上可信的结果和理论，这不仅对于被研究的人而且对于其他人也一样。比如说一个教育学领域的研究，在评价教师的责任心体系中，与标准化问卷的量性分析相比，学校管理人员更加相信教师对问卷中开放式问题的回应，而且影响更大。今天的教育研究更多还是偏向量化，造成我们不了解教师的日常教学，从此也就使任何的教育改革都对教师收效甚微。而质性研究提倡教师的视角及对具体情境的理解，为教育实践者提供了研究的可能性。

（2）质性研究可以实施形成性评价。这种评价旨在帮助改进现有的实践，而不是仅仅评估研究或研究结果的价值。在这样的评价中，重要的是理解具体情境中事情的发生过程，而不是严格将它与其他情境进行比较。

（3）质性研究和实践者或参与者一起进行合作研究或行动研究。质性研究关注特定的情境以及这些情境对参与者的意义，所以它特别适合于同这些参与者一起进行合作研究。

在选择研究课题时，区分自己的研究目的，是个人的还是知识的，或者是实践的是没有太大必要的，而且这些目的只有你深入到研究中才会清楚，它们还会随着研究的深入而发生变化。但这些目的着实在左右着你选择研究问题，需要在研究中不断用这些目的来反省自己的研究。

---

① S. Merriam（1988），*Case Study Research in Education: A Qualitative Approach*，San Francisco：Josseybass.
② 〔美〕约瑟夫·A. 马克斯威尔：《质的研究设计——一种互动的取向》，朱光明译，重庆：重庆大学出版社，2007 年版，第 17 页。

二、寻找研究问题

质性研究问题应该是满足你上面的这些目的之一的一个"有意义的问题",所谓有意义起码有三重含义,一是研究者对该问题不了解,希望通过此项研究获得一个答案;二是对该问题的研究对现实生活中存在的被研究者具有实际意义,是他们正关心的问题;三是你的研究必须是真正可以实施的,也即可行性强。

在找到了"有意义的问题"后,要想提出一个合适的研究问题,首先要清楚理解研究问题是什么,而且要知道你可能会提出的各种不同的问题类型。研究者需要选择适合质性研究的研究问题类型。在众多的研究类型中,比如解释性的、理论性的、推论性的、评价性的、比较性的等,研究者应该倾向于选择特殊性、情境性、解释性的研究问题类型。

(一)质性研究偏向选择"特殊性"

研究者要考虑自己选择的问题是"概括性问题"还是"特殊性问题",前者具有推广意义,后者则是个案研究。一般质性研究选择的课题更倾向后者,独特的个案虽然不能证实整体情况,但是可以为人类提供新的知识内容和新的认识事物的方式。

(二)质性研究课题一般关注"情境"

研究者还需要考虑的是自己选择的问题是"差异性问题"还是"过程性问题",一般差异性问题适合量性研究,它关注事情的异同及其相互关系。而过程性问题是关注在这个过程中"发生了什么""人们是如何做的""起到了什么作用"等,诸如此类的问题又叫作情境性问题,也就是说在特定的情境下对某一特定现象进行的研究。注重研究情境对研究现象的影响,考察研究现象在具体情境下的动态过程。一般来说,质性研究者选择的研究问题不应该是差异性的,如果研究者单单关注差异,它可以选择做量性研究,这样设计的变量通常较少。相反"过程性问题"因此比较适合做质性研究。

(三)质性研究课题重在"描述"和"解释"

质性研究比较适合"描述性问题(如何)"和"解释性问题(意味着什么)",因为这两类问题可以对现象的状态和意义进行探究。而评价性问题、推广性问题等都不太适合质性研究来选择,因为质性研究不强调研究结果的推广,也不贸然对研究的结果作出价值评价。

三、界定研究问题

选择了合适的问题类型后,研究者需要对其进行界定和表述。这样的界定对研究者明确研究问题,并作为后继工作的指导都有重要作用。

质性研究问题应该限定在一定的范围之内,不能太宽也不能太窄。宽窄取决于研究中其他方面的因素,如研究的时间、地点、研究者人数、被研究者人数、研究事件的多寡、研究方法类型,等等。但研究问题并不是由这些客观因素决定,而是需要研究者对问题本身的范围界定清楚,使人明白研究的重点和边界所在。比如要研究"30岁人的婚恋观"这个题目对问题界定就很不清晰,单单看这个题目就无法知道30岁的人到底包括了哪些?是单单30岁,还是31—39岁;是单指城市人,还是也包括农村;是单指已婚的,还是也包括未婚的。

确定了研究问题的范围后,还需要对其进行语言描述。由于质性研究注重关注个体,因此就更需要在题目上注重琐细的字眼,明确问题的边界。比如说:"城市外来务工人员的居住环境"这样的题目就不适合质性研究。通常我们大概只访谈了几户人家,所以题目需要界定为"某某区五户外来务工人员的居住环境"。

对研究的问题进行表述后,还需要对题目中的重要概念进行定义,使这些概念在研究中具有可操作性。否则,概念没有界定好,就会在后来的研究中迷失方向,产生很多疑问。另外概念的明确定义也使其他研究人员能够清晰、不带歧义地了解你的研究问题。

最后就是需要对研究的问题分解,需要列出该问题的核心部分及其下属子问题及这些子问题的关系。这样就为后续的研究做好了准备。

另外我们还需要提及一下扎根的理论的问题确定。扎根理论是用归纳的方法,对现象加以分析整理所得的结果,换言之,扎根理论是经由系统化的资料收集与分析,并已暂时地验证过的理论。发展扎根理论的人不是先有一个理论然后去证实它;而是,他先有一个待研究的领域,然后自此领域中萌生出概念和理论。因此上述提及的提前界定研究问题就不太适合扎根理论。

第三节 质性研究中的抽样

当课题确定后,我们的研究对象也确定了。研究对象不仅包括人,也包括被研究的时间、地点、事件等。但是在任何研究中我们不可能对研究对象这一群体中的所有个体逐个进行探究,这就涉及抽样问题。抽样是指在研究中选取部分研究对象的方法与程序,它在社会科学研究,特别是抽样调查研究中有广泛的应用。抽样对调查研究来说至关重要。社会科学研究的对象通常是非常复杂的,涉及社会生活的方方面面,既包括个体行动者,也包括群体甚至整个社区或社会。但在大多数情况下,我们难以对全部的对象做研究,而只能研究其中的一部分。对这部分研究对象的选择就要依靠抽样来完成,如此可以节省研究的成本和时间。例如我们要研究某城市居民的生活质量问题,那么整个城市居民都是我们的研究对象。但限于研究条件等原因,我们难以对每一个居民进行调查研究,而只能采用一定的方法选取其中的部分居民作为调查研究的对象,这种选择调查研究对象的过程就是抽样。抽样是最常用的调查研究方法之一,它已被广泛应用到社会调查、市场调查和质性研究等多个领域。

一、抽样的基本术语

在质性研究中的抽样与量性研究有所不同,但是有许多量性研究的抽样术语在质性研究中也需要用到,因此这里还需提及。

（一）总体或抽样总体

总体通常与构成它的元素共同定义:总体是指构成它的所有元素的集合,而元素则是构成总体的最基本单位。在社会研究中,最常见的总体是由社会中的某些个人组成的,这些个人便是构成总体的元素。比如,上面提到的研究某城市居民的家庭生活质量,那么,该市所有的居民家庭就构成研究的总体,而其中的每一户家庭都是这个总体中的一个元素。

（二）样本(sample)

样本与总体相对应,是指用来代表总体的单位,样本实际上是总体中某些单位的子集。样本不是总体,但它应代表总体,抽样的标准就是让所选择的样本最大限度地代表总体。而在质性研究中,样本可能连代表总体的功能也不能发挥,但是质性研究追求的是对个体的了解,往往选择样本时,首先考虑这个样本是能够为研究问题提供最大信息量性研究对象吗?[1],它是不是一个信息密集而丰富的个案?

（三）抽样单位或抽样元素

抽样单位或抽样元素是指收集信息的基本单位和进行分析的元素。在社会科学研究中,常用的抽样单位是个体的人,它也可以是一定类型的群体或组织,如家庭、公司、居委会、社区等。

---

[1] Patton (1990), *Qualitative Evaluation and Research Methods*, New bury Park: Sage, p.169.

(四) 抽样框

指整体抽样单位的详细名单,可供抽样之用。例如以学校班级为抽样单位,则学校各班级名册便是抽样框。

另外,参数值与统计值、抽样误差、置信水平与置信区间等术语在质性研究一般不涉及,这里暂不提及。

二、非随机抽样

根据概率论原理常用的抽样形式主要分为随机抽样和非随机抽样两大类。随机抽样又称概率抽样,是指严格按照随机原则来抽取样本,要求总体中每个单位都有被抽取的同等机会。由于量性研究的目的不是停留在所选取的样本本身,而是通过对有代表性的样本的分析来研究总体,就是从研究对象总体中抽选一部分作为代表进行调查分析,并根据这一部分样本去推论总体情况,为了保证每个样本具有的代表性,故量性研究的抽样常常选择随机抽样。随机抽样法又分为五种不同的抽样方法:简单随机抽样、等距随机抽样、分层随机抽样、整群随机抽样、分段随机抽样。而非随机抽样,则不是严格按照随机原则抽取样本,而是根据研究者的主观愿望、经验或判断选择样本的。非随机抽样也有很多种。

质性研究中采用最多的就是"非随机抽样"中的"目的抽样",即在选择样本时,是根据研究的问题和目的决定抽样的标准,抽取那些能够为本研究问题提供最大信息量的样本。[①] 这种方法也被称为"理论性抽样",即按照研究设计的理论指导进行的抽样。而样本的大小取决于研究的其他部分(如研究的目的、问题、范围、时间、地点、经费、人员等)以及样本与它们之间的关系。总体来说,研究的深度与广度是相互制约的。如果研究的样本比较大,那么在相同的时间、人员和经费条件下获得的研究结果就会比较广泛。而如果选择的样本比较小,那么在相同条件下获得的研究结果就会比较深入。[②] 由于质性研究注重对研究对象(特别是他们的内在体验)获得比较深入细致的理解,因此一般选择的样本比较小。

非随机抽样遵循的是与"随机抽样"十分不同的逻辑,按照陈向明在《质性研究方法与社会科学研究》一书中所说,在质性研究的抽样逻辑中,研究结果的效度不在于样本数量的多少,而在于样本是否可以比较完整的、相对准确地回

---

① Patton (1990), *Qualitative Evaluation and Research Methods*, New bury Park: Sage, p.169.
② 陈向明:《教师如何做质的研究》,北京:教育科学出版社,2001年版,第42页。

答研究者的研究问题。① 所以质性研究中选择样本的目的不在于样本在多大程度上代表了总体,而是它是否能最大限度地回答作者的研究问题。

三、抽样的标准

质性研究中的抽样有很多具体的策略,根据研究目的的不同可以有不同的抽样标准来决定如何选择样本。对这样的抽样选择的样本进行研究就会完成研究的任务。陈向明提到了几种抽样标准,作者在这里整理出如下②:

（一）强度抽样

强度抽样指的是:抽取具有较高信息密度和强度的个案,目的是了解在这样一个具有密集、丰富信息的案例中,所研究的问题会呈现什么状况。比如说布尔迪厄举过的一个例子:"研究美国学术界时,你忽略了普林斯顿大学"这句话虽然有上下文,我们节选过来的意思是普林斯顿大学可以成为一个较高信息密度和强度的个案被抽取,因为它能在极大程度上回答研究者所要研究的问题。

（二）异质性抽样

异质性抽样指的是,被抽中的样本所产生的研究结果将最大限度地覆盖研究现象中各种不同的情况。假设被研究的现象内部的异质性很强,如果我们只抽取其中少数几个个案进行研究,便很难反映该现象的全貌。在这种情况下,我们可以先找出该现象中具有最大异质性的特点,然后将这个特点作为抽样的标准来了解该现象中的差异分布。比如关于某城城市居民生活方式的课题,如果我们想了解不同家庭经济收入对生活方式的影响,那么经济收入就成了一个抽样标准,研究者可以在高收入、中等收入、低收入、贫困等家庭抽取一定的样本进行研究。

（三）同质性抽样

同质性抽样指的是,选择一组内部成分比较相似的个案,集中对这一类个案中的某些方面进行深入研究。同样是城市居民生活方式的研究,我们也可选择单亲家庭的生活方式进行研究,他们可能会有很多共同的经历和体验。

（四）关键个案抽样

选择那些可以对事情产生决定性影响的个案进行研究,目的是将从这些个案获得的结果逻辑的推论至其他个案。推论的逻辑是:"如果这个事情在这里

---

① 陈向明:《质的研究方法与社会科学研究》,北京:教育科学出版社,2002年版,第104—105页。
② 陈向明:《教师如何做质的研究》,北京:教育科学出版社,2001年版,第43—45页。

发生了,那么它也就一定会在其他地方发生",反之亦然。比如一项新的心理治疗方案如果解决了一个病情最糟糕的抑郁症病人,那么就暂时认为这种治疗方案可以推广到所有抑郁症患者。但事实上这是一个理想的状态。

（五）理论抽样和验证抽样

理论抽样的目的是寻找可以对一个事先设定的理论进行说明或展示的实例,然后对这一理论进行进一步的修订。而验证抽样是指研究者已经在研究结果的基础上建立一个初步的结论,希望通过抽样来证实或证伪自己的初步理论假设。

（六）可能性抽样

当研究的目的关注的不是现存问题,而是"今后有可能是什么",那么"今后有可能是什么"便可作为抽样的标准,这就是可能性抽样。比如,我们可以选择一些有可能代表未来发展方向的事例,了解其发展的势头和前景。

四、抽样的具体做法

上面我们只是在理论上说明了如何选择样本,下面将看实际研究中我们将如何获得需要的样本。

（一）偶遇抽样

偶遇抽样,也称方便抽样,是指研究者将自己在特定场合下偶然遇到的对象作为样本的一种方法。如在商店门口、公园广场等公共场所,随便选取某些顾客、行人、旅客等作为样本进行调查研究,这种方法比较简单方便,具有很强的灵活性,而且可能会发现一些意想不到的结果。

（二）立意抽样

立意抽样,它是研究者根据自己的主观印象、以往的经验和对调查对象的了解来选取样本的一种方法,研究者一般要对所研究的对象的总体有较深入的了解。这种主观抽样所抽取的样本的好坏程度完全取决于调查者本人的判断能力,以及对调查对象的了解程度。

（三）配额抽样

配额抽样,也称定额抽样,研究者将研究对象总体依特质区分为数类,而抽样时按比例从各类中抽出;其样本具有某种特质的比率和总体具有某种特质的比率大约是一致的。即研究者首先确定所要抽取样本的数量,再按照一定的标准和比例分配样本,然后从符合标准的对象中任意地抽取样本。例如,我们可以根据研究目的,把总体按性别或民族等抽样标准进行分组,然后分配相应的样本数选取样本。

（四）滚雪球抽样

滚雪球抽样，即以少量样本为基础，逐渐扩大样本的规模，直至找出足够的样本。此法适用于对调查总体不甚清楚的情况，常用于探索性的实地研究，特别适用于对小群体关系的研究。例如我们要了解某个人经常交往的社会圈子，就可以通过这个人提供的线索找到更多与他有关联的人。其具体做法是，先找到一个或几个符合研究目的的对象，然后再根据这些对象所提供的线索找另外相关的对象，依次进行，直至达到研究目的。这个方法的一个弱点是：找到的被研究者很可能是同一类人，他们可能具有相似的特点或观点。另外由于所有的被研究者都是熟人，他们可能由于碍于面子或出于保密而向研究者隐瞒"真相"。

除了上述介绍的各种抽样策略和方法外，由于制约抽样的因素很多，研究者在抽样时还必须考虑到其他一些方面的问题。比如抽样除了必须考虑到研究的目的、研究所具备的条件外，还需考虑样本与研究者之间的关系等这类关系性的问题。因为，质性研究中的抽样与其说是一个"规则"问题，不如说是一个"关系"问题。从根本上说，质性研究是一种关于"关系"的研究，任何选择或衡量标准都必须放到一定的关系中加以考量。①

第四节 质性资料的性质

在质性研究中，由于研究问题的性质、研究方法、研究程序、研究逻辑等都与量性研究很有大差异。因此质性研究的资料性质也和传统上量性研究的资料性质不同。

在量性研究中，研究的预示问题在搜集资料前直接由文献探讨而来，通过选取概念、变量及操作定义而形成问题。研究焦点是部分的，即研究精选的、预先界定的变量；其研究偏向于验证，即研究事先已确定的假说。这时候收集到的资料是客观的，资料不受人们知觉的影响。所搜集的资料性质都是量化形式，是数量化资料，即多以数字的形式呈现。所搜集资料的范围和方式主要是通过前测、后测获得的数据。我们可以简单地说量性研究的资料是一组或多组数据。

而质性研究所追求的是另一种研究思路。研究的预示问题衍生自研究者初步获得的知识经验，搜集、分析资料后又将形成新的研究问题。问题表达成

---

① 陈向明：《质的研究方法与社会科学研究》，北京：教育科学出版社，2002年版，第116页。

研究叙述形式或研究问题形式,很少用假设表示。研究焦点是全貌的,即探索整体或完全的面貌;其研究偏向于发现,即由搜集资料中演化出学说与假说。这样收集到的资料即是人们在情境中的经历、知觉、体验等,资料性质是主观的。质性研究强调所搜集资料都是描述性资料,即多以文字或图片的形式呈现,描述人们的语言和行为;所搜集的资料范围很广:一是来自访谈的资料,包括从人们的经验、意见、感受和知识等直接引述。二是来自观察的资料,包括对人们之活动、行为、行动,及广泛的人际互动和可观察的人类经验之组织历程等作详尽的描述。三是文件、实物类资料,包括:(1)文献。文献在质性研究中具有特殊价值,因为作为共同记录或官方立场代表,有关质性研究的相关日期、作者、任务、背景事件、政策、观点氛围等信息,这些都于研究者的研究阐述具有重要意义。(2)纪念性物品,如照片、奖品、纪念品等,对唤醒记忆非常重要。(3)年鉴和编年史。年鉴为个体或机构提供关于重要时间或事件的简略资料历史。编年史则比年鉴更具主题性描述。它们均可为研究者提供被研究事件的历史和主题的背景。① (4)对问卷和调查的开放式书面答复,以及运用问卷和仪器设备(录音机、摄像机等)等不同方式搜集不同来源和形态的资料,以补充和增进现场的真实性。

另外,质的资料的效度和信度,相当大程度取决于研究者的方法论技巧、敏感度和诚实。有系统且严谨的观察;有技巧的访谈(远甚于只是询问问题);对文件的不仅止于阅读的认真分析等都能够影响到资料收集的效度和信度。因此,借由观察、访谈和内容分析,以产生可信赖的质性研究所需要的资料,有赖丰富的训练、知识、练习、实务工作、创造力和努力等。

因为质性研究资料的性质自身的特点,造成对其分析没有量性研究那么简单(尽管数理统计的方法越来越多,但数字相对于主观材料来说仍然是比较简单的资料,因此对其分析主要是掌握一种实用的技术。),同时对得到的资料也需要更多的加工,并采用相对主观的分析方式。

第五节 质性研究中收集资料的技术

研究者研究之初,可能就开始了收集资料,一开始可能用一种资料收集的方法,渐渐地过渡到或增加其他方法,或就某一现象用多种方法收集资料。质性研究中资料收集可以运用各种方法,甚至也可以采用量的收集方法。只要适

---

① 丁钢:《我们如何做教育叙事?——写给教师们》,北京:《中国教育报》,2004年10月21日。

合研究,每种方法得到的资料都可能具有意想不到的意义,不能轻易放弃。在质性研究中,最重要的收集方式是:深度(in-depth)、开放式访谈(open-ended interviews)、直接观察(direct observation),以及内容分析(documents)。[1] 这将在后面的章节中介绍。在本节中我们只介绍一般意义上的资料收集技术。

一、资料收集过程中的个人参与

当准备进行资料收集或处于资料收集阶段时,特别是资料收集是在如人种学研究那样一种自然的条件下进行时,质性研究者将与事件的主人进行交往。研究者必须能身临其境,这需要有精心的组织计划。如果一个研究者在他自己的研究机构参与研究工作,参与也许很自然,资料收集也就不显得唐突了。然而,大多数情况下,研究者并不是那么容易而自然地深入到现场,研究者究竟应该是一个"参与—观察者"还是一个简单的观察者?是需要研究者仔细考虑的问题。[2] 根据研究者的参与程度,资料收集可以被分为交互性的方法和非交互性的方法两种。前者是指研究者与他的研究对象相互作用;后者则没有这种相互作用。在众多的资料收集的方式中,访谈是典型的交互性资料收集方法;查阅历史文献、记录当事人档案、录制口述文字资料是一种非交互性的方法。

在非交互方法中,可以说收集到的资料比较客观,很少涉及研究者的主观参与。但在交互性方法中,一个有争议的问题就会出现:个人参与资料收集过程时,他们应把自己的个人经历、情感或信仰向参与者(被研究者)透露与否及透露多少呢?比如,在就学校的具体教育政策采访教师时,研究人员是否适宜探讨他本人过去长达几十年的教学经验、他和学生在一起的经历、他对工作的看法以及他认为学校该如何教育学生、如何提到教师待遇等观念。另一问题是在研究报告中,研究者应把自己的个人经历、感受及信念暴露到什么程度。

关于研究者要不要携带自己的"个人因素"进入到收集工作的问题,众说纷纭。Daphne Patai 认为个人隐私的暴露、个人情感信仰的流露对收集资料所产生的影响比人们想象的都要小得多。同时,研究人员的个人信念和特性对研究结果的影响也并没有通常所认为的那么大,因此最好从研究报告中删除掉。皮士肯(A. Peshkin)则提出另外的观点,并力劝研究人员在研究过程中要系统地找出他们的主观性,因为这种主观性会影响到收集的资料,对访谈的记录,对研

---

[1] 王文科:《质的教育研究法》,台北:师大书苑有限公司,1980年版,第78页。
[2] 〔美〕威廉·维尔斯曼:《教育研究方法导论》,袁振国主译,北京:教育科学出版社,1997年版,第258页。

究对象的理解,等等。① 研究者的主观性会使收集到的资料背离被研究者的真实面貌。

到目前为止,质性研究中仍然没有明确规定在何种情况下个人涉入或透露到何种程度才算合适。通常的原则是,如果研究者"自我暴露"超过一定限度时,以致会让研究者和被研究者注意力分散,或者会让被研究者怀疑研究者的资格和研究成果的效度,那么就应该停止自我暴露。另一方面,当研究者简略评述个人背景与经历会使资料收集更方便时,研究者可以暴露自己。

二、制订资料收集计划

一般在资料收集开始之前,要对收集资料有一个计划。你需要采访观察哪些人?你需要什么背景资料,需要去查阅文献吗?等等。

以一个针对逃学的研究来表述这样的收集计划,见表3-1:

表3-1 逃学研究的收集计划

步骤	内容	记录工具
一	访问学生、教师、家长以及其他相关人员	录音机(mp3)、纸、笔
二	观察学生之间、学生与教师之间所发生的相互交往	摄像机、纸、笔
三	观察逃学的学生在家中的表现,与家长的交互作用	摄像机、纸、笔
四	查阅班级学校相关纪录、校规等	需要复制有关文件
五	如果有可能,跟随逃学的孩子去他们逃学时经常去的地方进行观察、交流	录音机(mp3)、摄像机、纸、笔

另外每一个步骤中,都应该再有一个小计划。比如采访这一步骤,就需要研究者具体列出采访提纲,作者感兴趣的细节、问题等。

这里只是提供简单的一个收集计划,事实上一个完整的研究资料收集还不仅仅限于上述的这些,需视具体情况而定。

三、将原始资料迅速转录成文字资料

质性研究收集资料的方式很广泛,不管是访谈还是观察等,当研究者深入现场时,可能为了迅速地记录自己听到、看到的事实,而运用了简化的记号。研究者回到电脑前,若对这些当场的记录没有及时转变成可以理解的文字资料的话,随着时间的推移,会迅速遗忘采访、观察时的关键情节,甚至是大部分细节。

---

① 〔美〕梅雷迪斯·D.高尔等:《教育研究方法导论(第六版)》,许庆豫等译,南京:江苏教育出版社,2002年版,第459页。

因此及时把原始资料转录成文字资料非常重要。转录后的文字应该尽量充实详细,不要遗漏每一个细节,因为不知道哪个细节会对后来的研究有用。

当然在收集资料时,有录音和录像会给研究者提供便捷。典型的口述历史法是利用录音机在访问中进行录音。采用这种方法在访问中不需要做笔记,同时它记录下了整个访谈的过程,包括被研究者和研究者的语调变化和思维特点,都在其中有所表现。此时把声音和表情资料转变成文字资料则是一个比较繁重的工作。所以为了安全慎重起见,即使是带有录音或摄像设备进入现场,研究者也应该善于把被研究者的各方面非语言信息记录下来用以配合语言信息,以捕捉到录音和摄像设备不能捕捉到的细节,这样便于把原始资料无一遗漏地、准确地转变成文字资料。

四、资料收集中的非正式资料分析

"我们决不要在没有分析资料的情况下就同时大量地收集资料"[①]。资料收集是一个持续的过程,即研究人员已经收集到的资料内容经常被用来决定以后的资料收集活动。而使这种过程得以持续进行的关键就在于对已收集到的资料要有简单的分析。否则研究者照着初始计划进行收集,当得到大量资料,而没有任何分析的时候,研究者就容易认为自己已经圆满地完成了收集工作。而到了对资料的分析阶段,才发现有许多信息还没有收集到,但此时再想收集资料可能错过了时机。

这种为了更全面有效地收集资料的分析可以有以下策略:

(一) 记录突发意念

这是在采访现场需要做的事情。研究者虽然对自己的收集资料过程有了一个计划。但是由于作者还没有深入现场,所以还不清楚自己具体面对的环境,因此计划存在很多漏洞。在收集资料的过程中,作者可以在自己的记录本上右边留出一条用于记录自己想法的空间。也就是除了记录到真实看到的情景外,还需记录此刻自己的想法,自己从被研究者那里所听所看后受到的启发,或者想进一步去采访(或观察、搜集等)的人物、文件,等等。

所以,这个记录并不是研究人员对现场的记录,而是自己脑子里的想法,是为了以后更好地收集资料或分析资料。

---

① 〔美〕约瑟夫·A. 马克斯威尔:《质的研究设计——一种互动的取向》,朱光明译,重庆:重庆大学出版社,2007年版,第73页。

(二) 查缺补漏

研究者对每一份收集到的转录好的资料进行简单的分析,这种分析的目的是为了查缺补漏,是为了让研究者清楚地知道自己什么资料已经饱和不需要再收集,而什么样的资料还需要继续收集或者根本没有收集过。

五、资料收集的结束

何时结束资料收集,需要从理论和实际两方面考虑。时间、经费、被研究者的耐心等都可以看成是对实际状况的考虑,这些都可以决定什么时候结束收集资料。但如果出现以下几种情况,就可以停止资料的收集了。

(1) 资料来源用尽。资料来源(例如:主要提供信息者、公共机构的文件资料)可以再回收并发掘许多次,但有时会出现这样的情况,即无论怎样深入都不能再获取有关资料。① 这时就表明资料来源已经用尽了。

(2) 继续收集资料时,和所做的努力相比,只得到很少新资料。

(3) 突出规律性。有时研究者在资料中会遇到足够的一致性,此时即可以停止收集资料了。

(4) 过分展开。即使新的信息源不断地出现,但若它已远离了研究的中心,对研究问题已经没有多大贡献,那也就意味着需要停止收集资料了。

第六节 质性资料的分析方法

如前所述,在质性研究中,搜集资料后,就应进行资料分析。实际上资料收集和分析常常是连在一起的。在实际操作过程中,收集、整理、分析等步骤常常是交叉重叠的。任何质性研究都需要确定如何分析资料。质性研究中一个最常见的问题是让你的未经分析的田野笔记与录音记录堆积起来,使得最后的分析任务更加艰巨且令人泄气。② 所以如我们前面所提到的,研究者应在资料收集过程中就开始分析资料(有经验的研究者完成第一次访谈或观察后就立即开始分析资料了)。从整体来说,质性研究中的资料分析是朝向对研究的现象作精确的描述和解释所迈出的一大步。研究报告在本质上是描述性的,包括的技

---

① 〔美〕梅雷迪斯·D. 高尔等:《教育研究方法导论(第六版)》,许庆豫等译,南京:江苏教育出版社,2002年版,第459页。

② 〔美〕约瑟夫·A. 马克斯威尔:《质的研究设计——一种互动的取向》,朱光明译,重庆:重庆大学出版社,2007年版,第73页。

术语言很少。从某种程度上讲,它的重点在于描述现象的主要内容,并且解释已有的资料。① 对此我们在前面也有所提及。而在本节,我们单独抽离出这个"资料分析"过程。

一、对资料进行整理——编码

质性研究的资料分析首先要求对资料进行整理。质性研究常常从实地的笔记和访谈中获得大量的信息。这些信息需要被编组,通过编组使资料归并,这一过程被称为编码。在威尔斯曼的《教育研究方法导论》里给编码一个形象的比喻,可以使我们很好地理解编码:

编码的组成部分可以比作是为了一个大型义卖的准备工作。假定一个慈善团体正准备进行一个大型的、社区的旧衣服的义卖活动,捐献来的衣服放在一个大房间里,比如体育馆里。接下来需要对衣服进行整理与编组,同时确定有些什么东西;衣服可以按一定的标准编组。可以分别用几种标准,也可以几种标准同时一起使用。可以根据一种标准,将衣服分为儿童服装、青少年服装和成人服装。然后再可以分成男孩的服装和女孩的服装,男式服装和女式服装。服装也可以进一步根据质量或新旧的成色分类。因此,对义卖的服装编组可以使用许多的分类标准。②

通过这样的比喻我们可以清楚地理解编码。质性研究中的编码就是确定一个或多个分类标准把资料分类,然后将资料编入相应的类别。

在有些研究中,可能在研究开始前,研究者就已经确立了编码的标准。但更一般的情况下是:编码的标准产生于收集资料的过程中。研究者在收集资料的过程中,已经非常熟悉他所要研究的对象(尽管大脑中可能还没有形成理论),在对一些具体行为方式、词语或词组、表现出规律性的事件或因某些原因值得注意的事件进行仔细的研究后,他可以制定出一个编码的标准,并且开始分组。

其实这里就包括两种方法。一是把相似的资料放在一起组成一组,然后再来给这些组别命名。二是在熟悉资料的基础上,作者开始有意地按照一定的标准分出不同的组别,然后把资料放入这些类别中。

这些都可以视研究的具体情况而定。

---

① 〔美〕威廉·维尔斯曼:《教育研究方法导论》,袁振国主译,北京:教育科学出版社,1997年版,第260页。

② 同上书,第261页。

二、三种分析方法

雷尼塔·特奇回顾各种用来分析研究资料的方法。最后他把分析资料的方法归结为三类:诠释性分析、结构性分析和思考性分析。下面将简单介绍这三类方法。①

(一) 诠释性分析

诠释性分析是严密检查研究资料,以便找出用来描述并解释正被研究的现象的构成、主题和模式。

例如,假设研究人员正在研究美国历史的新课程。他们有一套课程制定者写的文献资料(教师编的教科书、技术性报告、广告等)以及采访那些正在学习该课程的学生家长的笔记。

在整理资料时,假设研究人员发现:制定者和家长经常参照课程的假设目标。进一步地分析显示,有两个目标对双方都特别突出:(1) 培养多文化的敏感性;(2) 培养对自己国家的自豪感。因此,研究的一个发现就是发现这些具体目标(我们称之为构念)是这个具体课程的中心。假设进一步分析显示课程的制定者常常提到把多文化敏感作为课程的目标,而家长则把民族自豪感看作课程的基本目标,但在该课程中并未充分强调。那么这可能是意义重大的模式的发现:一门特别的课程目的之重点取决于课程开发者是制定者本人还是学生家长。

另一例子可以是,比如"国有企业领导的性格特质"的个案研究,从收集到的资料里可能会发现企业领导共同具有的几个方面的特质。当然不同的特质是来源于不同的资料。

诠释性分析有助于研究人员获取例如假设性例证方面的洞察力,也即研究的结论是研究者在对资料的推断分析中得出的。诠释性分析程序可通过人工或计算机进行。

(二) 结构性分析

结构性分析是对资料进行分析,以识别对话、文本、事件或其他现象中的模式。要弄清结构分析与诠释性分析的区别,可以考虑下面提到的一个例子,这是由一位西班牙教师和他学生的谈话构成的:

---

① 〔美〕梅雷迪斯·D.高尔等:《教育研究方法导论(第六版)》,许庆豫等译,南京:江苏教育出版社,2002年版,第462—469页。

第三章　质性研究设计

教师:La casa 是什么意思?
学生:房子。
教师:对。La casa 是房子的意思。

用结构分析,可能就会注意到上述对话的一些特征:

(1) 在这种教学事件中谈话的顺序是教师——学生——教师。
(2) 教师每句话的字比学生的多。
(3) 说了四个西班牙单词。
(4) 三个字(La,casa,房子)说了两次,其他的六个字只说了一次。

然后结构分析将关注这样观察到的现象是否出现在这个教师或其他教师的课堂上的别的谈话样本中。

该例说明结构性分析的基本特征,即研究人员几乎不需要推理就可以找到资料内的固有模式。相反,使用诠释性分析的研究者重视资料中的逻辑意义,运用大量的推理。例如,假设研究者在调查学生怎样在课堂接受反馈。上面的相互影响可以被看作是一个分段,因为"对。La casa 是房子的意思"这些话,可以编成反馈的一例。这种话语的分类是研究人员从资料中推断出来的。

对话分析、认知人种志学和其他定性研究传统都用结构分析,比如男人的语言模式在公司和家庭中的转换、在课堂上教师和学生怎样互相影响,等等。

(三) 沉思性分析

诠释性分析与结构分析涉及描述规定顺序的具体过程。相反,沉思性分析是研究人员主要依赖于直觉或判断来描绘或评价正在研究的现象的过程。除了直觉和判断以外,还有其他一些术语用来描述该过程:反思性思考、缄默思考、想象力、艺术敏感性和"带着惊奇感检查"。

沉思性分析是与一些质性研究传统联系在一起的。它的用法涉及研究人员决定是依赖自己的直觉和个人判断来分析资料,还是依赖具有清晰类别分类系统的技术过程。

理解沉思分析的方法之一是用艺术努力与之相比较。艺术家对现象沉思,然后把他们描绘出来,以便显示他们的表面特征和实质。许多研究者也进行同样的沉思和描绘。沉思性分析最适宜充实性描述,但它也可导致发现构念、主题和模式。

艺术描绘的另一方面是批评,同样,研究者也是在用自己积累的大量的经验来进行明智的沉思性分析。

而关于质性研究的资料分析有许多理论、方法,都是比较烦琐细致的。我们这里只做一个最简单的介绍。其实大多数研究者也经常非正式地应用各种不知名的方法,他们只是没有把这些方法作为分析方法的一个部分描述而已。"无论是阅读、思考你的访谈记录或观察笔记,还是写备忘录、提出编码分类并把它们应用到你的资料中,以及分析叙事结构和背景关系,所有这些都是重要的资料分析方法"①。

第七节　质性研究设计中的信度与效度

研究者选择了质性方法后,时常面对一些问题和疑虑:你本身是资料搜集者,同时又是资料的分析者,那你如何知道研究结果是对的呢?可否请你提供一些可供比较的研究作品?你怎么能够把故事称为"资料"呢?

其实这些问题都是针对"效度"和"信度"来发问的。而信度与效度是量性研究中衡量研究结论的可信度与有效性的指标。以量性研究的视角来看,信度是指运用相关的工具或不同研究者之间其观察结果的一致性。而效度这一概念是用来衡量研究结果的可靠性,即研究的结果是否反映了研究对象的真实情况。在量性研究中,效度指的是正确性程度,即一项测试在何种程度上测试了它意欲测试的东西。在量性研究中,信度和效度是用来判断研究质量的重要指标。关于信效度的检验都有一定的可以量化的方法,并会得出量化的数值。对于量性研究,缺乏信度与效度的验证,研究将遭到质疑,并对研究的科学性有所影响;同时,研究结果的呈现与推论,也将是不周密的。但质性研究是否需要接受信度和效度的考问,一直以来学者们都有所争论。

一、质性研究对信度效度的取舍

在质性研究中,研究更多的是参与的观察(也就是主观的),加上因时间、地点、人物、情境的变动或流失,很难对原先研究的对象,重复再研究或观察,所以研究的信度不高,也不宜测量。另外,观察者经常主动参与所研究的环境,可能造成角色冲突与情感投入,因而降低搜集得到的资料的效度。既然质性研究和量性研究在研究传统上秉承了不同的思路(信度与效度的概念是与量性测量的标准相互对应的)因此在它们归纳和评定研究结果时所用的方法是否也应该有所不同呢?

---

① 〔美〕约瑟夫·A.马克斯威尔:《质的研究设计——一种互动的取向》,朱光明译,重庆:重庆大学出版社,2007年版,第74页。

目前质性研究领域中的大部分学者达成一个普遍的共识,即质性研究中不讨论信度问题。原因在于信度这个概念来自量性研究,指的是研究结果的可重复性,而质性研究是高度个人化的,是将研究者作为研究的工具,每一个个案都有其特殊的脉络,强调研究的独特性和唯一性。因此量性研究意义上的信度这个概念不适合质性研究的实际工作情况,对质性研究没有实际意义。

尽管学术界对质性研究是否应该使用和如何使用效度这一概念有不同的意见,但是绝大部分质性研究者(特别是持后实证主义范式的研究者)仍旧沿用效度这一词语来讨论研究结果的真实性问题。[1] 然而几乎所有的质性研究者也都同意,质性研究所使用的效度这一词语不论是在概念定义、分类方法还是使用范畴上都和量性研究的不一样。传统的效度观念不能运用于质性研究之中。[2]

二、质性研究中的效度定义

马克斯威尔认为,质性研究可以继续使用"效度"这个词语,但是其定义和分类必须采取与量性研究不同的思路。陈向明把质性研究中效度定义为:是用来评价研究报告与实际研究的相符程度,而不是像量性研究那样对研究方法本身的评估。[3] 量性研究假设研究对象是个客观的实体,只要研究者遵循一定的方法和操作策略就可以保证获得可靠的数据和研究结果。而在质性研究中,我们追求的效度,不仅仅指该研究使用的方法有效(比如所选样本是否可以比较完整地、相对准确地回答研究者的研究问题),而且指研究者对结果的表述再现了研究过程中所有部分、方面、层次和环节之间的协调性、一致性和切合性。

陈向明把马克斯威尔对效度的分类进行归纳总结,得出效度主要的四种类型。这有益于我们理解效度概念。

(一)描述型效度

指的是对外在可观察到的现象或事物进行描述的准确程度。这一概念既适用于质性研究也适用于量性研究。衡量这一效度有两个条件:所描述的事物或现象必须是具体的;这些事物或现象必须是可见或可闻的。

(二)解释型效度

只适用于质性研究,指的是研究者了解、理解和表达被研究者对事物所赋

---

[1] 陈向明:《质的研究方法与社会科学研究》,北京:教育科学出版社,2002年版,第389页。
[2] 〔美〕约瑟夫·A.马克斯威尔:《质的研究设计——一种互动的取向》,朱光明译,重庆:重庆大学出版社,2007年版,第470页。
[3] 陈向明:《质的研究方法与社会科学研究》,北京:教育科学出版社,2002年版,第390—391页。

予的意义的"确切"程度。满足这一效度的首要条件是：研究者必须站到被研究者的角度，从他们所说的话和所做的事情中推演出他们看待世界以及构建意义的方法。质性研究重在探索研究对象的文化习惯、思维方式和行为规范，因此研究者在收集原始资料的时候必须尽最大的努力理解当事人所使用的语言的含义，尽可能使用他们自己的词语作为分析原始材料的基本素材，并力图在研究报告中真实地报告他们的意义解释。另外，在试图理解研究对象的真实想法时，我们还必须分清楚他们口头上拥护的理论和实际行动中遵循的理论之间的区别。具有辨别能力才能更准确地站在被研究者的角度理解他们的意义解释。

（三）理论效度

又称诠释效度，指研究所依据的理论以及从研究结果中建立起来的理论是否真实地反映了所研究的现象。

（四）评价型效度

指的是研究者对研究结果所作的价值判断是否确切。通常研究者在设计一项研究时头脑中往往对要探讨的现象已经有了自己的"前设"或"偏见"。因此在研究过程中我们往往会更多关注那些对我们来说是重要的或有意义的东西。或者我们可以通俗地说，我们是否戴着有色眼镜进入了研究领域，用自己已有的观念来看待被研究的现象。

三、效度的衡量标准

质性研究者应该从自己从事研究的经验出发，在研究报告中介绍自己在研究的过程中是如何思考、甄别和处理效度问题的。

（一）三角剖分

三角剖分是指用多种资料收集方法、资料来源、分析者或理论去检查研究效度的过程。三角剖分有助于消除由于大量仅仅依赖一种资料收集方法、来源、分析者或理论而产生的偏见。① 比如，你去研究企业管理者对员工的激励机制。当采访管理者时，你发现他跟你谈及他的员工，心里充满了爱和激情。但是你不能完全相信他的表达，还可以通过其他的资料来源（企业员工）来检查管理者的陈述是否与实际一致。当发现不一致的时候，研究者应该对这种现象进行解释，甚至会发现新的理论。

---

① 〔美〕约瑟夫·A. 马克斯威尔：《质的研究设计——一种互动的取向》，朱光明译，重庆：重庆大学出版社，2007年版，第472页。

（二）情境完整性

为了能恰当理解研究现象，应把他们放置在它们所处的情境中。研究者的情境化越全面，他的研究结果越可信。研究人员在解释他们研究的现象的意义时至少应考虑下列情境特点：历史、物质环境和自然环境；参与人数、参与进度、计划和事项的临时顺序；重大事件及他们的起源和结束；社会规则与秩序。

研究者必须具备对环境多种含义的敏感性以及参与者的默契知识。[①] 前者是指在许多环境中，参与者说的话不尽相同，相反，他们可能有不同的观点和兴趣。如果研究人员能意识到并在研究报告中表明这种多义性，那么就会增加研究结果的可靠性。后者提到的默契知识是指被研究者无法表达或想当然地认为在日常话语中或在研究人员的采访中不必表达的含义。研究者如果能结合这种内在意义来分析资料，则结果也较为可信。

（三）研究人员自省

研究人员是质性研究中的主要工具，也是一个主观的工具。他的经济收入、学历、社会地位，还有他的信仰、价值观和个性特点等都会对研究结果的真实性造成影响。如果研究人员能够意识到这些问题对研究的影响，并在研究中对自身进行反省和考验，那么会增加研究的可靠性。但是不得不承认，很多主观因素是无意识的，因此很难靠反省来觉察。要解决这个问题，研究者可以请非常了解你的同事检查一下你的研究计划，包括研究的目的、资料收集和分析方法以及大致的研究成果。此时，他们可能会识别出威胁到研究结果可信度的个人特征或情况。

（四）报告文体

研究者选择报告文体会影响读者诠释研究成果的效度。研究人员重新构成参与者的现象事实时，他得找到一个合适的写作方法，他的目的是逼近事情本来的面目的，使读者看到这样的文本时就如同进入了真正被研究者的世界，这样的结果才是可信的、有根据的。

对质性研究的效度测量还有很多标准，此处不赘述，研究者应根据自己研究的实际情况来运用相应方法提升研究效度。

[①] 〔美〕约瑟夫·A. 马克斯威尔：《质的研究设计——一种互动的取向》，朱光明译，重庆：重庆大学出版社，2007年版，第471页。

第八节　电脑在质性研究中的运用

如前面所述,在资料收集和资料整理分析等各个步骤,越来越多地运用了电脑。它也给研究者带来很多意想不到的方便。比如使资料分类更加容易,也可以抛弃很多纸质资料,节省了空间。质性研究实际上包括了对资料的广泛地描述,这既要求对资料进行归类和编码,又需要对其进行深入细致地分析。相应的写作过程也是同样的,研究者为了总结和解释,需要反复整理和核实。在这个研究过程中,有大量的机械性的任务和阶段,这些任务或阶段占据了分析过程的大部分时间。这时候电脑就是必不可少的了。带有适当"软件"的电脑在分析大量的像人种学研究中的实地记录这类描述性资料时是非常有帮助的,这有利于处理那些繁重、机械性的任务。最早的分析描述性文本的软件大约在20世纪60年代就已出现,而现在有越来越多地进行质性研究的高级的计算机软件。[①]

一、电脑能做什么

对于质性研究者而言,主要是要了解电脑和软件包能做什么和不能做什么。计算机可以处理机械性的任务,但它不能执行需要传统的质性研究的分析技术的概念化任务。计算机程序不能完成解释、综合和假设检验这一关键性任务。例如,概念化和系统判断的任务都超出了计算机的能力范围。

当然,计算机可以用于质性研究的文字处理工作,因为它可以用于任何研究形式的写作。计算机可以用于对信息的编组,在这方面,它发挥数据库的管理系统的作用。它基本上能够保持信息的踪迹并使之有条理地保存下来。除此以外,一般情况下计算机能够搜寻、查阅、处理、安排和重新整理描述性资料,在此之前要有研究者确定的规则或以某种方式工作的命令。电脑快速高效地完成这些工作,例如,通过软件,电脑在研究者的指令下可以加快原本需要花费很多时间的内容分析。内容分析包括对被访问者对某一问题提出的次数的量化。

可用于质性研究的软件包或程序已经越来越多。为了利用各种程序,有必要去得到有关程序的手册或指南。

---

① 〔美〕威廉·维尔斯曼:《教育研究方法导论》,袁振国主译,北京:教育科学出版社,1997年版,第269页。

二、质性研究中关于电脑信息的资源

任何计算机程序都可在质性研究中加以应用。新的程序不断地开发出来,而已有程序又在进行定期的修正和更新。为了应用特定程序,很有必要获得一些程序编写的指南。

目前有许多的渠道获得那些可以处理质性研究资料的电脑软件。但是很多都没有翻译成中文。

在借助电脑作质性研究的过程中,研究者需要明白的是,应该让电脑做电脑能做的事情,自己做电脑不能做的事情。

第九节 质性研究成果的发表

研究者在经过了一番收集、摸索、研究和讨论后,都希望将自己的研究过程和结果公之于众。这就涉及最后的质性研究成果的发表。

一、质性研究报告的组成部分

写质性研究报告可以有很多形式,作者完全可以不囿于某种格式。因为根据学科方向、研究的问题、目的、理论框架、收集和分析资料的方法、研究的结果、研究者本人的特点以及研究者与被研究者之间的关系等不同,研究报告的写作形式都会有所不同。所以研究者可以根据自己的情况,尤其是要根据自己所收集资料的特征及对资料的阐释来决定自己的写作格式。

但另一方面我们需要知道质性研究过程通常是资料搜集、分析和撰写的循环周期,撰写质性研究报告因而是一个持续的过程,几乎在研究开始之时,研究者即开始起草报告的一些部分,接着在资料的搜集和分析过程中,撰写的工作亦持续进行。

陈向明认为研究报告通常包括如下六个部分:(1)问题的提出,包括研究的现象和问题;(2)研究的目的和意义;(3)背景知识,包括文献综述、研究者个人对研究问题的了解和看法、有关研究问题的社会文化背景等;(4)研究方法的选择和运用,包括抽样标准,进入现场以及与被研究者建立和保持关系的方式、收集资料和分析资料的方式、写作的方式等;(5)研究的结果,包括研究的最终结论、初步的理论假设等;(6)对研究结果的检验,讨论研究的效度、推

广度和伦理道德问题等。①

另外我们也可以按照以下九个步骤来写研究报告:(1)引言:研究背景和其中涉及的基本概念、研究报告呈现的架构。(2)研究的目的与主题:包括个人的目的和实践的目的、理论意义和现实意义等。(3)背景知识:包括相关文献资料,过去研究的文献,研究的主要领域等的文献综述和研究者个人对研究问题的了解和看法、有关研究问题的社会文化背景等。(4)研究的方法和策略:包括抽样标准,研究现场的物理情境、社会情境,如何进入研究场所,以及收集资料和分析资料的方式、写作的方式,是否使用录音和照相机,采用观察访问文件搜集等方式。(5)研究者与研究对象的关系:包括与被研究者建立和保持关系的方式,报告人是否难于接近,研究者的心境,研究者如何去了解研究场所等。(6)研究结果:主要是对具体事件或研究对象的描述和分析。(7)对研究结果的检验:讨论研究的效度、推广度和伦理道德问题等。(8)讨论和解释:什么观点可以用来解释描述的现象和意义,研究呈现了怎样的社会、文化或教育意义特征,还有形成的理论。(9)结论和反思:整个研究过程中的发现,研究者对研究的反思,对其他研究者在研究领域或方法上的建议。

以上提供的两套步骤只是供给读者参考,并非所有的研究者写的研究报告都要千篇一律地按照"标准化"步骤进行。和量性研究相比,质性研究在撰写报告发表时,带有更多的灵活性(但这不代表它是不含有写作技巧的)。第一,上述部分不一定在所有质性研究报告中都出现。有些研究可不以报告文献来综述,而是将文献综述放到对资料的分析中。第二,研究报告的写作顺序也不一定按照上述提供的资料来安排。针对不同的读者群和研究报告的用途,都会有不同的写作顺序。如果是为了吸引读者的注意可以先呈现研究结果。第三,不同的资料分析方法也可能带来不一样的报告形式。

二、研究结果发表的方式

如前所述,质性研究的写作是比较灵活的。但是为了使读者能够明白研究者的意图、研究结果,通常情况下,质性研究处理研究结果的方式可以分成类属型和情境型,②还有一种是这两种类型的混合体。

(一)类属型

类属型主要使用分类的方法,将研究结果按照一定的主题进行归类,然后

---

① 陈向明:《质的研究方法与社会科学研究》,北京:教育科学出版社,2002年版,第344页。
② 同上书,第345页。

分门别类地加以报道。一般来说类属型适合如下情况：

(1) 研究的对象(人、社会机构、事件等)比较多,很难以个案呈现;

(2) 研究的结果中主题比较鲜明,可以提升出几个主要的议题;

(3) 资料本身呈现出分类的倾向,研究者在收集资料的时候使用的是分类的方式。

类属型写作的长处是:(1) 可以比较有重点地呈现研究结果;(2) 逻辑关系比较清楚,层次比较分明;(3) 符合一般人将事物进行分类的习惯。其弱点是失去如下重要信息:研究的具体场景、被访者的个性特征和生活故事、研究者使用的具体方法、研究的过程、研究者与被研究者之间的互动关系等。有时候,为了将研究的结果分成类别,研究者难免删去一些无法进入类别但对回答研究的问题却非常重要的信息。

(二) 情境型

情境型非常注重研究的情境和过程,注意按事件发生的时间序列或事件之间的逻辑关联对研究结果进行描述。由于注重研究或事件的具体情境,情境型通常将收集到的原始资料按照个案的方式呈现出来。个案可以涉及一个人、一个社区或一个事件,也可以由多人、多个社区或多个事件拼接而成。个案所表现的内容可以是一个自然发生的故事,也可以是一个按时间顺序排列的各种事件的组合。

它的长处是:(1) 可以比较主动、详细地描写事件发生时的场景;(2) 可以表现当事人的情感反应和思想变化过程;(3) 可以解释事件之间的衔接关系;(4) 可以将研究者个人的自我反省及时地揉入对研究结果和过程的报告中。由于个案保留了事件发生时的社会、文化和文本情景,内容比较具体、生动、逼真,比有些抽象的、概括的陈述更加吸引人。尽管它有很多优点,但是有一个致命的弱点是:这种写作手法不太符合一般概念上的"科研报告",没有将研究结果分门别类列出,也没有将研究方法和研究结果分开处理。可以说这个缺点就是不够学术化。但研究者同样可以在行文过程中,提供自己学术化的证据。

(三) 混合型

在写作过程中,研究者可以结合两种方式,达到取长补短的效果。比如,我们可以使用类属法作为研究报告的基本结构,同时在每一个类属下面穿插以小型的个案、故事片段等。另外,也可以以情境法作为整个报告的主干叙事结构,同时按照一定的主题层次对故事情节进行叙述。不论是以分类为主,辅以个案举例说明,还是以叙事为主,辅以类属分析,结合使用两者往往比单独使用其一更具说服力。

当然这种结合并不是简单的混合,把握情境法和分类法的平衡需要一定的研究、写作能力。

此外论文的写作必须仔细考虑措辞,因为措辞反映了我们的诠释框架。不同的用词可能带来不同的理解。以质性研究的方法论来看,研究者可以使用带有情感内涵或价值内涵的概念或描绘词语,但是这些概念和词语在使用时,应该有根据,应该说明是基于哪些资料,作者根据什么推理使用了这样的词汇。

第四章

个案研究法

个案研究(case study)源自一种以个案研究所得的资料编成教材的教学方法。1870年美国哈佛大学法学院首次使用这种方法以训练学生科学掌握法律原理和原则。个案研究法最初应用于医学和教学领域,用来研究病人的案例,后来逐渐扩大到心理学、社会学、工商管理、人类学、经济政治学等领域。个案研究的任务是对个案的行为特征提出描述性的报告,并为最终判断提供现实的证据。个案研究常被看成是自然主义的、描述性的、质性的研究,与实证主义的、验证性的、量性的研究相对应。事实上个案研究不是以质性与量性研究来划分的,而是以研究对象的单一性来界定的。个案研究是一种综合多种研究手段来进行研究的方法。

第一节 个案研究的含义和特点

一、个案研究的含义

我们先看两个对个案研究所下的定义:一个是国外《现代社会学词典》对个案研究的定义:"一种通过对一个单独个案进行详细分析来研究社会现象的方法。个案可以是一个人、一个群体、一个事件、一个过程、一个社会或者社会生活的任一其他单位。这种方法依赖于所研究的个案得出的假设具有同事物的代表性,所以通过详尽的分析能够得出普遍性的东西使用于同类的其他个案。"另一个是台湾《云五社会科学大词典》的定义:"个案研究法是社会科学的一种分析方法,其特征是将社会单位视作一整体,并分析其生活过程的细节。社会学上的个案研究通常以一团体或一社区为单位。个案研究有双重目的,一为对个案做一广泛且深入的考察,一为发展一般性理论,以概括说明社会结构与过程"。[①]

由此可知,个案研究是以一个典型事例或人物为具体研究对象,进行全面系统的调查研究,以了解其发生和发展的规律,从而为解决更一般的问题提供经验。由于个案研究一般是对研究对象的一些典型特征作全面而深入的考察与分析,其过程与解剖麻雀相似,因此也叫"解剖麻雀法"。同时,由于个案研究常常需要追溯研究对象的背景资料,了解发展变化的具体过程,因此又称"个案历史研究法"。个案研究的基本逻辑是:研究者在确定了研究的问题或现象后,不带任何假设地进入到现象发生的场景中,参与研究对象的生活,去观察现象发生的过程,或者通过深入访谈收集各种定性资料,并以此来进行分析和归纳,揭示现象发生的原因,逐步归纳出理论命题。所以,个案研究不仅仅只是一个研究方法,也是一个复杂的认知过程,有助于解决现实生活中的很多问题。

个案研究对社会科学研究具有重要意义:(1)社会科学特别是教育学、社会学等历来重视个体发展和个别差异,通过个案研究可以详细地描述个体的特征;(2)用个案的具体实例作为基础,解释、说明某种抽象的理论和观点,为进一步证实理论或者假设提供了很好的依据;(3)个案研究可以验证某种方案或者辅导策略的可行性和有效性,为解决一些问题提供可操作性的方法和步骤;(4)在可能的情况下,试图将个案的研究结论适度地推广到更大的同类群体中去,发现或者描述个体、事件、团体的总趋势;(5)个案研究信息的累积有助于归纳事物总体,可以为以后的调查分析、理论概括做好准备。

二、个案研究的特点

个案研究经常被看作是自然主义的、描述性的经验探究,主要在真实的生活脉络里,探究个案当时的现象,当现象与脉络间联结不清楚时,个案研究运用技术性处理,依赖各种收集而来的证据从中汇整,这是获得真相所必需的手段,也是个案研究主要的逻辑设计特征。所以个案研究并不是一种收集数据的做法,也不仅仅是一种设计,而是一种周全、完整的研究策略。与其他研究方法相比,个案研究具有以下一些特点。

(1)独特性。个案研究重视每个研究对象的独有的特质。研究对象往往

---

① 范伟达:《现代社会研究方法》,上海:复旦大学出版社,2004年版,第220页。

第四章 个案研究法

是个人、事件、团体、家庭、社区等社会单元,这种对象具有单一性、独特性。个案研究的主要目的不是由个体推论总体,而是要深入、细致地描述一个具体的事物(如个人、群体、社会组织等)的全貌和具体的社会过程。通过对个别案例的研究往往可以揭示具有普遍意义的规律。

(2) 整体性。个案研究针对某些组织作广泛、详细审视的叙述,从较为完整的情境脉络中充分掌握研究的现象,而不使用实验设计或控制。同时,个案研究的主要研究目的,不是案例之间或者现象之间的相互比较,而是对研究对象进行通盘的了解。

(3) 全面性。即对个案多方位、多维度、多层面的研究。从空间上说,它要研究个案生活环境的一切因素如学校、家庭、社会的因素;从时间上说,它要研究个案的过去、现在和将来。可以静态分析,也可以动态分析。研究越透彻,越全面,针对性越强,结论越具有说服力。

(4) 深入性。个案研究主要是运用全方位的研究策略,针对单一研究对象,透过多重方式来进行有关研究现象或行动意义的研究,所以在整个研究过程中,研究者不仅要深入探究研究对象复杂的生活面,还要进一步深入了解其内在的信念和行动的互动关系。

(5) 描述性。个案研究不同于其他量性研究的方法,它是多描述,少判断的。对于研究结果的呈现多采用充分描述的方式,对研究现象的意义也多用描述,而不是采用统计数据来呈现现象意义。

(6) 自然性。个案研究与其他的研究方法的一个很大的不同,在于研究者可以进入研究对象的生活环境中,在没有试验设计和控制,及不影响研究对象的情况下,对其进行全面式、深入的了解,并且通过丰富的资料和描述过程,再现研究对象的生活经验。

(7) 启发性。个案的结果是不能对总体进行推论的,但是这并不是说个案研究没有意义,相反个案研究的结果可以让调查者定性地认识更多的个案甚至总体,具有启发意义,甚至可以发展出新的理念并成为构建理论的基础。

除了以上总结的个案研究的特点,还有很多学者对于这个问题有比较独特的看法和手法,比如,高尔在他的《教育研究方法导论(第六版)》中,用唐娜·卡根的一份研究报告作为实例来解释个案研究的特点。卡根博士收集资料,用四位教师本人作为个案进行研究。这个研究调查了教师发展计划对四位小学教师职业生涯的影响。通过卡根的这个报告,高尔他们从这个例子中总结出个案研究四个主要特点,一是重点研究具体实例(个案)的现象;二是深入研究每一个个案;三是研究自然情境下的现象;四是研究参与者的行为要素观点,即主位研究观点与客位研究观点。①

再比如,彭姿绮从社会科学的角度总结的个案研究的特性:(1) 探讨性,研究者除了要对个案现有资料进行分析,并搜集有关的事实资料外,还要辨明事实之间的关系;(2) 诊断性,研究者在寻求问题时不仅需要以逻辑与系统的方法来思考,也要有良好的判断力;(3) 可行性,提出问题后,必须针对问题提出解决的方法或途径,而这些方法必须是可以执行的;(4) 比较性,在做出决定前,先要对各个方案作分析与比较,评估其利与弊;(5) 整体性,针对某些组织作广泛、详细审视的叙述,希望捕捉重要的问题的复杂性,不使用实验设计或控制;(6) 质性研究,涉及思想观念、道德标准、宗教信仰、心理冲突等,不易以数字表达,只能用文字描述的情形,可由个案研究求得;(7) 详尽深入,个案研究不仅要有表面的观察,而且还要有深度的探讨;(8) 正确的描写,个案研究的技术,如会谈控制技巧及记录方式一致等技术,皆有长足的进步,所以透过问卷法及访问法,运用一致的记录格式而将所得予以记载,可以说是正确描写的研究;(9) 非正式手续,个案研究可不拘时地,只要时时注意,留心观察,对研究对象做深入研究;(10) 以多元方法搜集个案资料,个案资料的搜集方法相当多元,包括观察、晤谈、心理测验、问卷调查、家庭访问与个案的师长、朋友或亲人会谈等;(11) 合乎科学原理,个案研究之对象,虽仅针对单一个体,但探求的变项及情境包罗万象,个案研究分析需取纯粹客观的态度,是合乎科学原理的。②

第二节 个案研究技术

掌握好研究技术对于任何研究来说都是至关重要的,个案研究也不例外,好的技术关系到个案研究的成败。个案研究技术主要有两个方面的内容,一是个案研究设计的技术,另一个是个案研究资料收集的技术。

一、个案研究设计的技术

对于社会科学研究来说,每一种研究方法在其设计研究的过程中,都有其应注意的事项与内涵,个案研究也不例外。所以个案研究在设计和描述的时候

---

① 〔美〕梅雷迪斯·D. 高尔等:《教育研究方法导论(第六版)》,许庆豫等译,南京:江苏教育出版社,2002年版,第448页。
② 陈姿伶:《个案研究法》(Case Study),2013年1月22日,http://www.docin.com/p-587581025.html,2020年6月8日访问。

可以考虑以下七个 W 问题:(1) 谁(who),(2) 什么(what),(3) 地点(where),(4) 如何(how),(5) 原因(why),(6) 时间(when),(7) 受谁影响(whom)。这七个 W 中,什么(what)是属于探索性的,比如什么方法可以提高升学率;谁(who)以及地点(where)属于描述性的,比如谁会去哪里开会;如何(how)、原因(why)和受谁影响(whom)则属于解释性的,比如奖学金制度是怎样运作的。在正式进入研究步骤之前弄清楚与研究相关的这七个问题,对于研究的设计和进行是有很大好处的。所以个案研究在设计的时候通常必须考虑以下四个要素①:

1. 研究的问题

任何科学研究关键都在于发现和提出问题,对于个案研究来说也是这样,所以在确定问题的时候可以针对 what、how、why、when、whom、who、where 这几个方面思考,个案研究首先必须明确研究的目的与性质,必须清楚了解研究的有关问题。研究什么?研究的特征?变量之间的关系?研究的过程等。

2. 研究的命题

命题是研究范围和研究内容的主体,也是研究设计的依据,把握研究的命题会影响整个研究的进行方向。并且研究的命题会将研究者的注意力引向在研究的范围内所应该要检视的事情上。所以这方面特别需要研究者的细心观察和思考。

3. 分析的单位

研究者必须明了自己研究的分析单位,即研究内容在什么层面进行分析,应该运用什么方式有效地收集资料。这个要素与定义何谓"个案"有关,也是一个在个案研究一开始就使许多研究者烦恼的根本问题。在古典的个案研究中,单一个案研究指的是一个个案,多重个案研究则是指多个的个案。而现在,分析单位不再仅限于单独的个体,也可能是一个有明确界限与范围的团体或计划等。因此研究者在选择研究的分析单位时,必须注意两点:(1) 在分析单位的界定上,因为研究设计会因所欲分析的单位不同而不同,所以研究者必须清楚界定分析的单位。可与其他研究者共同讨论,从设法解释待答问题、说明选择此个案的原因等方面,来减少界定分析单位时的困扰(2) 选定了主题之后,界定研究的时间与范围。

4. 命题与资料的联系

个案研究者依据研究命题,从研究对象的行为和事件中获取与命题相关的

---

① 〔美〕罗伯特·K.殷,《案例研究:设计与方法》,周海涛等译,重庆:重庆大学出版社,2004 年版,第 25 页。

线索和资料，从而描述或解释命题与资料之间的内在联系。

基于上面的这些要素我们可以设计出个案研究的研究步骤。一般来说个案研究可以分为六个主要的步骤：

第一步是确定个案研究的性质和对象。即确定该个案研究要关注的是一个推测性的假设，还是一个要解决的问题，还是一个用于讨论的议题。这对于科学研究来说是最关键的，研究者要明确自己的任务，考虑选题的价值以及可行性。

第二步是使用各种方法收集个案资料。全面地收集资料是个案研究有效性的重要保证，也可以帮助研究者对于个案有完整的认识，在这个过程中要系统地保存好收集到的资料。

第三步是分析整理资料。包括个案资料的记录整理和对个案资料精细地分析，探究某一特殊行为的原因，揭示隐藏在个案表面现象之间内在的、本质的、必然的因果联系。

第四步是解释分析的结果。可以从如何（how）、为什么（why）和受谁影响（whom）等方面来解释个案。

第五步是追踪研究和对个案实施指导。个案研究是深度研究的一种，所以对其研究对象要有一段比较长时间的追踪与研究，了解其发展变化才能更好地提供指导的方案。

第六步是撰写个案研究报告，得出结论。个案报告是个案研究的表现形式，通过个案报告可以了解个案的基本情况及处理的过程，正如医生为病人写的病历一样，可以为以后的诊断、治疗提供依据。

个案研究设计好之后，研究者应该按照这些预定的步骤、计划来开展研究工作，在研究的过程中最忌讳随心所欲、随便改变研究方案和进程，但是如果研究过程中遇到原定计划中估计不到的情况时，可以根据实际情况对计划进行改进、调整、修正和补充，这样才能使得研究更加趋于完善和成熟。

二、个案研究资料收集的技术

在个案研究的设计完成以后，接下来研究者必须要面对的问题是如何将这些理念透过实地研究的过程一一呈现。一个好的研究设计，只是成功的开始而已，只有恰当的资料收集方法与过程，才能进一步提高研究的质量、丰富研究的成果。

在着手进行资料收集的工作之前，研究者必须要有足够的自我训练及准备，才能达成研究的目的。一个优秀的个案研究者，必须要具备下列几项研究的技巧：[1]（1）问问题。好的个案研究者必须要能问好的问题，同时也要能对这些问题做适度回应。（2）倾听。好的个案研究者除了会问问题之外，同时也要是一位好的听众。所谓好的听众，就是在倾听过程中，不会将自己的意念或价值观，复制在回答问题的人的身上。（3）适应力与弹性。好的个案研究者不仅要能问、能听之外，同时也须具有高度对环境的适应力，在访问过程中要以极为开放的态度，与被研究者或研究情境互动，将新的情境或刺激视为机会，而不是潜在威胁。（4）掌握议题。好的个案研究者虽然必须具备弹性、开放的态度与胸襟，但是也必须要能时时刻刻掌握研究议题，并能将所收集到的资料与研究议题相互联结。（5）降低偏见。好的个案研究者在整个个案研究资料收集过程中，要尽量避免个人偏见对研究资料收集的影响，同时在资料收集过程中能够对研究问题充满着高度的敏感力。

从事个案研究的研究者必须在整个研究过程中放下身段，不断地重新调整自己的脚步，而不是死板板地根据一些既定的要求或规定，来进行资料收集的工作。然而，研究者要达到这种境界是非常不容易的，往往都需要不断地研讨和训练过程，才能让自己成为一位好的个案研究者。

以上是对个案研究中研究者的基本要求，同时，为了确保个案资料具有完整性、连续性、可比性以及有效性，还要做到：（1）根据研究的目的来选择研究对象。研究对象要符合研究要求，尽量避免选择那些条件不明确、变量因素复杂的对象来进行研究，否则会干扰研究的进行。（2）提前做好各种准备工作。这些准备工作包括获取研究对象详尽的原始资料以及准备好研究所需要的工具，如量表、器材等。（3）个案研究的资料在记录的时候要注意：准确、客观、简明、清晰及易于参考分析，特别注意使用多种方法和从符合统计学要求的角度来收集记录资料。

第三节 个案研究的资料来源

个案研究的资料可以从不同渠道获得，个案研究的资料收集方法有下列六种来源：文件（正式报告、公文、演示文稿资料等）、档案记录、访谈（开放式或封闭式问卷）、直接观察、参与观察以及实体的人造物。[2] 这六种来源是相互联系

---

[1] 潘淑满：《质性研究：理论与应用》，台北：心理出版社，2003年版，第263页。
[2] 〔美〕罗伯特·K.殷：《案例研究：设计与方法》，周海涛等译，重庆：重庆大学出版社，2004年版，第93页。

的,即使在同一研究中也可能会使用所有六种资料,因此把这六种资料来源放在一起进行系统的介绍会比较清楚明了。

一、文献

基本上所有的个案研究课题都会使用文献信息,文档类的信息可能有很多表现形式,一个完整的资料收集方案应该充分考虑其多种多样的表现形式。一般而言,信函、备忘录、其他公报、会议的议程及其记录报告、行政管理文件,如提案、进度报告及其他内部文件、正式的研究或对同样场所的评鉴、剪报及其他大众媒体上出现的文章等皆为文件的种类。对个案研究而言,文件的重要之处在于确认与增强由其他来源而来的证据。但是,文件并不代表必然正确与毫无偏见,所以研究者在使用文件时必须小心,不可把文件当作是已发生过事件的原样记录,最好能检核文件本身的正确度及可信度。对于文件这种资料来源来说,优点有:(1) 稳定,可以反复阅读检查;自然、真实、非涉入性的,不是作为个案研究的结果而建立的;(2) 包含很多确切的名称,参考资料以及事件的细节;(3) 范围十分广泛,时间跨度长,涵盖多个事件和场景。相对于文件来源的优点,它的缺点也是不能忽视的,主要有:(1) 可检索性低;(2) 在信息收集不完整的情况下,资料的误差会比较大;(3) 报道误差,反映作者的偏见;(4) 使用权力上有一定的限制,一些人为因素可能会影响资料的获得。

二、档案记录

在很多个案研究中会使用到六种资料来源中的档案记录,它通常是以计算机资料的形式呈现的,包括有:服务记录、组织记录、各种相关列表、地图和路线图、调查报告资料、个人记录,等等。档案记录可以和个案研究的其他信息来源联结,然而跟文件资料不同的是,这些档案记录的有用性会因不同的个案而有所差异。对某些研究来说档案记录是至关重要的,以至于是全面检索和量性分析的对象;而在另一些研究中,它们的作用就很小。如果档案记录对研究很重要,研究者就必须仔细地核实档案记录的准确性。有时档案记录是高度量化的,但研究者必须注意不可自动将这些数字视为是正确度的象征。档案记录的优点和文件类似,不过比文件更加精确和量化。缺点方面也和文件来源差不多,只不过可能更加涉及比较隐私的内容而很难得到。

三、访谈

访谈是个案研究最重要的基本信息来源之一。访谈可以采取以下几种形式:(1)开放式的访谈,问回答者有关的事实,或是问回答者对于事件的看法。在一些情境中,甚至可以要求回答者提出他自己对于某些事件的深刻看法,并利用这些命题作为进一步探讨的基础。(2)焦点式访谈,一种在一段短时间中访谈一位回答者的方法。在这种情况下访谈可能仍旧维持开放式并以谈话的方式进行,但是访问者很可能会遵循一组由个案研究的计划书所衍生的特定问题来访问。(3)延伸自正式的问卷调查,限定于更为结构化的问题,这种问卷可以设计为个案研究的一部分。这种类型的调查应该包含抽样的程序,以及一般调查中所用的工具,而后也会用类似的方法分析。

访谈法主要有两方面的优点:(1)非常具有针对性,直接集中于个案研究的主题;(2)见解深刻,可以呈现访谈过程中的因果推断过程。缺点方面主要有三点:(1)问题构建、设计得不佳会造成误差,记录不当也会影响精确度;(2)个案的选择可能不具有典型性,被访者在响应的时候可能会产生偏差;(3)被访者可能有意识地按照访问者的意图回答问题。

四、直接观察

当实地访问个案研究的场所时,就创造了直接观察的机会。而这种观察包括了正式的和非正式的资料收集活动。(1)对于正式的观察来说,观察计划会成为个案研究计划书的一部分,计划中可能要求研究者观察一段时间内某种类型行为发生的次数,这可能包括观察会议、街头活动、工厂作业、教室和其他类似的场所。(2)在非正式的观察中,直接观察可能是在实地拜访的过程中进行的,包括了在收集如访谈等其他证据期间的机会。

直接观察法对于收集资料来说最大的优点是:(1)直观、真实,包含了实时的事件;(2)包含事件发生的情境。缺点方面主要是:(1)成本高,消耗太多的时间;(2)因为事件在被观察中可能会造成不同的发展,所以不好预测结果如何;(3)被观察者察觉有人在观察自己,可能会调整、修饰自己的行为。

五、参与观察

参与观察的方法最常被用在不同文化或次文化群体的人类学研究中,这个技术也可以用在属于日常生活的环境中,而参与观察提供了收集个案研究资料某些特殊的机会,比如能够接触某些通过其他的科学调查方法,所无法触及的事件或团体。参与观察除了有直接观察相同的优缺点外,优点方面还可以对人际间的行为和动机有深刻的认识。缺点方面就是参与者自身对事件的控制可能会造成一些偏见。

六、人造实物

实体的或是文化的人造物是最后一种资料的来源,包括了技术的设备、一个工具或仪器、一件艺术作品或是其他实体的证据。这些人造物可以在实地拜访时收集或观察,而且也已经广泛地应用在人类学的研究中。实体的人造物可能跟最典型的个案研究关系比较少,然而在有关系的时候,人造物可以是整个个案中一个重要的要素,可以提出在短时间内直接观察的范围之外更为广泛的观点。人造物这种资料来源很大一个优点就是对于文化特征和技术的操作能有很深刻的理解。缺点就是所用的人造物基本都是筛选过的,并且可选性不高。

个案研究资料的收集要遵循以下三大原则。这三种原则有助于充分、有效地运用上述六种资料来源,确保资料收集过程的质量。三个原则对所有的资料来源都是适用的,如果认真遵循的话,将有助于解决案例研究资料的信度和效度难题。①

原则一:使用多种资料来源。上面所说的六种资料来源都可以单独地作为一些研究收集资料的基础,这点是肯定的。比如,有些研究仅仅依赖于参与观察的资料,不依赖于任何一种文件。而有的研究只是依靠档案资料,并不做任何的访谈。各种资料来源的作用是彼此独立的,但是这并不是说研究者必须孤立地去使用它们。有些人认为研究者应该选取一种最合适或者自己最熟悉的资料收集方法,其实这是一种误解。研究者在设计新的研究课题时应该意识到两点,一个是确立研究的问题;另一个是明确仅仅使用唯一资料来源(比如只用访谈法)的局限性。好的个案研究应该尽量通过多种渠道收集资料,让每种资料收集的方法都能在使用中灵活地调整、组合,形成多种策略,这样有助于研究者从历史的、行为的、思维的角度全面地考察问题,其最大的优点在于相互印证,形成证据三角形。如果个案研究可以建立在几个不同但是相互印证的证据来源基础上的话,研究的结果就更准确,也更具有说服力。而如果不是用多种类型的资料的话,个案研究作为一种研究方法的优势就无法体现出来了。

原则二:建立个案研究的数据库。以往别的研究方法收集的资料通常被分为资料、数据库和研究者的报告(著作、文章和报告等)两种。但是个案研究中还没有对资料的数据库和个案研究报告进行区分。个案研究中的数据罗列经常和研究报告中陈述的内容是一样的。如果有的人想对推论出结论的原始资

---

① 〔美〕罗伯特·K.殷:《案例研究:设计与方法》,周海涛等译,重庆:重庆大学出版社,2004年版,第106页。

料进行检验的话,就会发现无从下手。研究报告提供的资料不一定很充分,如果缺少了个案研究的数据库的话,就无法找到可以做独立检验的原始资料。所以,个案研究应该建立符合要求的、直观易懂的数据库,这样其他的学者才可以直接使用这些资料,不再局限于使用书面的研究报告,数据库极大地增强了个案研究的信度。很多个案研究都缺少真正的数据库,这是一个很大的不足,弥补的方法有很多,首先必须意识到建立数据库的必要性,并且乐意为此花费额外的资源。同时,有了完备的数据库并不意味着个案研究报告不再需要呈现充分的资料,研究报告依然应该包含足够的证据,读者从这样的研究报告中才能独立地推导出结论。个案研究的数据库主要可以从记录、文献、图表材料、描述四个方面着手建立。特别是在计算机技术迅速发展的今天,个案研究数据库的建立显得更加简易和重要,如图4-1。

原则三:组成一系列数据链。最后一个原则是组成一系列的证据链,用以增强个案研究中资料的信度。这个原则的理论基础类似于司法调查的思路和程序,就像处理司法卷宗一样,这是个非常严谨的过程,因为必须确保在"法庭"上呈现的证据与在"犯罪现场"采集的证据是相同的。组成一系列证据链这个原则的目的是帮助个案研究报告的读者,可以从最初研究的问题和最终的结论中间,找出每项证据即资料的推论。在重视研究报告的同时也不能疏忽或者偏袒了原始资料,否则对个案事实的分析会显得不足。如果能充分地做到这点,就能保证个案研究的构建效度,从而提高整个个案分析的质量。

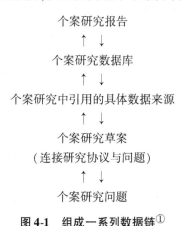

图4-1 组成一系列数据链①

---

① 〔美〕罗伯特·K.殷:《案例研究:设计与方法》,周海涛等译,重庆:重庆大学出版社,2004年版,第106页。

第四节 个案选择的标准及其成果推广

研究者对个案选择的标准还没有达成共识。但是在着手选择个案时可以考虑以下的因素:(1)选择资料丰富的个案。有关个案的问题回答得越多,就越能从个案研究中知道更多的东西;所掌握的资料越多,就越能回答更多的问题。因此,资料丰富的个案往往成为个案研究的首选。(2)选择极端的个案。可以选择极高或极低的个案来检验理论,这样的个案往往提供的是强检验,因为理论对案例所作的预言是确定的和独特的。强检验是指检验结果要么因为理论起作用,要么因为理论的错误,除此之外没有其他原因。(3)选择与当前政策情况相似的个案。如果个案有相似性,那么从一个个案推出的理论可以借用到后一个个案中。这个理论在后一个个案中同样起作用,因此,可以放心地把从前一个个案中演绎出的政策启示应用到后一个个案中。(4)选择具有内在重要性的个案。可以选择对人类或历史具有内在意义的个案,之所以选择这样的个案,是因为这种个案的资料丰富,而且对人类具有重要的影响。(5)选择现有理论难以解释的个案。这样选择的根据是,一定有未知的原因可以解释结果,通过个案的考察可以辨别出这些原因。因此研究者可以选择那些已知原因没有出现但却有大量个案存在的个案来进行研究,通过该个案的研究或许可以揭示出这些未知的原因。以上标准实际上突显了个案选择中的两个一般标准:第一,研究者应该选择最能服务于自己研究目的的个案。个案选择标准应该随着研究者所处的研究阶段的不同而变化,研究者应该尽量使标准与研究目的相一致。第二,在检验理论时,研究者所选择的个案应该使得检验力度和检验数量最大化。最好的个案选择可以允许用最小的精力去获得最强力度的检验。

研究成果的推广性是衡量一个研究方法很重要的标准之一。一般认为除了成果获得所在的地域之外,研究项目的成果应该可以推广到其他个人或者情境之中。研究成果的推广性在量性研究中被认为是很重要的,它可以帮助研究者达到事先设想的目的。例如在元分析中,同一个现象但在不同情境中进行研究的各种研究成果是可以累计并且可以确定平均效值的,这种平均效值是具有推广意义的。个案研究成果的推广存在着很多的问题,很多学者都对个案研究成果的推广性表示怀疑的态度,认为其推广性是有限的。比如背景理论的支持者萨利·哈奇森就曾经说过:"背景研究能复制嘛(能推广吗)?也许不能。背景理论依赖于资料和研究人员富有创造性的过程之间的互相作用。如果两个人同时提出完全相同的理论是极不可能的。"①

然而有一些研究者认为个案研究的成果是可以进行推广的。他们建议在设计个案研究的时候,就尽可能地把研究成果应用于与正在被研究的现象或问题具有相同代表性的其他个案。一种方法就是研究典型现象的个案。如果选择了非典型个案是因为它有特殊意义的话,那我们选择典型个案来研究也是可以的。如果分析单位已经确定了,那就可以在这个分析单位内随机取样了。例如,如果研究者要研究某一个教师的课堂(个案)试验指导方法的作用,研究者可以从该教师的学生中随机挑选样本来进行充分的资料收集和分析。另一种普及个案研究成果的方法是把普及的责任放在"消费者"也就是读者和使用者身上,而不是放在研究者身上。例如,桑德拉·威尔逊用读者/使用者的普遍性这个说法来说明个案研究成果的每一个读者或者使用者都是有责任在自己的环境中来决定应用研究成果。同样,李·克龙巴赫认为在社会科学中,任何普遍性都只能被看作是试探性的假设,它必须经过作用于每个现场或情境的具体条件的检验。②

研究者可以采用几种方法来帮助读者决定是否把研究成果普遍地应用于他们的具体环境或别的环境。首先,研究者要对组成个案的参与者和情境进行充分的描述,这样的话有兴趣应用成果的读者可以决定他们自己的环境与他们感兴趣的情境的相似度;其次,研究者应该解决选出来的个案是否代表调查的普遍现象这样一个问题;最后,如果运用的是多个个案设计,研究人员应该进行个案交叉分析,用以帮助读者确定至少在研究的个案中成果是否具有普遍性。这些方法有助于增强个案研究成果的推广性,很多研究者也致力于这方面的工作。虽然个案研究没有要求个案的结果具有可以推论总体或者总结规律的作用,但是典型的个案还是可以类推出一些一般规律的,并且好的个案对人们的启发作用也是很大的,所以,个案研究成果在很多的情况下是可以被推广的,并不局限于个案本身,它的推广意义可能要比个案本身的研究意义大得多。

第五节 个案研究的优点和局限

个案研究作为一种客观的研究方法包含很多的优点,但同时也有很多的局

---

① [美]梅雷迪斯·D.高尔等:《教育研究方法导论(第六版)》,许庆豫等译,南京:江苏教育出版社,2002年版,第475页。

② 同上书,第476页。

限性,研究者使用个案研究这个方法的时候应该尽量发挥其优势作用,限制其劣势作用。下面我们将简要地总结一下个案研究的优点和局限性,希望在此基础上可以更好地改进个案研究这个研究方法。

一、个案研究的优点

个案研究的优点主要有以下几点:

(1)个案研究来自人们的生活经验和实践,研究者可以通过充分的描述过程形象地展示个案,因此看起来具有很强的真实性和说服力,也更容易被接受。这是定量的统计方法无法做到的,因此个案研究成果可以更好地发展理论,也可以与行动联系起来,从中得到见解还有助于改变实践。

(2)个案研究以个案为研究对象,常使用各种各样的方法来收集资料,比如第三节中介绍的访谈法、观察法、文献法等六种资料收集方法,因此可得到比较完整的资料,从而可以了解个案问题的原因,及其相关因素。

(3)个案研究具有突发的优点,即研究者在收集资料和观察特殊现象时,可以改变个案研究的重点,制定新的研究问题,并且研究者可以有弹性地决定个案资料的形式、数量、来源、收集的程序,或收集的方法。

(4)个案研究的主要目的在于对个案进行深入的了解,深入性是个案研究的特征之一,也是其优点之一。研究者广泛地搜集与研究对象相关的数据,并且深入了解研究对象所处的文化脉络,在研究过程中,与研究对象密切地互动,让研究者更能体会研究对象所处的情境。之后,再经由研究者的分析与诠释,研究结果呈现在读者面前,使读者更能领会个案的现况。虽然个案研究的个案数目很少,不能作普遍化的推论,但深度、详尽、连贯地描述所研究的个案,可充分掌握其个别差异。这是一般调查研究、实验研究所无法达成的。

(5)个案研究在自然情境中展开,研究中研究者和个案产生互动,会促使个案反思,进而更了解事物背后的意义,而且个案研究让研究者更加了解了社会生活的复杂性。因此不论是研究进行中还是结果呈现时,对个案本身都具有价值。

二、个案研究的局限

研究者必须清楚地认识到个案研究的局限性才能更好地完善个案研究,因此本文把本节总结的精力主要放在局限性方面。个案研究的局限主要包括以下几个方面:

(1)个案研究存在信任配合的问题。为取得个案的信任与配合,要求调查者必须具备一定的综合知识水平、人际交往能力和良好的心理素质走进个案对象的心灵,研究其态度、感受和价值观。然而事物总是具有两面性,调查者必须警惕与个案过度亲密可能会影响到研究客观性。

(2) 确定与个案有关的因素是相当不容易的。个案问题的内部原因错综复杂,个案研究通常收集许多与个案有关的资料,但在这么多资料中,如何确定与个案有关,是很不容易的事情。

(3) 个案研究易存在主观偏差。资料的搜集与分析资料的客观,一向为科学所重视,个案研究若受研究者主观的偏见影响,往往无法达成此项目标。造成主观偏差的原因主要有两个方面,一个是研究者先入为主的观念影响个案资料重要性的分配,难免避重就轻,未能对症下药,而且这种先入为主之观念也会影响研究者解释资料的方式;另一个是研究者比较容易倾向于研究符合本身预期效果的个案,从而造成问题确定的偏颇。

(4) 个案研究受限于研究者本身的能力。个案研究依赖大量的资料,而资料收集的范围相当广泛,因此,研究者搜集资料(访谈、观察等)的技巧要经过严格的训练,才能完成收集资料的工作。和许多质性研究一样,在收集了庞杂的资料之后,研究者要有能力从这些资料中整理归纳出相关的主题,否则只是呈现资料的堆积,将无法提出有效的具体解决方案。

(5) 个案研究的时间耗费与资料呈现之清晰程度不成比例。个案研究往往花费漫长的时间,得到的却是大量无法清晰阅读和理解的资料。许多参与观察的个案研究都有前述的缺点。许多辅导方面的个案研究,尽管分析周密,内容丰富,却不能提出有效的具体解决方案,亦是不容否认的事实。

(6) 个案研究结果的普遍性和推广性比较差,很难科学地类推。由于个案研究探讨的是个案的特殊性,因此无法将研究结果推论至研究以外的其他个案,这是个案研究最大的缺点。个案研究需要花大量时间去搜集资料,查明事实,却得不到整体概貌和集体规律,个案研究仅集中于个体,样本缺乏代表性,而且通常以特殊、反常、非代表性的个体为对象,其结果无法推论到其他个案上。又因为个案研究的对象多数是带有特殊性且不具有代表性的个体,使得研究所获得的资料较难找到可供参考的标准,因而影响个案研究的推广性。

(7) 个案研究的资料收集是需要大量人力、物力、财力的,是要全面性的,因此研究者要收集齐全资料,必须要花许多时间、心力。在这个过程中,有的研究者可能就大而化之了,对于资料的收集并没有尽心尽力。

(8) 个案研究存在调查伦理的问题。个案调查需以个案利益最大化为考察依据,但研究过程在实际执行上可能会造成对个案某种程度的伤害,这就有违个案调查的伦理了。

明确了问题才能有好的解决方法,在了解了个案研究的局限性后,很多研究者都作出了许多不同的尝试来改进这些局限性,比如有些研究者就把个案研究与抽样调查交叉使用来了解社会的某种现象和规律性。个案研究是通过深入"解剖"麻雀来描述各个"点"的情况的,更注重研究的深度,强调质的解释,揭示个体的独特条件。而抽样调查则是要了解"面"上的情况,更重视研究的广度,强调量的分析,它试图详尽地分析各个"点"之间的相互联系,以便从整体上把握社会现象的规律性。在一项调查研究中,把这两种调查方式结合起来,就可以同时了解"点"和"面"的情况了。再比如还有些学者把个案研究和典型调查结合起来研究社会问题,虽然有不少人认为这两种研究方法是一样的,但其实还是有区别的,典型调查有目的地选择研究对象,强调研究对象的代表性、典型性,并且强调推论。这些都是个案研究所不具备的,所以把二者结合起来是可以改进或消除个案研究这些局限性的。

第六节 个案研究中的常见错误

个案研究法虽然在不断地发展完善,但是它在设计、实施、总结的过程中还是会出现各种各样的错误,下面我们就从不同的角度来检视个案研究中常见的错误。

一、研究者的角度

(1)对确立分析单位和要研究的一个或多个个案没有给予足够的重视。研究者经常会忽视分析单位和个案,特别是在个案比较多和复杂的时候。

(2)没有做深入的研究,对有兴趣的现象没有进行充分、充实的描述,仅仅停留在表面上,没有细致深入地进入到内部。

(3)在现场工作一开始的时候,没有尽全力获取研究许可,并且没有充分地与参与者接触,建立联系,没有获得参与者的全面信任。

(4)没有考虑到自己的偏见和个人因素可能会影响研究的结果。研究者的一些个人因素比如偏见、情绪等都会影响到研究的进行,严重的可能会改变研究的结论。

(5)过早地结束了资料的收集阶段。一些研究者因为不喜欢烦琐的资料收集工作或因为人力、财力不够而过早地结束了资料的收集,这样会造成资料的不充足,进而影响个案研究的进行。

(6) 没有尽全力检查个案研究成果的信度和效度。个案研究成果的信度和效度是检验个案好坏的非常重要的指标,可是有些研究者完成个案研究后并没有好好地进行这项检验的工作,只是敷衍了事。

(7) 没有考虑到普及研究成果的问题。很多研究者在选题或者研究进行的过程当中并没有好好考虑研究成果的推广问题,使得研究最后根本没有推广的价值,不过一些特殊的个案是另当别论的。

(8) 写个案研究报告的时候,没有向读者生动地展现个案。一些研究者的研究报告写得生涩难懂,对个案没有好好描述,并且使用非常多的专业词汇还不做解释,这样使很多读者根本没有办法了解这项研究。

二、研究对象的角度

(1) 受研究者的影响过重,有意识地去按照研究者的要求来行动。研究对象经常会在得知研究者研究的目的后,改变自己的行为,按照研究者想要的行为来行动,这样研究得出的结论就没有什么信度了。

(2) 涉及个人隐私,因此刻意去隐瞒真实的信息。因为有些研究涉及个人的隐私或者一些利益关系,所以研究对象会刻意隐瞒一些他不愿意说的信息,甚至会编造假的信息,出现作弊的行为,这些现象也会严重影响研究结果的信度。

(3) 对于研究过分好奇,模糊了自己作为研究对象的角色。一些研究对象对于研究非常的好奇,会不断地问研究者很多问题,甚至会帮忙研究者去做研究,他们模糊了自己作为研究对象的角色,这样的行为也严重影响研究的进行。

(4) 不肯配合研究,甚至有抵触情绪。有些研究对象不愿意做研究,或者对于研究不好好配合,产生或导致抵触研究者的一些问题或者行为,这就需要研究者好好地进行调整了。

个案研究中的这些常见的错误并不是不可避免的,研究者会做各种各样的尝试来降低犯这些错误的概率,比如个案研究的自我检测法就是一个很不错的挽救方法,可以提高个案研究的质量,减少错误的发生。

个案研究的自我检测法就是在个案研究过程中或在个案研究完成时,用下面一些问题作为个案研究自我检测的评价准则:[①]

① 个案研究对象是否真正值得研究? 即有困难必须解决或有特殊问题必须满足者?

[①] 陶保平、黄河清:《教育调查》,上海:华东师范大学出版社,2005年版,第214页。

② 是否界定和说明了研究问题以及个案的基本情况？
③ 个案记录是否简洁明确？是否遗漏或忽略了个案的重要信息？
④ 是否用多种手段或途径来收集个案的资料？
⑤ 对个案资料数据的来源是否加以详细说明？
⑥ 对个案特殊行为是否详细加以描述？
⑦ 是否提供个案家庭背景的情况说明？
⑧ 所获资料是否确实可靠？是否说明了资料的确实来源？
⑨ 是否说明个案行为发展变化的过程和经历？
⑩ 诊断是否有充分的依据？
⑪ 对行为的判断是否运用测验或推论？是否存在自我偏见？
⑫ 是否考虑到个案作弊的可能性？
⑬ 是否注意到个案的行为动机？
⑭ 对个案的矫治是否考虑到伦理问题？对个案的保护是否周到？
⑮ 对未来的矫治计划是否作了充分考虑？
⑯ 是否针对性地提出具体的矫正辅导的措施、方法和过程？
⑰ 是否准确解释矫正辅导的效果？
⑱ 个案研究报告的撰写格式是否规范？
⑲ 他人阅读个案研究报告后是否会对个案有真正的了解？

当然，不同内容的个案研究会有不同的研究方式和不同的评价方式。但一般而言，以上这些问题基本上是适用于所有的个案研究的，只有做好了这样的自我检验，才能保证个案研究的信度和效度，才能避免很多错误和问题的出现，才能给大家呈现出一个真实的个案。

第七节 个案研究法的应用

个案研究在教育学、医学、心理学、社会学、人类学、经济政治学等各个领域都有应用，并且在各个领域上都有比较著名的研究实例，比如弗洛伊德基于对临床个案患者的心理观察与治疗而进行的精神分析理论研究；巴普洛夫在实验室根据对狗的个别实验观察而进行的条件反射的理论和规律的研究；怀特采用参与观察进行的"街角的社会"研究，等等。这些都是以个案研究为主要方法的研究，并且都取得了重大的研究成果。下面我们引用美国学者马什所做的"话语对教师自我认同的塑造"①的个案分析,为大家做一个演示,以熟悉个案研究的全过程。

美国学者马什研究了教师思维如何由社会构建的同时又由个体来表现。作者通过个案研究探讨了新任小学教师是如何受到教师教育课程、所在学校以及个人生活的话语背景共同塑造而产生自我认同的。作者运用民族志研究方法,从不同环境中收集了多层次资料。俄国理论家弗罗西诺夫(Valentin Volosinov,1973)的"意识形态"理论和巴赫金(Mikhail Bakhtin,1981)的语言理论共同构成了指导资料分析的理论框架,这个理论框架解释了意识形态是怎样决定个体和集体思维进而又怎样被它们决定的。马什阐述了任教第一年的尼科莉女士的思维以及最终她的自我认同是如何被各种话语所共同塑造的。马什探讨了尼科莉女士班里的孩子的自我认同是如何被他们的老师所决定又如何影响其老师的决定的。

马什的研究由一个深度个案研究所组成,研究对象是新任教师自我认同的形成。文中的中心人物尼科莉女士,参加了中西部大学的早期教育课程(EEP),当时正在伍德罗恩小学(Woodlawn Elementary School)的一个磁性幼儿园班级任教(a magnet kindergarten classroom)。把教师的思维和行动概念化为由社会构建和个人表现的,其意思是说应当在多个层面进行研究以"抓住"每个教师自我认同的社会和个人两个方面。在社会层面,马什试图通过研究中西部大学早期教育课程(EEP)和伍德罗恩小学的文件、课程指导大纲和教学大纲,以及通过对两校的教职员工的访谈来发现早期教育课程和伍德罗恩小学的话语。此外,马什还参加了伍德罗恩小学的教师会议,在尼科莉女士的课堂上进行参与观察。从1997年1月到1997年5月,马什每周去幼儿园半天,先后去了14次。每次都记录观察笔记,并把这些笔记拿给尼科莉女士看,让她提出自己的评论,她的评论也会被当作资料来收集和研究。马什对课堂上的交流情况、学生的作业以及成绩单等文件进行了收集和分析。在个人层面,马什用生活史研究法(a life history approach)来收集尼科莉女士的个人资料。马什通过个人访谈来了解尼科莉女士的人生历程,谈话持续了四个小时。马什把这些谈话录音转成文字,再对这些文字材料进行分析,以发现和解释尼科莉女士个人生活和职业生活富有意义的话语。最后,马什还把自己所做的分析讲给尼科莉女士听,并与她一起对分析结果进行讨论。

---

① 此案例选自〔美〕乔伊斯·P.高尔等:《教育研究方法:实用指南(第5版)》,屈书杰等译,北京:北京大学出版社,2007年版,第315—329页。作者在引用时做了一定程度的修改。

当尼科莉女士的自我认同被置于她的教师教育课程、伍德罗恩小学、她任教的幼儿班以及她个人生活方面的话语中时,它们就被定位和重解。在确定每个环境最突出的话语时,马什想强调的是不同的话语只有相对于彼此而言才有意义,而且某个特定环境中的话语都不是互相排斥的。马什人为地把每一个话语剥离开来是为了突出它,以描述尼科莉女士如何用话语来塑造自己的自我认同。

(1) 个人生活方面的调查。马什通过访谈发现,安妮·尼科莉女士是一个28岁的第二代美籍意大利女性,出生在一个中上阶层的家庭,父亲经营着一家管道公司,母亲是家庭主妇。她的小学和中学学业都是在天主教教会学校里完成的。马什还发现,当尼科莉女士谈到她自己做教师的经历时,她使用了"处于危险的孩子"这一话语。在这一话语中,那些贫穷的、有色人种的、单亲家庭的、母语非英语的孩子们都被看成是处于危险中的孩子,其依据是在主流的白人中产阶级社会里,他们缺乏成功所必需的文化和道德的资源。在尼科莉女士看来,她班里的孩子都是有缺陷的,因为他们大部分是贫穷的、单亲家庭的、有色人种的孩子。

(2) 围绕教师教育课程的话语。在中西部大学,早期儿童教育课程(EEP)是由该校儿童和家庭研究系(CFS)与课程和教学系(C&I)联合开设的。在 CFS 系"以儿童为中心"(child-centeredness)的话语中,儿童被概念化为一个具有内在潜力的、独特的个体。在 C&I 系的社会文化话语中,儿童被概念化为特定时空背景中社会、文化、政治和历史力量的产物。按照这一话语,发展被概念化为既具有社会的又具有个体的性质。从这个角度看,早期教育者既要考虑到儿童生理方面的发展,也要考虑到社会方面的发展。当未来教师接触早期教育课程提供的话语时,他们就为自己连缀起了不同的社会自我认同,同时他们也为构建学生的自我认同创造了机会或设置了障碍。

(3) 伍德罗恩小学的话语。伍德罗恩小学"规范化"(normalization)的话语植根于白人中产阶级的价值观。伍德罗恩小学以前曾是服务于白人中上层人士的社区小学,而现在服务于由白人、黑人、西班牙裔、亚裔、印第安人等组成的复杂人口。学生主要来自两个居民区:"瓦纳勾的孩子"和"阿克尔大街的孩子"。前者是所谓"行为榜样"的孩子,而后者则是贫穷有色人种的孩子。伍德罗恩小学开设了尼科莉女士任教的磁性幼儿园课程,四个磁性幼儿班是全日制课程。其中70%—75%的孩子来自阿克尔大街。伍德罗恩小学设置了"多元文化进步发展课程",旨在倡导"得体行为",如坐在地毯上不要碰到其他人、听从指令、上课举手、学会与人分享、通过讨论而不是靠武力来解决问题等。从本质上讲,伍德罗恩小学的"规范化"话语体现了主流文化规范所倡导的技能、价值观和行为,它要求儿童都要像白人中产阶级儿童那样说话、思维和行动。在学校看来,"瓦纳勾的孩子"都不同程度地存在着缺陷,他(她)们的行为在尼科莉的幼儿班上都有所表现。

(4)尼科莉女士课堂上的话语。马什发现,尼科莉女士的教室温馨,富有趣味,非常吸引人。18个孩子穿梭于小舞台区、积木区、读书角、饮水区、发明区、计算机和画架之间。其中有6个是非洲裔孩子,5个东南亚孩子,1个东亚男孩还有6个白人孩子。12个孩子住在阿克尔大街。马什观察到,尼科莉女士采用教师主导式的教学方法,特别注重读写等技能的培养。马什听了14次尼科莉的课,其中有12次都是老师支配型教学。

马什发现,当尼科莉女士用以儿童为中心话语中"发展"这一概念时,看到这帮孩子都还没有发展到适宜的阶段,就采用了传统的结构化的课堂形式。马什还发现,尼科莉女士的言谈举止还体现了"生理成熟"这一概念。有关发展的问题影响了尼科莉女士对这些孩子的看法,也决定了她对这些孩子所采用的授课内容和教学方法。基于以孩子为中心话语的"发展"概念由于伍德罗恩"规范化"的话语而得到强化。两者一结合,就把大部分贫穷和有色人种的孩子定了位,即他们需要更加结构化的环境,原因在于他们缺乏学校所提倡的"得体的行为"。从发展的角度来看,由于这些孩子在社会和情感等方面都不太成熟,因此尼科莉女士采用了偏重基本技能的、教师主导式的教学方法。

马什还认为,尼科莉女士的言谈举止还体现"行为主义"话语。在行为主义话语中,孩子的行为应该由教师从外部进行约束,而不是由孩子进行自我约束的。尼科莉女士在写字时,都要孩子模仿她写字的姿势,念字母时要孩子模仿她的口型。尼科莉女士还要求孩子在活动时重复模仿她的动作三遍。如果孩子做对了,就会得到表扬。如果做不好,就会受到处罚。通过"规范化"话语,尼科莉女士有了自己对理想儿童的看法;孩子在60—71个月时,基本掌握了基本技能,适应伍德罗恩学校所倡导的白人中产阶级的行为方式。

(5)塑造孩子的自我认同。意识形态决定了话语中各种关系的性质。马什认为,对尼科莉女士和孩子们来说,基于"规范化"话语的意识形态实际上给孩子做了定位:白人中产阶级的孩子被认为是"正常的",非主流文化的孩子被认为是"不正常的",不符合主流文化标准的孩子被认为是异常的。马什发现,尼科莉女士一开始试图把自己定位成"以学生为中心"的教师。然而,在实际的教学过程中,她发现这些孩子不具备"规范化"话语所要求的"正常的"思维、说话和行动方式,于是她认为这些孩子"没有达到一定的发展阶段",不适应当初所确定的教学方法。根据孩子们的实际情况,尼科莉女士改变了自我认同,逐步成为课堂上的权威力量。没有任何孩子达到"理想幼儿"的标准,这些孩子都不同程度地存在着缺陷。比如,非洲裔男孩肖恩和韦恩来自单亲家庭,经常在课堂上发怒,甚至把桌子或板凳踢翻。尼科莉女士根据"规范化""以儿童为中心"和"处于危险的儿童"这三个话语,认定肖恩和韦恩愤怒和沮丧的原因在于他们自己以及他们的家庭。

(6) 认可不同环境下的不同话语。马什指出,尼科莉女士的教学方法是各种话语的大杂烩,它们以相互矛盾的方式共同发挥作用。通过"以儿童为中心"话语,尼科莉女士把"发展"概念化为根基于每个儿童。尼科莉女士进校不久就用伍德罗恩小学"规范化"的话语来组织教学,这可能因为她想适应这所学校和教学工作。当然"规范化"话语也可能与尼科莉女士自己的教学思想不谋而合。尼科莉女士采用"以儿童为中心"的话语可能是因为它与伍德罗恩小学的"规范化"思想相一致,而且也得到她的同事的认可和支持。值得注意的是,"处于危险的儿童"话语把问题归咎于个体、家庭和社区,而不是学校本身,这可以用尼科莉女士作为主流文化成员的身份来解释,也可以用尼科莉女士的个人经历来解释。

总之,马什的研究表明,通过为未来教师提供将教师思维概念化为社会性的所需的工具,教师教育者就能为未来的教育者提供创造其自我认同的不同方式,同时也能使他们明白,他们能够为所有的孩子创造机会。

第五章

参与观察研究法

英国社会学家摩瑟(C. A. Moser)说:"观察可称为科学研究的第一方法。"①在质性研究中,研究者关注的是各种社会实事、社会现象和社会行为的意义,而观察是认识的起点,观察法首当其冲地被认为是深入社会生活中去了解和去感知的最基本方法。本章将在介绍参与观察法的含义与目的基础上,着重讲解观察者及其角色、参与观察的类型,以及参与观察法的实施步骤等内容。

第一节 参与观察的含义与特点

不管我们生活在世界的哪一部分,每天我们都会做许多不假思索的事情,"观察"就是其中之一。出门看天气、去剧院看演出、与人交流察言观色等这种观察看起来是琐碎的、微不足道的,但却是我们日常生活必不可少的。那么质性研究者用来收集和分析资料的观察与这种日常观察是否有不同?如果不同,它们之间的区别是什么?这些是本节所要讨论的议题。

一、日常观察与科学观察

根据《辞海》的解释,观察是"有计划、有目的地用感官来考察事物和现象的

---

① C. Moser (1965), *Survey Methods in Social Investigation*, London: Heinemann, p.55. 转引自杨国枢等:《社会及行为科学研究法》,台北:东华书局,1989年版,第131页。

方法,是对某个对象、某个现象或事物有计划的知觉过程"①。这个知觉过程,不仅仅是"看",还包括了"想"。一个人要出门之前,他会想到穿什么衣服。打开窗户,用眼睛看看天空是否晴朗,用皮肤感受一下外面的温度,然后想到穿什么衣服合适。同样的,做一项社会研究,我们首先要确立一个研究目标,然后围绕着这个目标去观察和思考。可见,观察具有双重含义,既是日常生活中人们对周围世界和客观事物的认识的途径,也是社会研究中收集和分析资料的一种方法。我们把前者称为日常观察,后者称为科学观察。

科学观察与日常观察最大的区别在于是否具有目的性。任何一项科学活动,没有了研究目的,研究也就失去了方向,研究过程就会陷入一片盲目之中。科学观察也是在明确的研究目的的指导下进行的,是一种有目的的活动。而日常观察虽然也有一定的目的,但这种活动往往是在无意识的或潜意识的情况下进行的。对于出门看天气,人们已经习以为常,在实施这个行为之前,人们并没有意识到该行为的目的是什么,更多的是一种刺激行为反应。其次,社会观察是系统的行为,有固定的程序和结构。在确定了研究目的后,研究者要设计详细的研究方案,如确定观察对象和内容、选择和培训观察员、完整及时的观察记录、对观察记录进行整理和分析等。而日常观察是随意的,非系统化的。再次,社会观察除了使用人类的感觉器官作为观察工具以外,有时还辅以科学的观察工具,如录音笔、照相机、摄像机等,而日常观察主要是靠人们的感觉器官进行。最后,科学的观察结果往往能够被检验。在科学观察中,为了客观真实地反应社会生活的现实,需要对研究对象进行重复观察,或使用其他资料收集的方法如问卷法、访谈法等,以检验观察的信度与效度。而日常观察的结果通常无须检验。

综上所述,我们认为,所谓观察法(科学观察)是指观察者根据研究课题,利用眼睛、耳朵等感觉器官和其他科学工具与手段,通过有目的地、系统地观察研究对象来获取第一手资料,从而认识社会现象及其发展规律的一种科学研究方法。

二、观察法的类型

观察法按照不同的标准,可以划分为不同的类型。根据观察的情境不同,可以分为实验观察和实地观察;根据观察的标准化程度不同,可以分为结构式观察和无结构式观察;根据观察的对象是活生生的社会现象还是物化了的社会

---

① 夏征农主编:《辞海》,上海:上海辞书出版社,1999年版,第606页。

现象,可以分为直接观察和间接观察;根据观察者的角色不同,可以分为参与观察与非参与观察。

(一) 实验观察与实地观察

实验观察又称实验法,是在实验室环境中进行的观察。所谓的实验室,可以是一个封闭的实验场所,如一间教室、一个厂房。著名的霍桑实验就是封闭场所的实验室观察。也可以是一个开放的空间,如观察者在一个十字路口有意丢下100元钱,观察路过的人们的态度。这个十字路口就是一个开放的实验场所。无论是封闭的还是开放的实验室,实验观察都是在人为创造的环境下进行的,观察者可以对观察环境严格有效的控制。而自然观察是在自然情境下进行的,观察者的目的就是了解日常生活中人们的自然状态,随着时间的推移、环境的变化、事态的发展,观察者随机应变地观察人们的行为状态。因此观察者无须控制观察的环境。实验观察的哲学基础是实证主义,其主要目标是确定现象间的相关关系和因果关系,属于量性研究的主要方式。而质性研究是在自然情境下对社会现象的整体研究,所以质性研究采用的都是实地观察。

实验观察的典型案例是"霍桑实验"。从1924年开始,美国西方电气公司在芝加哥附近的霍桑工厂进行了一系列试验。最初的目的是根据科学管理原理,探讨工作环境对劳动生产率的影响。后来梅奥参加该项试验,研究心理和社会因素对工人劳动过程的影响。霍桑实验共分四个阶段:

(1) 照明实验(1924—1927)。

当时关于生产效率的理论占统治地位的是劳动医学的观点,认为影响工人生产效率的是疲劳和单调感等,于是当时的实验假设便是"提高照明度有助于减少疲劳,使生产效率提高"。可是经过两年多实验观察发现,照明度的改变对生产效率并无影响。具体结果是:当实验组照明度增大时,实验组和控制组都增产;当实验组照明度减弱时,两组依然都增产,甚至实验组的照明度减至0.06烛光时,其产量亦无明显下降;直至照明减至如月光一般、实在看不清时,产量才急剧降下来。研究人员面对此结果感到茫然,失去了信心。从1927年起,以梅奥教授为首的一批哈佛大学心理学工作者将实验工作接管下来,继续进行。

(2) 福利实验(1927—1929)。

实验目的总的来说是查明福利待遇的改变与生产效率的关系。但经过两年多的实验发现,不管福利待遇如何改变(包括工资支付办法的改变、优惠措施的增减、休息时间的增减等),都不影响产量的持续上升,甚至工人自己对生产效率提高的原因也说不清楚。

后经进一步的分析发现,导致生产效率上升的主要原因如下:① 参加实验的光荣感。实验开始时 6 名参加实验的女工曾被召进部长办公室谈话,她们认为这是莫大的荣誉。这说明被重视的自豪感对人的积极性有明显的促进作用。②成员间良好的相互关系。融洽的群体关系使这些女工建立起一种稳定的联结纽带,轻松、愉悦、和谐的工作氛围也自然而然地调动了员工的积极性,工作效率得以翻倍。

(3) 访谈实验(1929—1931)。

研究者在工厂中开始实施访谈计划。此计划的最初想法是要工人就管理当局的规划和政策、工头的态度和工作条件等问题作出回答,但这种规定好的访谈计划在进行过程中却大出意料之外,得到意想不到的效果。工人想就工作提纲以外的事情进行交谈,工人认为重要的事情并不是公司或调查者认为意义重大的那些事。访谈者了解到这一点,及时把访谈计划改为事先不规定内容,每次访谈的平均时间从 30 分钟延长到 1—1.5 个小时,多听少说,详细记录工人的不满和意见。访谈计划持续了两年多。工人的产量大幅提高。

工人们长期以来对工厂的各项管理制度和方法存在许多不满,无处发泄,访谈计划的实行恰恰为他们提供了发泄机会。发泄过后心情舒畅,士气提高,使产量得到提高。

(4) 群体实验(1931—1932)。

梅奥等人在这个试验中是选择 14 名男工人在单独的房间里从事绕线、焊接和检验工作。对这个班组实行特殊的工人计件工资制度。实验者原来设想,实行这套奖励办法会使工人更加努力工作,以便得到更多的报酬。但观察的结果发现,产量只保持在中等水平上,每个工人的日产量平均都差不多,而且工人并不如实地报告产量。深入的调查发现,这个班组为了维护他们群体的利益,自发地形成了一些规范。他们约定,谁也不能干的太多,突出自己;谁也不能干的太少,影响全组的产量,并且约法三章,不准向管理当局告密,如有人违反这些规定,轻则挖苦谩骂,重则拳打脚踢。进一步调查发现,工人们之所以维持中等水平的产量,是担心产量提高,管理当局会改变现行奖励制度,或裁减人员,使部分工人失业,或者会使干得慢的伙伴受到惩罚。这一试验表明,为了维护班组内部的团结,可以放弃物质利益的引诱。由此提出"非正式群体"的概念,认为在正式的组织中存在着自发形成的非正式群体,这种群体有自己的特殊的行为规范,对人的行为起着调节和控制作用。同时,加强了内部的协作关系。

实验观察最终得出结论:① 改变工作条件和劳动效率没有直接关系;② 提高生产效率的决定因素是员工情绪,而不是工作条件;③ 关心员工的情感和员工的不满情绪,有助于提高劳动生产率。

第五章 参与观察研究法

（二）结构式观察与无结构式观察

按照观察过程和内容的标准化程度，观察法可以分为结构式观察和无结构式观察。

（1）结构式观察

结构式观察是事先制订好观察计划，并严格按照观察计划来实施的观察。研究人员首先要确定观察对象和观察内容。观察内容通常是事物可以量化的属性特征，因为结构式观察的观察结果是用来进行量性分析的。研究人员还要确定观察的时间框架，什么时间去观察，观察的时间范围有多大。观察者收集资料的工具是观察表格或观察卡片，并按照规定的要求做观察记录。最后对观察结果进行统计整理和分析。

下面是一份关于成人教育上课情况的观察卡片，见表5-1。

表5-1 学生上课情况观察卡片

编号_____

班级_____ 观察地点_____ 观察员_____

观察时间____年____月____日____时____分至____时____分

	观察项目	人数	备注
上课人数	开始上课时	37	
	迟到	8	最迟的迟到40分钟
	早退	5	最早的早退30分钟
上课情况	发言	4	其中主动发言1人，被点名发言3人
	闲谈	15	
	睡觉	3	
	看无关的书	4	
	打电话	2	
	做其他不相关的事情	6	

（2）无结构式观察

无结构式观察是事先对观察的过程不制定严格的要求，即没有统一的观察标准，观察者可以根据社会现象的发生、发展、变化，在实地观察时随时选择观察对象和内容。由于无结构式观察在操作中比较灵活，赋予了研究人员极大的弹性，所收集到的资料比结构式观察更加丰富和深入。但由于没有标准的观察项目和记录要求，无结构式观察收集的资料多数是大量的文字、标记符号，甚至是录音或录像等影音资料，因此无法用于量性分析。

(三) 直接观察与间接观察

我们前面提到了实验观察、自然观察、结构式观察、无结构式观察以及后面要讲的参与观察与非参与观察,它们有一个共同的特点,就是观察的对象与我们要研究的对象是同一个对象。由于观察者亲眼看见了观察对象行为发生的过程,直接观察收集的资料具有真实性和客观性。然而正是由于观察者的观察过程与被观察者的行为过程保持同步,有可能出现"在场者效应",影响了观察的效果。

间接观察是通过观察社会现象或行动者在事发后留下来的各种可追寻的痕迹,来推断社会现象和行动者的方法。可见,在间接观察中,观察者的观察行为与行动者的行为不是同时发生的,而且与直接观察相比,是一个逆向推断的过程。是先有了行为结果,再推测行为过程的方法。刑警在案发现场取证侦察、文化学者通过学生课桌上留下的字迹来研究课桌文化等,都属于间接观察的方法。

(四) 参与观察与非参与观察

根据观察者的身份是行动的参与者还是旁观者,观察法被区分为参与观察与非参与观察两类。

参与观察(participant observation)一词源于林德曼(Lindemann),他认为传统的文化研究中的访谈法,访谈者往往需要同时扮演客观外来者与观察者的双重角色,这是一种研究者必须长期地融入社区人民的生活与经历之中,并与现场的人们互动之下,所进行的一种研究。[①] 根据 Lofland 的定义,所谓参与观察是指研究者进入研究场域,对研究现象或行为通过观察的方式,来进行相关资料收集与对现象的了解。[②] 国内学者袁方的定义是:参与观察是调查者为了达到深入了解情况的目的,在一定时间内进入被调查者的群体或单位之中,不断地观察和记录这个群体内部的行动的一种观察方式。[③] 也有学者认为,参与观察是实地调查的一种特殊形式,是研究者深入到所研究对象的生活背景中,在实际参与研究对象日常社会生活的过程中所进行的观察。[④]

非参与观察是观察者以旁观者的身份,置身于被观察者活动领域之外所进行的观察。它强调观察者不需要直接进入被观察者的日常活动领域,而是以局

---

① 转引自陈向明:《质的研究方法与社会科学研究》,北京:教育科学出版社,2002 年版,第 329—331 页。
② 转引自潘淑满:《质性研究:理论与应用》,台北:心理出版社,2003 年版,第 144 页。
③ 袁方:《社会调查原理与方法》,北京:高等教育出版社,1990 年版,第 281 页。
④ 郭强:《定性调查手册》,北京:中国时代经济出版社,2004 年版,第 10—11 页。

外人的角度与立场,来了解其现象或各种行为的意义。此时,观察者的身份类似于在观众席上看表演、看球赛的观众,而不参与到他们的活动中。

尽管目前学术界对参与观察的定义尚未统一,不同学者的表述也略有分歧,但纵观这些定义,都有一个共同的要素,就是观察者都要参与到被观察的群体之中,这也是参与观察与非参与观察的本质区别。而质性研究是通过与研究对象互动而获取对其行为的理解和解释的,它强调的是实地生活的体验,因此我们可以认为质性研究的观察法指的是参与观察法。作为一位质性研究者,"研究者只扮演外来者是不够的,只有深入到被研究者的生活世界,才能真正了解各种社会现象和行动的意义",所以林德曼建议研究者都应该采取参与式观察[①]。

三、参与观察的特点

参与观察法的起源可以追溯到人类学的民族志研究。民族志研究是对人及文化进行详细、动情和情境化的描述,以探究特定文化中的人们的生活方式、信念、态度、价值观、社会结构以及行为规范等。不过,参与观察法却可以应用于几乎所有关于人类存在的研究。最早将参与观察法应用于社会研究的是以乔治·米德(George Mead)为代表的"芝加哥学派",他们运用参与观察等方法对当时的社会现象进行了研究。观察者的角色——局内人,是参与观察区分于其他观察法的重要标志之一。因此参与观察又称为局内观察。源于这种角色身份,可以归纳出参与观察法具有如下优势和局限性。

(一) 参与观察的优势

(1) 可实地观察现象或行为的发生。

"百闻不如一见",参与观察者亲身经历了事件的发生、发展、变化,不仅清晰感受到了事情的前因后果、来龙去脉,而且能随时洞悉影响事态发展的情境变化和现场气氛。参与观察收集到的资料是现场第一手的鲜活的资料,而不是在事件发生后,通过问卷、量表等研究工具由被访者间接描述的。因此,参与观察收集到的资料更加原始和真实。

(2) 具有灵活性。

由于观察者本身就是研究工具,参与观察可随时随地的进行,灵活性较大。同时,观察者可随时调整观察计划。在观察期间,观察者可以观察和记录在研究设计中预设的观察对象和内容,也可以观察和记录其他没有预设的变量的影

---

① 潘淑满:《质性研究:理论与应用》,台北:心理出版社,2003年版。

响,把新的发现纳入目前的观察,"就此时此地开始形成研究问题,并且在此时此地参与观察"①。

(3) 可以收集到不能或不便于用语言或文字表达的资料。

有些时候,我们面对的研究对象由于自身生理特点而无法表达,如不会说话的婴儿、无法用有声语言表达的聋哑人等;或者研究对象不方便表达,比如要研究秋收中的农民、正在做报告的教授。此时,参与观察可以弥补这种不能表达的缺陷。而有些研究内容,如人们的情感变化、心理过程等,用语言表达的效果远不如观察得到的信息客观真实。关于这个问题,我们在参与观察的适用范围会有更详细的介绍。

(二) 参与观察的局限性

(1) 耗时。参与观察是实地观察,观察者必须置身于研究场域进行密集的观察,所以时间跨度相对其他研究方法较长。此外,有些观察内容是可遇而不可求的,观察者要等到观察的内容发生,观察才可能实现,才能收集到所需要的资料。例如,研究者要观察原始部落的丧葬仪式,就要深入到原始部落里,直到有人去世,才可能观察得到。如果丧葬仪式没有出现,此次观察就可能失败。所以参与观察颇为耗时。1914 年至 1920 年,著名人类学家马林诺夫斯基在太平洋新几内亚附近的特洛布里恩群岛对当地土著民的研究,前后长达 6 年的时间。

(2) 主观性。观察者以参与者的身份进入研究情境,并与情境中的观察对象建立和维系良好的关系,以便观察的顺利进行。由于长时间的接触,观察者在态度上易表现出对被观察者的认同、支持甚至协助。这样的危险是,观察者在参与观察中参与越深,其个人主观情感、看问题的视角和思维方式受研究情境和被观察者的影响就越大,观察者观察、记录和分析资料时就越难以保持价值中立,而更多地体现了个人的主观性。正如怀特所说:"开始时我是一名非参与性的观察者。但是,当渐渐为这个群体接纳时,我发现自己几乎成了一名非观察性的参与者。"②

(3) 非系统化。参与观察作为一种研究方法,它的研究程序和结构是不明确的、非系统化的。由于观察者本身就是研究工具,参与观察更多的依赖的是观察者个人的敏感性和洞察力,收集到的资料缺少客观评价的标准,研究结果也无法重复和验证。

---

① 黄瑞琴:《质性教育研究方法》,台北:心理出版社,1999 年版。
② 〔美〕威廉·富特·怀特:《街角社会》,黄育馥译,北京:商务印书馆,1994 年版,第 411 页。

第二节 参与观察的类型与适用情形

观察者参与到研究情境时,参与的程度有深有浅。据此可以将参与观察区分为两种类型,即完全参与观察和不完全参与观察。

一、参与观察的类型

(一) 完全参与观察

完全参与观察又称隐蔽的参与观察,指的是观察者将自己的真实身份隐藏起来,在被观察者不知情的情况下,以群体成员的身份参与到群体活动中,并进行观察和记录的观察方式。例如,警察打入犯罪团伙内部"卧底",进行观察;有的人类学家长期生活在少数民族地区,甚至与当地人结婚,以普通成员的身份参与活动并观察;也有研究人员在取得警方同意后,装扮成犯人,进入监狱与犯人同吃同住,一起劳动,并进行观察。我国青年作家贾鲁生为了写乞丐的生活,把自己装扮成乞丐的模样上街乞讨,并趁机混入乞丐队伍,与乞丐一起生活了一段时间,亲身体验到乞丐的心态与生活,获取了大量的原始资料,成功地写出了报告文学《丐帮流浪记》。如果作者没有这段全身心的体验,仅凭观察和想象,很难写出真实反映乞丐生活面貌的作品。

完全参与观察最大的优点是观察者隐蔽的身份,使观察者能最大限度地自由观察,被观察者的表现更真实自然。但完全参与观察面临着道德伦理的挑战,被认为侵犯了被观察者的权利。

(二) 不完全参与观察

不完全参与观察又称公开的参与观察,指的是观察者的真实身份对于研究群体是公开的,同时观察者被群体成员接受,被允许参与到群体成员的生活中,并进行观察和记录的观察方式。不完全参与观察最大的优点是公开的观察者身份,使他们在被对方接受后,可以公开的观察,不需背负道德和良心的谴责。但缺点是收集到的资料没有完全参与的真实。不完全参与观察最典型的案例是美国社会学家怀特所做的"街角社会"的研究。①

1936年,怀特获得了哈佛大学的一笔奖学金,他可以用这笔钱在三年的时间里进行一项他所感兴趣的研究。由于他当时对社会改革很感兴趣,所以,他决定用这笔钱去研究波士顿的一个贫民区。他选择了一个叫作"科纳威里"的

---

① 参见〔美〕威廉·富特·怀特:《街角社会》,黄育馥译,北京:商务印书馆,1994年版。

意大利贫民区,因为这个地区与他头脑中的贫民区的印象最为接近。

为了进入这个地区开展研究,他曾经有过几次失败的尝试。最后,他终于得到诺顿大街福利委员会一位社会工作者的帮助。这位社会工作者安排他与当地青年帮伙中的一个叫多克的头头会面。经过坦率的交流,多克同意为怀特在这个意大利社区中做保证人,即让怀特作为"多克的朋友"去参与和观察社区中的各种活动和人们之间的各种关系。

怀特经常同帮伙的青年人聚在一起,玩滚木球的游戏,打棒球,玩纸牌,也经常同他们一起谈论赌博、赛马、性以及其他的事情。他在科纳威里生活了三年半,其中有一半的时间是同一个意大利家庭住在一起,并学会了意大利语。在长期的观察中,怀特收集了丰富生动的资料,得出了有关群体结构与个体表现之间关系的一系列结论。关于他的研究,怀特写道:"当我开始在科纳威里游逛时,我发现需要对我自己和我的研究作出解释。因为只要我和多克在一起,有他的担保,就没有人问我是谁,或者我在干什么。但是,当我独自巡回于其他群体,甚至在诺顿帮中间时,他们显然对我十分好奇。不久,我发现人们在这样议论我:我正在写一本关于科纳威里的书。我发现,我能否为这个地区所接受,取决于我所发展的私人关系,而远不是取决于我所能作出的解释。写一本关于科纳威里的书是不是件坏事,完全取决于人们对我个人的看法。如果我是好人,那么我的研究也是好的;如果我不好,那么就没有什么解释能够使他们相信写这本书是件好事。"

通过参与观察,怀特获得了有关青年帮伙、社区政治以及诈骗活动等的新的眼光。比如在冬季和春季,玩滚木球游戏是诺顿人的主要社会活动。每周六的晚上,男人们分成不同的队进行比赛。同时,也进行个人比赛。怀特起初对这样一种事实十分困惑不解,即一个人的体育能力看起来并不是影响他在滚木球游戏中表现的主要因素。例如,要论纯粹的体育能力,弗兰克应该是一个优秀的滚木球手。他曾在一些半职业性的棒球队中干过。可说来也奇怪,当弗兰克在社区中打滚木球比赛时,就总是表现不佳。阿列克也是这样,当他平时每天晚上"由于有趣"而玩滚木球游戏时,他是一个标准的滚木球手。可当周六的晚上,诺顿帮聚在一起时,他的表现就糟透了。与此相反,多克和丹尼只是很一般的滚木球手,可他们在滚木球的比赛中却总是打败其他人。

基于观察,怀特得出这样的结论:一个人在滚木球游戏中的表现,同他在诺顿帮里所处的地位相关。多克和丹尼享有最高的地位,同时也有最高的得分;弗兰克和阿列克的等级相当低,同时得分也最低。诺顿帮把低地位的成员打败最高地位的成员看成是不合适的。怀特指出,信任在形成滚木球者的表现方面扮演着一种重要的作用。一个低地位者滚木球很出色时,群体的成员往往把他的成功看成是"运气"所致,并且诘难他,可对于最高地位者却不是这样。在这种证据的基础上,怀特得出结论说,在个体的表现与群体的结构之间存在着一种关系,诺顿帮成员的精神健康和良好的心理状态都受到他们的群体关系的影响。

二、参与观察的适用情形

参与观察法可以广泛地应用于学术研究当中,但不等于全部适用。面对不同的研究对象、不同的研究领域和不同的研究目的,我们对研究方法总是要作出最适当的选择。那么研究者在什么情况下可以选择参与观察法作为收集资料的主要方法?

(一)研究者对研究对象的基本情况知之甚少

在调查研究中,参与观察可作为一项先导性工作,成为正式调查的探索性研究。它的任务是了解与调查课题有关的一些情况,探索适当的调查方法,为更周密的研究提供指导。例如,一项调查大学生休闲生活方式的课题,在进行大规模的调查之前,调研人员首先要到校园里进行实地考察,参与到学生的休闲活动中,与学生交谈,了解他们的休闲生活的大致分为几种类型?受哪些因素影响?不同类型的学生是否有较大差异?根据所了解的情况,就可以明确调查重点有哪些?应采取何种调查方法?用问卷法还是开座谈会?应采用何种抽样方法?如果学生的年龄、性别、地区、家庭类型等因素使学生的休闲生活方式产生差异,那么在设计抽样方案时就要考虑这几个方面的原因。

(二)当研究者的角色身份对研究结论有重大影响时

有些时候,研究者以局外人的身份,采用访谈、问卷或非参与的观察等方式收集资料时,往往无法获取真实的信息,这时适合使用参与观察法。例如对同性恋亚文化的研究。早期同性恋研究主要集中在医学、犯罪学和心理学等领域,把同性恋者当作生理畸形,心理变态和行为怪异的病理对象来研究。从研究假设、到研究方法、再到研究结论,都带有一定的偏见。此时的研究者都是异性恋背景,从旁观者的角度强化了对同性恋者的刻板印象,同时加重了对于同性恋者的压迫。在同性恋研究的后期,研究者多数都是对于同性恋者持同情和友好态度的异性恋者和未"出柜"的同性恋者,这类研究采用参与的观察法客观地记录了同性恋者的真实生活,极大地改变了主流社会对于同性恋的态度。

(三)越轨行为

如犯罪及偏差行为,或秘密族群和组织。如果研究对象是吸毒或贩毒者,显然除了参与观察别无选择,且适用完全参与观察法。

(四) 以日常生活的情境脉络为基础的研究

这就要求研究者的行动与被观察者的日常生活保持同步。而参与观察法的连续性正符合这一研究需要。

(五) 特定的情境

当研究者关注的是特定情境下的人的情感、动机、过程、意义等,参与观察者的亲身体验能对此作出更好的解释。

第三节 参与观察的实施

参与观察的实施过程一般可以分为三个阶段,即准备阶段、观察实施阶段和观察资料的审核、整理与分析阶段。

一、参与观察的准备阶段

为了保证参与观察的顺利进行,在正式观察之前,观察者必须进行周密细致的准备工作。参与观察的准备工作包括:明确观察目的、制订观察计划、必要的理论准备和物质准备。

(一) 明确观察目的

任何科学研究都有一定的研究目的,参与观察也不例外。在这个过程中,研究者要考虑为什么要用参与观察法,通过观察要解决什么问题,达到什么研究目的。例如,是作探索性研究,还是通过观察,对研究对象的状况作一般性的描述?是要揭示事件发生的原因,探究其中的因果关系,还是通过观察来获取新的发现,扩展新的问题? 只有明确了观察目的,才能有的放矢地制订观察计划,确定观察内容,选择合适的观察方法。

(二) 制订观察计划

科学的研究不仅有明确的研究目的,而且还是一项有计划、有步骤的而非盲目的行动。这也是科学观察与日常观察的区别。在确定了观察目的后,还可以进一步制订初步的观察计划。一个完整的观察计划通常包括以下内容。

1. 观察目的

即要明确通过观察要解决什么问题,达到什么研究目的。

2. 观察内容

虽然在参与式观察中,观察者可以在观察现场随机应变地确定和调整观察的内容和角度,而事先对观察内容不明确界定,但在准备过程中,观察者还是要对以下观察内容做初步的考虑和打算的。① 观察内容根据观察目的来确定。一般可包括如下几个方面：

(1) 观察谁(Who)。

研究者要观察的对象是谁？他们处于什么样的群体中？观察对象是群体中的部分个体还是所有群体成员？他们的角色是什么？身份、地位如何？群体成员关系如何？群体领袖是谁？观察时被观察者是否在场？是否有群体其他成员或外来群体出现？对于其他群体成员或外来群体是否观察？观察的范围如何？……

(2) 观察什么(What)。

观察现场的情况如何？发生了什么？被观察者说了什么？做了什么？他们行动的表情、语气如何？成员间互动状况如何？成员互动对行为结果及现场环境的影响如何？不同事件或现象之间的关系是什么？这些事件是如何发生的？为什么会发生？在这个过程中,群体成员的行为动机是什么？人们对该事件或现象的看法如何？……

(3) 观察时间(When)。

研究者第一次观察在什么时间？为什么选择这个时间观察？完成此项研究计划观察多长时间？每次(或每天)观察多长时间？对每个研究对象、研究群体或事件计划进行多少次观察？……

(4) 观察地点(Where)。

在什么地方进行观察？地理范围有多大？为什么选择这个地方观察？这个地方有什么特点？与其他地方有什么区别？观察者与该地方保持多远的距离,该距离对观察结果可能造成什么影响？……

"研究者必须定义研究问题,同时,保留开放性,再持续根据取自田野的资料重新定义问题"。也就是说,在制订观察计划的阶段,研究问题的范围应该比较宽泛,以免遗漏掉一些有可能发生的重要问题。在研究开始后,再随着问题的不断深入,逐步缩小研究范围。

3. 观察方法

观察者计划采用什么具体的观察方法？是完全参与观察还是不完全参与观察？

4. 观察工具和记录方式

在参与观察中,观察者就是观察工具。但在实际观察中,观察者往往还需

---

① 参见〔美〕丹尼·L.乔金森:《参与观察法》,龙筱红、张小山译,重庆:重庆大学出版社,2015年版。

要借助除自己之外其他的辅助工具,如录音机、录音笔、摄像机、照相机、望远镜等。记录方式是观察者记录观察资料的方式。观察者可以用纸和笔记录,也可以借助摄像和录音设备记录。观察者可以一边观察一边记录,也可以采取事后记录的方式。

5. 观察中可能遇到的问题

尽管观察者在实施观察之前会对观察内容作出周密详尽的计划,但到了观察现场,还会有各种意想不到的事件的发生。比如,当与被观察者无法建立良好的信任关系时怎么办?预期会出现的事情并未发生怎么办?当完全参与观察时,遇到由身份隐匿所带来的伦理道德问题时怎么办?如果观察者事先没有全面的考虑,并做好相应的准备,就会措手不及,甚至前功尽弃。

二、参与观察的实施阶段

作好了观察的准备工作后,就可以进入实地观察了。观察的实施是参与观察中最重要也最有意义的环节,这个过程的顺利与否,直接关系到观察的成败和资料的质量。一般而言,参与观察的实施包括以下三方面的内容。

(一) 进入观察现场

有些研究者进入到现场就迫不及待地开始观察。这是不可取的。因为刚进入现场时,观察者往往会感到千头万绪,无从下手,这种情况下获取的资料显得杂乱无章。此时,观察者最好先让自己冷静下来,慢慢适应环境,熟悉自己的新角色和群体成员,同他们建立良好的关系,为接下来的正式观察做好铺垫。

对于完全参与观察者而言,进入现场即意味着角色转换。观察者的首要工作就是隐藏好自己的真实身份同时获得他人对他扮演身份的认同。一旦失败,观察研究将会半途而废,甚至产生严重的后果。这是因为,完全参与者以群体成员的身份出现并参与群体行动,真实身份的暴露意味着对群体成员的欺骗,他将成为不受欢迎的人而被群体驱逐。而有些观察对象的群体活动是绝对隐蔽的,不能为外人所知的,如犯罪团伙的行为,这时参与观察者暴露身份可能招致杀身之祸。

对于不完全参与者而言,进入现场的第一步就是与被观察者建立和维护良好关系。这是观察过程中最困难,同时也最关键的一步。因为局外人的出现或多或少地影响了局内人的行动,给他们的生活带来不便。局外人的出现也会改变观察情境,由于在场者效应,引起被观察者行动的反常,从而影响到观察结果的真实性。那么,如何与被研究者建立和维护良好的关系呢?正式合法的身份和单位的介绍信,并不是获取成员资格的充分条件,研究者若要参与到研究对象的实际生活中,必须首先取得其信任。马克威尔斯提出过协商研究关系中的4C原则:关系(connections)、交流(communication)、礼貌(courtesy)和合作(co-operation)。①

关系:通过一定的人际关系与被研究者建立信任和友好的关系。

交流:指的是研究者应该心胸坦荡,愿意与被观察者交流自己的意见和感受。

礼貌:指的是研究者应该尊重当地的文化和风俗习惯,尽可能多地参与他们的活动,尤其是非正式组织的活动,倾听他们的心声。在此过程中,既可以增进与被观察者之间的感情,取得他们的信任,同时能有更多机会了解他们的习俗、态度、行为规范等。

合作:指的是在被观察者需要帮助时,研究者要主动伸出援手。只有这样,研究者才能逐渐从外群体成员转变成为被观察者的内群体成员。

(二) 正式观察

潘淑满认为,正式观察的步骤是从开放到集中。观察者对观察现象进行全方位的观察,然后再逐步聚焦。无论是开放或聚焦,在观察的过程中,研究者都需要思考如何与被观察者产生互动关系及如何选择观察内容。② 他将观察的步骤分为四步:

(1) 开放式观察。

一般来说,在观察的初期,研究者通常采取比较开放的方式,用一种开放的心态,对研究的现场进行全方位的、整体的、感受性的观察。在初期观察阶段,研究者尽量打开自己的所有感觉器官,包括视觉、听觉、嗅觉、味觉与触觉,并综合运用所有感觉,用自己身体的所有部分去体会研究场域所发生的一切。

(2) 逐步聚焦观察。

当研究者对于观察场域有一定的认识,并进一步理清研究的问题后,便可以开始进行聚焦式的观察。所谓聚焦式观察往往取决于研究问题、观察对象及研究情境等因素。一般来说,聚焦式观察的视野,可以着重于单一或开阔方式。前者是指聚焦比较集中于单一现象或行为进行集中的观察,后者则是强调对整个事件进行全方位的关注。

(3) 回应式互动的观察。

在观察的过程中,研究者应该尽量自然地将自己融入研究场域之中。研究

---

① 转引自陈向明:《质的研究方法与社会科学研究》,北京:教育科学出版社,2002年版,第151页。
② 潘淑满:《质性研究:理论与应用》,台北:心理出版社,2003年版。

者可以采取一些策略以达到这些目的。如:与当地人一起生活,与他们一起做事,保持谦逊友好的态度,不公开自己与当地人不一致的意见,观察活动尽可能与日常生活相一致等。在所有可能采取的种种策略中,被认为最有效的策略就是回适应式(reactive)反应。所谓"回适应式反应"就是对当地人发起的行为作出相对的反应,而不是自己采取主动的行动。

(4)选择观察内容。

无论是在观察的早期、中期还是晚期,观察者都需要对观察内容进行选择。研究者必须要经常问自己:我到底打算观察什么?什么内容对我比较重要?我观察的内容应该广泛到什么程度?应该具体细致到什么程度?例如:当我们在观察一所学校的大门口时,看到很多汽车来来往往,我们是否应该注意这些汽车呢?如果注意,应该注意这些汽车的哪些方面呢?——数量、颜色、牌子、新旧程度、司机、驾驶速度……

(三)退出观察现场

退出观察现场意味着资料收集工作的结束。但质性研究者往往会觉得意犹未尽,总会感觉还有什么事情没有做完,或认为如果继续观察下去还会有更多的收获。这是因为,在观察期间,观察对象可能在某些方面没有预期的举动,或者观察者想要了解的现象并没有表现出来,或观察期内观察者观察到的信息意义不明,难以进行判断。这时,观察者就面临两难处境。延长观察时间或许会有新的观察结果出现,但也许会白白浪费时间;不延长观察时间或许会错过了观察的机会,但也许反而减少了时间、精力方面的浪费。观察者永远无法确定对一种社会现象究竟需要多长的观察期才是合适。这与量性研究是不同的。在做量性研究时,无论用问卷法收集资料,还是采用结构式访谈,都有一个明确的研究时间结点。所以,质性研究者若想完成一个研究,就必须弹性地确定研究的完成时点,观察者总要确定自己的观察时间,只能在一个确定的时间范围内进行观察,适时地离开观察现场。

三、观察的记录

将观察所得记录下来是参与观察的一项重要工作。正如照相机或摄像机的内存是有限的,人类大脑的容量也是有限的。完全依靠人的记忆或照相机、摄像机等观察工具,是不可能保存所要记录的全部内容的。如何做好观察记录涉及三个方面的问题,即记录时间、记录内容、记录格式。

(一)记录时间

观察者应该在什么时间或什么场合记录呢?能够同步记录自然是最好的,

即边观察边记录,这样做可以避免事后回忆的记忆误差。但某些场合却不适合采用同步记录,如进行完全参与观察时,公开地记录会暴露观察者的身份;有时在短时间内接连发生一系列事件,观察者当时记录就会影响到他继续观察;有时,观察者做记录的行为会给被观察者带来紧张的情绪,致使其行为失常,而不利于获取真实信息。这种情况,就应在观察结束时尽快追记。但同步记录由于记录时间有限,观察者在现场往往只能用简单的文字和代号快速记录,事后再详细地整理出来。所以,无论是同步记录还是事后记录,都需要事后补记,所以,我们下面提到的记录的要素指的都是事后记录。

(二) 记录内容

很多观察者会有这样的疑问,到底该记多少东西? 是将观察到的全部内容都记录下来,还是有选择性的记录。答案是"全部记录"。在对资料进行分析之前,我们很难判断哪些资料重要哪些不重要。在记录时显得微不足道的东西,也许到了后期就变得十分重要了,因为不到观察结束的那一刻,我们永远不知道接下来会发生什么。此外,记录本身便是观察者对资料的整理与思考的过程,同时大量的记录还可以提高观察者的记忆力和关注力。

(三) 记录格式

在前文介绍观察法的类型时,我们说结构式观察有固定的记录格式:记录卡片或记录表格,而参与观察则不同。参与观察的记录没有统一的格式,记录格式因观察者的个人习惯和观察情境不同而不同。但为了便于日后对资料进行分析,一些研究者积累了以下比较好的记录习惯。

首先,观察者要在记录的第一页,写上观察者的名字和观察内容的标题。其次,对于每一个观察事件,观察者要在事件之前表明观察的时间、地点。再次,记录的篇幅不宜过长。每出现一个新的人物或新的事件,要另起一个段落或另起一页。最后,页面要留有一定的页边距,以便观察者日后补充资料或加以评述。当然,如果利用计算机进行观察记录的话,记录格式的问题就迎刃而解了。

四、参与观察资料的审核、整理与分析

在完成了资料的收集以后,还不能马上着手对资料进行分析。因为原始资料中可能存在一定的错误或假象。审核的目的就是在于保证资料的客观性和准确性,为资料的整理和分析打下坚实的基础。

(一) 审核

完全参与观察能在较大程度上排除被观察者人为的虚假成分,但对于不完全参与观察而言,由于观察者的身份是公开的,这种"他人在场"有可能产生社会研究中的"测不准效应"。同时,参与观察的主观性特点,也可能成为影响观察资料准确的原因。因此,对于参与观察法获得的资料,在审核时注意以下两个问题:

(1) 如果除了参与观察法之外,还能使用其他方法收集资料,如访谈法,则可以把两种方法获取的资料进行比较,一旦发现问题就重新核实。

(2) 注意审核观察时间的长短。如果观察的时间过短,则会增加事件发生的偶然因素,而长时间的观察可以避免这种偶然性,比短期观察的可靠性高。极端的想法,如果观察者将毕生的时间都用在参与到这项观察中,他的观察结果一定是最可靠的。当然,关于时间长短的界定,还要因地、因事、因人而异。

(二) 整理与分析

参与观察中,通过加长时间的观察、交往和谈话,研究者得到的资料通常是凌乱的观察记录,或者是图片、录音、录像等。在对资料进行质的分析之前,首先要着手对这些凌乱的资料进行整理。定性资料的整理较量性资料而言,工作量更大,难度更高。随着计算机技术的快速发展和普及,除了确定分类框架、设置代码等工作仍需手工操作外,人们更多地借助于计算机对定性资料进行整理和分析。只要将观察记录输入计算机,就可以轻松地通过插入光标、复制、粘贴等功能,对资料进行随时随地的调用和处理了。

1. 备份

无论是手工整理,还是运用计算机技术,在整理之前务必要做的一项工作是备份。如果是手工整理,先将原始资料复印,并保存一份,无论如何,都不做任何处理。而对复制出的多个备份可根据需要进行修改、摘录、删节等。如果资料整理是借助计算机技术,在将原始资料输入到计算机中时,要将原始资料的内容原封不动地输入而不能有任何改变。然后在计算机上将该文件复制,将其中之一保留,而对其他复制文件进行处理。

2. 建立档案

在资料整理过程中,研究者着手建立各种资料档案。艾尔·巴比指出,档案可以用各种各样的方法组织。他提出了四种档案类型,分别是:

(1) 背景档案。建立背景档案对于研究社会重大事件十分必要。巴比认为,在一项观察的准备阶段时,我们可能就会查阅有关该社会重大事件的资料,但要记得在研究过程中随时添加这些背景档案。

(2) 传记档案。传记档案的记载对象是实地观察中的人物。研究者应该将某个人物的档案全部放在一起,以便更加全面地认识这个人,同时帮助研究

第五章　参与观察研究法

者了解不同事物之间的联系。

（3）参考书目档案。将研究过程中所有涉及的、查阅过的文献资料都进行整理和分类，以便研究者在研究过程中回顾这些文献。

（4）分析档案。分析档案是以分析的主题为索引，将资料分类整理。它是资料分析中最主要的档案类型。①

3. 编码

定性资料的编码是分析资料的核心工作。经过资料的编码，繁杂的资料才得以条理化和系统化。柏格登和毕克兰列举出编码类别的十种架构。这十种架构只是为研究者在分析资料、发展编码类别时提供参考：

（1）场所编码：即研究发生的具体的现场。

（2）情境定义编码：研究对象如何定义场所或特定主题，即研究对象对于研究场所或研究主题的一般整体观点和看法。

（3）研究对象所持的观点：研究对象对于场所特定方面的思考方式。

（4）研究对象对于人们和物体的思考方式：研究对象对于周围人们和物体的分类方式。

（5）过程编码：指事件随时间改变的顺序，或是从一种状态到另一种状态的改变。

（6）活动编码：指经常发生的行为种类。

（7）事件编码：发生在研究场所或研究对象生活中的特定活动，这些活动并不常发生或只发生过一次。

（8）策略编码：指人们完成各种事情的方法、方式和技巧。

（9）关系和社会结构编码：指人们之间通常呈现的行为类型或一个场所内各种关系的社会结构。

（10）方法编码：指研究的程序、问题、喜悦、困境等。

在具体编码时，研究可能着重于其中某一种或某几种编码，视不同的研究取向或主题而定。资料编码的主要原则是使编码方法适合所收集到的资料，而不是使资料适合编码。因此，要认真通读观察记录的每一个句子、每一段话后，形成资料的编码类别。

4. 归类与分析

在质性研究中，所有的原始资料都需要按照一定的标准进行归类和分析。②

---

① 〔美〕艾尔·巴比：《社会学研究方法》，邱泽奇译，北京：华夏出版社，2000年版，第306—316页。
② 陈向明：《社会科学中的定性研究方法》，北京：《中国社会科学》，1996年第6期。

目前学术界关于观察资料的归类和分析方法,存在着不同的意见。

一种意见是确定了资料分析的两个途径:寻找观察资料中的相似性和相异性,即将相同或相近的资料归在一起,相异的资料区分开。

一种意见是洛夫兰夫妇建议关注资料中的六个不同方面,即:频率、程度、结构、过程、原因、后果。以研究虐待儿童为例:

频率:多长时间发生一次虐待儿童事件?要明白真正发生的频率与人们告诉你们的可能有所出入。

程度:虐待的程度如何?有多残忍?

结构:有哪些形式的虐待?身体的、心理的?或是性侵犯?是否与某种特定态度相关?

过程:结构中的成分是否存在着顺序?施虐者是否从心理虐待开始,再转移到身体虐待及性侵犯,或是顺序有所不同?

原因:虐待儿童的原因是什么?是否在某个社会阶级中(例如在不同的宗教或族群群体)比较普遍?或者在经济景气或不景气的时候经常发生?

后果:对受害者造成了什么样的长期或短期影响?对施虐者又造成什么样的改变?[①]

还有的学者将资料分析法分为类别分析和叙述分析两种。类别分析指的是根据事物的要素、结构、功能等属性,将具有相同属性的资料分为一类;叙述分析又称情境分析,是将资料置于特定的情境中,对该情境中的人物和事件进行描述性分析。究竟要选择何种归类分析方式,是要根据定性资料的性质以及研究的目的确定的。例如,做一项关于老年人退休生活满意度的调查,采用访谈法收集资料。由于访谈是围绕着一定的主题进行的,那么对资料的归类和分析就可以采用类别分析的方式。如果是关于老年人如何适应退休生活的研究,需要对其退休生活进行深入的参与观察,收集到的资料是具有动态性和过程性的观察记录,那么对资料的归类和分析就可以采用叙述分析的方式。类别分析和叙述分析是质性研究资料归类和分析的两种比较常用的方式,下面就对这两种方式作一介绍。

(1)类别分析

类别分析是在观察记录中寻找出现某一类事件或现象,并找到能够对此作

---

① 〔美〕艾尔·巴比:《社会学研究方法》,邱泽奇译,北京:华夏出版社,2000年版,第378页。

出解释的重要概念的一种质性分析方式。具有相同属性的资料被归入一类,并用某个概念予以命名。这里所说的类别,是资料分析中的一个意义单位(且是较大的意义单位),是资料呈现出的某个主题。比如,将"施舍""捐赠""帮助残疾人"等行为归入到"同情心"这个类别之下。而"施舍""捐赠""帮助残疾人"等概念类型成为编码。编码在资料分析中属于较小的意义单位。

类别分析的基础性工作是比较分析,即对资料的同质性、异质性进行比较,或将研究者的初步结论与后面陆续收集到的资料进行比较。此外,需要对各类别之间的关系进行比较。如因果关系、时间关系、逻辑关系、包含关系等。为了直观形象的表述类别之间的关系,可以借助图示法。陈向明教授在对北京市的一些人才洽谈会进行现场观察后,发现用人单位在挑选大学生时使用了很多重要的概念,如:"做人""做事""敬业精神""团队精神""职业道德"等。他将"做人""做事"作为"合格大学生"的两个核心类别,在"做人"类别下又列举了"敬业精神""团队精神""职业道德"等下属类别;在"职业道德"下又分出了"自我定位""自我评价""自我约束"等。为了清晰地描述这些类别关系,绘制了图5-1[①]:

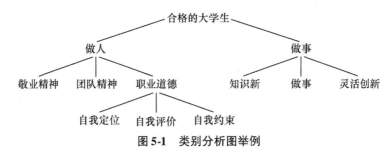

图 5-1　类别分析图举例

（2）叙述分析

叙述分析是将观察资料置于研究的自然情境中,随着事件的发生发展,对事件和人物进行描述性的分析。这种描述的内容十分广泛,既可以是研究对象的主题,也可以是人物,或事件发生的时间、地点、状态等。无论进行哪种描述,或几个方面都进行描述,叙述分析的核心思想都是要找到资料内容的线索,发展出事件的有关情节。因为叙述分析通常是围绕着一条线索(我们常称为故事线)来叙事的。所以,进行叙述分析的第一步,就是要找出这条线索。

寻找到了故事线索,下一步就是进行编码了。叙述分析编码与类别分析编

---

① 陈向明:《资料的归类与分析》,长春:《社会科学战线》,1999 年第 4 期。

码的区别在于,类别分析编码是根据资料的差异性进行的。而叙述分析编码是根据故事线索,按照叙述的结构进行的。如事件发生的时间、地点、具体事件、出现的人物、面对的问题、如何解决等。

完成了编码的工作,就要对资料进行分析了。叙述分析的具体方式取决于资料本身的特性。研究者可以将一次观察的内容按照故事线索和叙述结构写成一个情境片段,也可以将几次观察结果连接成一个完整的情境,或是将几个被观察者的故事组成一个综合的个案。当然,整合的内容需具有某种内在联系,例如,时间或空间的联系,或因果逻辑的联系等。

类别分析与叙述分析各有利弊,它们的差异在于基于不同的对资料进行解读的方式。类别分析强调对事物和现象进行分门别类,而叙述分析强调事件的连续性和动态性。类别分析和叙述分析互为补充,在实际应用时,可以将类别分析和叙述分析结合起来。这样做,不仅可以在叙述一个完整的历时性故事的同时进行共时性的概念类别分析,而且可以在共时性的概念类别框架内叙述历时性的故事,达到意想不到的效果。①

除了以上两种方法外,观察资料的分析还有很多不同的、灵活的方式。如连续接法、举例说明法等。无论采用那一种分析方法,观察资料的分析是一个开放的过程。研究者在准备阶段会作出关于分析框架的设计,但有时收集到的资料可能与研究设计并不相符,这时研究人员可以做适当的调整和修改。或者围绕着研究设计适当延长观察继续观察,或者调整自己的研究设计,尊重研究资料的客观事实。切忌结论先行,为了使资料适合研究设计而凭空杜撰。质性研究在理论建构方面强调"扎根理论",即在原始资料的基础上发展理论。如果前人建立的有关理论可以用来深化对研究结果的理解,可以借助既存理论;如果这些结论和本研究的结论不符,研究者应该尊重自己的发现,真实地再现被研究者看问题的方式和观点。

第四节 对参与观察法几个问题的探讨

一、参与观察的伦理与道德问题

社会研究经常要介入他人的生活,参与观察更是如此。在满足个人研究需要的同时,他们的道德品质和伦理规范会对被研究者产生影响,甚至会直接影

---

① 陈向明:《资料的归类与分析》,长春:《社会科学战线》,1999年第4期。

响到他们的正常生活。因此,参与观察的伦理与道德问题就成了无法回避的一个话题。

一个重要的话题就是,参与观察者的参与程度。能否为了获取资料而严重影响当地人的正常生活秩序?破坏了当地的自然环境?在完全参与观察中,为了研究犯罪团伙,能否而与之共同犯罪?或为了研究同性恋群体而伪装成同性恋者,与他人建立恋爱关系?

另一个重要的话题是关于研究者的真实身份。在完全参与观察中,是否应该隐瞒自己的真实身份?在非完全参与观察中,是否应该告诉被观察者自己所从事的研究,还是以其他的理由进行欺骗?如果公开自己的身份,研究客体就会产生某种变形,致使研究者收集到的可能是虚假信息;如果隐瞒,一旦被研究者发现研究者是为了研究而与自己交往,就会产生被欺骗、被利用的感觉。

面对上述伦理道德问题,如果研究者不能认真对待和处理,不仅研究主客体之间会出现关系的破裂,同时也会给研究者带来抹不去的心理阴影。

如何处理这些问题,人们有不同的看法。对于如何处理这些问题,人们有不同的看法。陈向明教授根据自己多年的研究,认为在质性研究中处理与道德有关的问题时应遵守以下原则:

(1) 自愿和不隐蔽原则。即尽可能在征求被观察者同意的前提下进行公开观察。为了减少"在场者效应",研究者要投入更多的观察时间,更好地与被观察者建立和维护良好的关系,以取得对方的信任,提高观察的信度和效度。

(2) 尊重个人隐私和保密原则。研究者要遵守社会研究的保密原则,未经对方许可,不能透露被研究者的个人信息。

(3) 公正合理原则。研究者要客观真实地记录和报道观察到的客观事实。

(4) 公平回报原则。在参与观察中,被观察者常常会给研究人员提供帮助,比如接受访谈、接纳其成为群体成员、与研究者建立合作关系(如怀特与多克)等。一般来说,研究者离不开被观察者的帮助,从而研究者应该对被观察者提供一定的回报。[①]

二、参与观察的信度与效度

(一) 观察的效度

观察的效度指的是观察所获得的资料能够准确、真实、客观地反映被观察对象的程度。一般认为,与问卷调查和实验法相比,参与观察具有更好的效度。

---

① 陈向明:《质的研究方法与社会科学研究》,北京:教育科学出版社,2002年版,第425页。

人们对于参与观察有效性的质疑总是比问卷调查和实验法少些。因为参与观察能够直接目睹事件的发生、发展和变化的过程,能够以更加生动形象的资料反映事件的本质。例如,一项关于"同情心"的研究,如果采用问卷法,人们对"同情心"这一概念的操作化常常争论不休;而采用参与观察,研究者只需要身临其境的跟踪观察,以举出详尽的实例来取代对概念的定义。但是,观察的过程可能受到各种因素的影响而失去或减少真实性。影响观察效度的因素有:

(1) 观察方式、观察地点和观察时间对于研究课题的适用性。

(2) 观察内容的选择。即观察内容的选择是否能够反应研究的范畴。

(3) 观察者偏见。在观察、记录和资料分析的过程中,观察者要做到完全的价值中立几乎是不可能的,他们的价值取向和期望往往会对观察结果产生影响。

(4) 被观察者效应。在不完全参与观察时,当被观察者意识到有人对他们观察时,总是会有意无意地改变他们的行为与表现,使其行为表现得更符合社会规范。

(5) 观察者的个人素质。受思维定式和注意力分散的影响,观察者可能对某些有价值的信息视而不见,或对没出现的现象表现出错误的知觉和记忆。观察者的敏锐性和记忆的准确性直接影响到观察的效度。[①]

(二) 观察的信度

观察的信度指的是观察所获取资料的可靠性、可信赖、可验证的程度。一般认为,参与观察法与其他收集资料的方法相比,其信度较低。影响信度的因素主要有:

(1) 如果观察内容界定的不明确,观察者在观察一个复杂的社会现象时,有可能有选择性地观察该现象的不同方面,使观察的信度降低。因此,尽量减少由观察内容不明确所造成的观察内容的随意性。

(2) 观察类别定义的严格性。如果观察类别的定义不够严格,观察者在观察过程中常常根据自己的理解随机来界定对象或现象的类别。

(3) 环境的变化。社会现象或行为常常会受环境的影响,当在不同的时间对同一社会现象进行观察时,由于环境或条件的变化,观察所获得的资料常常不一致。

(4) 人的变化。人总是处在不断地成长变化之中的。同一个人在不同的时间被观察时,可能有不同的行为表现。

---

① 袁方:《社会调查原理与方法》,北京:高等教育出版社,1990年版,第211页。

第五章　参与观察研究法

第五节　参与观察研究法的应用

谈到参与观察,人们不得不想到英国人类学家马林诺夫斯基的《西太平洋的航海者》。它是人类学发展史中的标志之作,被认为是介于古典人类学代表作《金枝》和战后人类学最高成就的《结构人类学》之间的一座划时代的里程碑。因为马林诺夫斯基第一个成功地通过长期的田野观察,写出一部出色的民族志,完成了某种理论证明,从而奠定了科学人类学的规范。这部巨著堪称参与观察的经典之作。

一、马林诺夫斯基简介

布罗尼斯拉夫·马林诺夫斯基(Bronislaw Malinowski)是发迹于英国的波兰人类学家,其建构以客观民族志记载田野调查研究成果的方式,并开创最早的社会人类学课程,故有人称他为"民族志之父"。但马林诺夫斯基并不是一开始就立志成为人类学家的。《西太平洋的航海者》是马林诺夫斯基所处的那个时代和马林诺夫斯基个人际遇在一个非常奇妙的耦合点上的产物。

马林诺夫斯基生于波兰,父亲卢克杨·马林诺夫斯基(Lucjan Malinowski)是杰格隆尼大学(Uniwersytet Jagielloński)的语言学教授,同时是波兰语在内的斯拉夫语言研究先驱;母亲约瑟华·马林诺夫斯基(Lucjan Malinowski)则是贵族之后,同时也受过良好的教育。由于他们与在该大学任教的教授住在一起,而该大学的教授多是自视甚高的学术精英,所以自小马林诺夫斯基便受到贵族式的教养。

马林诺夫斯基于1902年顺利进入波兰著名学府杰格隆尼大学哲学系就读。而在哲学之外,他又修了波兰文学、数学、物理学、植物学、微生物学、心理学、教育学的课程,并且受到其父亲的好友法学教授达根(L. Da-rgun)、艾斯特莱赫(S. Estreicher)以及历史学家波特康斯基(K. Portksnski)等人的影响,逐渐对家庭、社会和民族学产生兴趣。1910年马林诺夫斯基拿到奖学金,顺利以硕士研究生的身份到伦敦政治经济学院就读一年。这期间他接受以研究婚姻史闻名的社会学家艾德华·魏斯特马克(Edward Westermarck)指导,并于隔年回国后发表文章批评佛雷泽对婚姻的论述。1913年,马林诺夫斯基以讲师的身份回到政治经济学院,同年发表第一本英文著作《澳大利亚土著家庭》(*The Family among the Australia Aborgines*),以大量澳洲原住民(当时被认为最原始的民族)文献与材料批评魏斯特马克的论点,进而主张最早的家庭乃为核心家庭。此书不但受到阿弗烈·拉德克里夫布朗(Alfred Reginal Radcliffe-Brown)等英国人类学家赞扬,还为他取得正式的博士学位。

二、《西太平洋的航海者》的诞生

1914年在大洋洲民族学专家查尔斯·塞利格曼(Charles Seligman)引介下,马林诺夫斯基取得奖助金得以实现到澳洲研究图腾制度的梦想。然而在7月抵达澳洲,辗转于悉尼、墨尔本之际,第一次世界大战爆发了。由于当时的澳洲仍属于英国,而马林诺夫斯基的国籍却是其敌国奥地利。为了避免遭到遣返,马林诺夫斯基选择与澳洲政府周旋,最终获得研究的许可,而走上自身一人进行田野调查的路(当时多数的田野调查是由研究团队合作,在各地进行的短暂的访问与考察)。于是,马林诺夫斯基独自在新几内亚(当时由澳洲政府管辖)南部的迈鲁(Mailu)岛上从事研究,并率先学习土著语言以方便调查。1915年5月,在偶然机缘下他决定到东北方的特罗布里安群岛(Trobriand Islands)进行下一步研究。

在特罗布里安群岛,马林诺夫斯基整理了之前碰到的问题,以及自身奉守的实证主义,逐渐创立一套新的田野研究方式:他认为作为科学的人类学,其依据的民族志材料应该根据具体的证据书写,因此首要工作便是写作统计图、族谱等图表以理解澄清研究对象的状态和彼此之间的关系,而这些图表又包含得自于土著的意见以及自身的观察;然而,这些图表的书写不是漫无目的的工作,而是具备对研究问题的关怀与学科上的考量。基于前述的原则,他提出了参与观察法的研究方式,即让自己真正参与部落之间的活动,并适当地与自身的文化(特别是当地的传教士与殖民官员)保持距离,使自身真正观察到土著生活中琐碎却又关键的习俗与规范。此外,他认为许多实际的规范仍难找到真正的答案,因此土著的传说、口语中的词汇以及其自身的观点也该是民族志纪录的对象。而最后完成的民族志应该呈现土著的想法与世界观,而让读者理解不同文化(自身与当地)之间的差异,进而认识自身的本性。虽然马林诺夫斯基在特罗布里安群岛的田野调查十分成功,并持续到1918年才返回墨尔本,但他的日记与其他纪录显示其生活充满了矛盾:当地官员认为他是怪人,而土著觉得他的行为愚蠢可笑。而他自己在当地没有朋友,成天面对乡愁与对工作的厌倦(他十分痛恨土著的现实与无知)。即使接获母亲去世的噩耗,也必须强忍哀痛,继续自己的研究工作……

1918年他终于完成了田野调查,暂时回到墨尔本,并着手撰写《西太平洋的航海者》(*Argonauts of the Western Pacific*)。从1914年到1918年期间,他前后调查了三次,历时长达五年之久。

三、《西太平洋的航海者》内容与研究方法

从内容看,《西太平洋的航海者》对新几内亚东部的南马辛区域的一种特殊的交换制度"库拉圈"进行了详尽的记述与独到的分析。这部巨著共包括二十二章,详细描述了库拉区的范围、居民、风俗、制度、图腾制、巫术信仰,着重介绍库拉制度体系、规则,及由其引发的或相关的一系列的造船活动、仪典、交易技术、贝克制造、巫术,等等。这种库拉制度从简单来看,是项圈与臂镯的相交换的仪式;从整体上看,是马辛地区的众多岛屿上的不同语言、不同族群的人们相互联系的社会经济体系。这两种手工制品在实际社会生活中几乎没什么用处,只是作为库拉交换的对象才具有核心的价值和意义,并且他们在交换中得到增值,越来越多的交换伙伴的参与能使一件宝物变得越重要和越有价值,而宝物本身却是库拉区内共同的财富,不会为某一人长期占有。项圈与臂镯交换,臂镯与项圈交换,二者按相反方向转动,项圈按顺势针方向被传递,臂镯按逆时针方向被传递。交换遵循互惠的原则,库拉伙伴固定。总之库拉是与整个社会生活联系在一起的,从群体来说,一个村子或岛屿的男子要修造库拉船只,其间要举行各种仪式、禁忌活动,亲戚要来送贺礼,地方上的人都会参与,甚至可以说整个社区的生活就是围绕库拉展开的。

从研究方法上看,该部巨著体现了马林诺夫斯基的参与观察法的四个要素:第一,选择特定的社区;第二,要有一年以上的现场调查时间;第三,掌握当地语言;第四,先从本土的观点参与体验,然后达成客观的认识。

同时,马林诺夫斯基也强调了要做好参与观察必须做到几个细节:第一,做一个真正的土著;第二,构建调查对象的组成原则以及文化剖析原则;第三,使用文化表格;第四,详细、连续的记录方法;第五,坚持写民族志日记。

马林诺夫斯基认为民族志田野工作的首要理想,在于清晰而明确地勾画一个社会的构造,并从纠缠不清的事物中把所有文化现象的法规和规律梳理出来。它必须把该社区的、文化的和心理的所有方面作为一个整体来处理。比如在研究独木舟时,马林诺夫斯基写道:"研究建造独木舟的经济目的及其各种用途,是人们深入进行民族志工作的初步手段;接下来收集的是社会学材料,指的是由谁所有,由谁驾驭以及如何驾驭。还有关于建造独木舟的仪典和风俗,独木舟的典型生命史等,这可以让我们逐渐掌握独木舟对于土著人的真正意义。"[1]

---

[1] 〔英〕马林诺夫斯基:《西太平洋的航海者》,梁永佳、李绍明译,北京:华夏出版社,1990年版,第98页。

第六章

访谈研究法

　　访谈(interviewing)作为社会科学研究的一种方法,现在已经被广泛地应用于社会学、历史学、新闻传播学等领域。访谈研究法是通过研究者与被研究者的直接接触、直接交谈的方式来收集资料的一种研究方法。与其他方法相比,访谈研究法有其独特的重要功能,比如与观察法相比,访谈可以直接了解到受访者的思想、心理、观念等深层内容。本章在介绍访谈研究法的含义和基本分类的基础上,着重介绍访谈的准备工作、技巧、访谈过程和记录,以及访谈资料的整理等内容。

第一节　访谈的含义与类型

　　访谈这个词,一般人都很熟悉,但是作为社会科学的一种基本研究方法与我们日常生活中所讲的谈话含义具有一定区别,因此作为学习和了解这种方法的读者,首先要掌握其含义,并在此基础上了解根据不同标准划分的类型。

一、访谈的含义

　　那么,作为社会科学研究方法的访谈到底是什么呢？一般认为,社会科学方法的访谈与我们生活中的闲谈有本质区别,比较接近于社会工作者的"谈心"。但是,与社会工作者、心理咨询师、辅导员等的谈心不同,质性研究的访谈的主要目的是通过与被访者交流了解其对事件的认知、了解、记忆、感受、意见等。研究者会根据被访者的叙述内容进行整理和分析。与"谈心"主要是为了

第六章 访谈研究法

找到问题的解决方案或者疏导被访对象的思想不同,质性研究的访谈要求作为访谈者的研究人员不可以在访谈的时候具有诱导性,而是应该做一个"忠实"的听众。另外,质性研究的访谈要远比社会工作者等的"谈话"要开放得多。

简而言之,质性研究的访谈法实际上就是一种社会科学搜集资料的方法。只不过通过这种方法搜集到的资料是一种"活"的资料,其与文献资料在使用和整理上都有显著的不同。研究者往往通过对记录下来的信息进行再现和归类,以便能够对研究对象、事件有比较深入地分析和动态的把握。但是,这类资料获取途径的"动态"性一般对研究者有比较高的要求,比如要求研究者要有设计得比较好的访谈提纲、要创造比较好的交流情境、要有比较高的沟通技巧等,而且也要求研究者在研究过程中总是要对被访者表现尊重的态度,以保证研究能够得以顺利完成。所以,质性研究的访谈法在执行过程中实际上应该是一种充满情感的"对话之旅",而在分析过程中却应该积极秉承"价值中立"的基本原则。

作为一种通过观察、记录、交流等方式搜集资料,归纳并解析问题的研究方法,在古代埃及的人口调查中就已经被广泛地使用。但是作为社会学科学的研究方法却是在进入19世纪之后的事情。访谈作为研究方法使用并被逐渐接受经历了一个漫长的过程。[①] 1886年查尔斯(Charles Booth)开始首次运用结构式访谈法对伦敦地区工人的生活状况进行了调查,这一调查在当时引起了巨大的轰动,成为后来人们了解当时伦敦社会生活现实的宝贵资料。之后,这种研究方法被很多学者运用,奠定了访谈法在社会科学研究中的地位。除此之外,一个比较有名的研究是1920年芝加哥学派的研究者运用参与观察、文件档案与访谈三种方法对芝加哥城区社会生态的研究。这种方法的运用也为芝加哥学派成为后来实证主义的代表奠定了基础。第二次世界大战期间,访谈法进一步被大量应用于临床诊断和咨询,美军就雇用了大量的社会学家作为军方的咨询师,他们通过访谈得到的信息来了解前线作战的军人的心理健康状况和情绪等。另外,著名的人类学家本尼迪克特(Ruth Benedict)正是通过对被俘日军的大量访谈向军方提供了关于日本军人以及日本人关于战争态度的著名报告来影响了美军在攻入日本本土的战略。但是,第二次世界大战结束后,随着计算机技术开始广泛地应用于社会科学研究领域,量性研究法开始逐渐取代定性访谈式研究法成为学术界的主流。大约到了20世纪80年代左右,这种质性研究

[①] E. Babbie (1995), *The Practice of Social Research*, 8th ed., Singapore: Wadsworth Publishing Company.

导向的访谈法开始又被社会科学研究界所重视。这种从被拒绝到再次被接受的过程中,人类学家做出了巨大的贡献。另外,在世界学术界,日本的社会学家们也一直很好地秉承了质性访谈这一研究法的传统,并使之没有间断地流传至今。

二、访谈的类型

按照前文的定义,质性研究的访谈是以资料搜集为目的的一种研究活动。那么,在搜集资料的过程中,其搜集资料的方式(访谈的方式)就应该多种多样,以达到不同的目的。与平时的谈话相似,访谈也会因为情境和目的的不同而被分为不同的类型。一般说来,根据访谈问题设计状况,访谈可以分为结构式访谈、半结构式访谈和无结构访谈三种;根据访谈的情境,可以分为正式访谈和非正式访谈;根据访谈的交流方式,可以分为直接访谈和间接访谈;根据受访者的人数,可以分为单独访谈和群体访谈。

(一) 按照问题设计状况分类

1. 结构式访谈

结构式访谈(structured interview),也称为"标准化访谈"或"正式访谈",主要是指研究者在访谈时运用一系列预先设计好的固定问题进行资料搜集的过程。这样做的目的是对所有被访者都采用同一种问题进行刺激,亦能够清楚明确地观察被访者的回答及反应,从而使研究者的研究能够尽可能地接近主题。[①]换言之,采用这种方法进行研究,能够使研究者较好地把握研究的方向,通过非常明确的问题逐一地与被访者进行交流,能够较深入、准确地理解受访者的思想、意见、评价等。这一方法的好处就是能使研究尽可能降低误差值。

对结构式访谈而言,所有的受访者都必须被问同样的问题,而且问题的顺序等也是相同的。所以结构式访谈的访谈过程的弹性是相当低的,作为一个研究人员,如果你打算使用这一方法时,应该注意以下几个问题:

(1) 在解释研究目的时,不要过于冗长,应该尽量使用标准化的解释。

(2) 不要偏离研究范围的介绍或者改变问题的次序。

(3) 在访谈期间,不要因为他人干扰而中断;或者访问进行一半的时候,改由他人替代回答问题。

(4) 对于受访者的回答,不要提供任何建议和表示同意或者不同意。

---

① E. Babbie (1995), *The Practice of Social Research*, 8th ed., Singapore: Wadsworth Publishing Company.

（5）当受访者对于访问的问题有异议时，不要过度解释问题的意义，只需要重复问题或者适度澄清即可。

（6）不要随意增加回答的类别或改变文字次序。

当然，研究人员也可以通过对下列问题的思考，逐步建构理想的结构式访谈方法。首先，访谈过程应注意受访者的行为反应，在访谈过程中应该尽量减少社会期待对受访者行为反应可能造成的影响。其次，应该根据研究问题的性质和目的来思考访谈的类型，而且也该据此决定到底是应该采取面对面的访谈还是电话访谈的方式。最后，在访谈的过程中应该尽可能避免因访谈的问题、访问技巧以及人为因素影响访谈的结果。①

下面是笔者参与的日本学术振兴会海外研究项目《中国内陆农村的历史调查》中的一段结构式访谈的例子，这个例子可以说明研究人员通常在什么情况下，针对哪些问题运用结构式访谈的方法。

问题一：日本军队是哪一年到你们村子的？

问题二：他们是长期驻扎还是短期停留？

问题三：他们进村后是否有抢劫、杀人等恶行？

问题四：如果有他们都具体做了什么？

问题五：当时村民的反映怎么样？

问题六：对日本军队的行为当时阎锡山的军队和八路军都是什么反应？

问题七：日本军队走后有没有其他的日本人来过村子？

问题八：他们是什么人，你知道吗？（是不是一些戴眼镜的调查员？）

……

通过这个实例我们可以看出，一般在搜集那些具体的资料并且带有确认性质的资料时往往使用结构式访谈的方法。这种方法比较适用于那些访谈员没什么访谈经验并且对时间要求较紧的访谈。它的优点是思路比较清晰，问题容易理解和把握，对研究者和受访者都容易理解。但是，一个比较大的问题是这种方法往往容易浪费研究人员的时间，因为有很多问题可能与被访者无关或者被访者根本无法回答，但是却不能够跳过去或者删除。

2. 半结构式访谈

半结构式访谈（semistructured interview）又称为（半标准化的访谈或者半开

---

① 潘淑满：《质性研究：理论与应用》，台北：心理出版社，2003年版，第142页。

放型的访谈),它是介于结构式访谈和无结构式访谈之间的一种资料收集方式。研究者在访谈进行之前,根据研究的问题和目的,设计访谈大纲作为访谈的方向或者提示。在访谈实际进行过程中,访谈者可以依据实际情况,对访谈问题做弹性处理,不局限于大纲的访谈顺序。同时,研究者对访谈结构具有一定的控制作用,但同时也允许受访者积极参与和提出自己的问题。

我们可以把半结构式访谈特点大致概括为以下五点:

(1)有一个事先设定的包含了调查内容范围、提问方向和若干主要问题的调查提纲。

(2)除了少数主要问题事先设定外,其他问题均不事先确定,而是要求在自由交谈中,边谈边形成问题。

(3)除了少数问题可做事先的封闭式答案选择外,大部分问题都是开放性的,并且允许被访者有超出预期范围的回答。

(4)提问方式上具有充分的机动性、灵活性,问题可随时增减。

(5)还可针对不同对象提出不同问题,刺激其深入思考。[①]

半结构式访谈假设:虽然访谈问题相同,但是由于对问题的本身的认知及个人生活的经验不同,往往导致受访者的反映会有很大的差异。半结构式访谈大纲不太像结构式访谈大纲那样,需要对每个讨论的议题预先设计得非常清楚。对采用半结构式访谈的研究者而言,访谈设计大纲只是为了要让访问者的访谈进行得更流畅,所以在引导式问题之后会紧随着开放式的问题,用来询问受访者的感受、认知以及内在想法。[②]

举例而言,研究者想要了解未成年人的吸烟经验,那么半结构式访谈大纲设计如下:

引导式问题:请问你曾经吸过烟吗?(如果受访者有吸烟的经验,那么访谈者可以继续询问)

开放式的问题:那能不能告诉我你第一次吸烟的经验?

通过以上的总结,我们可以看到半结构式的访谈具有以下优点:

第一,对特定议题往往可以采取较为开放的态度,来进行资料收集工作,当研究者运用半结构式的访谈来收集资料时候,经常会有意外的收获。

第二,当受访者在访谈过程受到限制时,往往会采取开放态度来反思自己的经验。

[①] 徐经泽编著:《社会调查理论与方法》,北京:高教教育出版社,1994年版,第202页。
[②] 潘淑满:《质性研究:理论与应用》,台北:心理出版社,2003年版,第144页。

第三,当研究者的动机是要深入了解个人生活经验或将访谈资料进行比较时,半结构式的访谈可以说是非常适合的方式。

但是,这种方法对访谈者有着比较高的要求,需要控制环境,把握谈话方向和进度,施展较高的谈话技巧。由于这种访谈提问的内容和方式灵活性大,调查的范围比较广,因此,访谈结果难以进行量性分析。

3. 无结构式访谈

无结构方式(unstructured interview)又称为"非标准化访谈"或"开放式访谈"。研究者在进行访谈过程中,不需要设计一套标准化的访谈大纲作为访谈的引导指南。和结构式访谈比较,无结构式访谈较为灵活具有较强的适应性。在各种情况下,都能够最大限度挖掘深度,很好地发挥了访谈者和被访谈者的创造性和主动性。随时可以就新的思路和发现进行适度的追问。其多应用于探索性访谈研究和大型调查预期研究。用于提出假设和理论框架。主要形式有重点访谈、深度访谈和非引导性访谈。

开放式访谈没有固定的访谈问题,研究者鼓励受访者用自己的语言发表自己的看法。这种访谈目的是了解受访者自己认为重要的问题、他们看待问题的角度、他们对意义的解释以及他们使用的概念及其表述方法。在开放型访谈中,访谈者只是起一个辅助的作用,尽量让受访者根据自己的思路自由联想。访谈的形式不拘一格,访谈者可以根据当时的情况随机应变。

(二) 按照访谈的情境分类

1. 正式访谈

正式访谈(formal interview)是指研究者和被研究者在约定的地点和时间,就一定的问题进行交谈。其特色还有一点在于这种访谈方式具有一种开放性,相比后文提到的非正式访谈,它的开放性中更多带有一些结构性特征。正式访谈过程强调开放的态度和弹性的运用原则。

2. 非正式访谈

非正式访谈(informal interview)是指研究者根据受访者日常生活的安排,在与对方一起参与活动的时候根据当时的情形与对方交谈。可以说比较接近于日常生活中的谈话,通常访谈者和受访者都是在随意、自由、开放与非指示性的情境中进行谈话。

研究者在进行质性研究初期,经常会透过非正式的谈话和受访者建立友善的关系,这对初期收集资料有着非常重要的影响。而到了后期,研究者和被访者建立较为熟悉的关系,或对研究的问题有较明确的概念之后,访谈方式渐归于正式。当研究焦点与研究目的逐渐明确时,研究者就可以依据特定的问题大纲,进行特定问题的资料收集;当然经费与时间也是影响访谈内容与形式的主要因素。①

(三)按照访谈的交流方式分类

1. 直接访谈

即访问者与被访问者进行面对面的交谈。这种访问方法,又可分为"走出去"和"请进来"两种形式。"走出去",就是访问者到被访问者中去进行实地访问;"请进来",就是将被访问者请到访问者安排的地方来进行访问。这两种形式各有利弊和用途,但一般"走出去"的形式能获得更多的社会信息。②

直接访谈的好处在于:研究者可以看到对方的表情和动作,对对方的情绪波动、精神状态、特别是对对方的言语行为与非言语行为之间关系可以有一个比较完整、准确的把握。

2. 间接访谈

即访问者通过电话或书面问卷等工具对被访问者进行的访问。电话访问在发达国家使用较多,其优点是时间快、费用省、保密性强,但只能询问较为简单的问题,对于没有电话的人无法使用。在我国电信事业发展迅速的今天,电话访问将有长足的进展。在随着网络社会的兴起,使用网络工具进行访谈也将成为一种新的趋向。

电话访问的好处在于:第一,可以解决因地域距离或时间匮乏而带来的困难。第二,如果受访者不愿意让访谈者看到自己,或者谈话的内容让自己感到尴尬,这种访谈方式可以使受访者感到轻松。但问题也在于此——访谈者将无法捕捉受访者的"真实"态度与情绪。③

(四)按照受访者的人数分类

1. 个别访谈

个别访谈是指访谈者与被访谈者之间一对一进行交谈,这种访谈方式有助访谈者与被访谈之间建立较为融洽的人际关系。被访谈者在回答问题时,受外界因素影响较小,可以减少内心顾虑,便于畅所欲言,有利于对某一问题进行深入的了解。个别访谈对于那种非结构式访谈最为有利。④ 与集体访谈比较,个别访谈避免了开座谈会中因许多人集合在一起而引起不便讲真话的现象。同

---

① 潘淑满:《质性研究:理论与应用》,台北:心理出版社,2003年版,第146页。
② 黄奇杰等主编:《社会调查方法概况》,杭州:浙江大学出版社,2007年版,第109页。
③ 吴增基等主编:《现代社会调查方法》,上海:上海人民出版社,1998年版,第128页。
④ 周德民等主编:《社会调查原来与方法》,长沙:中南大学出版社,2006年版,第222页。

时，它也有利于调查者对谈话环境与过程进行有效的控制，就所关心的问题与被调查者展开深入的讨论。个别访谈常用于需要深入了解的一些问题，比如有些比较敏感性的问题和揭露矛盾、陈述冲突的问题等。

2. 集体访谈

它是指调查者邀请若干被调查者，通过集体座谈的方式收集资料、了解情况的方法，即我们通常所说的"开调查会"。一般是先不准备系统的全面问题，而只是有一个大致的调查范围，根据这个范围了解情况。集体访谈是个别访谈的一种扩展形式。集体访谈同个别访谈一样，都是以被调查者作为观察了解的对象，都是进行直接的口头调查。

集体访谈最主要的特点是两个互动的过程：一是访谈者与被访谈者之间的互动；二是被访谈者之间的互动。因此，要使座谈会获得成功，不仅要组织好调查者与被调查者之间的互动，而且更要组织好被调查者之间的互动。这就要求访问者有更熟练的访谈技巧及组织调查会的能力。特别是对于现场的控制，以此，保证被访者的回答不相互干扰，保证访谈结果的客观性。所以，集体访谈是比个别访谈层次更高、难度更大的调查方法。这种方法常用于调查集体行为与群体关系的倾向、心理治疗和组织诊断。

虽然访谈形式多种多样，但对访谈形式的选择最终取决于研究目的、问题、对象和阶段等方面内容，当然研究经费和时间也是必须考虑进去的。例如在某一项调查课题希望了解空巢老人的生活状态时，研究者就可以采用正式与非正式、直接与间接的方式进行访谈。可以在刚接触老人的时候，采用结构访谈法，了解老人最基本的信息。同时也可以采取其他方式多渠道获得有用且精确的信息，而且可以起到验证相关研究结果的效果。老人们在集体场合中说不出口的事情，可以在个别访谈中得以披露，而那些敏感的话题，也适合在非正式的访谈中进行探讨。

第二节 访谈准备

通常，在一项访谈工作进行之前，研究者需要准备的工作通常包括：抽取访谈对象、确定访谈时间和地点、建立访谈关系、设计访谈提纲等。由于访谈是一种社会交往互动的过程，访问者和被访问者需要建立起一种相互信任和相互理解的关系，这样访谈才能顺利，被访谈者才能愿意提供资料。而被访谈者一般是不会主动向"陌生人"访谈者主动提供资料的，所以在访谈前必须做好细致的准备，才能与被访谈者建立良好的关系。

一、确定访谈的时间和地点

一般来说,访谈时间和地点应尽量以方便受访者为主,并且尽量在受访者感到心情愉悦的时候开展访谈。这么做一方面是出于对受访者的尊重,另一方面也是使得受访者可以在自由选择的时间地点里感到安全和舒适,可以较为自由地表现自己。比如在城市里访问一些大龄白领青年的情感问题,他们一般不会选择在家中和在公司中接受访谈。而是会选择在下班和休息日在公共场合进行访谈,如在咖啡馆来进行访谈,这样可以避免自己的隐私被宣扬以及其他心理上的压力。再比如对老人的访谈,选择老人熟悉的环境更利于访谈,可以减少老人的不安感增加心理的安全度,利于访谈顺利进行。

另外访谈者首次与被访者接触时,还应该就访谈的时间和次数进行协商。一般来说,一个比较充分的资料收集过程应该包括一次以上的访谈;每次访谈时间应该在一个半小时以上,但不超过两个小时。要注意受访者的情绪,是否厌倦和疲惫,如果出现这样的情况应该及早结束访谈,否则,将不利于研究者的进一步研究。当然如果情况相反,访谈者应该密切注意对方的神情,同时用肢体或者言语提醒对方访谈已经超过约定时间了,如果愿意可以随时结束。[①]

二、了解被访谈者的相关情况

在访谈开始前,访谈者对被访者的情况应有初步的了解。要对被访者的性别、年龄、职业、文化水平、专长、经历、性格、兴趣、习惯、爱好等,特别是当前的思想情况和精神状态等尽可能多地了解。与此同时,在准备工作中还要对被访人所处的社区特性有所了解。这里所说的社区特性包括社区的人文环境和文化传统,即群体行为所表现的模式。每个社区都有自己的特点,社区文化传统、环境等因素会影响个人和集体的行为。若事先不了解这些特点,不仅会给访谈工作带来困难,还会引起一些不必要的误解。[②] 特别是在少数民族居住的区域,尤其要了解他们的禁忌和习俗。例如,在城市公寓里作家庭访问,一般不会对左邻右舍产生多大的影响,而在农村地区作家庭访问,就会在当地产生较大的社会影响,从而会反过来影响到调查效果。总之,充分地了解被访者的基本情况,对于正确地准备访谈问题、选择恰当的访谈方法和灵活地运用访谈技巧等都具有重要的意义。为了访谈的成功,访谈者还应尽可能事先将调查目的和主

---

① 陈向明:《质的研究方法与社会科学研究》,北京:教育科学出版社,2000年版,第174页。
② 周德民等主编:《社会调查原来与方法》,长沙:中南大学出版社,2006年版,第225页。

第六章 访谈研究法

题等通知调查对象，可以通过受访者单位领导、居委会、村干部等，也可以直接与调查对象取得联系，以求得调查对象的支持。①

三、展开访谈大纲

确定了时间和地点，了解了受访者的信息，就必须根据研究目的选择适当的访谈方法同时展开访谈大纲。如果研究的目的是验证某种假设或要获得多数人的某种反应，一般选择标准化访谈，并必须设计好统一的调查表或问卷；若是探索性研究，一般选择非标准化访谈。

提纲应该是粗线条的，列出访谈者认为在访谈中应该了解的主要问题和应该覆盖的内容范围。访谈的问题与研究问题不一样，后者是从研究的现象提炼出来的、研究者尚有疑问的问题，而前者是为了回答后者而设计的问题。因此，访谈问题应该明白易懂并且具有可操作性。

在潘淑满所著的《质性研究：理论与应用》中具体谈到了展开大纲的四个步骤：

步骤一：

首先应该罗列出与研究相关的领域，再根据这些领域依次发展出问题系列。举例而言：研究者想要研究当地失地农民的城市化经历及其有关感受、看法，那么研究者可以从文献上回顾相关的问题，并逐步发展出访谈的范畴。比如这些范畴可以包括政府的政策倾向；当地人员结构构成等。

步骤二：

研究者可以根据上述罗列的范畴，逐步发展出访谈问题。例如在政府政策上，研究者可以列出当地政府在城市化期间的相关政策变化，比如"你是否了解这些相关政策？""哪些政策你觉得对你们适应城市化的帮助最大？"

步骤三：

当访谈的问题大致确定后，研究者必须进一步思考访谈时候的次序，内容与句型等问题。通常，在设计访谈提纲时候，研究者必须考虑受访者的文化程度、教育程度以及年龄等因素。另外，问题的描述也不能偏离研究问题的焦点。访谈大纲必须包括四种类型的问题，只有如此才能使得研究者收集到最丰富、完整、多元的资料。

这四种问题是：(1) 基本的问题(essential questions)：指研究者最主要的核心问题，这些问题可能被摆在一起，也可能分散在访谈过程中。(2) 额外的问

---

① 吴增基等主编：《现代社会调查方法》，上海：上海人民出版社，1998年版，第131页。

题(extra questions):指这些问题与基本问题无关,不过访问时使用的语言与基本问题有些不一样。通常使用额外的问题都是为了检验话语不同是否会影响受访者的回答,或者是为了检验受访者的回答是否具有一致性。(3)丢弃式问题(throw-away questions):在开始进行访谈的时候,经常会运用一些丢弃式问题。所谓丢弃式的问题就是一些不是很重要的问题,无法通过这些问题的询问展开对研究现象的了解。但是丢弃式问题经常都是被用在访问之初,访谈者透过询问受访者一些社会人口资料或者其他不相关的资料,作为进一步发展访谈关系的媒介。(4)侦测式的问题(probing questions):此类问题主要的目的在于帮助访谈者收集到更完整、丰富的信息,也就是问题本身是开放式的,有时候甚至是一种转折问句,也可引导受访者进一步深入描述说明。

步骤四:

研究者在发展访谈大纲时候,应该进一步评估问题的内容与形式,可能会对受访者的回答产生什么样的影响。一般有以下四种类型问题的影响最为严重,研究者需要仔细评估其可能性:(1)情感性的问题(affectively worded questions):情感性问题主要是引导受访者的情绪反应,虽然大多数时候的情绪反应都偏向负面的,不过研究者在设计问题的时候,应该尽可能避免引起受访者负面感受的用词,改用其他替代性用语。比如访谈者直接问受访者:"你是否爱看情色电影?"由于情色电影在社会评价中趋于负面,大多的回答者会选择说"不爱看"。而如果访谈者问"你觉得哪部情色电影让你感受最深?"受访者会比较愿意根据自己的亲身经验来回答,在回答的过程中,受访者也会透露出对情色电影是否喜爱以及喜爱的程度。因此,研究者在设计访谈大纲时,对于问句用词量的减少可以减轻受访者的敌意和防卫意识。(2)双重约束问题(double-barreled question):研究者避免受访者在同一个问题上回答两个议题。(3)复杂的问题(complex question):谈话不只是一种语言沟通的过程,也是说与听的过程,掌握说与听的技巧十分重要。所以提问的时候应该尽量简短、清晰,让受访者可以抓住重点并有效地回答问题。(4)提问的顺序(question sequencing):提问者的问题顺序将影响到资料收集的结果。应该从简单、不敏感、温和的问题入手,随着相互之间的信任加深,再展开复杂和敏感的问题。①

四、协商有关事宜

访谈成功与否除了上述谈到的以外,还在于访谈者和受访者之间的关系。

---

① 潘淑满:《质性研究:理论与应用》,台北:心理出版社,2003年版,第152—153页。

而访谈关系的建立和保持又在一定程度上取决于双方就有关事宜达成的共识。一般而言,访谈者在访谈开始前需要介绍自己和自己的课题,并且就语言的使用、交谈的规则、自愿原则、保密原则和录音问题等与对方进行协商。

访谈者在向受访者介绍自己课题的时候,应该明确告诉对方,他是如何选择访谈对象的,希望获得如何的情况。访谈者自身应该尽量做到真诚坦率,消除对方的疑虑。此外,在访谈开始之前,访谈者必须再次向对方许诺,在研究过程中受访者有权随时退出,并且不必对研究负有责任。同时研究者应该向受访者作出明确的保密承诺,保证对方提供的信息不外露。如果研究报告中需要引用受访者提供的资料,研究者将对所有的人名和地名进行匿名化处理。重申两项原则——保密和自愿的原则,目的是为了强化双方的信任关系。①

最后,在访谈之前,访谈者需要征询被访者使用音像设备的态度,一般来说,如果条件允许而受访者又没有任何异议的时候,最好对谈话内容进行录音。这便于日后的资料分析与整理,有助于获取完整的信息减少笔录误差。也可使访谈者集中精力把握受访者的语言与思路,有余力对访谈内容进行及时追问。有一些受访者还认为录音能够显示出对于他们的尊重。当然,录音的负面效应就是会给受访者带来一定的心理压力,而在访谈过程中显得紧张。同时也有可能造成被访者不愿意使用自己日常语言,而转向使用比较正规的、被社会规范所接受的方式表达自己。②

第三节 访谈技巧

在本节中将访谈的技巧归为四大类分别进行介绍:即访谈中提问和追问的技巧;访谈中倾听的技巧;访谈中回应的技巧和结束访谈的技巧。

一、访谈中提问和追问的技巧

在访谈中为了获取真实的材料,最为关键的是提问的技巧。不要小瞧提问,它是一门艺术,同时也是访谈中能否顺利进行的一个关键。本节首先介绍访谈问题的类型。访谈中的问题可以大致分为四组类型:开放型和封闭型、具体型和抽象型、清晰型和含糊型以及功能型和实质型。不同的问题类型会在很大程度上影响受访者的语言行为,不仅对他们回答内容的范围和长度,而且还

---

① 陈向明:《质的研究方法与社会科学研究》,北京:教育科学出版社,2002年版,第174—175页。
② 张兴杰主编:《社会调查》,南京:南京大学出版社,2008年版,第202页。

对整个访谈风格有所限定。其次,介绍提问的基本原则。最后是如何开始提问。

(一) 访谈问题类型

1. 开放型和封闭型问题

开放型问题是指内容没有明确的答案,允许受访者作出多种回答的问题。而封闭型问题对受访者的回答方式及其内容有所限定。比如"你对国家高考制度改革有什么想法?"这是开放式问题,而"您是否知道高考制度将进行改革"则是封闭式的。

在访谈中应尽量使用开放型问题,使得受访者可以用自己的语言表达自己的想法,这也符合访谈的目的。而封闭式的问题容易让受访者处在被动的地位从而逐渐失去谈话的兴趣,尤其是连续几题的封闭式问题之后。

访谈者使用封闭式和开放式问题的时候应该依据具体情况而定,太多开放式问题会让受访者无所适从,并且迷惑不解,因而产生不必要的疑虑。所以可以采用封闭式问题进行一定程度的引导。比如访谈建筑工人,"你对城市有什么看法?"这个问题会让建筑民工感到迷茫,不知道你想问什么,所以最好的提问方式应从封闭问题开始"你喜欢这个城市吗?"如果回答"不喜欢"则就可以追问"为什么不喜欢?""哪些方面不喜欢?"等。

2. 具体型和抽象型问题

从访谈者所希望得到的回答的角度来看,访谈所提出的问题可以分为具体型和抽象型两部分。具体型问题主要指的是询问具体的事件的问题,主要是指事情的细节,比如:"有谁去看了昨天晚上的校园歌手比赛?有哪些同学参加了比赛?"而抽象型问题则相反,它需要浓缩,需要较高的总结性和概括性,如:"你们一般愿意去哪里进行自习?外地的大学生平常多久回一趟家?"具体型的问题可以帮助受访者回想当时的场景和细节。而抽象型问题则是反映出一个事件大致笼统的陈述。一般研究者为了获取更多的真实有效的信息会采取具体型问题。具体型问题可以很好地将抽象的研究问题变成可以量化的指标。同时可以从细节上更好地了解对方的日常行为和内心世界。受访者在谈论具体事件中所透露出的信息经常会比通过对抽象型问题的回答所给出的信息更真实,因此研究者可以从其谈论事实的语气、用词以及表情推测出他们的态度。

3. 清晰型与含糊型问题

清晰型与含糊型问题主要是从提问的语义的清晰角度来区分的。清晰型问题主要是指问题结构简单,意义明确,受访者容易一听就抓住问题的重点。而后者则是结构复杂,承载了太多意义以及有太多研究者价值倾向型的问题。

比如，"你平常放学后是几点到家？"这是清晰型问题。而"你平常放学后马上就回家吗，放学后找老师问问题吗？"而这就是一个含糊型问题。一般清晰型问题可以获得较为清晰的答案，而含糊型问题，对于受访者而言不能够很好地理解同时也不能够很好地进行回答，一般都会给出比较含糊的答案。比如访谈者问"第一天上班感觉怎么样？"而受访者一般会回答"还可以"或者"凑合"。而"还可以"和"凑合"对于访谈者而言具体是个什么含义不得而知。这需要进一步询问具体型问题和清晰型问题才能够比较好地理解受访者的感受。

4. 实质型和功能型问题

实质型和功能型问题，是从访谈问题的内容上进行区分的。所谓实质性问题，是指为了掌握访谈调查所要了解的实际内容而提出的问题。它可以分为很多类，第一类是客观事实类问题，比如年龄、性别等；第二类是行为和趋向类问题，如"你去过香港吗？"第三类是主观类型问题，如"你如何看待台湾偶像剧的暴力化倾向？"第四类是建议问题，如"你觉得中国电影事业该如何发展？"

所谓功能性问题，是指在访谈过程中，为了达到消除拘束感，创造有利的访谈气氛，或从一个谈话内容转到另一个内容等目的，所提出的能对受访者起到某种作用的问题。功能型问题也可以分为四类，第一类是接触性问题，提出这些问题的目的，与解决问题本身无关，而是为了与被访者接触。二是试探性问题。提出这些问题的目的是为了试探一下访问时间和对象的选择是否恰当，以便确定访谈是否进行和如何进行。三是过渡性问题。如访谈内容从生产转向销售问题时，可以先提这样的问题"你们单位生产情况很好，销售状况是否也很顺利呢？"有了这类过渡性问题，访谈过程就会显得比较连贯和自然。四是检验性问题。如关于家庭生活水平的调查，可以先问家庭收入再问支出，也可以先问支出再问收入，这样，可以起到相互检验的作用。在访谈过程中灵活地运用各种功能性问题，有利于促进访谈的顺利进行。[①]

（二）提问的基本原则

一般来说，访谈中提出问题会受到很多方面原因的限制，比如研究问题的性质（是否过于敏感），访谈双方的性格、年龄、职业、教育程度等。因此访谈者首先要学会随机应变，根据实际情况来进行访谈的提问。如果研究的问题属于比较敏感或者涉及对方的隐私，则应该保持谨慎，用迂回的方式进行。同样，如果受访者属于比较内向，不善于言谈，访谈者应该耐心并且问一些细节上的问题，以此来使得受访者有所回应。在访谈刚开始时候，提问应该绝对避免对于

---

① 吴增基等主编：《现代社会调查方法》，上海：上海人民出版社，1998年版，第134页。

个人隐私的询问,而等到了双方比较熟悉的时候,则可以通过试探性问题进行询问。

(三) 提问的方式

提问是一门艺术,同样也是一门技术活。方式应该依据当时的环境因地制宜。比如被访者是个爽气的中年大叔,就可以开门见山、直来直去。如果碰到有些顾虑的人,可以耐心开导、循循善诱。选择合适的提问方式,使得访谈过程在融洽的氛围中进行。

"在访谈中如何开始第一句话?"这是新手们经常问的一个问题。回答可以有多种多样,但是有一个重要的原则是:尽可能自然地、结合受访者当时的具体情况展开谈话。比如可以与受访者聊聊天,询问近况如何。在农村进行访谈的时候,可以跟村民聊聊什么时候盖的房子;在城市进行入户调查,可以适时地赞赏一下被访者的家居装潢。如果合适还可以聊一下有共同兴趣的话题,比如现在最火的电视剧等。这样的目的是使得气氛比较轻松,可以增进双方的情感交流,消除或者减少双方心里的隔膜。一定的人际关系建立起来后,访谈者就可以正式开始提问了。

(四) 提问的技巧

在提问过程中,访谈者还要发挥以下技巧:

(1) 问题要明确、具体。如采用标准化访谈,就必须使用统一的调查表或问卷,并对每个访谈对象提出同样的问题。如采用非标准化访谈,则要求访谈提纲中的每个问题具体、明确,问题不要太长,要尽量避免使用一些不确切的词或深奥的专业术语,同时还应注意某些词在不同地区的不同含义。

(2) 要有礼貌地耐心听。访谈者要以平等的亲切的态度对待不同类型的访谈对象,当被访人在回答问题时,必须有礼貌地耐心听,做到边问、边听、边记。如果被访问者在回答问题,访谈者却在一旁剪指甲、看报纸,做一些无谓的小动作,或者心不在焉,哈欠连天,那么,被访者就不可能认真地谈下去。访谈者要不时地使用"嗯""对""听懂了""很有意思"等语言信息或者用点头、目光和手势等非语言信息鼓励对方继续谈下去。如果被访者谈得很起劲,但访谈者却毫无反应,或者摆出一副不屑一顾的态度,甚至无礼地打断对方谈话,那么被访者就丧失了交谈的积极性。当被访人谈到成绩时,应为他高兴;当他叙述到不幸的事情时应表示同情,以加强情感交流。在访谈过程中,即使碰到个别无礼的调查对象,访谈者也要保持克制的态度,友好而又耐心地进行交谈。[1]

---

[1] 黄奇杰等主编:《社会调查方法概况》,杭州:浙江大学出版社,2007年版,第117页。

(3) 不要给访谈对象以任何暗示。访谈者对所提出的问题要始终保持客观、公正的立场。对访谈对象不理解或理解错了的问题,访谈者可以适当作些解释,但不要给访谈对象以任何暗示。在访谈中,有些访谈对象往往注意访谈者在某一特定问题上的意见,会从访谈者的谈话中寻找暗示,以迎合与取悦访谈者,这就会造成访谈资料的"失真"。另外,对于在交谈中存在的一些有不同看法或有争议的问题,访谈者应保持客观、中立的态度,而不应有倾向性或诱导性的任何表示。对于被访者的回答,无论正确与否,都不宜作肯定或否定的评价,更不应去迎合或企图说服对方,而只能有一些中性的反应。如表示:"你的想法我已了解了""请你继续说下去"等,以鼓励对方把内心话说出来。

(4) 注意访谈中的非语言交流。在人际交往中,语言是重要的交流手段。但除语言外,语气、眼神、表情、手势等都能表达某种含义。在访谈过程中,访谈者要仔细地分析和利用有关的非语言交流手段。说话语气要委婉,切忌审问式地提问。既可以通过自己的行为来表达一定的思想和感情,也可以通过观察对方的某些动作和姿态捕捉其思想和感情信息。例如,连连点头,表示"赞成""同意";匆匆记录表明讲话的内容非常重要;东张西望说明注意力已经转移;频频看钟表,说明希望加快速度,尽快结束谈话等。在访谈中通过这些细小的行为、动作、姿态来传达或捕捉信息,往往能起到语言所不能起的作用。此外,从人的外表、周围的环境等都能获得一些非语言信息。[①]

(五) 追问的技巧

在访谈过程中,不仅要提问,而且需要追问。追问则是为了使访谈者能真实、具体、准确、完整地了解或理解被访者所回答的问题。追问实质上是对提问的补充,是访谈过程中不可缺少的环节和手段。追问指的是,访谈者就受访者前面所说的一个观点、概念、词语、事件、行为进一步进行探询,将其挑选出来继续向对方发问。在开放型访谈中,追问的基本原则是:使用受访者自己的语言和概念来谈自己的看法和行为。[②]

通常在遇到下列情况的时候需要追问。当被访者的回答前后矛盾,不能自圆其说的时候;当被访者的回答残缺不全、不够完整的时候;当被访者的回答含混不清、模棱两可的时候;当被访者的回答过于笼统、很不准确的时候;当访谈者对一些关键问题的回答没有听清楚的时候,此外,如果被访者提出某些新鲜的与访谈者以往认识相悖的观点,或是讲述似乎与研究问题有关联的故事时,

---

[①] 吴增基等主编:《现代社会调查方法》,上海:上海人民出版社,1998年版,第135—136页。
[②] 陈向明:《质的研究方法与社会科学研究》,北京:教育科学出版社,2002年版,第190页。

访谈者也可进行追问。①

追问的方式有:(1) 直接追问与迂回追问。直接追问即直截了当截地请被访者对未回答或回答不具体、不完整的问题再作补充回答。迂回追问即通过询问其他相关联的问题或换一个角度询问来获得未回答或未答完的问题的答案。(2) 当场追问与集中追问。对于一些简单的问题,如访谈者对某个具体数字没有听清楚,可在对方回答问题时立即进行追问。对于一些比较重要、复杂的问题,则应记下来,或在记录本上打上标记,留待访谈告一段落后集中追问。(3) 系统追问与反感追问。系统追问即在发现需要进一步深入了解的事件后,按时间、地点、人物、经过、原因等方面内容逐项追问。反感追问,即通过揭示被访者回答中的矛盾,激起其自我辩护,从中挖掘出真实的答案,这种技术常被用在被访者做出掩盖真相的回答或进行欺骗之时。

不管采用哪一种追问方式,都要尊重对方,做到适时适度,应以不伤害调查对象的感情为原则,以免影响整个访谈进程。

追问是一种比较尖锐的人际交谈方式,因此运用时要适度。特别是追问一定要保持客观公正立场,必须将自己的"前见"悬置起来,全身心倾听对方谈话。也不能有意引导受访者做出某种"需要的"回答。因此,有的学者强调,在结构式访谈中,追问也应事先统一设计好。而最好的追问,就是在被访者做出回答后,保持一段时间的沉默,并用探询的表情暗示对方,"我等着你进一步询问"。②

二、访谈中倾听的技巧

"听"与"问"在访谈中是缺一不可的。少了"问","听"就没有了方向性;而少了"听","问"就失去了其本身意义。因此,"听"是访谈中具有同样重要的地位。有学者曾这样比喻,"听"是访谈的灵魂,是访谈者的心之所至。

"听"同样是一门技术,不仅仅是心与心之间的交流,它还牵涉到了行为、认知和情感三个层面。"听"本身不能分割和还原,它本身是一个整体。这里进行分类,是为了让读者能够理解"听"的三个层次上的状态。

(一) 行为层面上的"听"

行为层面上的听,所指的是听的态度,可以分为:"表面的听""消极的听"

---

① 〔美〕赫伯特·J.鲁宾、艾琳·S.鲁宾:《质性访谈方法:聆听与提问的艺术》,卢晖临、连佳佳、李丁译,重庆:重庆大学出版社,2010年版,第154—157页。

② 徐经泽编著:《社会调查理论与方法》,北京:高等教育出版社,1994年版,第214页。

和"积极的听"三种状态。"表面的听"是一种装出听的状态,但是实际上并没有认真听对方说话。俗话说的"一只耳朵进,一只耳朵出",指的就是这种状况。比如,对"北漂"一族的访问,虽然看上去在听,但可能会在想:"这个人已经北漂了好多年,还被骗了那么多次,为什么还要坚持呢?"这就是典型的"表面的听"。

"消极的听"如同机械的听,被动听进了对方说的话,但是没有将对方话中的意义听进去。如同一只录音笔。没有情感的交流以及共鸣,更没有深入和及时地思考。比如,一个强迫症患者每天都说"我很辛苦。"为什么"辛苦","辛苦"的程度,如果访谈者不及时追问,那么这个访谈者的状态就是"消极的听"。

"积极的听"是访谈者将自己全部注意力都放在受访者身上,给予对方最大的、无条件的、真诚的关注。这样的"听"给予了受访者一种尊重,并提供了一种宽松及安全的环境。成功的访谈,很大程度上取决于访谈者"积极的听"。

(二) 认知层面上的"听"

这个层面上的听可以分为"强加的听""接受的听"和"建构的听"三种情况。"强加的听"指的是受访者所说的话迅速纳入自己习惯的概念分类系统,用自己的意义体系来理解对方的谈话,并且很快对对方的内容做出自己的价值判断。比如,受访者空巢老人说"我的孩子都不孝顺"。访谈者可能会联想到"虐待老人"的儿子或者儿媳的形象。而其实老人所说的"不孝顺"可能是指对老人关心不够。

"接受的听"指的是访谈者暂且将自己的判断"悬置"起来,主动接受和捕捉信息,注意他们使用的本土概念,了解他们建构意义的方式。比如采访大学毕业生为何选择报考公务员而不愿意进外企。他的回答是公务员是旱涝保收的。访谈者认为"旱涝保收"这个概念是一个本土概念,就立刻进行追问。通过详细询问,了解到对方所认为的意思即"铁饭碗",既不用担心失业,又会有良好的社会地位和可观的收入。

"建构的听"指的是访谈者在倾听时积极地与对方进行对话。在反省自己"偏见"和"假设"的同时与对方进行平等的交流,与对方共同建构对"现实的定义"。[1]

三、情感层面上的"听"

情感层面上的"听"可以分为"无感情的听""有感情的听"和"共情的听"。"无感情的听"指的是访谈者在听的时候没有投入自己的感情,而且对对方的情

---

[1] 张兴杰主编:《社会调查》,南京:南京大学出版社,2008年版,第168页。

感表露也无动于衷。一般来讲,情感的交流是互动的。访谈者自己没有情感流露,受访者也不会流露感情。

"有感情的听"指的是访谈者对对方谈话有感情表露,能够接纳对方所有的情绪反应,而且表明自己可以理解对方的情感表达方式。在这种情况下,受访者才愿意投入地表达自己的情感。比如当倾听一位考了八年都没考上理想大学的受访者的时候,如果受访者通过语言或者表情表达了同情的意思。受访者会更愿意继续倾诉委屈。

"共情的听"指的是访谈者在无条件的倾听中与受访者在情感上达到了共振,双方一起同欢喜,同悲伤。"共情"分为两个层次,一种是表示认可的共情,而另一种是准确的共情。前者指的是访谈者在语言层次上对对方所说的内容表示认可,后者指的是访谈者在内容上与对方准确地进行认同。比如"也是的。""哎"是属于第一个层次的。而"您真不容易,那样实在怪为难您的。"则是第二个层次的。"共情的听"不是意味居高临下地表示同情或者有意展示自己的理解能力。而是确实体会了对方的哀与乐,在自己的心中也产生了共鸣。

要做到"有感情的听",甚至是"共情的听",访谈者必须了解自己的情感,特别是自己对研究问题的看法和反应。访谈者只有自己坦诚面对自己的感情,同时宽容对待别人的不同的情感类型、表达方法等才能真正了解对方。其次,访谈者在访谈时候,应该学会不带成见地对待受访者,不因为对方的不同背景,地位,说话习惯等产生排斥感。无论何时都应做到受访者是"对"的,应该得到尊重和宽容。

总之,访谈中"听"也是一门有较高含金量的技术,访谈者需要学会这其中的一些技能,最为重要的是要用自己的心去体会对方的心。不仅仅要听到受访者的字面意思,更要听出他们的弦外之音。在与受访者对话的过程中,访谈者面对的是一个活生生的人而不是一个终端机器。因此,访谈者需要调动自己所有的感觉器官去感受,去积极主动地,有感情地与对方交往。只有这样,访谈的双方才能就共同关心问题进行深入的、建构性的探讨。[①]

四、访谈中回应的技巧

"回应"指的是在访谈过程中对受访者的言行做出的反应,包括语言和非语言反映。访谈者做出回应的目的是为了与受访者建立一种对话关系,及时地将自己的态度、意向和想法传递给对方。访谈者的回应不仅仅直接影响受访者的

---

① 吴增基等主编:《现代社会调查方法》,上海:上海人民出版社,1998年版,第197—199页。

第六章　访谈研究法

谈话风格和谈话内容,而且在一定程度上限定了访谈的整体结构、运行节奏和轮换规则。

(一) 回应的类型及功能

1. 认可

"认可"指的是访谈者对受访者所说的话表示已经听见,希望对方继续说下去。表示认可的方式通常包括两类行为:(1) 言语行为,如"对的""然后""嗯";(2) 非言语行为,如点头、微笑、鼓励的目光等。在一般情况下都能让受访者多说话。如果访谈者在访谈中频繁使用这些方式,对方会感到自己是被接受的、被欣赏的,因而愿意继续交谈下去。但是切记不可滥用,否则会让受访者觉得自己的真实意图未被适当的理解,同时打乱受访者的思路。①

2. 重复、重组和总结

"重复"指的是访谈者将受访者所说的事情重复说一遍,目的是引导对方继续就该事情的具体细节进行陈述,同时检验自己对这件事的理解是否准确无误。比如对高三学生谈到自己课业压力很大,经常做作业到凌晨1点才睡觉。访谈者如果想进行重复,可以说,"你每天都做作业那么晚吗?都要到1点呀?"通常,被访的学生听到这样的话,会接着诉说自己每天晚上的熬夜生活。

"重组"指的是访谈者将受访者所说的话换一个方式说出来,检验自己的理解是否正确,邀请对方即时做出纠正,同时起到与对方进行共情的作用。沿用上例,如果访谈者希望对那位高三学生的话进行重组的话,可以说:"你学习可真刻苦呀。"这时对方多半会接着说:"还好,但是没办法,必须要努力呀。"接下来学生很有可能会说起自己每天熬夜苦读的例子。

"总结"是访谈者将受访者所说的一番话,用一两句话概括地说出来。目的是为了帮助对方理清思路,鼓励对方继续谈话,同时检验自己理解的是否正确。比如就上述例子,访谈者可以对那位高三学生的话进行总结,可以说:"你们高三的学生压力真是大呀。"如果对方表示同意,则会继续说他们所承受的压力。而如果不是,则会说:"有些同学也不是复习的那么晚的,他们很早就睡觉了,比如学习委员还有那些复读的学生。"

上面的例子说明,"重复""重组"和"总结"虽然形式不完全相同,但是它们具有类似的功能:(1) 从访谈者的角度为受访者理清所谈的内容;(2) 帮助访谈者确认自己的理解是否准确;(3) 鼓励受访者继续下去。从内容上看,这三种方式似乎并没有为访谈提出新的问题或看问题的角度,但是它们在访谈中位

---

① 张兴杰主编:《社会调查》,南京:南京大学出版社,2008年版,第170页。

置十分重要。

3. 自我暴露

一个成功的访谈者在访谈中不可能一言不发,在适当的时候也应该以适当的方式暴露自己。"自我暴露"指的是访谈者对受访者所谈的内容就自己有关的经验或经历作出回应的方法。这种方式的好处在于:(1)可以使受访者了解访谈者曾有过与自己一样的经历和感受,因此相信对方具有理解自己的能力;(2)可以起到去"权威"的作用,使受访者感到对方也像自己一样是一个普普通通的人。

访谈者适当的自我暴露不仅可以拉近与受访者之间的距离,使访谈关系变得比较轻松和平等,而且还可以改变访谈的结构。使交谈方式变得更加具有合作性与互动性。然而,访谈者的自我暴露一定要适当,过多或者过少,过早或者过晚都有可能产生不好的效果。如果访谈者过多地分享个人经历,则会影响了访谈的重点。如果过早地分享,则会剥夺了对方充分介绍自己的机会,同时容易给对方一个印象:访谈者有"自我中心"的倾向。结果,受访者可能对访谈者产生反感,不愿意向访谈者过多暴露自己。如果访谈者的自我暴露使得对方产生了反感情绪,会使得双方关系产生疏远和隔膜。

4. 鼓励对方

受访者在接受访谈的时候通常会有所顾虑,不知道自己的内容是否是访谈者所需要的,尽管访谈者会一再说,按照自己的思路谈下去,但是如果在谈话的过程中听不到对方肯定或鼓舞。受访者会显得被动与不安。

有时候,访谈者问的问题可能是对方感到为难,特别是那些涉及对方隐私、生活中的伤心事或者与他人的冲突的细节等方面的问题。在这种情况下,访谈者可以使用一定的回应方式来安抚对方,表示自己并不要求对方这么做,这样做就会鼓励对方将话题继续下去。比如访谈者在谈到与领导的冲突时显得疑心重重,受访者说:"我不是很想具体谈。"访谈者可以说:"您可以不必具体谈这件事,您可以说说其他的,比如您的同事受到了怎样的影响或者是这件事大致是怎么样的。"

通过表明不是对有关的人感兴趣来消除受访者的疑虑,这将使受访者认为可以把"具体谈"的话题继续下去。一般来说,如果受访者对访谈者产生了信任感,对访谈的关系感到放心,而这个话题又对了解研究的问题至关重要的话,受访者可以在自己认为"安全"的时候,以他自己认为"合适"的方式再次回到这个话题。①

(二) 应避免的回应方式

1. 论说型回应

"论说型回应"指的是访谈者利用社会科学中一些现成的理论或者访谈者个人的经验对受访者所说的内容作出回应。这种回应方式遵循的是"文化客位"的思路,访谈者从自己角度对访谈内容进行评说。例如一个中学老师每天熬夜到1点2点才休息,访谈者可能有一定的心理学基础,如果对此回应为"您是不是弥补自己内心上的缺陷?"很显然这样的回应不仅在态度上给受访者一个居高临下的感觉,又显示出了访谈者的优越感和霸权感。这种方式使得受访者觉得自己不是被理解而是被分析,因此会产生排斥心理继而影响访谈效果。

如果访谈者希望确实了解自己的发现与学术界某种理论是否相符,而且确实想从受访者那里得到验证,可以采用比较间接和委婉的方式。然而在实际的访谈中,其实可以不去直接询问受访者,因为受访者是不熟悉专业理论的,即使问了也不知道该如何回答。所以访谈者大可以从原始资料的分析,寻找相关证据,通过演绎或者归纳的方法建立自己的理论假设。

2. 评价型回应

"评价型回应"指的是访谈者对受访者的谈话进行价值上的判断,其中隐含了"好"与"坏"的意思。访谈者的评价方式有的比较明显,有的比较隐晦,但总的目的都是对受访者所说的内容进行价值判断。比如对上述例子中的辛勤工作的老师,也许访谈者会回应:"这样辛苦值得吗?您要是这么干会给其他同事压力的。"如果那位老师觉得辛勤工作是非常正确并且应该受到别人的尊重,那么访谈者的这一回应有可能会引起其反感。

与论说型回应一样,评价型回应会给访谈以及访谈双方的关系带来负面影响。评价型回应通常反映的是研究者自己的价值观念和评判标准,不仅不一定适合被访者的具体状况,而且还会表现出对对方的不尊重。过多的评价还表明访谈者个人不够成熟,不能接受事物的多样性、不确定性以及道德两难性,不能容忍受访者有与自己不同的观点或感受。此外,从访谈者自己的利益着想,评价型回应还会妨碍受访者自由地表露自己的思想;由于害怕访谈者对自己的想法或行为评头论足,受访者可能会选择隐瞒有关的"真相"。

上面的讨论表明,论说型回应与评价型回应之间存在一些共同之处。论说型回应经常隐含有评价型回应所表达的价值取向,而评价型回应也经常隐含一

---

① 吴增基等主编:《现代社会调查方法》,上海:上海人民出版社,1998年版,第203—209页。

些论说型回应所依据的外在"理论"或访谈者个人的标准,它们之间的差异主要在于各自的重点不同。对访谈者而言,如何对这两种回应方式进行区分并不重要,重要的是尽量在访谈中避免使用它们。①

(三) 回应的时机

在对受访者的谈话作出回应的时候,访谈者应该考虑回应的时机是否合适。回应的时机有没有一个普遍的规则,只能视访谈的具体情况而定。一般而言,访谈者的回应应该使受访者感到自然、及时。但是有时候会出现一些特殊的情况,比如受访者跑题,或者访谈者需要转换话题时候,就必须使用回应,来将访谈拉回原来的轨道上。

如果在访谈中,向被访者连续提出一系列与其工作活动有关的问题,随后又提出一些毫无明显联系的家庭关系和朋友关系问题,那么这种从一个题目突然转换到另一个题目的做法,会使调查对象因为毫无心理准备而产生困惑,这种转变应不露痕迹,为此通常使用一些功能性问题。所谓功能性问题,是指在访谈过程中为了对被访问者发生某种作用而提的问题。例如在从工作问题转向家庭关系问题时,可以问:"您的工作真忙,回到家里可以轻松一下吧?"这种过渡性的功能性问题使谈话容易保持连贯与自然。

访谈中被访者有时会跑题,这时就需要调查者进行引导性提问,使他回到原来的主题上,在转换话题时,不能粗鲁地打断对方谈话,或者说:"你跑题了""你没有按要求回答"之类的话,这会使调查对象感到难堪,从而产生抵触情绪。在这种情况下可以采取归纳法,即将调查对象谈的那些漫无边际的情况加以归纳说:"你刚才谈的是×××问题,很好,现在请你再谈×××问题。"以此把话题引过来。也可采用提要法,即从调查对象所谈的不着边际的材料中,选取出一两句跟正题有关的话进行提问,如:"你刚才谈×××问题,是怎么一回事?"第三种方式是以动作转换话题方向,如送水递烟,中断谈话,当谈话重新开始后,可提出新的问题请他回答,不知不觉改变话题。②

总之,回应也是一门技术,不是看上去那么容易掌握。在访谈中,访谈者不仅应该注意到如何提问和倾听,而且还要认真考虑自己所做出的回应对受访者有可能产生什么影响。上面的讨论表明,访谈者的任何一个举动都会对访谈结构、风格和进程产生不可避免的影响。

---

① 吴增基等主编:《现代社会调查方法》,上海:上海人民出版社,1998 年版,第 213 页。
② 张兴杰主编:《社会调查》,南京:南京大学出版社,2008 年版,第 171 页。

第四节 访谈记录

一、访谈记录方式

访谈的目的就是获取资料,资料是访谈者的记录,而做好访谈记录是需要一些特殊技巧的。最简单的访谈记录是结构式访谈,反之,最困难的就算是无结构式的访谈记录。

记录的方式分为当场记录与事后记录两类。当场记录是边访问边记录,它需征得受访者的允许。当场记录有两点好处:其一,有利于访谈者边听边积极地思考问题,及时做出必要的引导,以便使谈话内容更加深入,对不清楚的问题也便于在后面再问。其二,表示对受访者谈话的尊重与重视,能在无形中起到鼓励受访者发表自己意见的作用,使资料完整。当场记录的缺点是:为了记录完整,而埋头记录,则有可能失去由对方的表情、动作所表达出来的信息,而且可能因为了详细记录而忘了要点,同时,由于紧张也容易产生错误。

一般在当场记录的时候,访谈者通常采用笔记的方法进行记录。笔记的方法主要有三种:一是速记,即用速记法(用缩略语和符号来做记录)把对方的回答全部记录下来,然后再进行翻译和整理;二是详记,即用文字当场作详细记录,这样事后无须翻译,任何人都可看懂记录;三是简记,即只记录一些认为有必要记的内容或要点。这三种方法各有利弊,访谈者应根据具体情况,选择适当的笔记方法。

如果调查对象许可录音,则既可获得最完整、详细的资料,又可使访问摆脱记录而专注于谈话。如果可能亦可两个访谈者访问一人,一位谈一位记录。但如果被访问者不喜欢其谈话被录音,调查员则不能勉强,否则,就会影响被访者的情绪,使谈话难以进行下去。在访谈中,访谈者除了采用当场记录方式外,还可采用事后补记的办法。

事后补记是在访问之后靠回忆进行记录,它可以不破坏访谈者与被访者的互动,提高对无记名的相信程度。这种方法主要在个别访问时采用。在个别访谈时,可能会遇到被访者不希望记录,或访谈者记录会使谈话显得拘谨等情况。如遇这种情况,可不必当场记录,而采用事后补记的方法。但受偏好影响,访谈者往往会特别注意自认为最重要的话语,忽略那些自认为不太重要的话语,而且靠记忆记录会失去许多情报。为此,访谈者一方面要训练自己的记忆力,另一方面可采用一些技巧,如事先列好访问时问题的顺序,按序访谈,访谈后再依序回忆。又如可拿一张纸,但遇有重点时,简单记下关键字,在整理时将其作为联想的线索等。①

记录除受访者的回答与陈述外,还应包括对他的居住条件、邻居情况的描述。此外,还应将访谈中观察到的现象与行动,听到的一些有意义的谚语俗语,以及重要的表情与姿势记录在案,并记上自己对被访者语言能力,参与调查的态度、情感的评价等,也就是说,既包括听到的,又包括看到的,还有想到的。

访谈记录下来的资料还要鉴定其正确性,研究人员可以从调查对象中抽样,通过电话或信件与其进行联系,核实是否向他做过调查,并通过询问几个问题辨明资料是否记录准确。② 在记录过程中,特别要注意实事求是,不要以自己的主观想象代替对方的思路,要尽量记录原话,少作概括性的记录,以免掺入主观成分。

二、访谈记录整理

(一) 访谈资料整理的意义

首先,它是对访谈资料的全面检查。在搜集访谈资料的过程中,难免会出现虚假、差错、短缺、余冗等现象,因此,只有对访谈资料进行科学的整理与审核,捡漏补缺,去假存真,去粗取精,才能保证访谈资料的真实、准确和完整,从而保证整个调查研究工作的质量。

其次,它是进一步分析访谈资料的基础。对访谈资料的分析研究必须借助于完备的、系统的资料,借助于经过加工整理的反映调查对象总体特征的资料。只有对搜集来的分散的、零碎的资料进行加工整理,使之系统化、条理化,在此基础上,对资料的分析研究才成为可能。因此,访谈资料的整理是资料分析研究工作的前提和基础,是研究阶段的第一步工作。

再次,它是保存访谈资料的客观要求。社会调查的原始资料,既是作出调查结论的客观依据,又对今后研究同类现象具有重要的参考价值。只有对访谈资料进行整理后才能使保存的原始资料具有真实性和可靠性,才能使原始资料具有长期保存和利用的价值。③

(二) 访谈资料整理的原则

整理访谈资料必须采取科学的方法,具体来说应当遵循以下几条原则:

---

① 周德民等编著:《社会调查原理与方法》,长沙:中南大学出版社,2006年版,第232页。
② 袁方:《社会研究方法教程》,北京:北京大学出版社,2004年版,第287页。
③ 吴增基等主编:《现代社会调查方法》,上海:上海人民出版社,1998年版,第180—181页。

（1）真实性。真实性是访谈资料整理必须遵循的最基本的原则。由于种种复杂的原因，搜集来的资料中难免夹杂着某些虚假的东西，整理过程中必须认真鉴别，去伪存真。如果经过整理的资料中还存有某些虚假的东西，那么据此就可能得出错误的结论，严重影响调查的质量。

（2）准确性。即描述事实要准确。如果经整理后的事实材料仍然含糊不清、模棱两可，访谈资料仍然笼统、互相矛盾，那么就不可能据此得出科学的结论，也会大大影响调查结论的说服力。

（3）完整性。即反映某一社会现象的访谈资料必须尽可能全面，以便如实地反映该现象的全貌。如果访谈资料残缺不全，就有可能犯以偏概全的错误，导致得出错误的结论。

（4）简明性。即整理所得的访谈资料要系统化、条理化，并尽可能以简单、明确、集中的形式反映出来，以便于对访谈资料进行分析研究。

总之，整理访谈资料应力求做到真实、准确、完整、统一和简明，只有这样，才能为进一步的分析研究打下良好的基础，才能得出科学的调查结论。[①]

（三）访谈资料的分类

访谈资料整理的下一步工作是分类。经过真实性、准确性和适用性审查后的资料，仍是杂乱无章的，必须经过进一步的加工整理，使之条理化和系统化。分类具有两重意义，对于全部资料而言是"分"，即将相异的资料区别开来，对于备份资料而言是"合"，即将相同或相近的资料合为一类。因此分类就是将资料分门别类，使繁杂的资料条理化系统化，为找出规律性的联系提供依据。它不仅有利于资料的存取，本身也是对研究对象的一种认识方式。[②]

总之，在访谈记录过程中注意实事求是，因地制宜地使用恰当的记录方式，为访谈尽可能保留真实客观的第一手资料。在处理访谈资料的时候应该遵循前面所提到的原则，这利于在日后做系统的分析时，可以科学并且快捷地得出调查结论。

第五节 焦点团体访谈

在质性研究中，访谈可以分为个别访谈和集体访谈两种形式。焦点团体访谈（focus group）是常见的集体访谈的形式之一。在这种访谈中，访谈问题通常

[①] 吴增基等主编：《现代社会调查方法》，上海：上海人民出版社，1998年版，第181页。
[②] 袁方：《社会研究方法教程》，北京：北京大学出版社，2004年版，第424—426页。

集中在一个焦点上,研究者组织一群参与者就这个焦点进行讨论。焦点团体访谈最早起源于社会学的群体访谈和历史学中的口述史研究。1948 年社会学家默顿(Robert K. Merton)运用这种方法成功地对政府发放战争宣传品的效果进行了检验。他将一些具有同类身份的人聚集在一起,请他们就某个战争宣传品对他们个人和家人的影响进行讨论,通过观察不同参与者对同一主题进行交谈,获得了个别访谈所不能得到的看待问题的多种角度、参与者之间的相互纠正以及他们之间的人际互动关系的信息。

一、焦点团体访谈类型

一般而言,研究者往往会根据团体组成的成员的多寡、研究问题与目的、研究者所拥有的资料多寡与团体进行的形式决定使用何种焦点团体访谈类型,主要包括完全团体、迷你团体和电话团体等三种类型。当然,这三种类型的焦点团体是相近似的,彼此之间也有共通性;但由于类型不同,所以彼此之间,某种程度上也有不同之处。

(1) 完全团体(full groups)。

完全团体是指参与焦点团体的成员,大约是由 8—12 个不等的成员组成。参与团体的成员之筛选,主要是依据焦点团体所探讨的议题而定,每次是在有经验的主持人引导下进行,每一次访谈持续 1—2 个小时不等。

(2) 迷你团体(mini groups)。

迷你团体与完全团是无论是在团体的形式还是团体进行的步骤与过程,都非常相似;两者最大的差异,主要是在参与访谈的人员数目。基本上,迷你团体的成员约在 4—6 人。

(3) 电话团体(telephone groups)。

顾名思义,电话团体是通过电话进行访谈。如今通信技术已十分发达,各类媒介大大缩短了成员之间的空间距离。电话技术可以让主持人同时与不同地区或者国家的成员,针对某一特定的议题,进行多边式的沟通与讨论。电话团体的焦点团体的访谈,大约可从 30 分钟到 2 个小时左右不等。[①]

二、焦点团体访谈的作用

焦点团体有很多个别访谈所没有的优势,比较突出的作用有:访谈本身作为研究的对象;对研究问题进行集体性探讨;集体建构知识。

[①] 潘淑满:《质性研究:理论与应用》,台北:心理出版社,2003 年版,第 164 页。

(一) 访谈本身作为研究的对象

在焦点团体访谈中,参与者被鼓励相互之间进行交流而不仅仅是同研究者谈话。因此,研究者可以将访谈本身作为研究的对象,通过观察参与者之间的互动行为来了解他们在个别访谈中不会表现出来的行为。研究者可以有意识地提出问题,然后通过观察参与者的反映来辨别他们的认知方式、看待问题的角度、思考问题的逻辑、分析问题的步骤等思维过程。在这些访谈中,研究者除了可以看到参与者个人的言语和非言语行为,还可以看到参与者相互之间的行为反映,如交谈机会的轮换、目光接触等。

假设研究公交车是否可以在黄金假日涨价,组织六位公交司机进行集体访谈,在访谈中,如果研究者问"你们如何看待黄金假日涨价?"可能会发现,驾龄资历老的驾驶员会反复强调自己的看法,不给资历浅的人发表意见的机会。如果年轻的司机有机会发言就会立刻"攻击"对方。通过观察不同年龄段的公交司机在访谈时候的表现,研究者可以了解到他们平时在一起交往的行为模式。

不仅不同年龄的参与者在团体访谈的情境下可能表现出一定的互动模式,而且来自不同文化群体、不同性别或不同社会阶层的参与者也会有一定的行为表现。他们在焦点访谈这一微观场景下所表现出来的互动行为不仅仅可以反映出平时彼此对对方的态度和看法,而且可以透视出他们所处社会中宏观政治、经济、文化等方面的权利关系。

(二) 对研究问题进行集体性探讨

焦点团体访谈除了可以被作为研究的对象,还可以在一个集体的环境中调动参与者一起对研究的问题进行思考。由于参与者是一个群体,而不是一个人,研究者可以充分利用全体成员之间的互动关系进行比较深入的探讨。大家通过相互补充、相互纠正,讨论的内容往往会比个别访谈更有深度和广度。

群体成员一起进行集体性探讨可以发挥很多功用。首先如果研究者涉入的是一个新的研究领域,自己对研究现象还不够了解,可以在研究正式开始之前组织一次焦点团体访谈。在这种情况下,研究者提的问题可以宽泛一些,在倾听参与者的对话中逐渐形成自己的研究问题和理论假设。比如一个中国学者想要了解美国的幼儿园制度,但是又缺少对这方面的了解,无法提出有分量的研究问题,可以邀请美国幼儿园老师,园长以及幼儿的父母对美国的幼儿园各方面的问题进行讨论。这样可以发现是中美两国文化的差异导致了在教育制度上的不同。

如果研究的问题已经确定,但是研究的具体计划尚未落实,研究者也可以组织一次集体访谈,在比较短的时间内了解有关人员对于研究设计的意见,以便进行修改。比如一个社会学专业的学生想要研究西藏的学生的中午午休生活,但是由于对于学生如何午休,怎样安排午休时间不是很清楚,他可以邀请一些比较熟悉的人来进行一次专题访谈,以此来确定自己的观察计划和观察提纲。

如果研究已经告一段落,研究者已经获得了初步结果,计划继续进行后续研究,此时也可以采用这种方式对今后的研究进行筹划。研究者可将自己的初步研究结果告诉参与者,征求他们的意见,探询下一步后续研究的线索。

(三) 集体建构知识

除了上述功能,焦点访谈的另外一个重要的功能是对知识的建构。传统意义上的个别访谈主要是基于一种个体主义的、实证的知识建构方式,认为在个体身上存在一些"知识"需要研究者想办法去"挖掘"。虽然建构主义流派认为,个别访谈中的知识获知也是一种访谈者与受访者之间的共同建构,但是事实上,受访者经常扮演的是"信息提供者"的角色。

在一个理想的焦点访谈中,参与者不是单独"对着"研究者说话,而是自己加入其中进行交谈,参与者之间的激励和刺激是产生思想和情感的主要手段。焦点访谈的理论假设是:个体知识是从一个复杂的、个体与他人互动的人际网络中涌现出来的;在这种网络互动中,参与者的视角会通过集体的努力而得到扩展,进而接触到更加具体的知识内容,深入到更加深刻的认知模式、人际情感和价值评价,并引发出个人以往经验和现有意义之间的联系。换言之,焦点访谈可以激发创造力和想象力,从而产生预想不到的结果。同时,焦点访谈不仅可以将群体成员的认识往前推进,共同建构新的知识,而且可以加强群体成员相互之间的了解,消除或减少彼此之间的隔阂。①

三、焦点团体访谈的弊端

焦点团体访谈的弊端是在与其他研究手段进行对比时显现出来的。它无法完全排除被调查者之间的社会心理因素。虽然焦点团体可以以最少的时间获得最大信息量,但是对于参与者的要求很高。如果参与者比较含蓄和内向,不善言谈,就不能充分发表自己的主张。同时,崇拜权威和从众心理也会驱使参与者说些违心的话。当涉及敏感和个人隐私问题的时候,由于同伴压力或者害怕麻烦和被轻视,就不愿意"以诚相待"。当然由于是人为制造的情境,肯定

---

① 陈向明:《质的研究方法与社会科学研究》,北京:教育科学出版社,2002年版,第213—218页。

不自然,研究者无法获得参与观察时获得的非语言资料。①

四、焦点团体访谈流程

(一)访谈准备

一场成功的焦点团体访谈从实施的过程来看,需要认真准备主题,筛选参与团体的成员,安排访谈情境及主持人的自我准备工作。

(1)需要明确的研究问题。研究者在搜集完资料后,需要细化一些细节问题,同时也要有清楚、明确的研究问题,这样访谈可以顺利地按照主题方向进行。

(2)选择团体的参与成员。选择成员必须考虑以下四个因素:① 同质性和异质性。是选择同质性高还是异质性高的成员,需要根据研究目的慎重地选择。② 相容和不相容。在选择成员时候,除了应该考虑参与者对谈论的议题是否可以提供丰富的说明和信息之外,同时也应该考虑到在访谈过程中会不会导致彼此之间的不适应。③ 团体大小。焦点团体访谈是一种面对面的团体互动,如果成员太多,会造成参与者无法充分地参与讨论,使得部分成员在团体中觉得浪费光阴。但是如果成员太少,就会影响资料收集的广度和变异性,当然这中间还需要考虑经费的承受力。④ 团体访谈时间。焦点团体访谈通常需要持续1至2个小时,假如时间少于30分钟,有可能无法充分深入讨论研究议题。如果访谈超过2个小时,则会因为时间过长,而造成参与者的疲惫和注意力不集中。②

(3)安排团体讨论的情境。选好场所和时间,会议的地点应该比较适当、舒适。而时间应该较为充裕,使得每个与会者都能充分参与。

(4)准备录音设备。主持人在做完简单介绍后,应进一步征求团体参与成员的同意之后,才可以进行录音。

(5)主持人的心情调试。在专题访谈进行之前,除了应该熟悉讨论的议题步骤之外,在团体讨论过程中,主持人应该努力保持客观与冷静。

(二)访谈执行

1. 主持人技术

对专题访谈法而言,主持人是访谈的关键,他的任务在于说明研究目的和内容,建立相互信任最后鼓励访谈者的讨论和回应。主持人需要具备这样三个

---

① 水延凯等编著:《社会调查教程》,北京:中国人民大学出版社,1991年版,第214页。
② 张兴杰主编:《社会调查》,南京:南京大学出版社,2008年版,第178页。

才能:一是必须具备组织能力,能够恰如其分地掌握小组座谈会的进程;二是需有具体的专业知识,熟悉和掌握测试内容;三是具有必要的工作技巧,如沟通、倾听等。①

除了有这样的才能还需要一定的技巧,在经历了四五十年的变迁,许多专题访谈的主持人在经验累积过程中,也不断地更新带领团体的技术(moderating techniques),进而改善了焦点团体访谈法。经常被运用在焦点团体访谈的技术,包括:(1) 投射技术(projective techniques)。投射技术主要是透过特定刺激,唤起团体成员表达个人的想法感受与意见;(2) 探测性的技术(probing techniques)。与前者最大的不同是抽象程度不同;探测性技术比较容易运用在团体过程,主要是用来刺激成员,针对讨论主题表达个人看法或感受。(3) 控制的技术(control techniques),焦点团体最大的好处就是主持人可以在透过控制式的情境中,观察成员互动的情况;不过,团体成员在团体互动过程,展现的反应、意见或想法是否天真,也是值得注意的问题。②

2. 引导讨论应注意的事项

如果在互动过程中发生下列情况,主持人应能及时处理与反应:(1) 团体讨论开始阶段,研究者必须有技巧的催化讨论,对受压抑成员适时地鼓励,并转化为对团体的支持与赞许。(2) 由于团体成员的个性与社会地位不同,容易造成团体中的"领导效应",使得少数人容易占据发言空间和时间,让其他成员坐冷板凳成了听众。主持人必须在不伤成员尊严的原则下,促使团体成员来表达意见。(3) 透过催化技巧的运用,鼓励没说话的团体成员发言,并观察行为和语言上的线索,以免造成勉强与尴尬的场面。(4) 出现冷场时,主持人不应该紧张,应该视此为一种具有意义的情感表示,适度运用技巧来调控场面。(5) 受访者往往会反转角色,询问主持人问题,如果这些问题只是在澄清研究目的,研究者可直接回答;但如果这些问题只是一种避免表达自身感受的转移注意力的策略,则研究者应该运用技巧,如重复以澄清受访者的感受,或反问其他成员,以引导讨论。③

五、焦点团体访谈法的发展趋势

虽然,焦点团体访谈法的运用可追溯到20世纪50年代后期,被运用在食

---

① 张彦等编著:《社会调查研究方法》,上海,上海财经大学出版社,第130页。
② 潘淑满:《质性研究:理论与应用》,台北,心理出版社,2003年版,第181—189页。
③ 黄奇杰编著:《社会调查方法概论》,杭州,浙江人民出版社,2007年版,第108—109页。

品市场的研究,或是 1941 年哥伦比亚大学拉扎斯菲尔德(P. Lazarsfeld)邀请默顿协助,共同评估听众对于战时广播节目的回应。不过,焦点团体访谈法被广泛运用在质性研究的资料收集过程,可说是 1960 年以后的事了。

早期,由于市场调查受到相当重视,所以焦点团体经常被用来检视社会大众对于传播媒体的反应;后来,焦点团体访谈法逐渐被运用在了解顾客对于新产品或市场策略的反应。由于焦点团体访谈法在资料收集过程中,可以了解受访者的反应及观点,因此,社会科学界也将它视为是知识结构的方法之一。

在 20 世纪 70 年代,参与焦点团体访谈的成员,往往都是与特定团体或教会团体接触而得。当时,并没有什么专业的焦点团体空间设备。时至今日,参与焦点团体的成员,不仅是研究者根据研究需要所设定的适当人选,同时,情境设备与访谈的过程,也有许多的改变。托马斯·L. 格林鲍姆(T. L. Greenbaum)根据焦点团体的进行过程综合归纳出八个层次:① 容积的增加;② 主持人角色的转变;③ 执行过程的改变;④ 催化技术的改变;⑤ 参与者角色的扩大;⑥ 成本不断增加;⑦ 科技的运用;⑧ 设备的改善。①

当前焦点团体访谈法越来越受到重视,这使得社群开始重视焦点团体访谈之技术与主持人的角色,加上通讯科技的发展,使得焦点团体访谈无论是内涵还是技术,都有了明显的改变和发展。②

总之,焦点团体访谈就是将质性研究中的深度访谈方法,运用到小团体情境中,以便透过团体互动来讨论过程,收集参与团体讨论的成员的非口语信息。焦点团体访谈来源于市场调查,逐渐被运用于社会科学的研究领域。通过这种方法,研究者可以在短时间内针对某一特定议题组织团体成员进行互动与讨论,激发出多元观点,其形式和过程较为便捷且节约时间。同时,研究者也可以在短时间内收集到丰富、多元的意见和信息。所以越来越多研究者选择焦点团体访谈法作为研究方法。

第六节 访谈研究法的应用

S 市 Y 区老年生活状况个案访谈

此访谈是 Y 区民政部对于该辖区老年人生活状况调查的一部分,问卷与访

---

① T. L. Greenbaum (1998), *The Handbook for Focus Group Research*, Second edition, California: Sage.

② 潘淑满:《质性研究:理论与应用》,台北:心理出版社,2003 年版,第 189—190 页。

谈同时进行展开。民政部门希望通过个案访谈，搜集问卷中不能反映的现实情况以此制定更合理的政策服务于老年人群体。本次访谈对象是一位大学退休教授，地点是在教授家中进行。

（一）访谈前的工作

（1）拟定访谈大纲。本次访谈的内容涉及这位教授的养老、出行、子女关系和经济状况等。采用半标准化访谈，时间控制在40分钟左右。

由于教授是具有较高文化修养的，能够比较好地理解访谈员的访谈内容和措辞。所以提纲的罗列可以呈现书面化的特点。同时可以搜集些资料理解高级知识分子群体的生活状况，以便更好地、更有针对性地进行访谈。

访谈大纲：(节选)

① 您现在的退休金拿来生活够用吗？在什么方面开销比较大？
② 您现在享受的医疗保障，您觉得满意吗？
③ 您现在是和谁一起居住？是子女还是老伴？
④ 一般您平常都有哪些活动？去旅游吗？读书看报吗？
⑤ 您的子女多久来看你们？去子女那里住吗？电话往来多吗？
⑥ 您觉得退休前后最大的区别在哪里？有没有一种失落感？现在还有学生来看您吗？

……

访谈大纲中，部分问题已涉及了可能的追问问题，比如④一般您平常都有哪些活动？去旅游吗？读书看报吗？"旅游"和"读书看报"的追问是当被访者回答"没什么"时候进行的引导；当被访者回答"有"后面没有具体内容的时候提出的选项委婉地让其继续回答。

（2）确认时间和地点。需要与受访者所居住社区的居委会和受访者本人进行联系，确认访谈者可以在访谈当天进入受访者所住之处。当然如果受访者不愿意在家中或者社区进行访谈，应根据受访者的愿望选择其他场合进行访谈。由于本次访谈是针对老年人，他们一般都愿意在社区内或者是家中进行访谈，一是在熟悉的环境中进行访谈使得他们能够获得心理的安全感。二是经济和行动能力的限制也影响他们走出社区。时间的选择，选择非节假日时机较好。因为节假日老年人会愿意更多时间与家人相伴。

教授由于腿脚不方便，决定在家中进行访谈。时间定为星期四的早上。选择早上一是因为老年人比较习惯早起，二是中午的时间需要午休，三是晚上会有子女过来。只有早上的时间最充裕。在前面也谈到营造良好的访谈氛围，需

第六章 访谈研究法

要在受访者比较空闲的,没有太多事务的时候。否则容易影响访谈效果。

(3) 与访问者协商是否愿意进行录音。一般录音设备,除了录音笔外,现今许多电子设备都具有录音功能。

由于教授是具有较高文化修养的,对于此次访谈同意进行录音,并且非常支持这种方法,觉得可以非常好地保证访谈记录的完整性。

(4) 注意穿着。由于是访问老年人,着装可以不必那么正式。但是衣着仍须干净、整洁,必要时可附带鞋套等物品。

(二) 进入访谈现场

(1) 打消受访者疑虑。

向受访者承诺提供的信息不会泄露,并且许诺在访谈过程中受访者有权随时退出。

向受访者重申两项基本原则:保密和自愿原则。

需要在这个过程中,出示自己的证件。如果是学生就需要出示学生证和访员证。

(2) 访谈的第一句话,可以从老人的身体状况入手,拉近与老人之间的关系。

在此次访谈中,就先针对老人最近的身体不适开始聊起来:

> 访谈者:"您的腿现在感觉好点没?前两天下雨,真担心您的风湿会加重。"
>
> 受访者:"谢谢关心,这两天吃了药,已经好多了。"
>
> 访谈者:"如果您觉得不舒服,可以随时结束访谈,我可以改天再来登门拜访。"
>
> 受访者:"没事,没事,这个调查好呀,关心我们老年人呀。真想好好聊聊。"

访谈者首先表示出了对受访者的关心,在表示关心同时侧面重申了受访者可以随时结束访谈的做法。整个访谈氛围从开始就被营造得轻松和融洽。

(3) 正式进入访谈。

① 跑题的情形。

有些老人喜欢啦家常,需要在偏离主题时,运用前面所说的方法拉回主题。比如老人讲到子女问题时候,可能会有抱怨或者炫耀。应该适时地通过肢体动作、语言暗示,或者问题的转接将受访者拉回正题。

在此次访谈中,受访者就子女的婚姻问题谈论了很多,偏离了主题。

受访者:"我女儿太可怜了。又做爹又做娘的。"

访谈者:"确实是。您看您茶都凉了,我帮您倒点水吧。"

(当时的情境是,老人杯中的茶水已经凉了同时偏离主题很久,就顺势打断老人)

访谈者:"来,您喝,刚才您讲了子女的问题,真是让人觉得生活不容易,不说这个了,怪伤心的。我们谈谈另外一个问题,您觉得……"

(通过总结来启到转折的作用,引导新话题)

当然,拉回主题的方式有很多,切忌生硬地打断,"您跑题了。""这个问题您已经说了很长时间了"之类。可以通过一些功能性的问题,或者适当地总结、重复来达到拉回主题的效果

② 追问重要细节。

当谈到受访者每月的花费的时候,受访者有些隐瞒。

访谈者:"您每个月需要花多少钱?"

受访者:"这个说不好呀。"

访谈者:"哈,那您每个月买什么花钱最多?"

(此时,访谈者改变了策略,从具体花费入手,避免了笼统问题带给受访者的心理压力。)

受访者:"估计就是买书了。"

访谈者:"现在书可贵了呀。"

受访者:"是呀,我最多一次,一个月花了300多,最近刚花了100多。"

访谈者:"那您这么花,不影响平时生活开销?"

受访者:"不影响的,你看,煤气费,水费……"

(于是受访者就罗列出了他的基本花费清单,这样就可以估算出受访者他每个月的开支)

访谈者:"那您一个月最少也要800了。还不算书费。"

(这里可以说得多些,让受访者反驳,可以达到较为准确的范围)

受访者:"没有那么多,加起来,一共就900多。"

追问有直接追问,也有迂回追问,比如改变策略的问法。在具体的情境中可以灵活使用。不拘泥一种方式。同时具体问题和抽象问题的转换,也是迂回追问的一种策略。也采用清晰性问题和模糊性问题之间的转换。在访谈中"诱

导"应该谨慎使用,使用得过于频繁,会让受访者产生提防心理,而不愿意对访谈者真实地吐露。

③ 回应的情形。

在受访者谈论事情时候,使用"嗯""然后呢",表明你的关心。

在受访者陈述具有一定褒贬色彩的事情的时候,可以使用"原来这样的。"这样既可以不表明访谈者的真实态度,但又对受访者的话有了一定的回应。

在受访者叙述一些不光彩的事情或者不愿意说的情形下,访谈者可以"自我暴露"让受访者放下心中的石头,或者用鼓励的姿态,开导受访者说出真话。

受访者:"我在职的时候,曾经对一个学生太严厉了,导致了他后来对我很怨恨。"

访谈者:"我原来也挺反感老师对学生管这管那,不过现在想想,老师也是为了自己好呀。想现在他也为人父母了,也能够站在您的立场,会体谅您的。"

（4）做好访谈笔录。如果是一个访谈员进行访谈,可以采用速写的方式。而如果是有两位访谈员时候,可以一个主问,一个做记录。具体情况采用不同的方式。即使是使用了录音笔等音像设备,也应适当地做些笔记。还要随时注意,录音设备是否还在工作。

在此次访谈中,当受访者有一些较大肢体动作和有突然的表情变化时候,就记录下这个时候所论述的内容。以便在后期整理时候,更完整地还原访谈。

（5）结束访谈。当完成访谈大纲所涉及的内容后,向受访者表示感谢。送上礼品表示调研者和访谈者对被访者的谢意和敬意。感谢他向我们吐露真实的情感和提供的信息。在选择礼品上,根据科研经费量力而行。在本次访谈结束后,送上一块毛巾和牙膏这样的日用品,第一对于受访者老年人而言比较实惠,第二对于访谈者而言,容易携带且花费较少。

此外,访谈结束后,需立即将访谈记录进行整理,输入电脑或者誊写在资料纸上,为日后科研报告做好铺垫。

（三）注意事项

（1）当受访者习惯用方言进行交流的时候,访谈员必须考虑自己是否能够理解,对方是否可以听得懂普通话。如果不行,就势必要有会当地方言的人充当翻译。在访谈前,如果需要有翻译帮助,就必须与翻译进行必要的培训和沟通。

（2）回应的过程,应尽量保持客观中立,努力控制访谈员自身对受访者的影响。不仅要注意言谈,也要注意管理自身的肢体动作和面部表情。让受访者在无压力的环境下袒露心路历程。

第七章

历史研究法

尽管历史学早已被视为一门独立的学科,但是这门学科的研究方法、思想意蕴、思维方式却渗入到每门学科中。几乎所有的学科,不管是自然科学,还是社会科学,都有其历史的根源。因此,历史研究是一种很有价值的研究方法。它不仅可以通过精确描述来提供对过去的理解,提供给我们避免重复犯错的信息,而且还可以为做出决定和形成政策提供视界,在辨别过去趋势的基础上去预测未来的发展。本章主要论述了历史研究法的价值、步骤、资料来源、对历史资料的评估和诠释以及历史研究法中易犯的错误,最后提供了运用历史研究方法的一个实例。

第一节 历史研究的价值

历史是过去发生的一切。历史研究是对过去发生事情的研究,但历史研究并不研究所有的事情,它着眼于过去事情的主流和逆流,发掘事件之间的联系,找出事件的可能原因和结果,从而揭示其意义。因此,历史研究有其特定的研究对象和研究范围。历史研究是通过收集历史材料来进行的,但它又不局限于收集历史资料。许多人以为历史研究就是收集某些历史资料,把它们按时间次序排列起来,就形成了历史记事。事实上,历史研究本身并不创造事实或数据,而是力图发现事实和数据背后的东西,并对它们进行阐述和解释。可以说,历史研究是以过去为中心的研究,它通过对已存在的资料的深入研究,寻找事实,然后利用这些信息去描述、分析和解释过去的过程,同时揭示当前关注的一些

第七章 历史研究法

问题,或对未来进行预测。

一、历史研究可以提供对过去事件更好的理解

历史研究本质上是以考察客观的历史为目的的。所谓客观的历史就是"本来的历史",而不是头脑中臆想的历史。然而,所有的历史又都是主观活动的产物,是客观存在的主观化,即理论家对客观历史进行分析和反思而得出的结论。因此,历史不是简单的记载,而是对它的理解。可以说,几乎每一个历史学家或者每一个对学科历史有研究的人都有对所记载的历史的不同理解。以著名的古代罗马史学家塔西陀(Cornelius Tacitus)的研究为例,他所写的历史最值得欣赏之处是他用理解的态度来解释他笔下的人物。他在《编年史》中提出了罗马皇帝提贝里乌斯的性格特征:"尽管他知道什么是更好的行为,也知道仁慈会使他得到荣誉,但是他宁肯采取严酷的手段。提贝里乌斯犯了这样的错误,并非由于他考虑不周,同时的确也不难看出,人们对皇帝行为的喝彩什么时候是出于真心,什么时候是出于伪装的热情。再者,提贝里乌斯本人讲话通常是很做作的,他讲的每一个词看来都是从口中硬挤出来的,但是每当提出仁慈为怀的建议时候,他却讲得比较流利和轻快。"①塔西陀对这位君王的描写已经远超越单纯记载一个人物,如果只是要记载一段历史一个人物的话,不需要这番描述,这个描述对人物把握的清晰令人惊叹。未经理解和理解的区别就仿佛是人物相片和人物油画的区别,前者只是在表现事实,而后者是在理解事实。

历史研究的价值在于它得到的历史不是单纯的史料,他所记载的历史是通过对史料的观察和沟通,运用历史研究者的洞察力来找出史料背后井然有序的内在结构。虽然不一定每个研究历史的人都把自己的理解付诸纸面,但是对历史的研究让他在保留一段历史的过程中,也理解了这段历史。并且这段保留的历史也为别人理解历史提供了可以说是非常好的资料。自然因素、自然法则、一般规律、一般人性及一般心理只不过是提供给史学家一种人类行为的外部形式,而只有通过历史研究,才能达到对历史的理解。而只有理解了的史料才可称为被记载的历史,并且可以谈到他对后人的借鉴作用。

二、历史研究可以提供给我们避免重复犯错的信息

意大利历史哲学家克罗齐曾说过,"一切历史都是当代史"。研究历史的动因不只是对过去的好奇,而是要以史为鉴,继承过去文明的遗产,启迪认知、智

---

① 〔古罗马〕塔西陀:《编年史》,王以铸、崔妙因译,北京:商务印书馆,1981年版,第222页。

慧和道德,从而推动人类文明的进步。由先前世代积累和沿革给现今人类所提供的全部主客观条件,有助于人类从先前历史活动中吸取必要的经验和教训;有助于人类了解历史发展的内在规律和必然趋势;有助于人们开拓创新未来的世界。认识历史,是认识人类自身以及人类所拥有的全部主客观条件的重要途径。人们越是关注现实的生活条件和社会环境,就越是要了解历史。只有真正了解了历史,才能深刻把握人类自身,才能深刻认识人类历史所具备的生活条件和社会环境为什么是这样,而不是另外的样子,以及这样的生活条件和社会环境是怎样形成的,又是怎样被保留下来的,应当如何去改变它。历史研究可以认识历史上错误的东西,从历史中吸取丰富的经验与教训,并以此为借鉴,以免重蹈覆辙。"借鉴"指人们在决定如何处理当前或将来发生的事件时,参照以前处理类似事件的经验,把历史当作现实的镜子。

三、历史研究有助于减少人们的偏见

偏见可以是一个人见识的反应,也可以是一个人情感的反应。一个有历史感的人,一个在历史研究中体验到历史研究快乐的人,他的偏见会越来越少。这样他就不单单局限在自己以往的研究和经验中,而能够根据以往的研究来探寻新问题。当然,当研究者开始探寻新的研究问题时,需要有很大的勇气。因为人倾向于在自己熟悉的知识领域游刃有余,得心应手。正是因为这样,需要带着一种热情来对自己不熟悉的东西进行探索。在这样做的时候,是会感到不安全,因为在跟新知识打交道的时候,研究者时常处于危险之中。这种危险感往往来自研究者的脱离常规或另辟蹊径。只有当研究者视野开阔、不持偏见、锐意创新时,他才能领悟到科学发现的快乐。可见,历史研究可以减少研究者的偏见,开拓新的研究领域,不断提高研究人员评判分析能力。

四、历史研究可以为决策提供参考

历史研究可以揭露历史上各种社会现象的因果关系以及现象与现象之间的联系,使我们掌握其来龙去脉,有助于正确地处理当前面临的问题。对历史现象的研究可以服务现在。如果历史的前景是可知的,那么可以更好地理解问题,更好地解决问题。格雷哈姆(Graham,1980)曾经研究过历史研究对政策制定的价值,他认为,政策制定涉及两个问题:"什么是正确的?""什么是有用的?"对这些问题的回答就构成了政策。格雷哈姆总结说:"我相信,历史也许能比其他学科做出更有价值的贡献,虽然不是全面的……我认为,历史的贡献是双重的:期望和预防。"从这个意义上来说,历史研究对决策的贡献是与它对已

感到存在的有关教育问题的决策价值是一致的。

五、历史研究有助于更好地预测未来

历史研究对于预测未来趋势也十分有用。它可以预示什么是可能的,什么是不可能的。探讨历史上各种事件和现象产生、发展的原因,把握其趋势,可以使我们正确地认识其根源和实质。比较和评价历史上出现的各种事件和现象,可以使我们科学地认识和评判已往的情况,更好地了解当前的情况,准确地预测未来的发展趋势。

第二节 历史研究的步骤

在历史研究中没有一成不变的方法,因为每项研究的内容、视角、材料、研究者的兴趣、价值观等都不尽相同。高尔(Meredith D. Gall)描绘了一位历史学家是如何进行研究工作的:

> 外行……有时问我历史学家撰写历史的时候是怎样工作的。最普通的假设似乎是历史学家把自己的工作分成泾渭分明的两个阶段或时期。首先,他花很长的时间阅读原始材料并在笔记本中记下事实;当这一预备阶段结束时,他就抛开原始材料,拿出笔记本,把书从头至尾写出来。对我来说,这是一幅令人难以置信的画面。就我个人而言,一旦得到一些我认为重要的原始材料时,写作的欲望立刻高涨起来,于是我就动手写——并不一定是在开头,而是在某一部分,可以是任何部分。然后,阅读与写作同时进行。在阅读中,写作有增有删,重新组织,甚至删掉。阅读是由写作引导并因为写作而富有成果的。越往下写就越明白自己在寻找什么,就更清楚自己所发现的东西的意义和重要性。①

这里基本上说明了历史研究的大致步骤:一是寻找资料,二是把这些资料诉诸文字。但这两个过程不是泾渭分明的,有时是交相出现的。从某种程度上可以说,历史研究过程是一段历史的复活过程。不同的历史学家有不同的方式来复活历史,有的使用文献,使用考古材料,有的注重实地考察,亲临历史现场进行体验,这些都是在寻找资料。而资料的再现是历史研究另一大步骤。把这

---

① 〔美〕梅雷迪斯·D.高尔等:《教育研究方法导论(第六版)》,许庆豫等译,南京:江苏教育出版社,2002年版,第531页。

些资料形诸文字呈现在读者面前就是再现历史,而不同的读者对这样的再现又有不同的理解。

维尔斯曼《教育研究方法导论》提出历史研究的四个步骤:第一步,确定研究问题,任何研究的开头均是如此。第二和第三步分别是收集和评价材料来源综合信息。这些步骤被紧密地结合在一起,也许会涉及连续不断的公式化的解释和可能的假设修改。第四步是对公式化的结论的解释,包括抽象化。如图7-1。

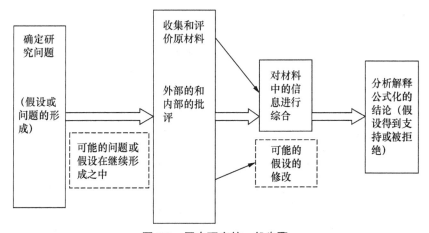

图7-1 历史研究的一般步骤

如果探询十个历史学家的研究经验,他们可能会给出十种不同的研究步骤。但是为了规范起见,本书中仍然提出历史研究的通用步骤:(1)确定所要研究的问题;(2)搜寻历史资料;(3)总结并评估历史资料;(4)诠释描述历史资料给出最后的结论。

这是一个通用的研究过程,但是不代表每一个历史研究都要照着这四个步骤来完整地走一遍。不同的历史研究的步骤可能会因为研究的具体问题,搜寻资料的方式,研究的历史时间环境地域等原因有所调整、增减。比如说,所谓的结论或者解释可能贯穿于整个研究过程之中,不仅在对材料来源作价值判断,而且在决定材料的相关性时也是如此。另外每一个研究都会出现意想不到的变化。

在本节中我们将对历史研究的第一步:确定研究问题进行较为仔细地阐述。在接下来的几节中我们将分别介绍其他各个步骤。

第七章 历史研究法

历史研究工作的起点是历史问题的提出①,促进一个研究者进行历史性研究的原因常常是一个研究者希望能加以解释的重要问题。

马克·比奇(Mark Beach)把引发历史研究的问题和课题分为五类。② 虽然这是针对教育研究问题提出的种类,但是我们可以把它推广到一切的人文社会科学,做一个引申。

(1) 社会问题。当前的社会问题是所有学科研究中的历史问题的最广泛来源。例如历史研究可以直接进行解释的当前的社会问题,包括家庭暴力对青年人的不良影响,当代社会的资源浪费问题等。

(2) 对具体个人、机构和社会运动的研究。进行这些研究的动机常常是想填补历史知识的空白。也就是说,对于这类研究,它的动机是学习新东西,并提出一些人所不知的新信息;但是确切的研究问题并没有提出。没有具体的问题,也没有假设性的答案。因此,比如描写一场变革经过的动机仅仅是为了发现这场变革中发生了什么,找出变革之所以失败或者胜利的原因。或者,正是因为我们不了解某个地区或机构,才决定去研究它和写它。或者是对一个人物感兴趣,但是究竟能在这个人物身上发现什么,我们在研究的时候都没有一个确切的预设。在研究过程中,对这些研究对象所作的任何叙述都是有价值的。因为它将填补重要的空白,所以基于这个起点的历史研究总是能填补空白的。

即使关于人物、机构组织或运动的历史是现成的,研究者仍需要确定这一历史是否恰当地研究了他们所感兴趣的事件。事实上,研究者会因阅读不完整或片面的历史记载而造成对过去知识的空白,而空白常常又提供了历史性研究的基础。

可以说最直白的历史研究,就是还原历史。

(3) 研究事件之间的关系。这种历史研究试图诠释一些观念和事件,它们以前被认为是没有联系的,结果却发现他们反映了某些可能存在的联系。历史某个时期的社会背景中一个不被人重视的团体,经研究后跟这个时期一个流派或者学说或者"时尚"的产生有很大关系。也就是说没有这个团体可能就没有这一时期的某样事物。

(4) 数据资料的综合。运用这一相关的历史性研究方法时,研究者的目的在于综合不同历史学家收集的旧数据资料,或将旧的数据资料与新的历史事实

---

① 〔德〕德罗伊森:《历史知识理论》,胡昌智译,北京:北京大学出版社,2006年版,第17页。
② 〔美〕梅雷迪斯·D.高尔等:《教育研究方法导论(第六版)》,许庆豫等译,南京:江苏教育出版社,2002年版,第531—533页。

结合起来。例如,历史学家可能会发现一些在重要事件发生时写出来的文献,而以前研究过这些事件的其他历史学家却不知道这些文献的存在。因此,发现这些文献的历史学家通过分析,可以确定这些新文献是否巩固了对这些事件现有的解释,还是可以从它们得出新的甚至完全有悖于现有的解释。这些都能帮助我们更好地理解这些事件,更加逼近这些事件的真相。

(5)重新诠释以往事件。这种研究说得极端一点,就是把历史重新拿出来拷问,或者给历史事件验尸。最明显的我们可以理解的重新诠释的以往事件就是日本侵华战争。对于第二次世界大战期间日本人在中国南京大规模屠杀的这段历史,我们已经用大量文献和实地真人调查、考证了大屠杀的种种罪行。但是有些人还是试图重写历史,声称大屠杀根本没有发生,或者提出"卫国战争"或者其他的诠释方案。当然对于大多数有良知的忠实于历史的研究者,他们在诠释以往的历史事件时,更多的是抱着要探究真相的态度。

以上这些当然没有完全囊括历史研究的课题或者问题类型,但可以作为参考,给我们在选择研究问题时一定的启发。正如所有研究的第一步都是确定研究问题,同样,在确定研究问题时,首先,我们都应该从查阅文献入手。并在确定历史研究的问题或课题之前与有经验的研究人员交谈探究,一个有经验的历史学家提出的问题,对我们确定自己所要研究的课题可能很有帮助。在此过程中,你可能发现其他历史学家已经提出了未来研究的重要问题和疑问,因此少走弯路,并且能把自己将要从事的研究加入整个人类的合作。

在决定历史性研究的问题和课题时要考虑的一个重要标准是你想要研究的重要资料是否能找到,并且是否能够对其解读。如果你所要获得的资料很难得到,比如说是政府档案管里的保密资料,你还要做这方面的研究吗?至于解读问题,一方面要对资料没有语言的障碍,如果你对古文一窍不通,单凭今人翻译的资料你是无法作古代史研究的。而解读能力的另一方面是我们是否能跟我们的研究对象产生"共情",如果你的知识体系和你的研究经历使你不能解读你获得的大量的第一手资料,那么你选择的研究问题也是失败的,很可能得不到你想要得到的结果。

第三节 历史研究中的资料来源

历史研究中最重要的一块就是资料的搜集,它甚至有时候超越了对资料的解释。资料搜集也有它量化的一部分,特别是现代史学(尤其是经济史、工业史、农业史、人口市、社会史)①,比如在历史人口统计学的领域,历史学家在很多资料的收集上都依靠量化的研究。但是质性研究中的历史研究可以说是用一种不能量化但很有质感的质性方式来证实他所研究的问题。虽然这样说是某种程度上误解了质性研究的意义,但是历史研究的质性层面确实是旨在得到丰富的第一手资料,使所研究的问题丰满起来。因此这种历史研究的资料来源也不同于量性研究。

我们都知道还原历史事实工作的第一步就是搜集史料。有一分证据说一分话,是历史学中史料学派的严谨说法。在中国,史料学派的代表人物是傅斯年先生,他有一句名言:"历史学就是史料学"。说这句话的人不是片面,而是深刻地道出史料在历史研究中的地位。没有砖瓦怎能有建筑物呢?傅先生把寻找史料形象的表述为:"上穷碧落下黄泉,动手动脚找东西",就是要找砖瓦,当然建筑物的好坏还跟其他诸多方面有关。但是砖瓦都没有的话,无疑是"巧妇难为无米之炊"。这样动手动脚地找绝对需要花费一番心力和体力。

一、搜集资料的几种方法

搜集"砖瓦"的方法、途径有多种多样,《史学导论》中谈到的几种方法可以作为我们搜集史料的通用方法:(1)利用各种工具书搜集史料;(2)通过平时读书积累史料;(3)注意从考古发掘中搜集新史料;(4)透过调查和采访搜集口碑资料。②

(一)利用各种工具书搜集史料

目前供科学研究的工具书越来越多,其中最常用的是书目、索引、年表、类书等。在进行历史研究中我们要查阅大量文献,但是欲知某书的内容、价值、版本及材料的真伪和作者简历,必须熟知有关书目。另外,利用索引也是搜集史料的有效途径。索引,不但可提供所需要的专题研究文章篇目,还可从中看出有关学术发展的近况和趋势。《全国报刊资料索引》与《人民大学复印报刊资料索引》均是所编综合性索引,分学科、按专题编辑,极方便研究者阅读查询。此外,还有专书索引、专题索引、专史索引、人物索引等,均便于参考。年表,列出历史事件或历史人物活动的时间。类书,则分门别类排列有各种专门史料甚至包括有重要史书散失的资料。善于利用这些工具书,可以搜集到较多珍贵的资

---

① 〔美〕卡罗林·布莱特尔、徐鲁亚:《资料堆中的田野工作——历史人类学的方法与资料来源》,南宁:《广西民族研究》,2001年第3期。
② 姜义华等:《史学导论》,上海:复旦大学出版社,2003年版,第119—126页。

料,也能节约很多时间。

(二) 通过平时读书积累史料

积累资料,从时间观念和目的性上来看,有两种情况:一种是研究课题确定之后,遵循课题所需范围,有目的、有计划地查询与积累资料;另一种是根据自己的研究方向或长远目标,在读书过程中随时积累。这样,可能搜集到埋藏久远、鲜为人知的珍贵资料,也可能搜集到不被人注意的最新资料。在大量的平时阅读中我们会发现有许多研究课题是未经开垦的。通过读书积累资料,通常有两种方法:一是写记录性卡片,一是写摘要性读书笔记。写卡片比较灵活多样,可以分专题进行摘录,也可以按人物、按专题概括大要,使用时容易灵活编排。当然自计算机普及后,计算机完成卡片的功能对于搜索和储存都更加便捷了。对于重要著作写摘要性笔记,也是积累资料的重要方法。马克思读书时写了很多摘要性笔记,他的《摩尔根〈古代社会〉一书摘要》就是其中一例。马克思不仅摘录了摩尔根著作中的观点,也摘录了重要材料,在许多问题上还写出了评语和结论。马克思是写读书摘要的一个典范人物。

(三) 注意从考古发掘中收集新史料

研究古代史的工作者一般会有一个深切的体会:已经消失的历史宛如汪洋大海,所知的历史不过是点滴浪花,以数字比喻而言,我们知道的古史不过是万分之零点零零一。古代史编撰,都是挂一漏万的。这是古代史的艰难,也是古代史的魅力,留下了无限广大的有待填补的空间。因此对于历史学家来说,敏于搜集与利用考古出土的新成果、新资料是完成历史研究任务的重要途径。历史研究是一个能动的开放系统,搜集与利用考古出土的新资料,是发展历史学的内在动力之一。

考古的新成就会使史学研究走进一个新的时期。近百年,由于大量的考古发掘结果,新出土的史料数量已经超过传世的文献资料,人们对于古代历史的知识在很多方面已经远远地超出古人,超过《史记》和司马迁。可以说由于新史料的出现,古代史甚至可能会被重新改写。司马迁在编写《史记》的时候,距离秦末已经一百多年了,他只能根据非常有限的史料和一些当事人后代的口述传承来作选择性的编撰。特别是有关秦国的历史,他曾经苦恼地抱怨史料过于稀少而且年月不清,只能粗粗地了解个大概。到今天,人们知道的很多有关秦的史料和史实,是司马迁所不知的。比如说,兵马俑在《史记》没有提到过。还有,1975 年湖北省云梦县出土的睡虎地秦简,约有 1 200 枚,主要是关于秦的法律文书;1983 年湖北江陵出土的张家山汉简超过 1 200 枚,主要是汉初的法律和各类文书;2002 年湖南省龙山县发现的秦简超过 36 000 枚,主要是秦的行政文书。

第七章 历史研究法

这些东西的大部分司马迁都是不知道的,在《史记》中也没有提及。① 所以说,由于考古出土的文物越来越多,距离历史事件更远的当代人,比距离历史事件更近的古代人更清楚历史事件,是完全可能的。而在发掘这样的考古资料后的工作,就是历史学家的质性研究阶段的再创造了。

(四) 透过调查和采访搜集口碑资料

文献史料对于民族历史、民风民俗、生活方式等记载有限,采访调查口头传说,特别是亲历其事的口述,可以大大丰富我们的史料。并且随着新史学的发展,体现在历史研究者开始直接关照当代人的生存和幸福问题,"包括道德、情感、痛苦、渴望。历史学的发展清晰地告诉人们:人是在有限的现时之中生存,那么,人的时间定位,就既不是昨天也不是未来,那就必须应该定位在今天"②。所以使原先单单关注于宏大历史叙事的研究,开始转入个人的当下的研究,从"论他"转向到"论我",这就使史料的搜集方法开始从"考古遥远"转变到"考察当代",今天的人物就成了历史研究的对象。因此通过调查和采访获得的历史资料就显得尤为重要。

即使是对古代历史的探究,实地考察,走进历史现场也会让史学家有身临其境的感觉,这对理解和叙述历史,有不可取代的重大作用。并且当地的人文、地理、气候等都会让史学家看到文献中看不到的资料。

特别是写当代史、近现代史,利用亲自采访调查来的活资料,能使写出的历史更加丰富、饱满、生动逼真。近几十年来,史学界出版了不少"人物传记"或"回忆录"之类的史料书,都是运用的这种调查采访方式。而"口述史学"或"口述社会史"学科,则构成一种史学发展新趋势。其实,说到底,这就是利用调查搜集口述资料的方法所进行的质性研究。这种研究旨在把传统的以研究社会上层活动为重点的宏大研究,转向以研究社会底层活动为重点的微观研究。

口头传说史料虽然能丰富和补充文献史料的缺失,但是由于真假难辨,因此在具体使用时还是应该认真筛选和抉择的。

二、制订资料搜集计划

搜集资料并从中获得重要的历史信息,这个搜集过程并不能完全预先确定。但还是需要事先制订一个资料搜集计划,然后再根据你在不断搜集和评估诠释的过程中的发展新状况而作出相应的调整修改。当某一特定的历史资料

---

① 李开元:《体验历史就是复活的过程》,北京:《新京报》,2007 年 5 月 18 日。
② 朱孝远:《史学的意蕴》,北京:中国人民大学出版社,2002 年版,第 187 页。

显示还有其他未预计到的相关资料时,就要修改原计划。

在开始搜集可提供所需资料之前,历史学家对自己的寻找目标必须做到心中有数。否则,他们很可能是毫无目标地搜寻,因而忽视相关信息的重要资料。而到明确自己研究目的时,这些资料可能就再也找不到了。菲利普·C.布鲁克斯(Philip C. Brooks)建议用以下方法开始搜集历史资料。

机智和想象力在最初的查询和后来的实际研究中都是必不可少的。如果研究者认真考虑研究主题、牵涉的人员、有关政府或机构,以及他要研究的事件自然生成的那些记录,他就可以假定某种资料是存在的。他应该考虑以下问题:什么人会写他研究所需要的有用的文献?预计事件将如何发展?会产生什么样的记录?从它的产生到目前使用状况、归档、暂时储存、直到最后被存放到档案室供人查阅,文献的形成历史是怎样的?人们认为什么样的资料才有保存价值。[1]

三、不同资料在历史研究中的具体运用

通过不同方法搜集的资料基本上可以归结为三种类型:最初的资料、间接的资料和第一手资料。我们需要描述每一种资料在历史研究中的具体运用。

（一）最初资料

最初资料是间接资料和第一手资料的索引。如果你计划作一项研究的话,这个最初资料是必不可少的。历史研究的资料搜集通常是从考察最初资料开始。这些资料包括传记的参考书目、历史协会的指南手册和历史出版物的总索引。通过这些资料的指示再去看相关的书籍,就可有很强的方向感和驾驭能力。

（二）间接资料

在历史研究中,间接资料是某个人对某一事件的记述,但是这位记述者并不在事件发生现场。间接资料文献作者们的记述是基于其他人所作的关于历史事件的描述或记录。因此,大多数历史研究报告属于间接资料,因为历史学家很少是报告中所描述事件的直接见证人。报告通常基于历史学家对第一手资料和其他间接资料所作的诠释。历史研究中常用的间接资料包括历史百科全书、传记词典、历史性研究论文以及历史书,等等。

---

[1] 〔美〕梅雷迪斯·D.高尔等:《教育研究方法导论(第六版)》,许庆豫等译,南京:江苏教育出版社,2002年版,第534页。

（三）第一手资料

第一手资料是指亲眼看见或亲身参与重要历史事件者所作的记载(例如，日记、遗迹、地图或一组测验成绩)。可以想象到的几乎任何物品或文字记载都可以作为历史研究中的第一手资料。

第一手资料为历史学家提出的事实提供了基本依据。历史事实可以定义为历史学家认为是真实的、对描述或诠释所研究的现象是至关重要的数据资料。

一般认为，历史研究中第一手资料有四种类型：(1) 文字文献或记载；(2) 定量记载；(3) 口述记载；(4) 遗迹。其中最普通的是文字或印刷材料，有时称为文献或记载。这些材料的形式繁多，如日记、回忆录、法律案卷、法庭证词、报纸、期刊、商务记录、笔记本、年鉴、备忘录、机构档案及测验等。有手写的也有打印的材料；有出版的也有未出版的材料；有的材料用于公用记载也有的仅用于私人目的。定量记载提供的是数字信息，比如人口普查记录、财政预算等。口述记载也是一种重要的第一手资料，民谣、故事、英雄传奇以及其他形式的口头语言为后代保留了事件记录。目前在质性研究中，如前所说，越来越多的历史研究者开始注重口头采访曾经目睹或参与了某件事件的人。涉及口头语言的历史研究的分支称为口述史。哥伦比亚大学于20世纪40年代首先发起一项口述史研究项目，其中包括采访数以千计的人，并将他们提供的许多小时的会议记录下来。① 第四种第一手资料是遗迹。遗迹包括任何在物理或视觉特征上都能提供有关历史信息的实物。建筑物、家具、图纸、书籍等都是历史学家可以作为历史遗迹加以研究的实物。而书籍既可以作为文献，又可以作为遗迹，若要研究不同时期的印刷质量，书籍就成了遗迹，主要是考察它的物理特征；但若要看书籍所包含的信息时，它则成了文献。

另外在记录第一手资料的过程中，也需要历史研究工作者提高一些记录采访的能力。采访通常可以采用录音的方式保存其内容，然后再整理成文字被记录。但重听采访录音有时也比较耗费时间，所以研究者在采访时，更应该利用耳朵和笔记录关键内容而养成速记的能力。在每次采访结束后，要及时把速记的东西转化成文字，否则就会迅速遗忘掉大量的速记的信息。

搜寻第一手历史资料的工作虽然费时，却也令人感到兴奋。因为我们所处理的是构成历史的基本"素材"。如果我们认真确定研究的问题并制订系统的

---

① 〔美〕梅雷迪斯·D.高尔等：《教育研究方法导论(第六版)》，许庆豫等译，南京：江苏教育出版社，2002年版，第536页。

资料收集计划，就能够做好收集工作。

另外，在考察资料时，历史研究者可能并不知道哪些资料会对今后的研究有用。在研究的诠释阶段很可能还要收集在早先并不认为是有用的新的事实。反复地收集资料在历史研究中是必不可少的。

收集材料要充分利用各种书目、索引和其他工具书。老一辈学者都把目录学作为治史的主要门径之一。现在，我们已经进入了信息化的时代，电脑和网络为我们查找和检索史料提供了极大的方便。种类齐全的电子期刊给研究者带来了过去史学工作者无法想象的便捷。例如，四库全书由于卷帙浩繁，没有一个人能够把它通读，因此对它的利用不能不受到很大的限制。现在有了全文检索的电子版四库全书，只要把关键词键入，就可以快捷无遗地把分散在全书中的所有有关材料找到，四库全书的利用价值也因此大大提高了。把这种工具好好地利用起来，是史学研究现代化所不可缺少的。但是，不管电脑检索如何方便，电脑都不能代替读书，更不能代替人脑。电脑检索是为了找材料，找材料不等于读书。书是一个整体，材料只是书中的一部分。把书作为整体来读，才能得其真意。为找材料而翻书，翻不出真学问，弄不好就会走样。因此即使在信息时代，认真读书仍然是做学问最重要的基础。

在这里，作者没有贬低电子资料的意思，只是要求摆正其位置；而摆正位置正是为了更好地利用它。可以说，今天面对浩瀚的电子资料，如何利用电脑检索资料进行历史研究，仍是摆在我们面前的艰巨课题，需要系统总结这方面的经验和方法。利用电脑检索资料起码应该注意以下几点：(1) 对检索的问题应该有一个基本的了解，要具备必要的知识；(2) 对检索的文献要有必要的了解；(3) 利用多种不同的匹配进行检索，既可以扩大材料来源，又可以防止片面性；(4) 电脑录入难免有差错，需要核对原文，有时还要进行校勘；(5) 对检索得到的材料，应该看它的上下文，防止断章取义。

第四节 历史资料的评估和诠释

在初次收集好资料后，历史研究者就需要对这些资料进行评估，保存真正有价值的资料，并对其进行诠释。

一、历史资料的评估

写文章要用第一手资料，如果引用间接资料，必须查对原文，不查对原文往往会出错。这似乎是老生常谈，但必须特别注意这一点。不过，即使是古书中的记载,也并不都是第一手材料,有些记载也是抄来的;即使是第一手的原始材料也未必能保证完全正确。史料不等于客观历史,它是人们对历史的一种记述,不可避免地带有记述者的主观色彩和各种局限,会出现这样或那样的与实际情况的背离,甚至会有意或无意地造假。这或者是由于记述者的实践和认识有片面性,误听误传,或者是由于不同的阶级、阶层有不同的利益和不同的立场,影响了他们对事实的客观观察和记述。此外,文献在流传过程中,访谈在谈话间都会发生各种错误。所以即使我们已经掌握了大量史料,但历史研究的基本价值很大程度上是由研究者在研究过程中显示出来的对历史资料的真实性和效度的判断能力决定的。

对历史资料的真实性和其所含信息效度的评估通常称为历史性批评,这是一个复杂而又微妙的过程。历史研究中对史料的评估一般包括外在批评和内在批评两种。这二者实际上不可分离看待,如果材料来源不真实,就不可能被运用;而即使内容真实,如与研究问题无关,也是无用的。在处理历史资料时必须进行外在评价和内在评价,否则研究就失去了价值。

(一) 外在批评

外在批评不是考究历史资料本身所要讲述的内容,而是回答"历史资料真实、可靠吗?""由谁记录的?""在哪里写的?""它看上去是什么?""什么时候写的?""它们如何得来的?"等问题。外在批评是确定历史文献的表面或所谓来源(作者、地点、日期及出版情况)是否与实际来源一致。要评价是否一致,必须考虑许多因素。任何一方面出问题都可能会导致历史资料无效。就记录文献而言,了解文献在什么情况下写作出来很重要(比如它是为谁写的),这有助于确定文献的性质以及对它所研究问题的用处;还有作者在事件发生背景中的地位也很重要,作者处在能够写出有效文献的位置吗? 如果文献以第一手资料的形式呈现,作者是现场观察者吗? 一些因素诸如时间和地点与已知内容相符吗? 这些问题都需要考察。

历史资料真假都有,外在批评还包括鉴别赝品。所谓赝品是指自称为真品的伪造品,即不是作者本人而是由另外某个人写的文献。

(二) 内在批评

内在批评包括对历史文献中描述的准确性和价值进行评估,它确定材料的意义和可信程度,强调材料内容本身的价值。内外批评之间也许会有交叉、重叠的部分,但内在批评强调的重点是内容本身,而外在批评强调资料作为来源的情况。在一定程度上,就结果而言,外在批评先于内在批评,因为处理材料事先要碰到材料的真伪问题,如果材料的真实性不能确定的话,对它所描述的内容或者表明的意义就没有探究的必要了。然而,在外在批评中,在确定作者地位之时,针对那些看起来像历史文献的作者,有必要评价一些文献内容,本质上这又变成了内在批评。内在批评一般回答下面的问题:人们的行为举止可能像作者描述的那样吗?所描述的事件一个接一个地发生,可能吗?作者提及的预算数字合理吗?在回答这些问题时,我们应该非常谨慎,不要仅仅因为所描述的事件或情境看上去似乎不太可能就轻易否定它。事实上,大多数人都能回忆起在他们的生活中曾经发生过几桩几乎不太可能发生的事情。

内在批评比外在批评复杂得多,因为内在批评包含了历史学家对历史资料的描述的真实性作出的判断,以及对历史资料作者进行的评估。例如,涉及该事件的作者是否是一个称职的事件,观察者是非常重要的,他可能会由于出现许多技术上的疏忽,或者听错了访谈对象的意思而出现文字记载上的错误等。许多心理学的研究都表明,作者的情绪波动和所处的环境都会影响到他的观察能力。此外,如果记录的事件与某项技术专业有关,一个专业知识欠缺的记录人员可能会忽视或误解某些情境细节;还有作者的诚实问题,如果作者本人与所观察的事件有利害关系,或者作者受雇于受限于某些机构或意识形态都会使作者可能有歪曲事实和说谎的动机。要了解这些,必须对作者的性格、写作动机、所属政党、信仰、社会地位、经济状况等因素有一个考察。

即使研究者是一个称职和诚实的技术人员,他们还是有可能会对发生的同样事件作出不同的描述,这一点我们只要从每天不同网站、不同报纸对同样新闻事件的报道差异即可见一斑。

通过这些对资料内部信息的质疑,可能让我们怀疑是不是还有真正的历史可言。尽管所有历史事件的叙述都是主观的,但是并不意味着我们不能从某种程度上了解历史。卡尔曾经说过:不能因为一座山从不同的角度看具有不同的形状,就说它根本没有形状或者有无限多形状。根据卡尔的观点,历史学家的任务是结合不同目击者的叙述加以诠释,努力发现事实真相。因此从某种程度上来说,诠释也同样是一个对史料进行评估的过程,或者说评估本身也就是在对历史资料进行诠释。

二、历史资料的诠释

历史地看,古往今来的历史研究,既运用了哲学、史学的方法,又借用了自然科学、社会科学等学科的方法。在中国,从方法论角度看,20世纪历史研究的主导范式是在一种客观主义的历史观指导下的科学主义方法。所谓客观主义的历史观,主要是指把历史事件(史料)当成一种不依赖人的意识或意志的客观存在,主张在历史研究中"价值中立""如实直书"不偏不倚,将历史研究的目的看成是恢复或再现历史的本来面目,使历史的真实性与客观性同一,相信历史有规律,有进步,等等。这是采用自然科学的立场、观点和方法来看历史的一种结果,历史资料不在于诠释,而在于真实叙述。在西方,以19世纪德国历史学家冯·兰克的实证主义史学为代表,他的名言是"事实是怎样就怎样叙述"①。在20世纪的中国,包括梁启超、胡适、冯友兰及大多数马克思主义者在内的主要的一些历史学家、哲学史家都自觉或不自觉地接受了这种历史观。如初创中国哲学史学科的胡适主张"做历史的人,千万不可存一主观的成见"。照此看来,对历史资料的解释和最后的撰写过程,都是要用科学实证的研究方法。但人们越来越发现,不同的历史研究者宣称用科学的方法来研究历史,其结果却成就了各不相同的"历史",而不像自然科学那样意见基本统一。

到今天,人们越来越发觉历史事实并不是不以人的主观意志为转移的客观存在,而是在人们的理解与解释中的存在;在历史研究中,使用历史资料再加以解释才能够构成史实。历史研究过程中的每一步都有解释的成分加入。解释是一种个人的智力活动,解释的规则在于合理,逻辑严密。同时解释也需要在史料的基础上有推理和想象的成分。由于理解历史的人都有着自己的信念、动机、需要和希望等主观性的方面,因此,对过去的历史能够持客观、中立的历史学家是不存在的。由此出发,研究者必须对史料进行诠释,而不是采用自然科学的方法如实记载(这也是无法达到的)。

在历史资料的诠释过程中,一般我们从以下几点来理解历史资料的诠释。

(一) 首先要了解自己的眼光

当开始对资料进行阐释前,我们需要审视一下自己的价值观、教育背景、思维习惯、知识体系、社会背景、研究兴趣等各方面。因为这决定着你看历史资料的眼光和你所关注历史资料的不同方面。海德格尔在《存在与时间》中指出,任何理解和解释都依赖于理解者和解释者的前理解:"把某某东西作为某某东西加以解释,这在本质上是通过先有、先见和先把握来起作用的。解释从来就不是对某个相信给定的东西所作的无前提的把握。如果像准确的经典释文那样特殊的具体的解释喜欢援引'有典可稽'的东西,那么最先的'有典可稽'的东西无非只是解释者的不言自明的无可争议的先入之见。任何解释一开始就必须有这种先入之见,它作为随同解释就已经'被设定了'的东西是先行给定了的,也就是说,是在先有、先见、先把握中先行给定了的。"伽达默尔同样清楚地

---

① 高秀昌:《中国哲学史研究应以人文主义方法为主导》,北京:《光明日报》,2006年6月29日。

认识到前理解在解释中的重要地位,在对启蒙运动关于前见的成见进行了深入的批判后,他提出:"理解甚至根本不能被认为是一种主体性的行为,而要被认为是一种置身于传统过程中的行动,在这过程中过去与现在经常地得以中介"①,因此"一切诠释学条件中最首要的条件总是前理解"②。

可以看出,在历史研究的诠释阶段,作者评判材料的眼光受到"自身特质"的影响,而这个自身特质又受到时代背景的影响,在没有拿到资料之前,几乎作者的解释能力解释的风格取向都已经是定下来了。所以可以说每一个研究者无疑都有自己的诠释历史的相对固定的框架和模式。

如果研究者在诠释过程中,能把握自我的风格,就有可能会超越自身的局限,也会认识到自己的研究兴趣和对历史资料的关注点,因此也会提醒自己更多去注意盲点(可借助合作者的提醒),这样会更准确地诠释历史资料。同时作者应该在行文中对自己的价值观如何影响到诠释过程进行解释。

(二) 诠释过程一般需要依靠概念

概念是用来组合具有共同特征的个体、事件或物体的术语。进行历史研究的工作者可以运用自己提出的概念来组织和诠释他们收集到的数据资料。这里所说的概念不是说作者为了历史资料的诠释特地制造出来的新名词、新概念,而是原有的概念。比如说对"心理咨询"这个现象的历史研究,就是想了解古今中外的心理咨询的产生、发展和未来趋势。那么研究者在分析资料中必然要遇到"心理治疗""精神分析"等概念,所以在必要的情况下他需要解释什么是"心理咨询""心理治疗""精神分析",然后所有的对历史资料阐释就会很清晰地运用这些概念,并且发现很多历史问题。

在选择历史研究中要运用的概念并为之下定义时必须小心,至少应该确定每个概念,以决定该概念是否适用于你想研究的历史现象。必要的话,应该在研究报告中提供重要的定义。许多研究中的概念已经成为日常用语(比如智商、课程设置)等,如果我们为这些术语下定义,读者会清楚了解这些术语在我们的研究中而不是在我们的生活中是什么意思。

(三) 关注历史事件的原因(或意义)

"历史研究就是原因研究"③。例如,发生这场战争的动因是什么?为什么

---

① 〔德〕伽达默尔:《真理与方法》上卷,洪汉鼎译,上海:上海译文出版社,1999年版,第372页。
② 同上书,第376页。
③ 〔美〕梅雷迪斯·D.高尔等:《教育研究方法导论(第六版)》,许庆豫等译,南京:江苏教育出版社,2002年版,第544页。

某某时期产生了某某学说？历史研究的因果推理是得出一组事件直接或间接的引发另一组事件的结论的过程。历史研究者无法证明一个历史事件导致了另一个历史事件，但是可以使系列历史事件之间因果关系背后的假设明晰化。

对资料进行诠释的一个十分重要的工作是寻找资料内容间的因果关系。

历史学家在解释历史事件时强调各种不同类型的原因。他们把重要历史事件的发生归因于一些关键人物的行动、强大的意识形态的作用、科学技术的进步。如果是研究个人的历史，那么他们也会更多从不同的角度：生理学、心理学、社会学、经济学等方面来考察。

虽然质性研究强调不要过早将因果概念强加到资料上，应该注意资料本身所呈现的关系，但是因果关系确实是社会现象中一个十分重要的现象，不得不加以注意。与量性研究不同的是，质性研究中的因果关系不是在脱离具体情境的条件下进行逻辑推理而获得的，而是在探究特定事件发展的过程中获得的。① 通过对事物发展过程的分析，发现不同事件发生的时间顺序、它们之间有什么样的关联以及它们内部存在的各种因素，进而对事件的因果关系进行推导。

历史资料需要不断地被重新认识，对事件发生的前后顺序进行描述，考察某一个因素在事情发展的过程中是如何导致另外一个因素出现的。如果我们发现同一顺序发生在不同的被研究者身上，或者同一顺序在不同的情境下同样发生，那么我们便可以就此顺序建立一个初步假设，然后对假设进行检验或修正。当然，历史在一次次被重写被研究中，可能由于历史资料越来越丰富，研究者的个人的诠释的不同，会对历史资料赋予不同的意义和不一样的假设。时代的不同和人类文明的进步不仅使历史上传承下来的各种"文本"进入史家的视野，而且使史料中蕴涵的、尚未被人们认识的价值重新浮现出来。诺贝尔经济学奖得主约翰·希克斯举了这样一个例子："假定我们认为如果路易十六不那么懒散和疏忽大意，就不会有法国大革命——就是说，如果他像他的先辈路易十四或西班牙的菲利普二世那样恰好具有一个真诚的国民公仆的长处，革命本来是可以避免的——那么从那个角度看法国大革命就会是一个个别的历史事件……如果我们把它看作是社会变革的一种表现，这种变革在法国处于开明君主统治下也会出现，而且确实潜移默化地在其他国家出现了，那么法国革命会成为一个比较一般的现象的一个特例，这在理论上便可以讨论了。"② 由此可见，

---

① 陈向明：《质的研究方法与社会科学研究》，北京：教育科学出版社，2002年版，第312页。
② 〔英〕约翰·希克斯：《经济史理论》，厉以平译，北京：商务印书馆，1987年版，第7页。

同样的历史资料在经过诠释后可能会是不同的因果关系。

(四) 从历史资料中寻找普遍规律

从历史资料中寻找普遍规律,这是前面我们提到的客观主义历史观的影响下会有的愿望。研究者常会有寻求普遍规律的愿望。我手里的这些资料说明了什么?它启发给我们什么规律?什么意义?

历史诠释的一个潜在问题就是,与某一个人或一项事物相关的历史资料是否具有概括性,是否能上升到理论高度。例如,历史研究者无意间看到一个社会学家发表的关于某一社会问题的评论,这并不意味着这位社会学家以前或以后都持有相同的观念,历史学家需要寻找更多的资料来帮助自己确定这位社会学家发表的看法是否能表达他独特的观点。与任何研究项目一样,可以通过扩大作为研究成果依据的资料规模来巩固历史性研究的成果。因此,广泛搜集与课题有关的第一手和间接资料是明智之举。如果你只从少量的资料提供的信息中就可以得出某一概括性的结论,那么就要对你这个诠释打上问号。量性的历史研究更容易依靠定量数据和数据分析的统计学方法来研究有代表性的样本或一个群体,以作出广泛的、有充分根据的概括。但是,在质性研究中,研究的目的不一定是要概括和求规律,追求对个别的理解和诠释已经能够给人们历史的意义了。

研究者需要注意历史研究中易犯的错误,在研究中尽量避免这些问题的发生或能够有效解决这些问题:(1) 所选择的研究问题的第一手资料有限或难以得到[①];(2) 完全使用间接资料,而不是直接核查第一手资料确定自己的研究结果;(3) 主观相信所有搜集到的历史资料,对资料进行外部批评和内部批评;(4) 没有揭示个人的价值观和兴趣如何影响资料的选择和诠释;(5) 不恰当地借用其他学科的概念或不恰当地用现代的概念解释历史事件[②];(6) 做没有根据的因果推理,或者把某一特定的因素看作历史现象的唯一原因而不是原因之一;(7) 将其历史研究结果的适用范围扩大到无法由所能获得的第一手资料证明的人群、地方或机构组织;(8) 简单罗列历史事实或堆砌历史资料,却不把它们按时间顺序或按主题组织起来,并进行诠释。

[①] 〔美〕梅雷迪斯·D.高尔等:《教育研究方法导论(第六版)》,许庆豫等译,南京:江苏教育出版社,2002年版,第553页。

[②] 同上。

第五节　历史研究法的应用

黄仁宇先生 1976 年在美国所著的《万历十五年》一书①,可以作为一个特别好的历史研究的实例,并且全书实现了从宏大历史叙述到传记体的叙事研究的转变。《万历十五年》分七章写成:

第一章　万历皇帝
第二章　首辅申时行
第三章　世间已无张居正
第四章　活着的祖宗
第五章　海瑞——古怪的模范官僚
第六章　戚继光——孤独的将领
第七章　李贽——自相冲突的哲学家

正如书之题目所言,作者所要描述的是万历十五年(1587 年)这一年的事情。作者是采用了类似于生物实验当中的切片实验方式,即在明朝时间段这一"生物体"上从 1587 年这一点切入,用显微镜与实验刀钳剖析这一横断面,由这一年所发生的事情和所牵扯到的人物而分析联系到中国整个 16 世纪,整个明朝,乃至整个中国旧史。

万历十五年(1587 年),其实这一年明朝并没有发生什么惊天动地的大事,所以不为一般研究者所注意,但在这一年发生的许多琐细小事,在黄仁宇的眼里却是帝国走向崩溃的前兆。作者受《史记》影响较大,所用成书方式是传记式,继承了《史记》世家、列传的写作方式,分别还原了万历皇帝、申时行、张居正、海瑞、戚继光、李贽的生活面貌。在整个作品中,作者或通过一个早朝的小事来剖析万历皇帝在执政时期的心理演变,或通过一个官员沉浮进而剖析明朝官场价值观、明朝道德与法律的地位,或通过一位思想家而揭示明清乃至整个中国旧史各朝轮替的规律。作者以讲故事的方式把自己要探讨的问题呈现在读者面前。

黄仁宇的中文版自序则给我们看到了历史研究所需的步骤。我们引用《自

---

① 本书的英文版书名为 1587, A Year of No Significance,1981 年美国耶鲁大学出版。初稿用英文写成,后由黄仁宇译成中文。

序》中一些片段来进行分析。①

自序 / 黄仁宇②

......

我对明史感觉兴趣,说来话长。1959 年,我在密歇根大学历史系读书,选定了"明代的漕运"作为博士论文的题目。这一研究过程花了 5 年。论文完成后,算是对明代的财政税收制度有了一知半解,然而遗留的问题仍然不少。为了解决自己的困惑,并图对明代的财政与税收窥其全豹,乃开始收集材料,撰写 Taxation and Governmental Finance in 16th Century Ming China 一书。当时正值台北影印出版了《明实录》,此书为明代史料的渊薮,自然在所必读。全书 133 册,又无索引可资利用,所以只好硬着头皮,在教书之余每周阅读一册。这一走马观花式的阅览就花去了两年半的时间。除此而外,参考奏疏笔记、各地方志,搜寻国内外有关的新旧著作,费时更多。此书从计划撰写到杀青定稿,历时 7 年,1974 年由英国剑桥大学出版。

结论从材料中来。多年以来摸索于材料之中,我对明史中的若干方面形成了自己的初步看法,开始摆脱了人云亦云的束缚。这些看法容或有所不当,但多少总可以有助于学术界的探讨。

比如,过去关于明史的叙述,几乎无不有"税重民穷"的说法。如果意在说明当日的官僚贪污百出,无力的百姓被摊派的赋役过重,富者愈富,贫者愈贫,这可以言之成理。要是认为全国税收总额过高而导致百姓贫困,则与事实有所出入。16 世纪末,全国田赋额最重的为南直隶苏州府,约占农村收入的 20%。此外各府县一般都在 10% 以下,其中又有轻重的不同,山东曹县全县的赋役约占农村收入的 9%,去苏州不远的溧阳县,情形就更为奇怪,约在 1%—5%。而以比例而言,与此同时的日本大名政权,税额占收入的 50%。以总额而言,17 世纪末期的英国,人口为 500 万,税收每年竟达 700 万英镑,折合银 2 000 余万两,和人口为 30 倍的中国大体相符。据此而作进一步探索,可知"民穷"的根本原因不在国家的赋税过重,而端在法律的腐败和政府的低能。国家的税率低,受惠者并非农民,只是鼓励了大小地主加重剥削以及官僚乡里额外加征。

......

---

① 在下面引用的自序时,本书作者会结合前述的历史研究方法来谈及自序中的部分文字,自序部分用仿宋体字,作者的分析用书宋体字。

② 黄仁宇:《万历十五年》,北京:生活·读书·新知三联书店,1997 年版。

第七章 历史研究法

到此为止,黄仁宇给我们看到了他的研究旨趣,对明史感兴趣。虽然有一定的研究意识,可研究问题仍不是十分明朗。在这种情况下,他却一直在做一个读书人,一直在做一个大量的资料积累的工作(通过平时的读书有目的的积累资料)。

我们也很难同意这样一种看法,即认为在明代万历年间,中国的封建经济已向资本主义经济进展。资本主义是一种组织,一种系统。即马克思在《资本论》第二卷中论述资本主义的流通方式,其公式亦为 C—M—C,即商品(Commodity)交换为货币(Money),货币又再交换为商品,川流不息。但是货币是一种公众的制度,它把原来属于公众的权力授予私人。私人资本积累愈多,它操纵公众生活的权力也愈大。同时,商业资本又是工业资本的先驱,商业有了充分的发展,工业的发展才能同样地增进。这是欧美资本主义发展的特征。中国的传统政治既无此组织能力,也决不愿私人财富扩充至不易控制的地步,为王朝的安全之累。

在本书第三节中,我们谈到的搜集资料的方法里提到的"根据自己的研究方向或长远目标,在读书过程中随时积累。这样,可能搜集埋藏久远、鲜为人知的珍贵资料,也可能搜集到不被人注意的最新资料。在大量的平时阅读中我们会发现有许多研究课题是未经开垦的"。此处我们看到在大量的阅读研究中,黄仁宇对过去的研究提出质疑,他的问题研究开始明朗化。

明代张瀚所著的《松窗梦语》中,记载了他的家庭以机杼起家。中外治明史的学者,对这段文字多加引用,以说明当时工商业的进步及资本主义的萌芽。其实细阅全文,即知张瀚所叙其祖先夜梦神人授银一锭、因以购机织布云云,乃在于宣扬因果报应及富贵由命的思想。姑不论神人授银的荒诞不经,即以一锭银而论,也不足以购买织机,所以此说显然不能作为信史。同时代的书法家王世懋,在《二酉委谈》中提到江西景德镇烧造瓷器,火光烛天,因而称之为"四时雷电镇"。当代好几位学者据此而认为此即工业超时代发展的征象。实则王世懋的本意,是在于从堪舆家的眼光出发,不满当地居民穿凿地脉,以致没有人登科中举;而后来时局不靖,停窑三月,即立竿见影,有一名秀才乡试中式。

如是等等的问题,其症结到底何在,这是研治明史者所不能不认真考虑的。笔者以为,中国两千年来,以道德代替法制,至明代而极,这就是一切问题的症结。写作本书的目的,也重在说明这一看法。这一看法,在拙著《财政史》中已肇其端。本书力图使历史专题的研究大众化,因而采取了传记体的铺叙方式。书中所叙，不妨称为一个大失败的总记录。因为叙及的主要人物，有万历皇帝朱翊钧，大学士张居正、申时行，南京都察院都御史海瑞，蓟州总兵官戚继光，以知府身份挂冠而去的名士李贽，他们或身败，或名裂，没有一个人功德圆满的。即便是侧面提及的人物，如冯保、高拱、张鲸、郑贵妃、福王常洵、俞大猷、卢镗、刘綎，也统统没有好结果。这种情形，断非个人的原因所可以解释，而是当日的制度已达到山穷水尽的地步，上自天子，下至庶民，无不成为牺牲品而遭殃受祸。

"笔者以为，中国两千年来，以道德代替法制，至明代而极，这就是一切问题的症结。写作本书的目的，也重在说明这一看法。"在这里黄仁宇已经提出了自己的研究问题之一，要研究事件之间的关系：是什么造成中国古代封建社会的崩溃。

在上述前提之下，对具体历史人物的具体评论，就难免有与国内外明史研究专家有出入之处。例如万历皇帝，历来均以为昏庸，读者在读毕本书以后，也许会认为笔者同情这位皇帝。如果真有这样的批评，笔者将不拟多作无益的辩解。因为本书论述万历，本在于说明皇帝是一种应社会需要而产生的职位，而每一个皇帝又都是一个个人。又比如海瑞，这也是一个容易引起争论的题目，15年前的一段公案，至今人们记忆犹新。在本书中专设海瑞一章，并不是要为这段已经了结的公案画蛇添足，而意在向读者介绍当日地方政府的一些形态。

黄仁宇对自己诠释历史资料的方法进行说明，同时继续说明自己的研究问题"意在向读者介绍当日地方政府的一些形态"。这个研究问题是填补空白性质的。

有关16世纪地方行政的资料不多，沈榜的《宛署杂记》所载，为京师的情形而非一般概况，顾炎武的《天下郡国利病书》过于琐碎，唐鹤征的叙南直隶，归有光的叙浙江长兴县，也都有欠完整。相形之下，海瑞的遗墨，涉及当日地方政府的各个方面，最具参考价值。研究海瑞其人其文，可以使我们对当日的情形有更具体的了解。

这里对历史资料的搜集作了说明，包括第一手资料和间接资料等。当然作者也需要对资料进行评估。

当然，问题还远不止此，比如何以万历的立储问题业已解决而争执却绵延不断？何以岛国日本可以侵犯中国而中国却不能远征日本？何以当

第七章 历史研究法

日的西欧已经用火器改进战术而中国还在修筑万里长城？何以人人都说海瑞是好官而他却偏偏屡遭排挤？这些具体问题，无疑和上述总的症结密不可分，然而却各有其特殊的原因。笔者写作此书时，虽已不同于过去的暗中摸索，但下笔时仍然颇费踌躇。书中所提出的答案，均属一得之见，敬请读者批评指正。

作者在研究过程中还会不断产生新问题，并对其进行资料搜集及解释。

……这本《万历十五年》，意在说明16世纪中国社会的传统的历史背景，也就是尚未与世界潮流冲突时的侧面形态。有了这样一个历史的大失败，就可以缓解冲突，但恢复故态绝无可能，因之而给中国创造了一个翻天覆地、彻底创造历史的机缘。

……

这里让我们更清晰地看到黄仁宇先生在行文中所要诠释的问题和他对这段历史，对明朝的失败的因果关系的解释。

《万历十五年》的研究方法在各方面都值得做质性历史研究的作者多多探讨。

第八章

民族志研究方法

民族志是一种描述群体及其文化的艺术与科学。民族志研究方法植根于人类学研究和跨文化研究。从广义上讲,民族志研究包括了对特定群体的社会和文化生活的所有研究。民族志研究方法并不是收集数据的具体方法,相反,可以用多种方法来进行民族志研究。民族志着眼于提供一个整体的观点和视角,对特定社会文化环境中产生的信念、态度、价值观、角色和规范进行理解和解释。本章主要探讨民族志的起源和发展、民族志的特征、民族志的操作步骤以及民族志研究方法的具体应用。

第一节 民族志研究的渊源和发展

一、民族志研究的起源

"民族志"一词是英文"ethnography"的汉译,又被译为"人种志""田野研究"和"田野民族志"[①]等。"ethnography"一词的词根"ethno"来自希腊文"ethnos",意指"一个民族""一群人"或"一个文化群体"。"Ethno"作为前缀与"graphic"合并成"ethnography"以后,便成了人类学中一个主要的分支,即"描绘人类学"。把关于异地人群的所见所闻写给同自己一样的人阅读,这种著述被归为"民族志"。它是对人以及人的文化详细地、动态地、情境化地描绘的一

---

① 王建民:《民族志方法与中国人类学的发展》,昆明:《思想战线》,2005 年第 5 期。

种方法,探究的是特定文化中人们的生活方式、价值观念和行为模式。这种方法要求研究者长期与当地人生活在一起,通过自己的切身体验获得对当地人及其文化的理解。目前,"民族志"已经成为质性研究中一种主要的研究方法。①

具体而言,民族志研究方法,指的是有着人类学专业背景的各种民族志。它奠基于20世纪初叶,一般认为英国功能主义大师马林诺夫斯基提炼出一套以"参与观察"为主要内容的"科学方法",以此为圭臬被训练出来的专业人类学学者,从事田野作业撰写的民族志,被称之为"现代民族志"或"科学民族志""传统民族志",这也是本节重点探讨的民族志。自20世纪中叶以来,尽管人类学不断变革发展,民族志的样态翻新,理念以至方法也不断被反思,但民族志(方法)的基本内容仍保留至今。② 由马林诺夫斯基所开创的科学民族志,是一种体现功能主义人类学或科学人类学把田野工作、理论或主题、民族志等三要素结合的范式,它包含着这样一些基本的原则:第一,选择特定的社区;第二,进行至少一年的现场调查;第三,能够使用当地语言;第四,先从本土的观点参与体验,但是最终要达成对对象的客观认识。③

像这样研究要考虑到语言问题,在选定研究对象之后,必须学习那里的本地语言,并要安排一个一年前后的时间进入实地参与观察式的田野作业,以及达到文本撰写的专业要求等,这些即是"现代民族志"(方法)所要求的基本内容,它们至今仍是欧美、日本的人类学界培养训练人类学研究者的基本内容和要求。说到"现代民族志"(方法),人们往往归功于20世纪著名的波兰裔英国人类学家马林诺夫斯基的开创性的研究。④

二、民族志研究发展的三个时代

如果从非常宽泛的形式来定义民族志,即把它当作是对异地人群的所见所闻写给和自己一样的人阅读的文本形式,那么,在千百年的文献中,民族志的文章形式可谓千姿百态,内容可谓千奇百怪,很难进行分类。但是从作者的异地经历的参与深度和讲述心态来看,民族志研究的演进大致可以分为以下三个时代。

第一个时代的民族志研究是自发性的、随意性的和业余性的。有文字而又

---

① 陈向明:《质的研究方法与社会科学研究》,北京:教育科学出版社,2000年版,第25页。
② 阮云星:《民族志与社会科学方法论》,杭州:《浙江社会科学》,2007年第2期。
③ 高丙中:《民族志的科学范式的奠定及其反思》,昆明:《思想战线》,2005年第1期。
④ 阮云星:《民族志与社会科学方法论》,杭州:《浙江社会科学》,2007年第2期。

重文献的民族大都有自己的文化特色的民族志,这些民族志大都建立在猜想和想象的阶段,并非由专业的人士写作而成,更多的是道听途说,并无从具体加以考证。爱德华·泰勒在撰写《原始文化》的时候,感觉到翔实资料的欠缺以及科学获取资料的重要性,于是,他积极参与编撰了《人类学笔记和问询》一书,主要为那些往来于英国殖民地的各种人士业余写作民族志报告提供调查和写作大纲,以便新兴的人类学知识群体能够有信息更丰富的民族志资料可用。这是人类学从业余时代走向专业化时代的一个标志性事件,业余的人类学主动指导业余的民族志,就开始了人类学把民族志建构为自己的方法的奠基工作。先有民族志很久之后才有人类学,但是由经过训练的人类学者来撰写民族志,民族志的发展就进入了一个新时代,也就是通过学科规范支撑起的"科学性"的时代。民族志发展的第三个时代是从反思以"科学"自我期许的人类学家的知识生产过程开始的。知识创新的批判精神在现象学哲学、解释学、后现代主义思潮渗入实地调查的经验研究方法之后,在20世纪60年代末和20世纪70年代催生了人类学的反思意识。人类学家对于自己的学术活动作为一种具有政治经济的动因和后果的社会实践的反思和批判是从人类学与殖民主义、帝国主义和欧洲中心主义的密切却被忽视的联系开始的。民族志研究被置于反思性的审视维度之中,产生了影响深远的诸多对民族志研究的反思著作。三个时代的民族志可以用婚恋的三个阶段来进行类比,第一个时代的民族志作者与对象就好像是跨国跨种族婚姻的第一次见面,时间短,语言又不相通,回头要讲给其他也对此关心的人听,除了若干直观的描述,想要多说,只有靠转述和想象了(或许是一见钟情的万般好,或许是源于种族隔阂的误解)。第二个时代的民族志作者与对象好似和亲远嫁的状态,作者与对象已经是婚后同居,共同生活和亲历亲为的事实使所有对这种关系有兴趣的人都认为当事人之间知根知底,作者就好像是媳妇回娘家,讲婆家的新奇事情和日常琐事,娘家人自然是相信的。第三个时代的民族志作者与对象就不是作者一个人说话了,作者与对象的关系就像是现代闹离婚的纠纷局面,女方在讲在婆家遭遇的时候,明确知道自己所说的并非唯一被听到的叙述,对象也是能够到仲裁者面前说话的。聪明的女士会实事求是,甚至帮对方把话说出来,体现自己的诚意和善意,否则,在仲裁人或者陪审团那里落一个罔顾事实的恶名,连真话也没人听了。[①]

[①] 高丙中:《民族志发展的三个时代》,南宁:《广西民族学院学报》,2006年第3期。

三、民族志研究的特点

较之于此前的非专业人员撰写的民族志,"科学人类学的民族志"即"现代民族志"方法可被看成主要由三大要素组成:其一为作为研究者/作者的专业人员,即人类学者;其二为以参与观察(participant observation)为主要内容的田野调查的实地研究方法;其三为对研究对象进行整体性描述的文本(ethnographic texts ethnography 亦称民族志,可视为狭义的"民族志")写作方法。

马尔库斯和库斯曼把马林诺夫斯基和他那个时代的民族志划归入"现实主义民族志"类别之中,他们对这类民族志特点的分析,有助于人们从文化撰写视角认识那个时期的科学民族志。马尔库斯和库斯曼指出,"现实主义民族志"撰写有以下九个特点:(1) 其叙述结构是全貌的民族志(total ethnography),逐一考察文化的组成部分或社会组织,提供关于地理、亲属关系、经济、政治和宗教等方面的详细图表;(2) 作者不是以第一人称形式出现,而是作为一个权威叙述者在叙述客观事实;(3) 个人的存在通常被埋没了,取而代之的是创造了一个规范的角色模型;(4) 提供地图、图表和照片作为"真的到过那里"的象征物;(5) 分析时空坐落或发生的事件,从而来表述真实生活细节;(6) 提供资料,并忠实地表述当地人的观点;(7) 写作风格趋于一般性的描述,而不是对个别事实进行细致的探讨,被研究的个别事项(仪式、婚姻、政治组织等)很少有个性,而是具有典型性(典型仪式、典型婚姻、典型乡村委员会等);(8) 使用专业术语;(9) 对土著的概念加以注释。

透过以上的指摘,我们更具体地认识到了当时民族志的专业性性格(尤其1、4、8、9 诸点)和追求客观性、普同性(尤其2、3、7 诸点)的志向。①

四、对现代民族志的批评

对马氏的整体民族志,20 世纪 70 年代出现了三种批评,第一种批评来自英国本身,主要代表人物是阿萨德。阿萨德的问题是:因为人类学对"原始部落"的调查研究是在殖民地开展的,所以殖民地主义时代的文化间的遭遇(colonial encounter)会不会对人类学本身有影响? 他自己提出肯定的回答,认为所谓的"科学民族志"实际上与西方的殖民意识形态有密切的关系,马林诺夫斯基的工作和人生实际上与西方向非西方社会的文化渗透紧密相连。与第一种批评相一致,第二种批评来自西方 70 年代以来对于什么是文化的"自我"和"他人"的

---

① 阮云星:《民族志与社会科学方法论》,杭州:《浙江社会科学》,2007 年第 2 期。

反思。许多学者开始意识到西方发明的社会人类学研究,实质上是通过对"异文化"的描述,获得一种对西方文化的"威望"的主观论证。第三种批评则是来自美国人类学家格尔茨,他认为,原来人类学家把民族志视为"文化科学",这种看法值得商榷,因为在田野作业和民族志写作的过程中,人类学者所做的事实际上是通过描述表达自己对社会、文化、人生的阐释。这也就是说,虽然人类学者研究的对象可以是同一种文化或同一种文化现象,他们可能对它产生不同的阐释,从而使他们提供的"知识"具有相对性。

其实,这一经典的手段在20世纪60年代就受到了根本性的挑战和质疑。田野工作、民族志的被质疑导致了人类学理论的空前的危机。这场理论危机的核心内容有三个部分。其一是非欧洲传统文化(non-western culture)以及非其历史传承(historical context)的文化是否能在文化相对主义前提下得到如实的描绘。其二是1967年发表了马林诺夫斯基在其田野工作时的日记,引发了一场对文化人类学家职业伦理道德的旷日持久的争议。其三则是源自由上面两种质疑而导致的根本性怀疑:鉴于上面引发的矛盾和误解,民族志的描写以及其研究方法到底能否阐释文化,它们在方法论上是否还有指导意义?不同文化间的交流在理论上到底有没有可能性?

以上的种种质疑,在20世纪70年代的人类学领域引起了激烈的反响。一时间,怀疑者众多,人类学研究的学术圈子内外都出现了危机性的论辩。有的人从根本上怀疑田野工作,提出了"民族志到底可信吗?"之疑惑。他们指出,民族志并非是完美和可信的,它有着个人经历、既定观念甚或想象的因素在内。有的田野工作者甚至为了迎合自己的理论或学术结论而可以倾斜,写成臆造的民族志(romanticized ethnography)。① 当然,民族志本身的工作性质有时也很难使人判断真理的所在。因为其撰写者大多只是唯一的第一手资料占有者,他即是所述事实的权威。他们的描述是"表现"还是臆造很难给予理论上的验证。更兼一些旅行者、探险家和业余人类学家的作品,一时搞得这一领域声名狼藉,莫衷一是。雪上加霜的是,除了上述麻烦外,其后发生在人类学领域里关于民族志的两大权威性的辩论,积雷德费尔和路易斯关于在墨西哥同一村镇做田野工作得出截然相反民族志的学术争论,以及更著名的玛格丽特·米德和弗雷曼不同时期同在萨摩亚所作的田野工作得出截然相反结论的学术争议(Redfield-Lewis controversy/Mead-Freeman controversy),更是使得民族志的学术名誉受到

---

① 〔美〕克利福德·吉尔茨:《地方性知识——阐释人类学论文集》,王海龙、张家瑄译,北京:中央编译出版社,2004年版,第16—17页。

根本的怀疑的危机。

从学科方法的层面看,"现代民族志"方法成为人类学异文化研究的利器,成为功能主义学派理论的有效的实践工具和现代科学人类学确立的标志;从涉及认识论的方法论层面看,也许可以说它具有一种"双刃剑"的意义和效应,也就是说"现代民族志"方法在有效地增强了人类学研究的"科学性""客观性"的同时,孕育了质疑、挑战"科学性""客观性"及其认识论依据的种子。"客观性"是当时科学主义影响下社会科学的一种追求。"现代民族志"通过强调掌握对象地的语言、用长期驻扎在对象地参与生活进行观察,注意诸事项的相互联系和对整体性的把握的方法和要求进行研究,这对符合当时的"客观性"规范,标榜自己对社会事项的真实把握和客观描述有利,表明了一种用科学的方法接近"客观性"的指向。这在"现代民族志"的别称"科学人类学的民族志""科学民族志"的表述法中可见一斑,从当时拉德克利夫—布朗提倡的"社会的自然科学"的结构功能主义的理论中也可以得到印证。然而,"现代民族志"方法主张的参与观察法同时隐藏着一种亲和"互为主体性"的纬度,在当时强势的科学主义的单向式逼近客体,追求"客观性"(量化的、可重复验证的)的氛围中,保持或曰开启了一种"浪漫"的情怀(对独特奇异的兴趣,逃避科学时代的"过度标准化的文化"的"机械监狱"及质性研究的志向)。这种浪漫的情调或许从根底上与"民族志一般"的志趣有关,蕴含着一种天然的亲和文化批评的因子;而被参与观察"强身"了的质性研究终将引发对科学主义"客观性"的反叛,参与观察对主体和客体的同时关注,亦埋下了日后彰显"互为主体性"的伏笔。①

美国人类学家伯里曼从当时人类学教授的困境这一侧面,为我们对 20 世纪 60 年代美国的人类学危机作了如下生动的描绘:

"我们当教师的处境可以比作这样一个情景:一个矢志当牧师的,孜孜不倦、刻苦学习,经过多年的卧薪尝胆,寒窗苦读,正准备步出书房施展身手、向公众传教布道时却发现每一个人都已经变成了无神论者。"

这场危机的内外诱因是复杂的,当时对所谓人类学的"政治学"因素——人类学与殖民主义、帝国主义的历史关联,或曰跨文化描写中权力与知识的关系问题——的反思批判无疑是其中的一个要因。

1967 年出版时曾引发了一场人类学家职业伦理争议的马林诺夫斯基的田野日记对这种"殖民性"也有真切的记录:

---

① 阮云星:《民族志与社会科学方法论》,杭州:《浙江社会科学》,2007 年第 2 期。

"没有什么事情可以吸引我作民族志研究……总的说来,我不喜欢这个村子。这里一切都很混乱……人们在笑的时候、盯着东西看的时候以及撒谎的时候所表现出来的那种粗暴和顽固使我感到有点灰心丧气……到村子里去,希望照几张巴拉(bara)舞蹈的照片;我给他们半截烟草,他们让我看几个舞蹈,然后我给他们照相——但效果很不好……他们不愿意做出跳舞的姿势等着我给他们照相;有时候我对他们非常生气,特别是当我给了他们烟草,他们却走掉了的时候。"

这是一个反思的时代。在此前的现代民族志实践过程中,人类学家较少反省自身在研究过程中的角色和作用,由于受科学实证主义的影响,人类学家"眼睛向外",着力从被研究者那里发掘"客观现实"。这时从对人类学的"政治学"因素等的反思中,人类学家不但认识到殖民主义时代自己作为研究者的"政治"身份和权力地位,也认识到与其相关联的被声称为"客观地"对异文化所进行的描述其实是带有时代和自身的视角和倾向性的,看清了人类学研究中科学主义"客观中立"主张的虚假性。①

反思人类学质疑现代民族志方法,确立了被称为"实验民族志"(experimental ethnographies)的方法,对人类学应该描述什么、如何描述和为什么描述等问题多有探索,形成了自己特征鲜明的倾向和主张。这些倾向和主张主要有:把人类学研究者的田野工作过程当作民族志实验的中心内容和描述的重要对象,并同时强调给予被研究者自己解说机会的重要性;与此相关联它自觉研究者的文化翻译者角色,注重对文化的阐释;它珍视民族志的文学性,注重修辞、讲究文本的想象力和艺术性;与这些的译释观与重修辞的要求相关,它主张以"常识世界的现实主义"的态度回归田野和实践,并采用了"对话"与"多声道"的撰写取向和技法;此外,它鲜明地把文化批评作为人类学的目标,重申公共关怀,推动公共人类学的实践。②

总而言之,自人类学诞生以来,民族志研究就一直把记录和反映"真实性"作为一项重要的历史使命和学科目标。由于社会历史的变迁,以及由此所引入的新的社会关系和结构因素,致使"真实性"呈现出复杂多变的态势。另一方面,人类学家在不同的历史语境中所关注的问题、采取的方法、形成的范式等,必然使他们在"真实性"态势的把握和反映上出现差异。③ 以往民族志田野工

---

① 阮云星:《民族志与社会科学方法论》,杭州:《浙江社会科学》,2007年第2期。
② 同上。
③ 彭兆荣:《民族志视野中"真实性"的多样形态》,北京:《中国社会科学》,2006年第2期。

作的"真实"的问题,主要集中于文本形成之前的收集素材的方法和技巧,以及怎样有效地进入并融入当地社区、如何保持心态、如何进行有效的访谈、如何制作调查表等,即更多的是对于保证收集原始资料"真实性"的方法的关注。①

第二节 科学民族志时代

人类学的第一个流派称为古典进化论,以研究社会和文化的进化为目标。随后出现的传播学派,以批评进化论、强调文化传播与移动在文化变迁中的重要作用而建立的理论。这两个流派,皆以宏大话语来构建人类文化史(包括人类社会发展史),注重于人类文化一致性的研究,虽气势恢宏,却显示出猜想和假说的性质,它们是资本主义繁荣昌盛时期的乐观主义的表现,表达出强烈的欧洲文化中心主义的价值观念。这一价值观念和宏大话语在20世纪上半叶,遭到诸种理论流派的共同批评。这期间,具有代表性的是历史学派的观点。历史学派以美国著名人类学家博厄斯为代表,他既反对古典进化论的人类宏观史,而去研究各个民族、每种文化的历史,构建具体文化区的具体历史;也反对传播学派的几个文化中心甚至一个文化中心的近乎无限的传播学说,主张探讨有限地域的有限历史。博厄斯主张文化相对论,强烈地颠覆了欧洲文化中心主义的价值观。

在中国有些民族中,一个新郎为什么要亲自到女方家中去迎娶新娘呢?有人就从此推测出一种意想中的"掠婚制",就是说古时由于禁止族内婚,要娶个妻子必须到另一个部落中去掠夺。麦克伦南也发现,在许多民族当中有一种特殊的婚姻方式,就是,在成婚之前,新郎独自一人,或带上他的朋友,一定要装腔作势地用些暴力把新娘从她的亲属一边抢过来。他认为这种婚俗必定是缘于一个民族的人娶媳妇,必娶之于异民族,因此,势必采取暴力不可。他认为,早期争夺食物导致杀害女婴,妇女短缺造成一妻多夫,其后,由于男性开始先是掠夺,后来与其他群体男人交换妇女,父系制便发展起来了。进而推测人类都经过"掠婚制"的历史阶段。这就是重构历史论者利用"遗留"进行重构婚姻史和历史阶段的研究方法。

在19世纪后叶风行一时的许多"婚姻史"大多是用这种方法写成的。比如说古书上我们称妻子的父亲为舅,因而推测有一个时期一个男子只能娶自己母亲的兄弟的女儿为妻,因为母亲的兄弟至今还称作舅。用亲属制度中的称谓推

---

① 陈庆德、郑宁:《民族志文本与"真实"叙事》,北京:《社会学研究》,2006年第1期。

测出来的古代的制度真不少。由于有的地方把父亲的兄弟都称作父亲而推测出"群婚制",再加上传说中有个时期人们只知其母而不知其父,不仅推测除了群婚制、母系制,还有许多从来没有人亲自看到过的种种婚姻制度。

马林诺夫斯基对这种人类学很不满意,而且概括出一条有关这些学派共同的"方法论",说他们专门寻找失去了现实作用的奇闻怪俗作为立论的基础。他说那不是把科学建立在"无知"之上吗?因为所谓"失去了现实作用"就是说研究者不明白这种风俗在当地人民生活中的作用。那不是"无知"吗?无知的基础上怎么能建立科学呢?针对这种"遗留"论,马林诺夫斯基提出了"文化的意义就在其对人们生活所起的作用"。用通俗易懂的话来说,"文化的意义就在其功能"。更明确些可以说"不能满足人们生活需要的东西,不是文化。文化因其对人有用处才能存在"①。

马林诺夫斯基试图建构一门"文化的科学",这便要求必须对远方人类的日常生活、制度和思维方式进行深入的了解。为了实现这一目的,他于1915—1916年和1917—1918这两年中,待在西太平洋的一个珊瑚岛上,这个岛名叫"特洛布里安德"。1918年,马林诺夫斯基离开了特洛布里安德岛,回到了英国。之后,以在这个岛上所调查和观察到的资料为依据,他写作了7部社会人类学的著作。在所有的专著中,马林诺夫斯基都表达了他的三个主要论点,而这三个主要论点均是以特洛布里安德人的素材来加以说明的。这三个论点分别是:第一,研究文化不能把文化的某些个别方面分割开来,而应把文化的不同方面放在它们的实际用途的背景下考察;第二,社会人类学者不应依赖被研究者的口头言论和规则来研究人,而应重视他们的行为;第三,如果人类学者已经理解被研究者的行为并已把这些行为放在一定的场合中考察的话,那么他们就会发现"野蛮人"的头脑与西方人的头脑一样具有"理性"(rationality),因为他们也懂得如何操作和利用可能的机会。这三个要点成为马氏创立功能主义的基础。②

马林诺夫斯基作为一个出色的人类学家,他生活的总体历程经历了"在这里"(being here)、"到过那里"(being there)及"回到这里"(coming home)三大阶段,而"这里"指的是他开始研究社会人类学的学院和文化(西方),"那里"指的是他田野工作的地方——离学院颇为遥远的特洛布里安德岛。这样一种生存的经历为之后他形成有关"文化科学"起到了奠基的作用,而更为关键的是,这

---

① 费孝通:《学术自述与反思》,北京:生活·读书·新知三联书店,1998年版,第337—338页。
② 王铭铭:《远方文化的谜》,兰州:《西北民族研究》,1996年第2期。

第八章 民族志研究方法

样一种人类学的做法，提供了之后70余年来人类学研究的典范。可能，后面一个意义更为重大。我们将这种工作与写作的方式称为田野民族志。

在马林诺夫斯基写作民族志之前，对文化和人类的解释，进化论和传播学说以及历史特殊论占据着理论的中心位置，似乎不可撼动。这几种方式把文化切割成碎片再按照一定的人为构架，如进化的程序和传播的路线等将之连接起来。人类学家里弗斯对民族志的初步论述已经提供了对这些做法重新改造的方法论的基础。里弗斯论述道：

强化的研究工作，必须对研究的规模有所限定，还必须使研究深化。其典型的做法是让(人类学者)在某个社会或400至500人的社群中生活一年以上，同时研究他们的生活和文化所有方面。在此社区或社群中，研究者能够对当地的所有人有所认识，能够研究当地生活习俗具体的体察，能够用当地话来进行调查，而超越一般的印象。

在特洛布里安德岛的调查，马林诺夫斯基所使用的方法基本上是里弗斯所倡导的，这种研究法是一种"参与观察法"(participant observation)。在田野工作中，马林诺夫斯基形成了这样一个观点，主张民族志的调查必须包括三大类的素材。第一类是有关制度和风俗的整貌概观，他通过所谓的"具体证据的统计法"加以研究。研究这一类素材的目的，在于建构一系列图表，用以使研究者更为方便进入社会中与习俗有关的活动。这种图表包含两个内容，它一方面概述社会活动的元素，另一方面指明这些元素之间的关系。图表的基础是当地人讲述的情况和人类学者的观察。第二类是第一类资料的补充，因为第一类资料局限于对人们认识中的制度、风俗与活动，第二类资料则是对观察到的社会行动的现实情况的记录，马林诺夫斯基把后者称为"日常生活的非思索性素材"(the imponderabilia of everyday life)。它实际上指的就是人类学者的民族志田野工作笔记，或是人类学者对被研究者的实际行为与理想规范的比较观察。第三类素材是一系列的民族志说明，以及对被研究社区的人们的叙说风格、典型的口语表述、民俗、巫术模式等的说明。马林诺夫斯基把这一类材料称为对被研究的"土著"的思维方式的描述。[①]

基于这三个方面的素材，通过分析文化对行为活动的影响以及行动者对规则的策略性运用，有助于说明文化是互相联系的风俗和器物的整体，在社会人文科学中讨论文化，不应把文化的某一部分抽出来"比较"，而应把文化的个别因素放在整个文化的存在情境中加以考究。正如库伯所说：马林诺夫斯基总是

---

① 王铭铭：《西方人类学思潮十讲》，桂林：广西师范大学出版社，2005年版，第144—145页。

用民族志的描述,对他认为过于抽象和流行(于西方)的有关"原始人"的理论提出批评。他常把特洛布里安德人放在复杂的制度场合下考察,不过他更常用他的有血有肉的事例,对学术理论提出反驳。①

马林诺夫斯基相信民族志是一门"文化科学"的经验基础,正如利奇所说,马氏的功能理论有很多漏洞,但他的民族志方法却为现代社会人类学研究奠定了方法论基础。在马林诺夫斯基之前的文化分析中,人类学者往往将文化"分而治之",而马氏却将自己的描述和分析规定在单一的社会和时空当中,用"专著"的形式进行写作。这种写作和研究方式后来在美国也占支配地位。它的优点在于使人类学研究注意到文化元素所处的社会场合和时空的重要性,以及使人类学者能采用被研究者的观念分析他们自己的文化。

第三节 田 野 工 作

田野工作是民族志的基本功,所以,有学者亦将民族志翻译为"田野民族志",即在于强调民族志与田野工作之间的密切不可分的联系。② 田野工作是指经过专门训练的人类学者亲自进入某一社区,通过参与观察与居住体验等方式获取第一手资料的工作。由于语言、生计活动、季节与社区周期等因素,成功的田野工作通常需要一年甚至更长时间,以便深入和完整地了解当地社会。因此,田野工作是民族志收集的主要途径,是人类学面对多样性文化建立比较理论的基础;人类学家不断处在对他文化的多面向认识、寻求法则、诠释与建构的过程中,同时也加强了对其自身文化的理解,以及推进对人类整体性综观的学术积累。

人类学者强调田野工作的实践属性,隐含着如下一种方法论上的反思与创新:过去的人文科学研究领域、社会科学研究领域以及自然科学研究领域,皆不是以强调研究者直接生活在被研究对象中并以此途径获取知识与资料的,而人类学田野工作由于其直接实践的品格,便使其成为与自然科学的实验室研究,人文科学和社会科学的文献典籍与文物研究具有同等重要地位的第三种研究方法论。由于田野工作始于马林诺夫斯基,被称为"马林诺夫斯基革命"。自马林诺夫斯基开始,人类学者有了方法论上的自觉,田野工作被从理论上提出其重要性来。功能学派的田野工作方法有如下几个要点:(1)强调整体论;

---

① 王铭铭:《西方人类学思潮十讲》,桂林:广西师范大学出版社,2005年版,第145页。
② 庄孔韶:《人类学概论》,北京:中国人民大学出版社,2006年版,第135—177页。

(2)时间上要求一年以上的周期;(3)空间上限制在一个小范围,一般是一个村庄;(4)技巧上要求参与观察和深度访谈;(5)理论概括上要求由具体经验事实上升为一般性的理论。

一、主位(emic)和客位(etic)

人类学中的主位概念是指研究对象自己对事情的解释,客位则是人类学调查者从自身出发对事情的解释。因此,主位研究强调的是从文化内在的角度分析、理解事件,客位研究则强调文化外部的立场和解释。沿着不同的研究脉络,主位研究和客位研究对同一文化现象进行分析会得出不尽相同的结论。

局内人是指与研究对象同属于一个文化群体的人,局外人则指的是处在某一文化群体之外的人。这里亦可对应着主位和客位的概念。

作为局内人的本土人类学家(native anthropologist)甚至可以运用直接理解局外人所难以获知的信息。当然,本土人类学家也会因对于所研究的事物过于熟悉而出现熟视无睹的情况。基辛认为:"有把握描写非洲某部落的'世系群'的人类学家,势必无法以同样的心情描写他大学的'系'——因为他知道得太多。"

长期以来,人类学是以其研究主题的异域色彩,以及那种把研究者和被研究者分割开来的文化、地理距离来界定的。如今这种情况已发生了变化。实际上长期存在的家园人类学(anthropology at home)已经呈现出了本土研究的重要的和持久的意义(和早年对遥远的部落异域社会的向往比较而言)。家园人类学是指在本土社会所展开的研究,这里的他者既可以指我们自身,也可以是和我们不同,但又分享某些共同性的群体。

二、大传统和小传统

美国人类学家罗伯特·雷德菲尔德(Robert Redfield)在对墨西哥尤卡坦州乡村和都市进行研究时,比较了封闭同质社会与变动异质社会的区别,开创性地使用了大传统(great tradition)和小传统(little tradition)的分析框架。他在1956年出版的《农民社会与文化》一书中首次提出大传统与小传统的概念,用以说明复杂社会中存在着两种不同层次的文化传统。大传统是指少数有思考能力的上层人士创造的文化系统,而下层农民在生活中自发形成的社会风习是小传统。

三、小规模社会和大规模社会

传统上,人类学者主要关注非工业化的小规模社会(small-scale society),这种社会往往同质性高,有简单的技术与经济,社会关系比较简单,与外界联系较少。

随着世界经济、交通、通信、媒体和旅游等的飞速发展,已经不存在完整意义上的小规模社会,因为这些小规模社会都被卷入到了市场当中,成为国家权力运作的一部分,这时,人类学的对象逐渐转向大规模社会(large-scale society)。大规模社会地理范围较大,文化的同质性减弱,出现职业多元,社会分层与人口流动,内外关系联系增加,已卷入国家与世界一体的市场经济之中。

四、进入田野的方式

(1)进入方式,一种是通过正式行政体制自上而下进入,一般是通过行政管理机构层层深入;另一种进入田野的方式是通过非正式的渠道进入。(2)进入角色,当一个陌生的外来人闯入一群人的生活后,这个人不仅语言、穿着、饮食都与众不同,而且对任何平常的事情都有着无法满足的好奇心。对于这样一个人应该用一种什么样的身份与之交往,哪些信息可以透露等问题都是当地人首先会考虑的。因此,当进入田野后,研究者要尽快向当地人说明此行的目的和自己的身份,否则会因为误解而导致当地人对你敬而远之。

五、田野调查方法

(1)参与观察法(participant observation),是指人类学者长时段参与研究对象的日常和非日常的活动,以获取第一手资料的方法。参与观察者一定是全身心地投入研究对象的社会生活之中,以当事人的角度观察并理解诸文化事项及其行动的意义,梳理其整个的文化脉络,并加以解释。人类学者通常需要:① 学习当地语言,从而能随意地与当地人交流;② 在调查点居住较长时间,一般为一年或一年以上;③ 与当地人一样生活,跟当地人建立密切的关系,真正了解他们的文化。

(2)访谈法。访谈的研究对象,称为报道人,詹姆斯·斯普拉德利(James Spradley)认为,一位合适的报道人至少要有五个条件才较为理想:① 对己文化完全的濡化;② 眼下的完全参与;③ 是调查者所不熟悉的文化中的人;④ 有兴趣和有足够的时间;⑤ 非分析性,即能用他们自己的语言进行描述或根据本土视角提出对事件的分析和解答。人类学访谈可以分为非正式访谈(informal interview)和正式访谈(formal interview)两大类,其中正式访谈又可分为结构性访谈(structured interview)(人类学者根据研究主题事先设计好具体问题,系统地访谈研究对象)、非结构性访谈(unstructured interview)(人类学者提供一个开放性的主题或问题,有报道人自由阐述)和个人深度访谈(in-depth interview)(深入的个人非结构访谈通常称为深度访谈)。

(3)抽样法(sampling),是指通过一定方法从研究对象总体中选择一部分人作为调查对象。抽样又可以分为随机抽样(probability sampling)和非随机抽样(non-probability sampling)两大类。

(4)谱系法(genealogical method),是指收集家谱并编辑成系谱表以确定亲属制度形式及其结构性质性研究方法。它是以个人为中心从家庭成员出发到整个世系群,是田野工作中解开人群分类的第一件事和出发点。

(5)个人生活史(life histories),是指研究者通过对报道人进行深度访谈,将报道人的个人全部或部分生活以口语或书写的方式表现出来的回顾式叙述。

第四节 作为民族志的深描

众所周知,19世纪以来,人类学发展的主流是人类学家对其研究对象进行深入的田野调查,通过细致地观察、认知,从而进行人类学的描写,因此而形成的文本便称为"民族志"(Ethnography),这好似了解一种未知社会和文化形态的必要手段和研究它的初步。在此危机之下,一种新的认识论方法的出现势在必行。吉尔茨提出了用新的符号手段(thick description)和认识角度(local knowledge)的概念去重新探讨文化之源。他认为,一门学科的深邃不在其技术细节的操作,而在于其概念和眼光,一种智识的努力(intellectual effort),甚或是一种悉心经意的冒险(elaborate venture)。这便是一种深度的"社会学想象力"。吉尔茨对民族志表述范式的转换,回应着在最近二三十年时间里在人文社会科学当中产生的"表述危机"。

他从另一种意义上重建人们对话语(discourse)和文本(text/context)的信心。话语在福柯那里指的是,人类社会当中,所有知识信息的有形或无形的传递现象,亦即一个社会团体根据某些成规以将其意义传播于社会中,并为其他团体所认识、交会的过程。他指出:"人类学的目的即是拓展人类话语(human discourse)的疆域。"他以"深度描写"和"地方性知识"为武器,以观察、移情、认知、自觉地追随"文化持有者的内部眼界"去阐释,寻找个别的方式去重建新的知识结构。他说,在"浅描"与"深描"之间,"存在着一个民族志研究的客体"问题,——就像"眨眼"的行为(浅层)与"眨眼"的意义(深层)之间的关系。而"民族志就是深描"。①

吉尔茨的"深度描写"术语借自于哲学家赖尔(Gilbert Ryle)。赖尔以一个孩子的眼皮抽搐为例,说明一个甚至极简单的动作都可以隐含着无限的社会内容,他把眼皮抽搐作为一个文化符号条分缕析,揭示了其多层内涵,进行了一个深富哲思的层次化还原分析,从而揭示了文化符号的复杂性。这种描写深受吉尔茨赞赏并成了他"深度描写"理论的范本。

"深度描写"是这样开始的。比如有两个男孩子都在猛眨他们的右眼的眼皮,一个孩子是因为有生理上的抽搐的毛病,而另一个孩子则是在对玩伴传递一个捣鬼的暗号。这两种猛眨眼皮的动作如果纯用完全照相式的观察来判别,人们很难看出谁是生理性抽搐谁是捣鬼。递眼色旨在交流,而且是一种精致的、特殊的交流,它具有下述特征:(1)是成心的;(2)是对特定对象的;(3)是在施受一个特定的信息;(4)是依据社会性公认的密码传递;(5)是在别的玩伴没有察知的前提下递送这个眼色的。这是文化,抽搐则不是。

对于吉尔茨而言,"描写"当然不是他的目的,他的目的是通过描写来"阐释"。那么为了维护其描写的尊严和权威性,他必须对文化持有者的认知概念以及语言进行审查,力图不是以人类学家自己的概念、语言去表述而是以文化持有者的概念、语言去表述其文化。这就需要采用田野工作中认知人类学的调查技术与"控制性诱导"的描写办法了。

控制性诱导法就是运用本族人的语言句型,向本族人调查,以发现本族人的分类体系。假如我们想了解美国文化,在看到一样东西但不知其英语名称时,下面就是运用控制诱导法向本族文化持有者即说英语者调查的实例②:

问:What is this?

答:This is a sow.

问:Is that a sow too?

答:No. That is a boar.

问:Is a boar a kind of sow?

答:No. A boar is a king of livestock.

问:Is sow a king of livestocck?

---

① C. Geertz (1973), *The Interpretation of Culture*, New York: Basic Books, pp.9-10.

② 〔美〕克利福德·吉尔茨:《地方性知识——阐释人类学论文集》,王海龙、张家瑄译,北京:中央编译出版社,2004年版,第49页。

答：Yes.

问：How many kinds of livestock are there?

答：There are pigs, horses, mules, sheep, goats, and others.

"深度描写"具有如下的特征，第一，区分可观察的行为（observable behaviors）、现象性观察（phenomenalistic）和"浅层描写"（superficial/thin description），强调描写和观察方式的特定化、情境化、具体化，并确立长期的、小范围的、定性在上下文背景中的理论前提要求；第二，重申文化是积累的总体性符号系统，是可以被条分缕析、分层探讨的；第三，昭示符号是模糊地传承的，符号的融混驳杂不断组合的特征使其具有晦涩性，它们携带的意义是必须要阐释的。

所以，在吉尔茨的意义上，所谓的民族志写作至少应该具有四个特点，其一，它是解释性的；其二，它所解释的是社会性会话流（the flow social discourse）；其三，所涉及的解释在于将这种会话"所说过的"从即将逝去的时间中解救出来，并以可供阅读的术语固定下来。他说，Kula（库拉）已经消失了或改变了，但是，不管怎样，《西太平洋的航海者》却留存下来了；其四，这类描述它还是微观的。

这样一种建立于"阐释"基础上的民族志写法，直接构成了吉尔茨"阐释人类学"的基础。他主张文化的概念实质上是一个符号学（semiotic）的概念，这一主张的灵感来源于马克斯·韦伯所提出的，人是悬在由他自己所编织的意义之网中的动物。文化便是这样一些由人自己所编织的意义之网，因此，对文化的分析不是一种寻求规律的实验科学，而是一种探求意义的解释科学。他所追求的正是对纷繁复杂的社会表达的阐释/解释（explication）。[①] 所以，他说："正视社会行动的符号层次——艺术、宗教、意识形态、科学、法律、道德、常识——并非是逃避生命的存在难题以寻求某种清除了情感之形式的最高领域；相反，这正是要投身于难题之中。解释的人类学的根本使命并不是回答我们那些最深刻的问题，而是使我们得以接近别人——在别的山谷中守护别的羊群时——所给出的回答，从而把这些回答归于记载人类曾说过什么的记录中去。"[②]

吉尔茨的写作具有开创性意义，他再造了颠覆后的认知体系和文化话语。他从拯救人类学学科生命的角度出发，对民族志写作中的"emic/etic"描写理论提出质疑。Emic 是指土著的认知，代表着被描写文化内部的世界观、甚至超自

[①] 〔美〕克利福德·吉尔茨：《文化的解释》，韩莉译，北京：译林出版社，1999 年版，第 5 页。
[②] 同上书，第 39 页。

然的感知方式;etic 则代表着一种外来的、客观的、科学的观察,这种观察所秉持的眼光,是与被描写文化相异的观念和知识体系。在他看来,认知、语言是人类学家认识文化的基础,但是掌握了一个民族、族群的语言,并不代表就理解了该民族、族群的文化,文化是一种意识形态,它由语言以及其他众多的文化文本构成,因此,吉尔茨强调一种立场——土著人的眼光(the native's point of view)。在此基础上,他提出了一种新的认知视野——地方性知识(local knowledge)和新的符号手段——深描(thick description)。在他看来,文化具有公共性质,是处于文化之网的人们之间交往的符号,解释人类学就是要解释这些由众多的、具有意义的符号编制的文化之网。也就是说,要在一定的文化环境的基础上进行阐释,要阐释符号活动背后的观念世界,揭示文化的差异性与多样性。[①]

第五节 民族志研究法的应用

本节的案例主要介绍人类学家马林诺夫斯基的库拉圈研究。在西太平洋,有一片岛屿从新几内亚的东部延伸到所罗门岛,其中有一群平坦的珊瑚岛,名叫"特洛布里安德"。在这宁静的地方,住着特洛布里安德人,他们有的在肥沃的田园上栽种丰富的农产,有的在沿海捕鱼,有的依赖自己的手工业技艺为生。以田园农业为生的人们,常常生产出超过他们自己所需的产品的盈余,他们把这些盈余献给地方的酋长、送给亲戚,或在公共场合展示以表现自己的力量。在平静的生活中,生产、社会和宗教的实践是特洛布里安德人赖以表达生活意义的途径,文字没有成为他们创造历史的工具。1915 年,从遥远的地方来了一位自称为人类学者的人,他叫马林诺夫斯基,是个三十刚出头的白人,可是会讲点地方话,而且六个月之后可以用地方话与特洛布里安德人交谈。[②] 这个人在岛上待了两年多,回到英国伦敦之后,写作了一本意义十分重大的书,这本书名叫《西太平洋的航海者》,描写的就是特洛布里安德人的生活。当然,马林诺夫斯基以特洛布里安德岛的素材不仅仅只写了一本书,还有 6 本书接着出版。

出版于 1922 年的《西太平洋的航海者》是马林诺夫斯基民族志的奠基之作,此书是那个时代和马林诺夫斯基的个人际遇在一个非常奇妙的结合点上的产物。它的诞生确实有很大的巧合性、传奇性,否则,马林诺夫斯基的经历也不

[①] 刘晓春:《民族志写作的革命》,北京:《文化研究》,2006 年第 1 期。
[②] 王铭铭:《远方文化的迷》,兰州:《西北民族研究》,1996 年第 2 期。

第八章　民族志研究方法

会成为广为流传的具有神秘色彩的神话。① 马氏于 1914 年 7 月到澳大利亚开会,此时正是第一次世界大战爆发前夕。会议结束后,他开始做实地调查,一直到 1914 年 9 月 12 日,而此时由于世界大战的形势,他无法轻易离开澳大利亚。这样,他在澳大利亚和新几内亚一直待到 1920 年。所幸的是,在这么长的时期内,马氏既得到了澳大利亚政府的资助,也得到了一些个人的资助,否则,都难以进行他的研究工作。马氏在 1914 年至 1918 年之间以澳大利亚为根据地,分别于 1914 年 12 月至 1915 年 3 月、1915 年 5 月至 1916 年 5 月、1917 年 10 月至 1918 年 10 月三次到新几内亚进行调查。三次调查花去了他两年半的时间,其中相当多的时间花在了对库拉及其相关事务的调查活动上。他第一次去调查依靠翻译,调查完后回到澳大利亚,匆匆赶写出《麦鲁的土著人》。第二次和第三次的调查都是直接使用当地土著的语言进行的。这段经历及所获资料构成了他一系列著作的基础以及他 1920—1938 年在伦敦讲学的核心。

马氏认为田野作业的目标是"把握土著人的观点、他与生活的关系,搞清他对他的世界的看法"。成功地达到这个目标的首要原则是完全生活在土著人当中而无须其他白人的介入。他自己当时的做法是把帐篷搭建在土著人的村落之中,与白人保持距离,而与土著人保持"亲密接触"。他说,居住在村落里,没有别的事务,只是追踪土著人的生活,你就能一遍又一遍地看到风俗、庆典和交易,你就能得到土著人实际地倚之为生的信仰的实例,你就能判别某一事件是普遍常见的还是激奋异常与独一无二的,土著人参与此事时是敷衍塞责、无动于衷还是积极热情、自觉自愿的,等等。② 在这部专著中,马林诺夫斯基主要关注的,是特洛布里安德岛的一种初看起来似乎是纯经济性的活动。但是,凭着素有的宽广视野和敏锐的理解力,他审慎地指出,发生在特洛布里安德岛及其他岛屿居民之间的贵重物品的奇异周转,虽与普通的贸易相伴随,但其本身却绝非纯粹的商业性交易。他揭示出,这种周转不是建立在对实际效用和利润得失的简单计算上,而是因为它满足了比动物性满足层次更高的情感与审美的需要。就此,马林诺夫斯基对所谓的"原始经济人"的概念进行了严厉的斥责。因为他证明了,在库拉体制中,有用物品的交易在土著人观念中完全低于其他物品交换的重要性,而那些物品绝无实用目的。

从最简明的形式来看,库拉是项圈(necklaces)与臂镯(armshells)相交换的仪式;从整体上看,库拉是新几内亚的马辛地区的众多岛屿上的不同语言、不同

---

① 高丙中:《民族志的科学范式的奠定及其反思》,昆明:《思想战线》,2005 年第 1 期。
② 同上。

族群的人们相互联系的社会—经济体系。

（1）简单地说,库拉是项圈与臂镯的交换。这种交换围绕着两种宝物,即红贝壳项圈（S）和白贝壳臂镯（M）。前者被称为 Soulava,由红色的贝壳连缀而成为项圈;后者被称为 Mwali,由白色的贝壳加工成臂镯。

（2）这两种手工制品实质上是作为库拉交换的对象才具核心的价值和意义。它们在交易者的社会生活中几乎没有什么其他的用处,甚至都不是什么日常所用的饰物,也无助于交易者在谋求经济利益时博得什么好处。

（3）这些贝壳制品在交换中增值,越来越多的交换伙伴的参与使一件宝物变得越来越重要,越来越有价值。这其中的玄妙也许可以用中文的"人气"来领会。

（4）一件臂镯的价值是由它与其他臂镯相比较而决定的,一件项圈的价值则是由它与其他项圈相比较而决定的。那些被认为特别有价值的,往往会被赋予一个专有的名称,并伴有一些相关的故事。在它们被保存或被传递的过程中,这些故事总为人们所津津乐道。

（5）从交换的对象来看,项圈与臂镯交换,臂镯与项圈交换,而绝对不会项圈与项圈交换,臂镯与臂镯交换。

（6）从交换的主体来看,实际的交换只发生在个人之间,尽管他们是作为"库拉社区"（kula communities）而成群结队地从一个岛或地区到另一个岛或地区。

（7）库拉交换不是发生在任意的个人之间,而是发生在固定的库拉伙伴之间。一旦成为库拉伙伴,往往终身都是库拉交换的伙伴,除非两个人之间发生严重的问题。

（8）只有男人能够参与库拉,这几乎没有什么例外。

（9）男人们通过参与库拉而赢得声望。

（10）一名男子在成年的时候由他的某位亲人引荐到库拉交换中来,这个人通常是他的父亲或者是他母亲的兄弟。

（11）一名男子至少要有两位库拉伙伴,一位在库拉圈流动的上手,另一外则在下手;而多的可达一百位以上,就像一些地方上的酋长、头人所做的那样。

（12）在正常情况下,一个人的库拉伙伴来自地理上最近的上手或下手的库拉地区。不过,有时候同一库拉社区内的一些人也结成库拉伙伴。

（13）库拉伙伴通过交换连成一个一个的关节,节点在岛屿之间形成连线,而连线在总体上共同组成了库拉圈。一个人呢周期性地只与他的固定伙伴进行交换,并不与链条上的其他人交换,从而维持了节点和共同的库拉圈的稳定。

第八章　民族志研究方法

（14）从空间结构来分析，这两种宝物必须沿相反的方向运转。既然每个人都是在遵守地理方位的规定和伙伴的稳定的前提下参与交换，也就是说，一个人面向圆圈站着，在右手方向接受 S，下次传递给左手方向的交易伙伴，在左手方向接受 M，下次再与伙伴交换相应的 S，那么，我们把他们交换的连线想象为一个时钟，我们就看到，在库拉圈区域的各个岛屿和社区形成的时钟上，项圈顺时针方向被传递，而臂镯以逆时针方向被传递。

（15）这两种宝物就像是库拉圈这个系统内的人们的共同财富，它们总是落在某个人手上，但并不属于私人所有，个人也不应该长期占有其中的任何一件。他们其实也喜欢拥有而不喜欢放弃，但社会观念凌驾于他们的内心取向，使之不得不将宝物传递出去。这与欧洲人永远占有宝物的观念不同，但比较接近奖杯由优胜者轮流占有的逻辑。

（16）宝物的交换遵循互惠的原则，一定价值的臂镯换一件价值相当的项圈。

（17）宝物交换的互惠机制的完成必须有一个时间差，赠予与收取不能一次同时进行。

（18）参与库拉的人要以具有一定分量的东西作为预备礼品送给他的伙伴，以此要对方的某件臂镯或项圈。

（19）交易者是不与他的伙伴争论交换物品的价值的。相应的礼物由付方决定，收方不能要求添加，也不能取消交易。

（20）在直接的礼品交换之外，兴师动众的库拉航程中当然发生大量的实用物品的贸易。不过，对于参与者来说，这种贸易不论是在观念上还是在实际行为中都与库拉交换区分得很清楚。

（21）库拉是与整个社会生活联系在一起的。因此，叙述库拉的过程，实际上是在讲述整个的社区生活。

（22）除了一些小的细节上的差别，库拉交换的交易规则在整个库拉圈中都是一样的。①

库拉圈所彰显出来的经济是嵌入在社会当中的。由此，马林诺夫斯基得出了"人类的经济是浸没（submerged）在他的社会关系之中的，他的行为动机并不在于维护占有物质财富的个人利益；而在于维护他的社会地位、他的社会权力、他的社会资本"的结论，并进一步地阐明"经济制度仅仅是社会组织的功能"。

---

① 〔英〕马林诺夫斯基：《西太平洋的航海者》，梁永佳、李绍明译，北京：华夏出版社，2002年版，第2—5页。

也就是说，经济是嵌入社会中的，自发调节的市场永远是乌托邦。所以"社会虽然存在，但是人们对它的认识却是历史的产物，是在市场经济发展到资本主义阶段才形成的"。

比如说我是一个锡纳卡塔人，有一对大的臂镯可供交易。这时，从当特尔卡斯托群岛的多布开来一支旅团，辗转来到我的村落。我吹起法螺，拿出臂镯，献给我的海外伙伴，并说出类似这样的话："这是 vage（启动礼），将来你要还我一个大的项圈"。第二年，我去他在海外的村落，这时他可能已经有一件等值的项圈作为 yotile（回礼）回赠给我；但如果他尚未找到适当的回礼，他就要给我一串小的项圈，说明这并非正式回礼，而只是一个 basi（中间礼），意思是他迟些才正式给我回礼，basi 只表示信用，我这时也要回一个小臂镯。最后与 basi 相对完成交易的礼品叫 kudu，意为成交礼。① 这里体现出库拉贸易的两个原则：第一，库拉不是物物交换，而是礼物之间的延时交换。第二，等价与否由回赠者决定，对方不能强迫，不能争辩，也不能取消交易。

如果你问土著人库拉是什么，他大概会回答一点细节、一些个人经验和看法。民族志者的责任是把所有观察到的细节加以整合，把所有相关的不同现象加以社会学的综合分析。首先，他要收集那些表面看起来互不相关但有一定意义的活动。接着，他要找出哪些是常见的、相关的方面，哪些是偶发的、不重要的方面；换言之，他要找出交易的全部法则。最后，他要构建这个大制度的图景，一如物理学家从他的实验数据中建构理论一样。其实，普通人也能接触到这些数据，但需要加以前后一致的阐释。

因此，如果库拉是代表一种新鲜而不荒诞，或事实上是基本的人类活动或人的思想态度的形态，那么我们可以期望在不同的民族志地区找到有关或类似的现象。我们也许会随时注意那些对交换物品表达一种尊敬甚至崇拜的经济交易，它表现一种新型的所有权，其特色是暂时性的、间断性的、积累性的；同时这些交易通过一个大而复杂的社会机制和经济活动体系来运行。具有这些特色的便是库拉类型的半经济半仪典性活动。无疑，我们不应期望在世界的另一处会有和这个制度一模一样并有着种种相同细节的版本出现，那是不切实际的。这些技术细节固然重要而有趣，但他们极可能是和库拉当地的特殊情况有关。我们期望在其他地区出现的是库拉的基本观念及其社会制度大概，而田野工作人员应注意的正是这些东西。

---

① 〔英〕马林诺夫斯基：《西太平洋的航海者》，梁永佳、李绍明译，北京：华夏出版社，2002 年版，第 88 页。

对于那些研究进化的理论学者来说,库拉可能就财富和价值、商业和经济关系的起源提供一些思考的材料。它也可以对仪典生活的发展,以及经济目的和活动对部落交往和原始社会国际法的影响有所启示。对于那些主要从文化接触的视角来研究民族学问题并有志于探讨制度、信仰和物品如何通过传递而散播的人来说,库拉也同样重要。这是一种新型的部落之间的接触,是新型的几个在文化上有些微小但的确不同的社区之间的关系。这里我们面对的问题,是确确实实的文化接触问题,不是解释各部落间库拉关系如何起源的问题。研究作为制度基础不同方面的相互影响、研究制度的社会和心理机制,是一种目前尚未成形的理论研究,但我敢说它迟早会自成体系。这类研究会为其他研究铺路并提供研究素材。[1]

通过库拉圈的描述,马林诺夫斯基试图证明的道理是,西方学术界常常把"原始人"看成非理性的民族。如果以这一观点来看待特洛布里安德人的库拉圈,便会得出一个结论,好像这种交换是纯象征性的,不具有现代交换的实质意义。可是,如果把这种象征的交换制度与特洛布里安德人的社会生活的其他方面联系起来做功能关系的考察,就会发现特洛布里安德人有他们的理性,因为象征的交换背后有实质性的互通有无的行为存在。[2]

---

[1] 〔英〕马林诺夫斯基:《西太平洋的航海者》,梁永佳、李绍明译,北京:华夏出版社,2002年版,第445—446页。
[2] 王铭铭:《远方文化的迷》,兰州:《西北民族研究》,1996年第2期。

第九章

扎根理论研究法

扎根理论(grounded theory)作为一种质性研究方式,其目的在于克服理论与资料之间长久存在的隔阂,试图在经验资料基础上建立与创新理论。一方面,扎根理论强调研究的经验性,研究者在研究时不强调理论预设,而是着重从原始资料入手,逐级归纳出抽象层次不同的概念与范畴,分析概念间的各种关联,并最终建构出具有扎根性的理论。另一方面,扎根理论也强调在研究过程中对新型理论的建构,强调从经验资料中抽象出新的理论元素,而不仅仅止于对实证资料作经验性描述。可见,扎根理论的目的在于提出一种科学的资料分析与理论建构方法。理论建构是其最终目的,而强调扎根性是为了保证理论与现实生活的紧密关联。扎根理论特别强调运用分析、比较方法,结合归纳与演绎的交替运行,把所搜集到的原始资料缩减、转化、抽象化,使之成为概念并最终形成理论。可见,在这一过程中理论的发现与验证是同时进行的。本章,我们主要介绍扎根理论的渊源、特点、操作步骤、实例等。

第一节 扎根理论的渊源

在很长一段时期内,社会研究存在两个极端,即巨型理论的建构缺乏经验性资料的支持,而经验性研究又缺乏理论提升。一些研究者都惯于运用某一理论去分析经验材料,却不知道如何从经验材料中去提取理论。这会带来两个结果,即旧有理论无法适应社会变迁,新的理论又无法从新的经验资料中及时归纳提取出来。于是如何打通理论与经验资料之间这一鸿沟就成了众多学者思考的重心。20世纪60年代,格拉斯(B. Glaser)和斯特劳斯两人通过对医务人员处理即将去世的病人的实地观察,在《扎根理论的发现》(*The Discovery of Grounded Theory*)一书中提出了"扎根理论"。按照斯特劳斯的解释,扎根理论是用归纳与演绎方法,在系统化收集、整理、分析经验材料基础上,验证已有理论或发展出新的理论成果。扎根理论方法的形成与美国符号互动理论、实用主义思想、科学的逻辑、工作社会学的影响有很大的关系。

一、符号互动论的影响

符号互动论代表人物是美国社会学家库利、托马斯、米德、布鲁默、和戈夫曼等人。符号互动论认为,人们行为的基础是他们赋予物体和情境的意义,该意义是在互动中产生并不断转化的。因此,行为中包含了行为者自身的理解,而不是对外界刺激的机械反应。符号互动论对扎根理论的影响表现为以下三个方面:

(1) 符号互动论认为,自我和社会(或他人)是不可分离的,两者之间存在着一个不断进行着的符号互动过程。自我持续地对社会进行理解与内化,确定自身行为的意义、策略与方式,然后外化为各种具体行为,从而反过来对他人与社会产生影响。扎根理论视理论建构为一个开放的、没有绝对定论的过程,认为理论本质上都是暂时的,在新现象、新经验材料面前,需要不断地加以修正、完善。

(2) 符号互动论认为,意义并不存在于事物本身,而不断产生于互动过程中,这种互动过程包含着众多可能影响行为者的条件或因素。扎根理论倾向于将研究对象纳入一个多元的、相互影响的分析框架中,也就特别重视经验材料的复杂性、特殊性以及因果关系的多元性;主张建立多层次概念体系,保持概念的弹性与概念间的张力,在归纳与演绎并重的前提下,时刻注意保持理论抽象与经验事实之间的对应性。

(3) 符号互动论认为,行为者的行为受其情境定义的影响,情境定义表现在行为者总是不断地试图解释所遭遇的各种情境并赋予对象以主观意义。扎根理论主张研究者在收集、分析、解释研究对象时应该换位思考,以被研究者的角度看待问题,紧密结合具体的社会情境。

二、实用主义的影响

从19世纪末到20世纪40年代,实用主义是美国影响最大的主流思潮之一。实用主义主张:(1) 强调行动以及行动的最终效果,把真理归结为行动的效果,即观念是否真实取决于其是否能产生实际效果;(2)强调知识是行动的工具;(3)贬低原则与推理,强调经验的重要性;(4)认为理论仅仅是一种事后总结,其价值在于是否产生效用。

陈向明曾如此归纳和总结了实用主义对扎根理论的影响:(1)实用主义解决问题的方法是分解与综合,在扎根理论中的"开放式登录"就是首先将观察或访问的资料逐字、逐行进行区分、拆解,而撰写研究报告时,则属于一种综合回归工作。(2)实用主义影响下的扎根理论也表现出突出的实用性格。研究者通常在社会实际中寻找和发现问题,其研究成果也主要运用于解决实际问题。因此,扎根理论的目的不止于理论建构,而在于运用理论解决实际问题。(3)理论在实用主义那里是第二位的、暂时的,任何理论都有待于根据客观实际进行修正,以持续产生实际效用。因此,扎根理论也特别强调对理论的不断修正,理论服从于发生变化的新现象、新材料。理论只是人们行动的工具,它为行动者所使用。①

三、科学的逻辑与工作社会学

科学的逻辑一般指的是恰当地运用归纳、演绎、比较、假设、检验等科学方法进行研究。扎根理论注重归纳与演绎的交替使用,反复比较经验材料并确定其异同及规律所在,建构理论并不断验证其科学性,因此它被视为"定性研究中最为科学的研究方法"②。扎根理论强调的经验性质表现在其十分重视案例的收集,但其区别于严格的量性研究之处在于并不要求案例必须达到规定数量。研究者具有较之严格的量性研究更为自由的主观经验来判断那些案例的代表性与价值。这样做无疑既符合科学的逻辑,又保留了质性研究的特色。扎根理论强调研究的过程,在这一过程中,归纳与演绎、抽象与验证同时进行,遵循了科学研究的逻辑。③

工作社会学主张研究者将研究工作与其日常生活紧密结合起来,这样就使其研究工作不仅仅局限在工作范围内,而扩展至生活中。在这种情况下,研究者倾向于将研究工作与日常生活合二为一。"格拉斯甚至写了一本书讨论扎根研究者如何安排日常生活与人生大事。使研究与人生有妥切配合。研究者也亲自或与同僚组成团体讨论,搜集资料以建立理论工作中同事间的彼此讨论,

---

① 李晓凤、佘双好编著:《质性研究方法》,武汉:武汉大学出版社,2006年版,第68页。
② 同上书,第67页。
③ 同上书,第68页。

一起或各自搜集一方的资料,但绝无工作过程中截然分工。所以在工作环境中不会产生不同工作职位阶层间权力差异与疏离现象"①。斯特劳斯接受芝加哥社会学研究工作的传统,在教授扎根理论时,鼓励学生使用搜集来的各种田野笔记、备忘录等,因为这一做法可以将理论活动与研究者的日常生活体验结合在一起。这能够培养一名研究者在日常生活中的观察力与理论嗅觉,帮助其透过常识获得关于社会现象的新感知。

受上述学术传统的影响,扎根理论方法特别强调从行动中产生理论,从行动者的角度来建构理论,理论必须来自资料,与资料之间有密切的联系。当然,扎根理论也经历了一个发展过程,大致可分为四个阶段:(1)发现阶段。在20世纪60年代,扎根理论在社会学领域被发展成为一个重要的研究方法。(2)发展阶段。20世纪70年代扎根理论通过研讨会、博士后教育等形式得到较快的发展。(3)传播阶段。在20世纪80年代,扎根理论从社会学领域逐步扩展到其他社会科学领域。(4)多元化阶段。20世纪90年代以后,扎根理论的应用范围不断扩大,研究方法不断改进,呈现出多元化趋势。

第二节 扎根理论的特点

扎根理论在研究方法产生、发展和逐步成熟的过程中形成了自身的一些特点,其主要体现在以下几个方面:

第一,在资料中建构理论。扎根理论注重知识的积累,认为这种积累必须基于大量的客观事实基础上,在实证资料中获得实质理论,再从实质理论上升为形式理论。实证资料与形式理论之间存在着太大的跨度,而扎根法所建构的实质理论可以作为两者间的中介。因此,扎根理论认为研究应着重资料的分析与实质理论的建构。② 斯特劳斯和科宾认为,扎根理论强调理论的发展,而且该理论植根于所收集的现实资料,以及资料与分析的持续互动。③ 可见,扎根理论强调从原始材料中发现理论,理论建构只有经过对经验材料的反复归纳、演绎才是科学的。"与一般的宏大理论不同的是,扎根理论不对研究者自己事先设定的假设进行逻辑推演,而是从资料入手进行归纳分析。理论一定要可以追溯

---

① 李晓凤、佘双好编著:《质性研究方法》,武汉:武汉大学出版社,2006年版,第70页。
② 胡幼慧:《质性研究:理论、方法及本土女性研究实例》,台北:巨流图书公司,1996年版,第34页。
③ A. Strauss and J. Corbin (1914), Grounded Theory Methodology—An Overview, in K. D. Norman and S. Lyvonnaeds, *Handbook of Qualitative Research*, Sage Publications, p.65.

到其产生的原始资料,一定要有经验事实作为依据。这是因为扎根理论者认为,只有从资料中产生的理论才具有生命力"①。

扎根理论在资料中构建理论的含义可以概括为:(1)研究前一般没有理论假设,在不断提问与发现经验材料中,直接从原始资料中提炼概念、建构理论。(2)扎根理论强调研究材料的经验性与日常生活性。资料必须源于日常生活,研究是为了解决日常生活中的实际问题。当然,在资料收集、整理过程中,关键在于要通过多元化的数据收集与对比,以保证资料的有效性。(3)扎根理论强调理论建构与实证分析相结合。好的扎根理论研究注重实证资料的获取,以归纳为主的方式,逐步建立概念,始终保持理论与资料之间的紧密关联。(4)扎根理论强调扎根性的发展概念与范畴。它为研究者提供一个如何发展概念的程序,使研究者得以立基于现实资料发展概念。

第二,不断进行比较。比较是扎根理论的主要分析思路之一,在资料和理论之间不断进行对比,然后归纳出类属(category)及其属性。并且,比较始终贯穿于研究的整个过程。扎根理论是一个不断比较、思考、分析、转化资料成概念以建立理论的过程。② 扎根理论的不断比较的含义包括:③(1)比较不同的人(比如他们的观点、情境、行动、话语和经历等);(2)比较相同个体在不同时间的资料;(3)事件的比较;(4)数据资料与类别的比较;(5)一个类别和另一个类别的比较。

关于比较的步骤,格拉斯与斯特劳斯归纳了如下四点:④(1)根据概念的类别对资料进行比较:对资料进行编码并将资料归到尽可能多的概念类属下面以后,将编码过的资料在同样和不同的概念类属中进行对比,为每一个概念类属找到属性。(2)将有关概念类属与它们的属性进行整合,对这些概念类属进行比较,考虑它们之间存在的关系,将这些关系用某种方式联系起来。(3)勾勒出初步呈现的理论,确定该理论的内涵和外延,将初步理论返回到原始资料进行验证,同时不断地优化现有理论,使之变得更加精细。(4)对理论进行陈述,将所掌握的资料、概念类属、类属的特性以及概念类属之间的关系一层层地描述出来,作为对研究问题的回答。

---

① 陈向明:《质的研究方法与社会科学研究》,北京:教育科学出版社,2002年版,第328页。
② D. Layder (1983), Grounded Theory and Field Research, *New Strategies in Social Research*, Cambridge Polity Press, p. 113.
③ 〔美〕诺曼·K. 邓津、伊冯娜·S. 林肯主编:《定性研究(第2卷):策略与艺术》,风笑天等译,重庆:重庆大学出版社,2007年版,第552页。
④ 陈向明:《质的研究方法与社会科学研究》,北京:教育科学出版社,2002年版,第330页。

第三,适度运用文献。扎根理论注重对实证材料进行归纳、建立概念,并建构理论的特点,容易使人产生错觉,即扎根理论可能不太重视文献资料。实际上,文献分析也是扎根理论的重要组成部分。这是因为一定的文献分析有助于研究者对比原有理论的优缺点,从中发现可能的理论创新之处及研究方向,另外扎根理论的成果也可以用来与原有理论进行对比。当然,也有学者认为研究者在进行理论建构时,不要过多使用原有理论,因为过多使用会束缚研究者的思路。"前人的思想可能束缚我们的思路,使我们有意无意地将别人的理论往自己的资料上套,或者换一句话说,把自己的资料往别人的理论里套,也就是人们所说的'削足适履',而不是'量体裁衣'"[①]。但是,另一方面也不可否认文献分析的价值,适度而又灵活地使用文献资料能够使我们的研究更具方向性。

第四,对理论保持敏感。扎根理论特别强调研究者应对理论保持警觉。不论是在设计阶段、收集阶段,还是在分析综合阶段,研究者都应该对与之相关的现有一切理论保持必要的距离,而着重从实证材料中发现、建构新的理论,因此需要对理论保持足够的敏感。在研究过程中,扎根理论特别注意将经验材料与理论建构联系起来进行思考。保持理论敏感性不仅可以帮助我们在收集资料时有一定的焦点和方向,而且在分析资料时注意寻找那些可以比较集中、浓缩地表达资料内容的概念,特别是当资料内容本身比较松散时。[②]

第五,研究过程的系统性与程序化。斯特劳斯指出,扎根理论是一种运用系统化的程序,针对某一现象来发展并归纳式引出扎根性理论的质性研究方法。研究过程的系统性、程序化是指发现问题、收集资料、编码、转译、摘记和报告撰写等一系列步骤。在研究方法上,扎根理论主要采用观察法、访谈法、文献法等。同时,在收集与分析资料过程中,不断采用归纳、演绎、提问、对比、验证等方法。

第六,强调理解式研究。扎根理论是质性研究的一种,它与量性分析的差异之一在于强调理解式研究。一方面,研究者尽量采用"当事人"立场收集、分析资料,理解当事人行动的意义,并且在建构概念过程中也尽量考虑采用当事人的原话。另一方面,扎根理论认为研究者的个人解释在研究中也起着重要作用。研究者可以运用自身的经验性知识去理解资料。这样,原始资料在研究者与被研究者的立场之间不断得到互动性辨析与提炼。通过扎根法建构的理论,实际上是研究者将个人解释与理解资料本来含义两者完美结合的产物。

---

① 陈向明:《质的研究方法与社会科学研究》,北京:教育科学出版社,2002年版,第331页。
② 同上书,第329页。

第三节　扎根理论研究方法的步骤

扎根理论研究方法的步骤主要指扎根理论研究方法的整个操作程序和过程，一般由选题和资料收集、资料分析、备忘录、理论性抽样、检验与评估标准等部分和阶段构成。

一、选题与资料收集

（一）选题

科学发现往往是从问题开始的，发现问题是科学研究的起点，而这一问题就成为研究中的选题。所谓"研究问题"（research problem or research question），指的是社会研究所要回答的具体问题，它是一个可以通过研究来进行回答的问题，与日常生活中人们所说的"问题"不全然相同。扎根理论主张，发现问题需要敏锐的理论触觉，因为社会现象纷繁复杂，呈现出各种各样的外部特征，面对各种社会现象，人们往往容易熟视无睹。扎根理论要求研究者应该锻炼敏锐的理论触觉，于旁人习以为常的社会现象中发现问题。良好的理论触觉体现为一种面对复杂现象时的概念化能力，可以帮助研究者迅速察觉那些隐藏于日常生活常识背后的本质。

现实社会生活无疑是社会科学选题的主要来源。扎根理论特别重视研究材料的经验性以及研究成果的现实有效性。但是选题单单取材于客观现实还不够，扎根理论认同芝加哥"工作社会学"，即主张将研究工作与研究者的日常生活结合起来。因此，选题同时还应该考虑研究者的个人经历与体验。个人经历是个体生活的记录，是个体各种体验、认识、感受的积淀，极大地影响到个体理解与看待社会问题的角度与立场。实际上，那些结合着研究者的人生体验，从其内心产生的问题，更有可能是"真问题"。个体的生活体验往往有限，因此作为间接经验的文献资料就显得十分宝贵。文献资料往往记录了前人的直接生活体验或研究成果。扎根理论也主张研究中的文献资料收集与研读，但比较强调与文献中的现有理论保持一定距离，在研究中不被原有理论所束缚，重视从经验材料中归纳理论，从而使理论具有扎根性。在选题的标准方面，一般主要依据如下几条标准[①]：

（1）重要性。选题应该具有现实或理论价值和意义。任何研究都要求解

[①] 风笑天：《社会学研究方法》，北京：中国人民大学出版社，2001年版，第53页。

第九章　扎根理论研究法

决问题,扎根理论尤其要求解决社会生活中的实际问题。这涉及"为什么"特定选题值得去研究的问题。"理论方面的意义或价值,主要体现在研究问题对一门学科的发展、对某种理论的形成或检验、对社会规律的认识、对社会现象的解释等所能做出的贡献上;而实践方面的意义或价值,则主要体现在研究问题对社会现实生活所提出的各种具体问题能否进行科学的回答和能否提供合理的解决办法上"①。

(2) 创造性。新颖的选题往往具有创造性与独特性,具有与众不同之处。扎根理论要求抛弃先在理论的束缚,从经验材料中建构新理论,即理论创新。而选题上的创新为理论创新创造了良好的条件。实际上,扎根法本身就是力求在方法上找到某种突破,从而期待借此获得更多更好的理论。

(3) 可行性。扎根理论强调理论来源于经验材料,因此选题必须保证在经验材料的获得上首先是可行的。实际上,重要的、具有创新性的选题往往会面对更大的研究难度。这种难度来自主观与客观两个方面。与研究者自身条件有关的是主观限制,如研究者在生活经历、知识结构、研究经验、组织能力、操作技术等方面的限制,有时还包括性别、年龄、语言、体力等限制。客观限制是指诸如时间、经费、文献、伦理道德、法律、习俗等可能给资料收集带来的不利影响。

(4) 合适性。合适性与可行性不同,可行性是指研究的"可能性",而合适性指的研究者在当时当地展开此项研究是否"最佳"。按照扎根理论的旨趣,扎根法更倾向于强调选题应该与研究者的个人兴趣、知识储备、熟悉程度等相结合。辩证而言,可行的选题未必定是合适的,而合适的选题首先必然是可行的。

(二) 资料收集

资料收集是指研究者发现、聚集或产生所要分析的资料的过程。扎根理论更多采用参与式观察、访谈、田野调查来获取资料。当然,文献研究也是扎根理论资料收集的方式之一,例如年鉴、政府统计数据、传媒、传记、信件与日记等都可以作为资料收集对象。需要指出的是,扎根理论也需要抽样,比较突出的是理论性抽样。扎根理论的理论性抽样不同于量性研究的概率抽样,它属于一种目的性较强的非概率抽样。扎根理论的理论抽样特征为主观性、目的性、小样本,往往选择有限的但具有代表性的个案作深度研究。

正因为扎根理论抽样的样本量并不大,因此对于每一个样本的分析便十分详细与深入。扎根理论会关注样本的各个不同方面,例如时间、地点、人物、事

---

① 风笑天:《社会学研究方法》,北京:中国人民大学出版社,2001年版,第53页。

件、原因、过程与关系等。扎根理论收集主要集中在研究对象身上发生了什么、为什么发生以及如何发生。它还关注研究对象涉及几个主要方面,这些方面之间存在什么关系,是如何互动的。另外,与量性研究的结构化、封闭式提问方式不同,扎根理论在收集资料时的提问往往是开放与灵活的,甚至有意留有余地,以便意料不到的资料会突然出现。因此,扎根理论的观察与访谈,事先往往只需要准备一个纲领性问题列表,甚至在实际调查中,可以抛开原先准备的计划,具有更多的质性研究色彩。

二、资料分析

在扎根理论中,对实证资料进行逐级编码(登录)是特别重要的一环。登录(coding)是指将收集到的经验资料分解、辨析并赋予概念(conceptualized)的过程。登录意味着初步理论开始形成,理论返回来又会指导下一步的资料收集。在登录过程中,研究者可以对资料产生新的理解,获得进一步研究的灵感,包括获得下一步资料收集时的方向感。登录的类型有三种:开放式登录(open coding)、主轴(关联式)登录(axial coding)与选择式登录(selective coding)。这三个步骤的目的在于不断地对经验材料进行比较、提问,建立概念、范畴,并在此基础上一步步归纳、提升出理论。需要指出的是,开放式登录、关联式登录与选择式登录之间并不存在严格确定的先后次序,也可以将它们视为三种不同的登录类型。在分析程序中,三种登录类型可以根据研究需要而打乱次序。

(一)开放式登录

登录实际上是在资料中逐渐提炼概念的过程。在开放式登录过程中,研究者需要对资料进行逐字分析与逐行分析(line by line coding),以期发现隐含的重要社会现象。这些重要的社会现象应该是关键性的或经常性出现的,抓住这些现象,并对其进行命名(范畴化),最终可以帮助我们理论性地把握社会现实。因此,开放登录就是反复仔细推敲经验材料,并对重要的社会现象加以命名及范畴化的过程。

我们引用一个例子[①]来说明开放式登录,见表9-1,该例子是一段被访者的谈话,内容是她喜欢她的工作,她是居家护理的支持者。研究者通过对访谈逐行登录,逐渐形成了"身份弃用"(identity trade-offs)范畴。

---

① 〔美〕诺曼·K.邓津、伊冯娜·S.林肯主编:《定性研究(第2卷):策略与艺术》,风笑天等译,重庆:重庆大学出版社,2007年版,第552页。

表 9-1　访谈记录逐行编码示例①

逐行编码	访谈记录 a
决定放弃 根据成本 权衡利弊 放弃身份 决定身份弃用	所以我决定,这(工作中产生的痛苦、疲劳和压力)可不是个活法。我不一定要工作……所以带着极大的遗憾,也不是出于我的计划,我递交了辞呈。这是我所做过的最棒的一件事。

具体而言,开放式登录包含以下四个步骤:

第一,将材料上升为概念。即仔细分析原始资料中的句子、段落或篇章等,对从中发现的类似现象加以概念化(conceptualizing)。一般而言,概念的来源主要是研究对象的原话、研究者的经验与文献。在这一阶段,概念可以是一个词、一个短语或句子。概念应该能够准确概况经验材料的实际情况,并且具有创意。

第二,将概念上升为范畴。即将概括相同或类似现象的那些概念集中起来,统一归到相应范畴之下。

第三,命名范畴。即赋予范畴以名称。实际上,前述第一步将材料上升为概念也是在赋予现象以名称,不同之处在于是针对未经处理的资料赋予名称,这些名称即是概念。而命名范畴则是针对类似的概念群赋予名称,是一种更抽象的名称。命名范畴可以采用当事人的原话,也可以采用研究者自己的语言,即用一个抽象层次较高的名词说明某一重要的社会现象。范畴是工具性的,研究者借此可以方便地区分复杂的实证资料;范畴也是暂时性的,它可以被新的经验材料所检验与修正。

第四,发展范畴。每一个范畴都包含不同维度与特征,可以从这些方面来发展、充实该范畴。

下面,我们用斯特劳斯归纳的开放式登录基本原则加以进一步说明:②
(1)对资料进行非常仔细的登录,不要漏掉任何重要的信息;登录越细致越好,直到达到饱和;如果发现了新的码号,可以在下一轮进一步收集原始资料。
(2)注意寻找当事人使用的词语,特别是那些能够作为码号的原话。(3)给每一个码号初步的命名,命名可以使用当事人的原话,也可以使用研究者自己的

---

① K. Charmaz (1995), Grounded Theory, in J. A. Smith, R. Harre and L. Van Langenhove (eds.), *Rethinking Methods in Psychology*, CA: Sage, p.671.

② 陈向明:《质的研究方法与社会科学研究》,北京:教育科学出版社,2002 年版,第 333 页。

语言,不要担心这个命名现在是否合适。(4)在对资料进行逐行分析时,就有关的词语、短语、句子、行动、意义和事件等询问具体的问题,如:这些资料与研究有什么关系?这个事件可以产生什么类属?这些资料具体提供了什么情况?为什么会发生这些事情?(5)迅速地对一些与资料中词语有关的概念之维度进行分析,这些维度应该可以唤起进行比较的案例;如果没有产生可以比较的案例,研究者应该马上寻找。(6)注意研究者自己列出来的登录范式中的有关条目。

(二)关联式登录

在开放式登录阶段,概念化与范畴化过程对经验材料进行一定程度的抽象、概括,范畴对概念作了一定的整合,但范畴之间关联尚需厘清。关联式登录的目的就是在范畴与范畴之间建立联结,用来表明资料中各部分之间存在的逻辑关联。这些关系主要是因果关系、过程关系、结构关系、功能关系等。关联式登录能够将经验材料以新的、更清晰、更整合的方式组织起来。关联式登录也叫轴心登录,因为研究者一次只围绕一个范畴加以研究,从该范畴出发建立各种相关关系。在研究范畴间各种相关关系时,研究者应该考虑到研究对象的意图与动机,并考虑到研究对象的社会文化因素。因此,扎根理论运用典范模型(paradigm model)来完成各范畴间的联结。

典范模型是扎根理论的一种重要分析策略,它能够有效地将各个独立的范畴联结起来。它包括因果条件、现象、中介条件、行动/互动策略、结果等方面。这几个方面有助于将众多范畴区分为主范畴与次范畴,并建立逻辑关联。因果条件指的是事物间引起与被引起的关系,多因一果现象更为常见。现象就是指一组行动/互动当中的事件。中介条件是指该现象背后更广泛的环境、结构、社会背景等,作为特定情境影响行动/互动策略的选择。行动/互动策略是指针对现象而采取的行动。结果是指行动在某一特定阶段完成时的状态,它作为一个事件,可以影响到研究对象下一步的行为。在运用典范模型过程中,关键是要厘清各范畴间的联系,并分清主次。在此过程中,这些主次关联必须反复得到经验材料的检验。当然,典范模型并不是在关联式登录时才开始着手建立,实际上在开放式登录时,研究者就应该在资料分析中获得此模型的主要信息。

(三)选择式登录

选择式登录是指"在所有已发现的概念类属中经过系统分析以后选择一个'核心类属'(core category),将分析集中到那些与该核心类属有关的码号上面"①。选择式登录建立在关联式登录基础上,进一步选择一个核心范畴,并有系统地加以说明、检证与补充。显然,选择式登录较开放式登录、关联式登录更具目的性与抽象性。

核心类属应该具有如下特征②:

第一,核心类属必须在所有类属中占据中心位置,比其他所有的类属都更加集中,与大多数类属之间存在意义关联,最有实力成为资料的核心。

第二,核心类属必须频繁地出现在资料中,或者说那些表现这个类属的内容必须最大频度地出现在资料中;它应该表现的是一个在资料中反复出现的、比较稳定的现象。

第三,核心类属应该很容易与其他类属发生关联,不牵强附会。核心类属与其他类属之间的关联在内容上应该非常丰富。由于核心类属与大多数类属相关,而且反复出现的次数比较多,因此它应该比其他类属需要更多的时间才可能达到理论上的饱和。

第四,在实质理论中,一个核心类属应该比其他类属更加容易发展成为一个更具概括性的形式理论。在成为形式理论之前,研究者需要对有关资料进行仔细审查,在尽可能多的实质理论领域对该核心类属进行检测。

第五,随着核心类属被分析出来,理论便自然而然地往前发展了。

第六,核心类属允许在内部形成尽可能大的差异性。由于研究者在不断地对它的维度、属性、条件、后果和策略等进行登录,因此它的下属类属可能变得十分丰富、复杂。寻找内部差异是扎根理论的一个特点。

选择式登录包括下列五个步骤:(1)明确资料的故事线(story line);(2)在典范模型基础上,对主要范畴(类属)与次要范畴(类属)的属性、维度加以描述;(3)提出理论假设,发展或补充资料与相关范畴;(4)确定核心类属;(5)在核心类属与次类属之间确立逻辑关系,并依据需要填满可能需要补充或发展的范畴。

另外,斯特劳斯和科宾在强调三级登录(编码)的同时,提出维度化(dimensionalizing)与条件模型(the conditional matrix)概念。扎根理论鼓励研究者将属性置于维度的连续体,比如高—低、内—外、难—易、多—少等都属于维度的连续体,通过三级登录,在范畴与子范畴之间建立关联,逐渐建立条件模型。条件模型表现为一系列同心圆,可以体现出范畴之间相互关联的条件与结果。

---

① 陈向明:《质的研究方法与社会科学研究》,北京:教育科学出版社,2000年版,第334页。
② 同上书,第334—335页。

下面,我们引用陈向明的一项研究作为案例以简要说明上述三级编码的过程。① 她在研究中国留美学生跨文化交往活动时,对资料进行了三级编码:

第一,开放式登录。在初步分析留美学生访谈资料基础上,她找到了很多研究对象常用的概念:兴趣、愿望、有来有往、有准备、经常、深入、关心他人、面子、体谅、公事公办、亲密、圈子、不安全感、民族自尊等。

第二,关联式登录。他在开放式登录发现的诸多概念中寻找各种关联,查看这些数量较多的概念能否被归为数量较少的几类抽象层次更高的范畴(类属)。经过反复比较、辨析之后,她用七个主要类属将这些概念统合起来,这些较为主要的类属分别为:交往、人情、情感交流、交友、局外人、自尊、变化。每一个主要类属之下包含着相关分类属(即原先的概念),如人情这一主类属下面包含体谅、容忍、关心、照顾、含蓄、留面子等;局外人这一主类属下面包含游离在外、圈子、不安定、不安全、孤独、想家等。

第三,选择式登录。在所以类属及类属关系被建立起来以后,她将"文化对自我和人我关系的建构"作为核心类属,在此基础上对原始资料进行进一步分析,最终建立了两个扎根理论:(1)文化对个体的自我和人我概念以及人际交往行为具有定向作用;(2)跨文化人际交往对个体的自我文化身份具有重新建构的功能。

三、备忘录

(一) 建构、排列备忘录

备忘录又称为分析报告,指的是研究者将资料记录在笔记上,写下对他们使用的方法、研究策略、研究发现及初步结论的意见,其目的是通过写作对自己的研究进行思考。②

备忘录是扎根理论中一项重要的环节。实际上,在对资料进行登录的过程中就应该做备忘录了。登录主要是对资料的分解,而做备忘录则是一种综合。登录是在"打破""揉碎"资料,备忘录则是在"整合""提升"资料。备忘录的内容一般在于整理、分析、解释资料并对资料进行理论性提升,以及进一步研究的思路与计划。在撰写备忘录的过程中,研究者可以更多地发现资料的理论价值及其存在的不足,可以提升所收集资料的抽象层次等。这些都可以帮助研究者

---

① 陈向明:《旅居者和"外国人"——中国留美学生跨文化人际交往研究》,长沙:湖南教育出版社,1998年版。

② 李晓凤、余双好编著:《质性研究方法》,武汉:武汉大学出版社,2006年版,第209页。

调整研究思路,从而更有目的性地挖掘有价值的资料,为进一步的理论建构创造条件。在备忘录的撰写过程中,对资料的归纳与演绎同时进行,是对资料的理论性整理。首先,研究者对资料进行归纳、整理,借此发现研究中存在的各种不足,进而研究者通过演绎方法,在理论建构的同时重新回到经验材料那里,以弥补理论建构所需。在不断地归纳与演绎过程中,资料的抽象层次不断提高,资料的丰富性也不断得到加强。扎根理论就建立在这些循环往复的对比、提问、归纳、演绎基础上。

在撰写备忘录时,还需注意如下两个方面:(1) 主题式。最好以一个个主题的形式撰写备忘录,在以后撰写研究报告时方便处理。(2) 注明日期。每一份备忘录都应标明一个日期,以显示研究的脉络次序。日志式的研究资料也为其他学者了解研究进程提供依据。

备忘录一般是以主题形式撰写的,而同一研究的不同主题之间必然存在着一定的逻辑关系,因此将备忘录进行排序能为研究者理论性解释经验材料提供帮助,甚至有助于确定报告的撰写思路,即排序后的备忘录往往可以成为研究报告的纲要。在撰写研究报告过程中,排序的备忘录不仅可以揭示写作脉络,也可以直接被引用作为报告的一部分。备忘录的引用,不仅使研究报告在论证上更具说服力,也使其在内容上更丰富、翔实,从而也更为生动可信。

(二) 一个备忘录写作的案例[①]

(1) 一份初期的备忘录:形成一个双重自我。

双重自我(dual self)在本个案中是指生病的自我(sick self)和监控性自我(monitoring self)之间的对比。实际上,身体的自我(physical self)可能比生病的自我更恰当,因为有些人试图认为自己是"好的"(没病),但他们依然觉得他们必须不断地监控,目的是维持这种状态——当然,不奏效时,他们也容易陷入自责。

在萨拉的身上,我们看到了身体自我和监控性自我之间明确的对话。提供学习时间(或身体教育),自学和自我确认,萨拉不仅形成了一种对自己身体之需要的感觉,而且还形成了如何处理这些需要的相当不错的时间感。

就双重自我而言,监控性自我将身体自我的内部信息外在化并使其具体化。这就好像是在双重自我的两个维度之间就身体自我的最终确认而进行的对话和磋商。结果,合格的监控性自我必须能够注意到身体自我所发出的

[①] 〔美〕诺曼·K. 邓津、伊冯娜·S. 林肯主编:《定性研究(第2卷):策略与艺术》,风笑天等译,重庆:重庆大学出版社,2007年版,第554—556页。

信息。学习时间是一段必需的集中思考,检验成为一种有效的监控性自我。

例如,马克描述了一个换肾者的谈话,谈论如何保养他身体内新移植的肾脏时,那种发生在身体自我与监控性自我之间的对话。

双重自我在很多方面类似于米德的主观我和客观我。客观我起监控作用,它关注主观我。主观我是创造、经历、感觉的自我。监控性的客观我界定这些情感与冲动。客观我对情感等做评价并发展出一系列行动,就这样,被定义为需要的就受到了关注。在这里,身体自我被视为一个客体,它被用来和过去的身体(或心理自我)进行比较,和觉察到的他人的地位比较,和一个界定了的监控水平比较,和潜在危机的信号比较等。

监控性自我的后果之一就是,当它似乎"有效"时会受到实践者的鼓励(毕竟,对自己的身体负责是很现代的信息)。然而,当个人的监控战术和实践者对于合理行为的理念相冲突时,或个人的监控战术不成功时,监控性自我就可能受到责难。

下面是该备忘录在发表的论文中呈现的面貌:

(2)该备忘录在论文发表中的运用:形成一个辩证的自我。

辩证自我(dialectical self)是生病或身体自我和监控性自我之间的对比。使疾病受其自身的发展的制约,而不是仅仅隐瞒疾病,这样做导致了监控性自我的形成。发展一个辩证的自我意味着对自己的身体高度注意。那些这样做的人相信他们觉察到了哪怕是最细微的身体变化。例如,马克在第二次肾移植后感觉到他已经学会感觉器官排斥的最初征兆。

当人们不再视自己为"生病的"时,他们依然监控他们的身体自我以避免以后患病。为说明这一点,萨拉解释道,她花费了几个月的"学习时间"以便能够发现她身体的需要以及如何处理这些需要。萨拉评论说,"我努力地弄明白它(身体的疾病);努力地理解它,它就是我自己和混合连接组织疾病(诊断),你知道,我要尊重它,要了解它——要对时间要素,对我自己的身体在做什么,在如何感觉等有一个真正深入的认识"。当我问她,"时间要素"是什么意思时,她回答:

在一个月中的某些时间我比平时容易动感情得多,而且我能感觉到这一点。我可能在清晨醒来,而且能感觉到这样……所以我确实学到了我能够做什么,什么时候停下来,以及什么时候不得不放慢节奏,等等。而且我通过学习而喜欢这样——这样给予和索取。我认为所有这一切现在都在我的大脑中编排好了,我现在甚至想都不需要想。不管事态如何,我都将知道什么时候坐下……放松一点,这就是那一天的要求。那么结果是我没有生病。

在辩证自我中,监控性自我将身体自我的内部信息外在化并使其具体化。这就好像是和身体自我最终生效之间的对话和磋商。例如,马克参与了"人和肾"的对话,鼓励新的肾和他保持一致。一个称职的监控性自我从身体自我那里得到信息,而且正如萨拉所评论的,随着时间的推移,监控就变得理所当然。

辩证自我在很多方面类似于米德的主观我和客观我。客观我起监控作用,它关注主观我。主观我是创造、经历和感觉的自我。监控性的客观我界定着主观我的行为、感情和冲动。它评价感情并组织行动以满足界定的需要。在这里,一个生病的人将他的身体自我视为客体,赞美它,拿它和过去的身体自我比较,和感觉到的他人的健康状况比较,和身体的或精神的健康的理性相比较,和潜在危机的信号比较,等等。

辩证自我是病人面对不确定性时出现的多重自我之一。病人是否认为辩证自我有效,这明显地影响着他们的行为。以萨拉为例,辩证自我指导着她组织时间,进行工作,以及和他人发展关系。在工作中,萨拉认为她必须使自己小心由太多要求所造成的压力。和朋友一起时,她感到必须把她自己的需要放在首位。和医生在一起时,她拒绝医生的控制,因为她相信她对自我状况的了解比医生多。

当监控性自我奏效时,事件者可能鼓励它,但是当它失败时,或监控的战术和他们的意见相冲突时,实践者则责难它。辩证自我的发展证明了一些人对他们的疾病和生活所持的积极态度。简而言之,辩证自我帮助人们将疾病控制在他们的生活背景之中。

四、理论性抽样

理论性抽样(theoretical sampling)是指在已成型或正形成的理论(概念)基础上进行的样本选取过程,目的为了概念本身更清晰,概念间的关系更清楚。理论性抽样的对象是与用来建构理论的那些概念相关的事件。扎根法中的理论性抽样是一个需要不断持续进行的过程,它的终点是达到理论饱和,这是理论抽样的原则所在。

判断理论是否饱和的标准如下:(1)抽样对象已基本穷尽。这是指对核心概念而言,特定时空内很难再收集到新的经验材料;(2)概念已相当密集,典范模型中因果条件。

当然，我们要知道，依据扎根理论的理念，任何理论不论看起来有多完善，都只是暂时的，都必须在变化了的新的社会现实面前重新证实或证伪。因此，我们说的理论饱和也只是暂时性的。理论抽样可以在三级编码的任一阶段进行，如同备忘录的撰写也应该贯穿整个编码过程一样。

与一级编码对应的是开放性抽样，此阶段抽样的针对性相对较弱，研究者可根据研究范围及研究对象特点进行相对宽松的样本选取工作，可以是即兴抽样，可以是系统抽样；与二级编码对应的是歧义性抽样，此阶段抽样的目的性较上一阶段强烈，研究者在抽样时比较注意区分概念间的差异关系；与三级编码对应的是区别性抽样，在发展概念、形成理论方面目的性最强。研究者在选取样本时带有极强的针对性，目的就是为了厘清概念关系与研究脉络，补充尚不充足的范畴，以及验证成型理论的科学性、合理性。在每一阶段的理论抽样过程中，前一阶段归纳得到的初步理论，可作为下一阶段理论抽样的标准，同时也是下一阶段资料收集的依据；前一阶段所得的各种概念、范畴，可启示下一阶段研究假设的建立；在对资料不断比较、分析、综合，对资料与理论之间不断归纳、演绎的基础上，逐渐浓缩经验材料，提升理论层次。扎根法的理论抽样，目的是为了界定与发展概念与范畴，出发点却是资料分析过程中的各种疑问与假设。对这些疑问及假设的解决与论证，能使先前的那些概念更加明确，使概念间的关联更为清晰。

五、检验与评估标准

扎根理论的评估标准大致包括以下几个方面：概念或范畴是否来源于经验材料，是否从原始资料中归纳而来；概念或范畴是否为经验材料有力证明并发展充分，且密度较大；概念或范畴之间是否存在系统、有机和主次关联；最终成形的理论是否具有较强的解释力。

具体而言，我们可以从如下一些方面对扎根理论展开评估：(1) 研究问题来源以及样本选择的依据；(2) 研究背景对研究对象产生影响的程度；(3) 具体的概念和范畴与原始资料的对应程度；(4) 概念和范畴的代表性、扎根性；(5) 概念与范畴的稠密程度；(6) 理论性抽样的依据；(7) 初步形成的理论对进一步收集资料的指导性；(8) 假设被验证的程度；(9) 核心范畴或主次范畴确定的科学性；(10) 理论的歧义性；(11) 研究程序的科学性；(12) 成形理论的解释力。

第四节　扎根理论研究方法的应用[①]

斯特劳斯在《为社会科学家提供的质的分析》一书中提供了一个实例来展示扎根理论方法分析资料的过程。

假设研究的问题是："在医院里使用机器设备是否会(以及如何)影响医务人员与病人之间的互动？"我们在病房里看到很多机器设备被连接在病人身上，现在我们可以形成一个初步的类属——"机器—身体连接"——来表示这个现象。根据观察的结果，我们初步决定将机器分成两大类：连接病人身体外部(如皮肤)的机器；连接病人身体内部(如鼻子、嘴巴、肛门、阴道)的机器。这个区分引出了"机器—身体"这一类属的两个维度：内部的连接、外部的连接。然后，我们可以对这些维度进一步细分，比如有关"内部的连接"，我们可以继续问："这些机器是否给病人带来疼痛？它们对病人是否安全？是否舒服？是否可怕？"提出这些问题时，我们可以使用两分法："是"或"不是"，也可以使用一个连续体，从"强"到"弱"。当然如此分类不只是来自我们实地收集的原始资料，而且也来自我们自己的经验性资料(比如，人的这些内部器官非常敏感，机器连接可能使这些部位感到疼痛；那个从病人肚子里伸出来的管道看起来很可怕，所以这个管道可能不安全)。

上述问题涉及行为或事物的后果："如果这个东西看起来如此，那么它可能会带来危害生命的后果吗？"此时，我们还可以加入一些其他的具体条件，如：如果病人移动得太快，或者他晚上睡觉的时候翻身，或者这个管子掉出来了，他的身体发炎了，在这样的情况下他的生命会受到威胁。我们也可以就医务人员使用的策略发问："为什么他们把管子这么插着，而不那么插着？"或者就病人使用的策略发问："他是否与护士协商使用另外一种方式？"我们还可以就双方之间的互动发问："当机器连到他身上时，他和护士之间发生了什么事情？他们是否事先告诉他了，是否给了他一些警告呢？他们是不是没有告诉他就这么做了，结果他感到很惊恐吧？"(最后这个问题也是涉及双方互动所产生的结果。)

这些问题被给予初步的回答以后，我们就可以开始形成一些假设了。

[①] 本节内容选自陈向明：《质的研究方法与社会科学研究》，北京：教育科学出版社，2002年版，第336—338页。

有的假设还需要进一步通过观察或访谈进行检验,但是现在我们可以比以前比较有针对性地进行观察和访谈了。我们也许会发现一个连接病人鼻子的管道虽然不舒服,但是很安全。因此,我们可以就这一点进行访谈。如果我们希望对"导致不安全的条件"继续进行探询,我们可以问护士:"在什么时候这些连接对病人来说不安全?"我们也可以注意观察当病人的鼻子被机器连接变得不安全时,有什么条件出现,比如连接突然断了,或者连接的方式出了问题。

这一思考线索可以进一步导引我们对维度进行细分,提出更多的问题,形成更多初步的假设。比如,对那些比较容易脱落的机器连接,我们可以问:"它们是如何脱落的?是因为事故、疏忽,还是故意(比如病人感到恼怒、不舒服或害怕时自己拉掉的)?护士使用了什么策略和技巧尽可能避免或预防脱落?给予特殊照顾?警告病人不要乱动?强调个人的安全取决于不论多么疼都不要动或者不要拉断连接?或者通过'合作'的方式,保证只连接几个小时?或者定期地移走机器,使他们放松一下?"上述这些问题、假设和区分不一定"属实",但是如果"属实",我们就可以进一步就此进行探究,找到"是—不是—可能"和"为什么"。显然,我们最终总是要问更多的有关条件和后果的问题的,这些问题不仅涉及病人本人,而且还有病人的亲属、护士、不同的工作人员、病房的功能,可能还会问到对某些机器部位的重新设计。

上述比较有针对性的探究会自然地引导我们追问:"我可以在哪里找到'X'或'Y'的证据?"这个问题提出的是"理论抽样"的问题。通过前面的调查,现在我们开始为自己初步出现的(也许是十分原始的)理论寻找有关的人群、事件和行动作为抽样的依据。对于研究新手来说,这个抽样通常是隐蔽地在比较的活动中进行的,主要是对不同的子维度进行对比。

受到上述理论的导引,我们还可以更加广泛地进行抽样。比如,就其他机器的安全和舒适程度进行抽样,看这些机器是否与人的身体相连,如X光设备、飞机、烤面包机、锄草机或那些受雇在街上打破水泥路面的工人手中的机器震动时对身体的震荡。这么比较不是为了对所有的机器或安全的/危险的机器形成一个概括性的理论,而是为了给在医院环境下使用医疗设备的有关理论提供理论敏感性。我们的外部抽样是与内部抽样紧密相连的。当然,这些比较也可以从我们自己的其他经验资料中获得(即所谓的"逸事比较"),比如我们自己与机器有关的个人经历、观看别人使用机器、自己阅读有关机器的小说、自传或报告文学等。

第十章

内容分析法

内容分析法(content analysis)是对内容进行客观的、系统的、量性的描述和分析,是为模式、主题、倾向识别的目的而针对某个题材内容进行详细而系统的审视。内容分析是通过人们交流的形式来进行的,包括书籍、报纸、杂志、诗词、歌曲、绘画、演讲、信件、电视、电影、艺术、音乐、录像和谈话笔录等。内容分析综合了诸多学科领域,如心理学、社会学、历史学、艺术、教育学、新闻学、政治学等。内容分析法也是一种高度结构化的方法,其主旨在于把一种用言语表示而非数量表示的文献转化成数量表示的资料,其结果一般采用与调查资料相同的方式,如采用频次或百分比列表进行描述。本章在梳理内容分析法历史与现状的基础上,着重介绍其含义、特征、实施过程等内容。

第一节 内容分析法的历史和现状

一、内容分析法的历史

内容分析法是对文献内容进行客观、系统、量性分析的一种科学研究方法。根据克雷宾多夫(K. Krippendorff)的研究发现,18世纪瑞士第一次出现了对印刷材料量性分析的较全面记载[1]。当时,有一部名为"基督教之歌"的圣歌集,

---

[1] K. Krippendorff (1980), *Content Analysis: An Introduction to Its Methodology*, Newbury Park, CA: Sage.

其中有 90 首作者不详的歌曲遭到了教徒们的谴责,原因是这些歌曲的一些象征词违背传统牧师的要求,同时助长了异教徒的志气。于是,人们对照早期的圣歌,查出了歌曲中不符合宗教的象征词,直至问题解决。

19 世纪美国报业崛起,内容分析法被广泛用于传播领域。第二次世界大战期间的美国学者 H. D. 拉斯维尔等人组织了一项名为"战时通讯研究"的工作,以德国公开出版的报纸为分析对象,获取了许多军政机密的情报,这项工作不仅使内容分析法显示出明显的实际效果,而且在方法上取得了一套模式。

20 世纪初期,内容分析法广泛应用于新闻界,主要目的在于评估公众热点及市场状况。但新闻事业只有实事求是才能广泛地影响公众,于是,定量的报纸分析产生,主要用于考察报纸的客观性。后来,通过主观分类,对词与短语的测量扩展到广播事业。如 1939 年阿尔比希通过主观分类,以几类词、短语的出现频率测量了广播信息①。紧接着内容分析运用于各种不同类型的信息分析中,如笔记、演讲、广告、电影、电视、艺术、音乐、文学等,希望了解社会和文化的历史趋势。后来由于电子媒介的介入,以及社会科学中实际考察方法的出现,内容分析法得以不断完善。但是二战之前,内容分析法被认为是一种为了验证科学假设或批判新闻事业,而使用媒介交流搜集数据的方法。

二战期间,内容分析法在"宣传机构分析"中得到了大规模应用。由于要分析大量的手写材料,而且许多任务要不断反复进行,使得计算机成为内容分析的得力工具。二战以后,新闻传播学、政治学、图书馆学、社会学等领域的专家学者与军事情报机构一起,对内容分析方法进行了多学科研究,使其应用范围大为拓展。

对内容分析法发展与应用做出贡献的学者和文献主要有:20 世纪 50 年代美国传播学者贝雷尔森发表《传播研究的内容分析》一书,确立了内容分析法的地位。真正使内容分析法系统化的是美国学者约翰·奈斯比特,他主持出版的《趋势报告》就运用了内容分析法。享誉全球的《大趋势——改变我们生活的十个新方向》一书,就是以这些报告为基础写成的。② 他的咨询公司运用内容分析法对 200 份美国报纸进行分析综合,经过几年的积累,这本书取得了成功,同时,众多的研究者开始关注内容分析法在社会研究中的巨大作用和潜力。

在最近几十年中,电脑的使用、内容分析软件的开发及计算机价格的普遍下降,使内容分析法的应用领域从传播学,逐步扩展到图书馆学、情报学、心理

---

① W. Albig (1939), *Public Opinion*, New York:McGraw-Hill.
② 罗金增:《内容分析法与图书馆学》,西安:《情报杂志》,2003 年第 4 期。

学、教育学等学科,在广泛的社会科学研究中成为独树一帜的研究方法。

二、内容分析法的研究现状

内容分析法起源于国外,研究国外内容分析法的研究进程和发展状况,一方面可把握其发展轨迹,借鉴其成功经验,弥补我国相关研究不够充分的缺憾;另一方面可以预测未来的发展方向以指导今后的研究。

(一) 国外内容分析法研究概况

内容分析法从新闻领域获得广泛应用并取得显著成效以来,经过几十年的发展,在新闻传播学、图书馆学、情报学、心理学等多个领域展开了多方面的研究探索和应用。

自20世纪70年代以来内容分析法在国外已经得到了迅速的认同和广泛的应用。据邱均平、邹菲对"学术期刊全文库"和"剑桥科学文摘数据库"的统计数据,目前,国外内容分析法的研究和应用范围主要在图书情报学、社会学、新闻传播学、计算机科学和医学五类学科,但各个学科的应用方式和角度有所不同。图情学研究论文最多;计算机科学方面的论文注重计算机技术在内容分析法中的应用;医学论文主要是引入内容分析法研究大量的医学数据。[1]

国外对内容分析法的研究主要有两种:理论研究和应用研究。理论研究主要是介绍内容分析法的缘起、定义、作用,探讨实施步骤、优化方法等;应用研究主要是围绕某个研究课题,实际运用内容分析法进行论证。二者相比,由于内容分析法是一种实践性比较强的研究方法,主要用于分析解决实际问题,所以应用性研究相对比较多。另外,内容分析法在各学科的应用方式和角度也有所不同,新闻传播学是通过掌握大量有价值的第一手资料来进行应用研究;图情人员在应用内容分析法时很注重发展理论;计算机科学、医学类的研究相对较少。

(二) 我国内容分析法研究现状

1. 内容分析法在我国研究的概况

自20世纪90年代以来,我国对内容分析法的研究也日益增多,内容分析法逐渐得到广泛的重视。国内利用内容分析法进行研究的学科也不少,如传播学、图书馆学和情报学、心理学、教育科学、社会学、公共管理学等。而且,研究视角也是各不相同:新闻传播学既关注社会现实,又进行理论研究,各类主题均有涉及;图情专业人员发挥信息优势,追踪研究动态,对引入和介绍内容分析方

---

[1] 邱均平、邹菲:《国外内容分析法的研究概述及进展》,武汉:《图书情报知识》,2003年第6期。

法的研究较多;医学、社会学、心理学虽然研究不多,但注重实用性,大多运用内容分析法作为解决实际问题的工具①;公共管理学则利用该方法分析政策变迁过程、学科整体发展情况等内容②。

我国对内容分析法的研究可分为理论研究和应用研究两个方面,但总体来说,研究的广度和深度都不够,尤其是应用研究,与国外相比,还缺少详细的案例研究。另外,在我国各学科的专著中,内容分析法还只是作为某一章节或简单的段落介绍,还没有对内容分析法的专门研究,内容分析法还处在不断完善和推广的阶段。

2. 内容分析法在我国研究中的不足之处

内容分析法在我国的起步和应用较晚,目前尚处于探索和完善阶段,还存在很多不足之处。

(1) 配套的技术条件不完善。内容分析法作为一种量性分析研究方法,对文献资料的依赖性很大,虽然资料的收集、整理、统计是比较简单的重复性工作,但由于内容分析法不仅要求分析对象数量多,而且要求资料的来源准确可靠,这就给工作人员带来了很大的工作负荷,使得内容分析法的研究费时费力。虽然计算机已经普及,但我国目前相应的内容分析法软件较少,还不能适应内容分析法更深层次推广和应用的要求。

(2) 研究方法体系不完善。内容分析法在我国的研究和应用仍处于借鉴、学习国外研究方法的阶段,尚缺乏科学完整的研究方法体系。③

3. 对内容分析法在我国进一步发展和应用的展望

(1) 拓展内容分析法研究的广度和深度。首先应提高对内容分析法的认识,要在充分认识这个研究方法的基础上,在现有多学科研究的框架下,加大加强对内容分析法广度和深度的研究,只有这样,内容分析法才会在我国获得长远深入的发展,才会在各个学科领域中发挥其研究特点和优势。

(2) 加强内容分析法配套技术的完善。内容分析法对分析资料的要求比较高,而且网络时代信息爆炸,又进一步加大了内容分析法的难度,进一步提高了对内容分析法信度和效度的要求。所以,要促进内容分析法在各领域的研究和应用,必须完善相应的计算机硬件和软件的技术配套设施。

---

① 赵丹僖:《图书情报领域中内容分析法研究进展与趋势》,长春:《图书馆学研究》,2008年第2期。
② 刘伟:《内容分析法在公共管理学研究中的应用》,北京:《中国行政管理》,2014年第6期。
③ 邱均平、邹菲:《我国内容分析法的研究进展》,上海:《图书馆杂志》,2003年第4期。

（3）完善研究方法体系。只有在完善的方法体系下，才会促进内容分析法更快更好地在各学科领域中研究和应用，所以各学科应加强对内容分析法在本学科框架下的方法体系研究，并最终应用于本学科甚至是与其他学科相互借鉴，促进内容分析法和各学科的相互发展。

第二节　内容分析法的含义与特征

一、内容分析法的界定

前面已经指出，内容分析法是对文献内容进行客观、系统、量性分析的一种科学研究方法。然而，不同的应用学科对何谓内容分析法有着不同的认识和定义。

（一）传播学的定义

《英汉大众传播词典》对内容分析法的定义：内容分析法是一种注重客观、系统及量性的研究方法，其范围包含传播内容与整个传播过程的分析，针对传播内容作叙述性解说，并推论该内容对传播过程所造成的影响，尤其重视内容中的各种语言特性。

美国著名的传播学者 B. 贝雷尔森 1952 年在《信息交流中的内容分析》一书中提出，内容分析法"是对信息交流中的内容进行客观、系统和定量描述的一种研究技术"[①]。

（二）图书馆学、情报学的观点

图书馆学、情报学认为，内容分析法是一种对文献内容进行客观、系统的定量分析的方法，其目的在于挖掘文献中的事实和趋势，揭示文献所包含的隐性情报内容，从而对事物发展做出情报预测。此外，还认为内容分析法实质上是一种半定量研究方法，基本做法是把媒体的文字、有交流价值的非量性信息转化为定量数据，以建立有意义的、分类交流的内容资料，从而分析信息的某一侧面特征。

（三）社会学的观点

美国著名的社会学家罗伯特·金·默顿认为，内容分析是一种考察社会现实的方法，在这种方法中，研究者通过对文献的显性内容的特征的系统分析，得

---

① 〔英〕安德斯·汉森等：《大众传播研究方法》，崔保国等译，北京：新华出版社，2004 年版，第 111 页。

到与之相关的潜在内容的特征的推论。①

风笑天教授在《社会学研究方法》一书中论述,"内容分析可以按大的方法论取向分为定量和定性的两种"②。

总之,内容分析法不仅是一种主要的文献资料分析方法,也是一种独立的、完整的科学研究方法,而且内容分析法注重客观、系统与量化是各学科普遍认同的。所以,我们可以这样为内容分析法进行定义:内容分析法是一种注重客观、系统与量性的独立、完整的文献资料分析方法,是一种融合质与量的科学研究方法。

二、内容分析法的类型

内容分析是一种以量性为主的分析过程,但并不是一种纯粹的"量性分析",它是一种"质"和"量"并行的研究方法。传统观点认为,内容分析是将质性研究资料转化为量性研究资料的一种研究方法。

内容分析可以分为量性内容分析和质性内容分析。20世纪中期以前,量性内容分析占主导地位,客观地统计各种不同概念或行为的频次。近年来,日益重视质性内容分析,即不只是重视分析频次,而且重视诠释数据的潜在意义。

量性内容分析的目标在于将文本的、非量性的文献转化为量的数据。其内容分析的结果常用频次或百分比列表呈现。因此,内容分析有助于使用正式假设,使用科学方法抽样,以统计汇集数据和进行分析。例如,将内容根据研究目的归类成若干因素,接着将因素以数量方式表达,以此作为解释内容的依据。在内容分析法中的应用,量性分析是内容分析的主流,优点是科学化、精确化、客观中立、具有信度;缺点是太重视文字符号出现的频率数字,无法了解符号暗示字面之外的含义,有效度较差。

质性内容分析的文本具有极高价值。在内容分析法应用中,质性分析技术影响力比量性影响力弱,优点是可了解文件背后的背景、动机和目的,探讨深层意义,真实性和效度较强;缺点是不严密、不精确、主观涉入研究情境,其信度较弱。

权变关系分析(Contingencies analysis),有些学者采用量性内容分析手段计算文件资料,采用质性内容分析手段产生推论,这样,就把量性手段和质性手段

---

① 〔德〕阿特斯兰德:《经验性社会研究方法》,李路路等译,北京:中央文献出版社,1995年版,第186页。

② 风笑天:《社会学研究方法》,北京:中国人民大学出版社,2001年版,第219页。

结合了起来。因此,形成了一种综合分析的方式,以使内容分析更加客观和科学。

三、内容分析法的特征

内容分析法具有以下几个方面的突出特征[①]:

一是分析内容的客观性。所谓客观性是指对资料诠释、编码的时候并不是全凭研究者的解释,而要先制定一致的、系统的规则和分析类目表格,并据此进行判断和记录内容,然后根据客观事实再做出分析描述,如此才能确保在不同时间,由不同人员做出的结果是一致的。

二是分析过程的系统性。这是指内容的判断、记录、分析过程须遵循一套一以贯之的规则与标准,按一定的程序进行的。[②] 因为有了系统化的编码规则,才能确保研究的信度。

三是分析结果的数量性。内容分析法的特色就是将质性资料转变为量性的形式。内容分析的结果可以用数字表达,并能用某种数学关系来表示,如用次数分配、各种百分率或比例、相关系数等方式来描述。另外,内容分析法可以借助计算机进行数据的分析处理,这样做既提高了量性程度,也为现代信息技术处理研究问题提供了新的思路。

四是传播内容的明显化。内容分析法源起于传播学领域,它着重探讨传播内容的意义及其影响,而忽略潜在的含义。被分析的对象应该是以任何形态被记录和保存下来,并具有传播价值的内容,任何形态包括有文字记录形态(如报纸、杂志、书籍、文件)、非文字记录形态(如广播、唱片、演讲录音、音乐)、影像记录形态(如电影、电视、幻灯、图片)等。

可以看出,内容分析不仅是资料的收集方法,也是一种独立、完整的专门研究方法。

四、内容分析法与文献分析法的异同

文献分析法不仅包括图书、期刊、学位论文、科学报告、档案等常见的纸面印刷品,也包括有实物形态在内的各种材料。可分为零次文献、一次文献、二次文献和三次文献(或称为零级、一级、二级、三级文献)。

文献研究法一般包括五个基本环节:即提出课题或假设、研究设计、搜集文

[①] 马文峰:《试析内容分析法在社科情报学中的应用》,长春:《情报科学》,2000年第4期。
[②] 宋振峰、宋惠兰:《基于内容分析法的特性分析》,长春:《情报科学》,2012年第7期。

献、整理文献及文献综述。

内容分析法和文献分析法的异同体现在：

（1）这两种方法的共同之处是有共同的分析对象，都以文字、图形、符号、声频、视频等记录保存下来的资料内容作为分析的对象，都不与文献中记载的人与事直接接触，因此，又称为非接触性研究方法。

（2）这两种方法的区别在于分析的重点和分析的手段或处理方法不同。其主要差别是：内容分析法是将非定量文献材料转化为定量的数据，然后，依据这些数据对文献内容做出量性分析和做出关于事实的判断和推论。而且，它对组成文献的因素与结构的分析更为细致和程序化。

① 分析对象侧重点不同。内容分析法是直接对单个样本做技术性处理；而文献分析法是对某课题一系列文献的分析综合。

② 内容处理方式不同。内容分析法是把内容分解为分析单元，推断单元所表现的客观事实；而文献分析法是鉴别评价文献内容，并作归类整理。

③ 分析程序不同。内容分析法是预先制定分析类目，并按顺序作系统评判记录；而文献分析法是文献查阅，鉴别评价，归类整理。

④ 结果表述方式不同。内容分析法是定量的统计描述；而文献分析法是对事实资料做出评述性说明。

五、内容分析法的优缺点

内容分析法是文献研究法的一种，其优点主要体现在：

（1）内容分析的客观性和标准化程度较高。内容分析法是以研究对象标准化和数量化的方式进行记录、资料统计和分析，它是文献研究中最具有量性分析特征的研究方法。

（2）对于内容分析的结论可进行对比。无论是对历史文献的分析还是对统计资料的分析，都主要是依据原有的文献内容按一定的标准进行主观的分析和概括，这样很难进行对比。而内容分析其标准化和客观化的特征，研究者可以根据一定的标准，将自己的研究结论同别人的结论进行比较。

（3）内容分析可以用于总体很大的文献研究。内容分析不仅结合了抽象的调查方法，还利用统计软件进行资料分析，在对总体很大的研究中可以节约成本。

此外，时间和金钱上相当经济。相对于调查法而言，内容分析法可说是很适合大学生的一种方式，因为它不需要特殊装备，也不用大批专业人员。

内容分析法的主要缺点体现在：

（1）内容分析法对象只限于已形成的资料，没有记录的就无法成为研究的对象。

（2）内容分析法适用于具有能重复操作、感官明显、意义明显、可以直接理解的内容，适用的范围比较广，但是对不具备这些特点的、潜在的、深层的内容不适用，否则难以保证结果的准确性和客观性。

（3）由于内容分析过程从质转化为量，难免会有些出入，所以内容分析法也有信度与效度的缺点。

内容分析法之所以存在上述不足之处主要在于内容的分类。尽管这一方法使用的是经验性资料，对整体信息或信息系统进行统计抽样，具有一定的可重复性，完全排除了人为的选择，是一种与主观阐释性内容研究截然不同的分析技术。但在运用它之前，首先必须建构一个分类系统。而任何信息在被统计分析处理之前，必定要被划分到这种或那种分类系统中。任何分类系统都是人工选择的，这就可能导致"失真"，从而使不可避免的主观价值判断成了客观性分析的前提。[1]

第三节 内容分析法的过程

内容分析法的一般过程可以分为：确定研究目标、内容抽样、设计分析维度体系、量性结果与评价记录、信度分析、结果描述几个部分。[2]

一、确定研究目标

内容分析法适用于多学科、多目标的研究工作，而不同学科领域的研究目标各不相同。主要分析类型包括趋势分析、现状分析、比较分析和意向分析等。

内容分析中确定研究目标需要注意下列问题：

（1）重视利用文本中无法观察到的现象。在内容分析要建构的问题中，研究问题需要关注建构世界中无法确定或可变的部分。

（2）探寻可能的答案。文本中可能存在许多答案，需要对文本持开放的研究态度，探寻众多可能答案。

（3）对研究问题进行必要的筛选。要考虑抽样文本将会揭示出什么，不是

---

[1] 周萌：《内容分析法及其在社会学中的应用评述》，重庆：《重庆科技学院学报（社会科学版）》，2007年第3期。

[2] 邱均平、邹菲：《关于内容分析法的研究》，北京：《中国图书馆学报》，2004年第2期。

所有问题都可以作为研究问题,也不是所有问题都是高质量的研究问题。

二、内容抽样

内容抽样就是选取内容分析的具体样本。抽样包括两个内容:一是界定总体,二是在总体中抽取代表性样本。①

在确定总体时,必须注意总体的完整性和特殊性。完整性是指要包含所有有关的资料;特殊性是指要选择与研究目标、假设有关的特定资料。

在搜集这些类型繁多资料的基础上,还要通过抽样获得有代表性的内容分析样本,抽样方法主要有来源抽样、日期抽样和单元抽样。

来源抽样是指对材料来源的取样,如要选择什么样的论文、专著、报纸、杂志、其他书籍、演讲、电视节目等;日期抽样是指选择某一段时间的资料分析。例如,要研究改革开放后某领域的发展演变或规律,就要对近三十年的论文专著等进行内容分析,就需要通过日期抽样(但在按日期抽样时,必须注意某种资料的周期性特征,以免造成样本代表性的失真);单元抽样即确定抽取资料的单元,可能是一份、一段、一篇或一页。

在实际的操作过程中,经常会根据实际需要将这三种抽样方法配合使用,以提高样本的代表性和可信度。

三、设计分析维度及体系

分析维度及体系(也称分析类目表)是根据研究的需要,预先设计的并将资料内容进行分类的项目和标准,也是进行内容分析的工具。分析维度及体系由类目和分析单元两个部分组成。类目是根据研究假设的需要,对内容进行分类的项目;分析单元是内容分析时进行评判的最小单位。

具体流程如下:(1)确定研究目标和分析对象;(2)根据研究目标制定内容分类的标准;(3)依据分类标准,列出相应的类目;(4)确定分析单位。

四、量性结果和评价记录

量性结果要把样本在形式上转化为数据化的形式,评价记录是依据确定的类目和分析单位,对样本的资料进行分类记录,登记每个分析单位中的类目是否存在及其出现的频率。

(1)按照类目使用量性方法记录研究对象在各个类目中的量性数据,如

---

① 马文峰:《试析内容分析法在社科情报学中的应用》,长春:《情报科学》,2000年第4期。

有、无、数字、百分比。

(2) 采用预先设计好的统计分析评价记录表记录。将每一分析维度情况逐一登记,再做出总的统计。

(3) 相同分析维度的评价要由两名以上的评价员分别记录,以便进行信度检验。评价记录结果要以数字形式出现。

(4) 根据类目出现频数判断记录时,不要忽略基数。

(5) 只记录事实,不进行主观评价。

五、信度分析

内容分析法信度是指两个或两个以上的研究者,按照相同的类目对同一材料进行评价结果的一致性程度。一致性越高,内容分析结果的可信度也越高;一致性越低,则内容分析的结果也越低。因此,信度直接影响内容分析的结果,它是保证内容分析结果可靠性、客观性的重要指标。内容分析必须经过信度分析,才能使内容分析的结果可靠,提高可信度。

六、结果描述

结果描述是指对评价结果所获得的数据加以描述。这是以定量的方式对统计结果进行描述,并在定量基础上,辅之以定性方法深入分析和推断。具体包括描述各分析维度(类目)特征及相互关系,依据研究目标进行比较,得出关于研究对象的趋势、特征或异同点等方面的结论。

内容分析的步骤可归纳如图10-1。

第四节 内容分析法的应用

如在前瞻性的教育科研中,内容分析法可以用于对教育及教育研究的趋势预测。在教育史的研究中,内容分析法能对文献的文字风格做出量性分析,从而帮助鉴别文献的真伪。在对现实教育问题的研究中,内容分析法同样能发挥作用。例如,可以用它来分析教材的结构,对教材编制的合理性做出定量、定性的分析;也可以用它来分析学生的作业,对学生的错误种类做出定量的描述;还可以用它来分析教师、学生或其他人的各种作品、语言、动作、姿势,对教师、学生等的个人风格、个性特征做出判断。

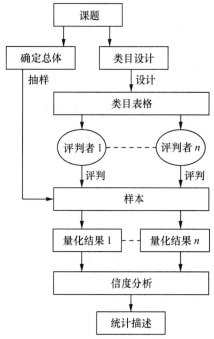

图 10-1　内容分析方法步骤①

一、内容分析法的应用模式

1. 特征分析

特征分析是通过对某一对象和不同问题,或在不同场合显示出来的内容资料进行内容分析。把不同样本的量性结果进行比较,找出其中稳定的、突出的因素,从而可以判定这一对象的特征,如图10-2。②

2. 发展分析

发展分析是通过对某一对象,在同一类问题的不同时期内显示的内容资料进行分析,并把这些不同样本的量性结果加以比较,从而找出发生变化的因素,以判断这一对象在某一类问题上的发展倾向,如图10-3。

---

① 李克东编著:《教育技术学研究方法》,北京:北京师范大学出版社,2003年版,第233页。
② 罗金增:《内容分析法与图书馆学》,西安:《情报杂志》,2003年第4期。

第十章　内容分析法

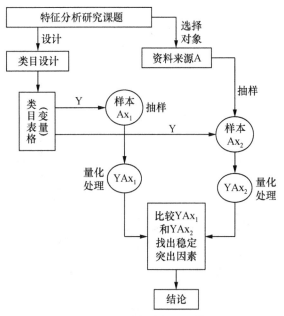

图 10-2　特征分析图示①

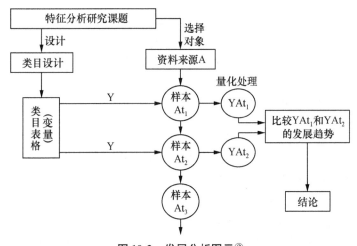

图 10-3　发展分析图示②

---

① 李克东编著：《教育技术学研究方法》，北京：北京师范大学出版社，2003 年版，第 235 页。
② 同上书，第 236 页。

3. 比较分析

比较分析是通过对同一中心问题,但对象或来源不同的样本内容进行分析,并把这些来自不同对象的样本的量性结果对比,以找出它们之间的异同点,如图10-4。

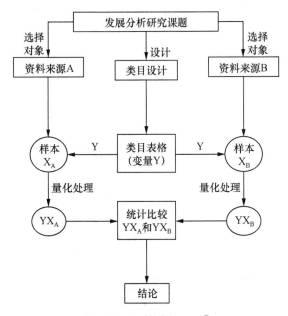

图10-4 比较分析图示①

二、内容分析法的应用领域

(一) 在传播学领域的应用

内容分析法起源于传播学,在传播学中的应用自然也比较广泛。现已成为传播学的主要和基本研究方法之一。

1. 内容分析法在传播学中应用的演变

(1) 初创时期(1921—1938)。

在早期的传播学研究中,内容分析法的主要工作是研究报纸的传播内容。如哥伦比亚大学新闻学院魏理(Malcolm Willey)以乡村报纸(The Country Newspaper)作为研究对象,其中若干技巧至今仍有人使用;李普曼等对《纽约时报》

---

① 李克东编著:《教育技术学研究方法》,北京:北京师范大学出版社,2003年版,第237页。

上关于俄国布尔什维克革命的报道的研究;20世纪20年代美国政治学家拉斯维尔运用系统的内容分析法对第一次世界大战时期的宣传技巧进行了研究。

(2) 推广时期(1939—1951)。

首先,它被广泛应用在宣传上的分析,如在二战期间,拉斯维尔和其他学者对战时军事宣传品进行了内容分析。其次,内容分析法又被大量用于分析美国政治选举文化的优缺点。此一时期内容分析法在质与量两方面均有迅速进展,问题逐渐深入,方法也日益精密。

(3) 方法论建立时期(1952—)。

此时期内容分析法方法已经确立,在传播研究中的地位日益稳固,应用范围也进一步扩大,并有两本权威性的著作在此时期发表:勃勒逊的《传播内容分析》,建立了原则和系统;丹尼尔·贝雷尔森的《传播研究中的内容分析》,对各家之说做了综合评论。随着传播学研究的深入和媒介的发展,内容分析法的运用范围在传播学领域日益广泛,涵盖了各种声音和图像信息,几乎适用于一切可以记录与保存的、有传播价值的信息内容。现在内容分析法已经成为中外传播学领域最基本的定量研究方法。

2. 内容分析法在传播学中应用的步骤

内容分析在传播学领域的运用主要分为两个层次,即"说什么"和"怎么说"。具体而言,内容分析法的实施程序大致可分为以下五个步骤:

制定分析单元。内容分析在传播学领域应用时有五种基本的单元:关键词(或专门技术)、主题、特质、段落和篇目。分析单元的确定首先必须与研究目标相适应,其次也应该注意到操作上的可行性。

制定分类标准。内容分析的核心就是通过某一标准来对媒介的信息内容进行分类统计,常见的分类标题有:题材、体裁、倾向性、主题、时效性、价值取向等。

抽取分析样本。有必要采用抽样手段从数量庞大的信息中选取一部分有代表性的样本作为实际分析对象。内容分析法的取样过程一般分为三个步骤:抽取特定的"媒介样本"、抽取特定的"日期样本"和抽取特定的"内容样本"。

统计分析。抽取样本以后,就要对其分析,并在加权赋值的基础上进行计量。

解释与推论。这也是内容分析很重要的一个步骤,就是要根据统计分析结果,对假设进行验证、分析和推断可能的结论和关系。

3. 对内容分析法应用于传播学的评价

内容分析法在传播学领域应用广泛,既可以用来描述传播内容的倾向、说明信息来源的特征,又可以检查传播中不符合标准的内容、分析说明的方法,分析文本,说明读者对信息的意见,描述传播的模式。

与其他研究方法相比,内容分析法有两个显著的优点:由于分析对象多为报刊、书籍、录音、录像等显见的资料,内容分析法研究所需费用较低,便于操作;内容分析法的研究主体是已经记录在案的信息,可以真实表现信息源的特征。

但内容分析法在传播学领域的应用也有其缺陷,即在内容分析法研究过程中,一旦研究者受到主观倾向的影响,在内容选择和分类表制定环节过程上发生失误,就会影响到分析内容的客观和准确。所以,在传播学研究中,内容分析法最好和量性分析相结合,如实地调查法、实验控制法,以便取得更好的效果。

(二)在心理学领域的应用

1. 内容分析法在心理学领域应用的意义

内容分析法能增强心理学研究成果的精确性与可信度,能扩大心理学研究的内容范围与时间跨度,对于丰富心理学的研究,尤其是定量研究有着非常重要的意义。虽然内容分析法和作为心理学的基本研究方法之一的心理测量法有些相似之处,如它们都是以定性分析为基础,然后在搜集资料的基础上进行量性处理和定量研究,但是两者的研究对象不同。心理测量法一般以人为研究对象,而内容分析法是以人类搜集或总结已有材料为研究对象。所以,二者用于不同的研究目的,内容分析法在心理学研究领域中有着同样重要的价值,应当成为心理学研究中不可缺少的研究方法。

2. 内容分析法在心理学领域应用的现状

心理学研究最常使用的方法是实验法、测量法,内容分析法并不是当今心理学研究常用的方法。现有心理学研究的方法体系比较注重质性研究,而内容分析法作为一种系统、客观、量性的研究方法,在心理学领域还未得到充分的应用。但随着内容分析法在各个学科中的日益发展,计算机的普及以及内容分析软件的开发,内容分析法正逐步得到心理学领域研究的认可。

3. 内容分析法在心理学领域应用的展望

内容分析法是一个分析对象广泛、应用范围较广的定量研究方法,若将其纳入心理学研究领域中,可以增强分析结果的客观性,捕捉更多的信息,加强实验结果解释的准确度。并且相对于实验与调查的方法,它需要的研究人员较少,能够节约开支。总之,内容分析法凭借其自身优点以及内容分析软件的开发和推广,一定会在心理学领域中获得广泛应用。

(三)在情报学领域的应用

1. 内容分析法应用于情报学研究的意义

内容分析法是一种定量和定性相结合的研究方法,情报学研究应用内容分析法,可以提高研究的量性程度,把量性和质性研究相结合,提高情报研究的深度和效度。

2. 内容分析法在情报学领域应用的现状

内容分析法在国外是从20世纪70年代后逐渐应用到社会科学研究领域的,我国内容分析法是近几年才从新闻传播学借鉴到情报领域的。

据孙瑞英、毕强在《情报科学》发表的《内容分析法在图书情报领域的研究现状及应用趋势分析》一文的调查数据显示,内容分析法在我国情报学领域的研究刚刚开始,基本上处于萌芽状态,还是一个崭新的研究方向。在这些研究中,有一半以上的都是应用研究,超过了纯理论研究和比较研究之和,充分说明了内容分析法作为一种应用型研究办法的适用性与可行性。

3. 对内容分析法应用于情报学的评价

内容分析法为情报学开辟了一个新的研究方法和途径,但现在仍是初步应用阶段,还有很大的研究和应用空间。情报学领域可以借助自己的专业信息优势,运用内容分析法的量性处理,提高信息分析、研究的信度和效度。

(四) 在社会学领域的应用

随着现代社会发展,信息传播工具的日益增加和信息内容的急剧扩大,内容分析法在社会学研究中也越来越得到广泛的应用。在社会学研究方法中,通常存在着观察法、访谈法、问卷法、文献研究法等几种收集资料的基本方法。文献研究是一种与其他几种方式在策略、思路、材料等方面都风格迥异的研究方式。这种方式的最大特征是不接触研究对象,主要利用第二手资料进行研究,因而具有很明显的间接性、无干扰性和无反应性。内容分析法就是文献研究法的一种。

根据研究的具体方法和所用文献类型的不同,可以将文献研究划分为内容分析、现存统计资料分析和二次分析三种。现存统计资料分析和二次分析是直接利用官方的或者非官方的已收集好的数据进行分析研究,而内容分析法的研究者可以根据自己感兴趣的研究题目收集资料。别人收集好的数据并不能准确地包含现存统计资料分析和二次分析研究者感兴趣的资料,即原始问题所测量的并不正好是现存统计资料分析和二次分析研究者所希望的变量,因此,现存统计资料分析和二次分析研究存在效度低的问题,而内容分析法在效度上不存在此类问题。[1]

---

[1] 周萌:《内容分析法及其在社会学中的应用评述》,重庆:《重庆科技学院学报(社会科学版)》,2007年第3期。

第十一章

行动研究法

作为一种质性研究方法,行动研究在西方相当普遍。行动研究是行动(action)和研究(research)两个词的结合,指的是一种参与干预性的研究方法,是实践者为提高新的行动效果而对其进行的系统性研究。本章主要论述了行动研究法的含义、特征、历史渊源、类型、应用和实施程序等内容。

第一节 行动研究法的含义与特征

理论与实践的分离已经成为社会科学领域的一个重大危机,而行动研究法以提高行动质量为目标,将理论与实践结合起来,因此这种主张和方法日益受到人们的重视。

一、行动研究法的起源和发展

(一)行动研究法出现的背景

人类几千年的认识史表明,直到15—16世纪以前,人类探究认识自然、社会的活动,主要还是在日常生活与生产实践中进行的。直到17世纪以后,近代科学探究活动才从日常生活与生产实践中分化出来,在专门的实验室里进行,成为相对独立和系统的研究。行动与研究的分离是社会进步的必然结果,研究由此变得更加有效率,能够追寻超越时空、永恒正确的普遍规律。但是,这种分离并不是绝对的,而是相对的,研究的最终目的是为了解决行动中的问题,而行动则是研究的基础,提供研究的灵感和素材。然而,科学的至上性却使行动与研究绝对地分离了,这种分离不仅存在于自然科学领域,也存在于社会科学领域。研究者仅凭个人兴趣,或者为了"出书"、拿学位搞研究,而置社会实践的需要而不顾;行动者不研究自己身处的环境和面临的问题,又得不到研究者的帮助,光有一股"热情",无法作出"有条理有成效的行动"。与此同时,还出现了研究者与行动者的分离:研究者只是以旁观者的身份对某种社会现象进行观察、描述与分析解释,与研究对象保持一定的距离,采取所谓"价值中立"的态度,不足以把握"充满张力的生活空间""过程格式塔",更不足以干预社会现实;行动者只是作为研究对象,被动接受研究者的指派、实验、解释,既不能理解,更不能有效地应用研究者所创造的学科专业知识。[①] 显然,"行动"与"研究"两张皮的现状阻碍了社会的进步,行动研究呼之欲出。

"行动研究"的提出与美国社会独特的"实用主义"的思想方式有着密切的关系。美国社会是现代文明的产物,不像中国这样有悠久的古代文化,真正的美国历史(包括独立前的殖民地时期)不过三百多年。它是一个疾速向前发展的社会,整个社会遇到的最迫切问题都是实际问题(这在"二战"期间表现得尤为突出),它们的解决不能依靠纯粹思辨"解惑",而只能靠现实的行动。理论必须为行动的需要服务,注重经验,注重行动,注重从"历史主义"(不是凭纯粹的理论原则解释一个事实或一个事件,而是凭这个事实或事件与在它之先的事实或事件的关系来解释它)和"文化有机论"(将社会中的各种文化要素看成一个相互依赖、相互作用的生存有机整体,从中来对实际生活中的问题和现象加以说明)的角度来反对形式化、抽象化倾向,成了美国思想家思考的一个重要特色。[②]

(二) 行动研究法的兴起

1942年前后,德国心理学家勒温(Lewin)在自己的研究中首次使用了"行动研究"一词,当时主要是用来表示专家与实际工作者针对实际问题而进行的合作研究。勒温之所以采用行动研究的方法,部分动力来自二战以后人们对一些重要的社会实际问题(包括偏见、权力主义和工业化等)的认识逐渐深入。勒温早期的大部分工作也主要集中在帮助未成年人解决那些因偏见而产生的一系列心理和社会问题。实际的需要推动他向专家学者的传统地位提出了挑战。他强调,为了认识和改进社会实践,专家必须吸收实际工作者加入自己的研究。而实际工作者也应该认识到,只有运用科学的方法进行研究,他们才有可能获

---

① 柳夕浪:《反思行动研究》,济南:《山东教育科研》,2002年第10期。
② 同上。

得必要的工作能力。①

当时一些学者如契恩(Chein)、库克(Cook)和哈丁(Harding)等人也发表文章肯定了行动研究对于理论与实践相结合的价值。不过,他们认为当实际工作者参与研究时,研究结果就变得不那么具有精确性了。②

20世纪50年代,由于哥伦比亚大学师范学院前院长考瑞(Corry)等人的倡导,行动研究进入了美国教育研究领域,教师、学生、辅导人员、行政人员、家长以及社区内支持教育的人都参与到了对学校教育的研究之中。③

(三) 行动研究法的低落

行动研究经历了十多年的发展之后,在50年代晚期开始受到怀疑和指责。霍吉金森(Hodgkinson)是当时有影响的反对者之一。1957年他发表了一篇批判行动研究的文章,认为实际工作者不熟悉从事研究的基本技术,而"在研究领域中,业余爱好者是没有地盘的"。他还认为行动研究算不上一种真正的研究,它够不上精确的科学标准,只停留在实际问题的解决上。与霍吉金森一样,其他人对行动研究的批判大多基于这样一个假设,即科学的研究应该是定量、实证的,凡定性的就一定不科学。

行动研究的低落与当时教育研究中移植了工业管理中的"R—D—D"模式有关。这种从研究(Research)到开发(Development),再到推广普及(Diffusion)的模式,使教育理论研究远离了教育实践。

当然,此期间也并非完全没有行动研究,只是对仍然坚持进行的部分行动研究相应地作了一些调整。主要是强调外来专家对于行动研究的指导作用,以及注重行动研究对于"教师在职训练"的意义。④

(四) 行动研究法的复兴

到60年代晚期,"R—D—D"模式日渐式微,教师们认为研究者的研究结论缺乏实践性,而且与教师的实际不一致。所以,随着教育研究和评价领域中"新方法"(强调实际工作者在教育研究中的地位,认为实际工作者的观察和理解是研究教育活动的关键)的出现,行动研究首先在英国,继而在美国、澳大利亚等国再次受到重视。

1967年英国教育家斯腾豪斯(Stenhous)主持了"人文课程计划"。他把目

---

① 李臣之、刘良华:《行动研究兴衰的启示》,武汉:《教育研究与实验》,1995年第3期。
② 同上。
③ 陈向明:《质的研究方法与社会科学研究》,北京:教育科学出版社,2002年版,第448页。
④ 李臣之、刘良华:《行动研究兴衰的启示》,武汉:《教育研究与实验》,1995年第3期。

标主要集中在帮助教师成为自我反思的研究者,让实际工作者批判地、系统地考察自己的实践。斯腾豪斯明确地提出"教师应该成为研究人员",这对当时及后来的行动研究产生了深远的影响。从 1973 年到 1976 年,埃利奥特(Elliot)和阿德曼(Adaman)等人把斯氏的工作方式用于"福特教学计划"。① 在斯腾豪斯和埃利奥特等人的努力下,行动研究再次兴起。

目前,行动研究在教育领域已经普及。在英国,地方行动研究网络已经建立,最有名的是以剑桥教育研究所为基地的课堂行动研究网。美国教育协会的分会"辅导与课程编制协会"宣布,每一个合格的会员都应该对行动研究法有足够的了解和应用能力。法国"现代学校合作组织"也提出,教师应参与教育研究,成为改进教育实践的人,为了使研究更有成效,甚至可以让家长也参与教育研究。②

可见,行动研究的发展史与人们对行动与研究关系的认识有关,行动研究今后的前景如何,也有赖于这一认识的变化。

二、行动研究法的含义和特征

(一) 行动研究法的含义

目前对什么是行动研究有不同的看法。当今行动研究的主要倡导者、英国埃里奥特认为:"行动研究是社会情境中进行的旨在改善社会情境中的行动质量性研究。"《国际教育百科全书》中把行动研究定义为"由社会情境(教育情境)的参与者为提高对所从事的社会或教育实践的理性认识,为加深对实践活动及其依赖的背景的理解所进行的反思研究"。行动研究的不同看法归纳起来大致有三种:

(1) 行动研究即行动者用科学的方法对自己的行动所进行的研究。持这类观点的人,强调用测量、统计等科学的方法来验证假设。例如,在柯立尔(Collier)看来,行动研究者就是实际工作者用科学的方法来解决实践中的问题。不少人认为,行动研究是一种小规模的实验研究,它用统计的方法来验证假设,用科学的方法来解决教室里的实际问题。

(2) 行动研究即行动者为解决自己实践中的问题而进行的研究。此类观点的代表人物有斯顿豪斯等人。他们关心的不仅仅是统计数据,还重视教师和学生的日记、磁带、照片等所有对以后的回忆和评价有帮助的材料。在他们看

---

① 李臣之、刘良华:《行动研究兴衰的启示》,武汉:《教育研究与实验》,1995 年第 3 期。
② 郑金洲:《行动研究:一种日益受到关注的研究方法》,上海:《上海高教研究》,1997 年第 1 期。

来,课程的编制和研究在本质上只是一个实践问题,而不是理论问题;理论的正确性并不依赖于"科学"的测试,而在于是否从实践中产生。他们对行动研究的典型看法是"行动研究就是由教师或其他实际工作者针对实际问题进行研究的一种方法"。

（3）行动研究即行动者对自己的实践进行批判性思考,以"理论的批判""意识的启蒙"来引起和改进行动。此类观点的代表人物有凯米斯(Kemmis)等人。他们以为行动研究是追求自由、自主和解放的,从而把行动研究看作是教师和其他教育实际工作者所进行的一种自我反思的研究,倡导教师等对自己的实践进行批判性思考。

第一种定义强调行动研究的"科学性";第二种更关注行动研究对教育实践的"改进"功能;第三种定义突出了行动研究的"批判性"。从行动研究的起源和用词上看,行动研究是在人们行动的社会实践领域中产生的。它一方面指的是人们为达到提高社会生活质量,改变自身境遇的目标而设计的一系列渐进活动,另一方面又涉及人们试图确认这些活动的标准、提供行动的处方,使渐进的活动系统化。① 综合这两个方面,可以将行动研究定义为:情境的参与者基于解决实际问题的需要,与专家学者或者组织中的成员合作,将问题发展成研究主题,进行有系统的研究,以求解决实际问题的一种研究方法。②

（二）行动研究法的特征

麦克尔南(McKernan)对不同的行动研究进行了总结,并归纳出16条特征:增进人的理解;参与性;关注案例和事件;不人为地控制变量;问题、目标与方法在探究的过程中可能发生转移;评价与反思性;方法上的折中求变;科学性;分享与利用;以对话或交流为基础;批判性;关怀解放等。然而,麦克尔南提出的16条特征有较大的重复性和随意性。③ 实际上,行动研究的主要特征只有四条,即实践、合作、反思和系统。

1. 实践

行动研究十分注重实践,注重行动与研究的结合。这一特征具体表现为:

第一,行动研究是为行动而研究(research for action),以实际问题的解决为主要任务,为实践本身的改善而展开研究,而不仅仅是理论上的产出("好的理论最实际"是勒温的一句名言)。

---

① 郑金洲:《行动研究:一种日益受到关注的研究方法》,上海:《上海高教研究》,1997年第1期。
② 宋虎平:《行动研究》,北京:教育科学出版社,2003年版。
③ 刘良华:《行动研究:是什么与不是什么》,武汉:《教育研究与实验》,2001年第4期。

第二,行动研究是对行动的研究,所关注的是社会实践中的独特问题、独特事件,对这些问题在社会情境中的独特表现、相关原因进行分析、阐释,揭示丰富多样的个性,使实践者了解到他的行动意味着什么,可能会碰到哪些问题,应当如何去解决,从而对实践中的问题有一定的敏感,并形成适时调节、应变的能力。

第三,行动研究是在行动中研究(research in action),即在实际工作环境中现场研究、实地考察(勒温也是"实地研究"的提出者与倡导者),而不是在实验室、在图书馆中进行研究。它随时会受到真实的社会环境中各种因素的影响,需要根据实际情况的变化,不断修改调整研究方法,甚至更改研究的方向,具有一定程度的灵活性和开放性。①

2. 合作

行动研究的基本精神在于倡导研究者与行动者的合作,因此,素有"合作的行动研究"的美称。索默克(Somekh)指出,我们需要"居住在彼此的城堡中",换句话来讲,超越界限应该是双向的。② 合作一方面可以使行动者得到研究者的协助与指导,研究自己的实践活动,并将研究成果直接运用到实践;另一方面也使研究者了解行动者的需要,收集来自实践的素材,创造针对实践的理论和方法。但这只是理想状态,在实际的行动研究中,出现了合作的异化。

以教育行动研究为例,对于中小学教师而言,他们虽然受"教师成为研究者"的鼓励,但教师往往只是"被"吸收到研究中,只是"被"允诺拥有亲自操作研究的资格。早期的教育行动研究一直是校外研究者主动地"割让"一部分研究的权力,教师则"被"邀请分享某些研究活动。后来的行动研究越来越重视行动者主动"加入""参与"研究,但教师"加入""参与"研究之后,会导致教师对"介入"的失望和尴尬。对于校外研究者而言,他们原本出于改进中小学实践的"求善"意志,离开舒适幽雅的大学研究环境,"介入"充满不确定性、复杂性的中小学实践展开"实地研究"(或"田野研究")。而且在研究过程中,这些研究者往往甘愿付出,为中小学教师提供教育理念以及教育研究方法等方面的"指导""辅导"。但实际的后果亦常常出人意料,研究者的善意"指导""倾心辅导"容易对中小学教师构成某种知识霸权或话语霸权之类的压抑。③

---

① 柳夕浪:《反思行动研究》,济南:《山东教育科研》,2002年第10期。
② 〔美〕Sandra Hollingsworth 主编:《国际视野中的行动研究——不同的教育变革实例》,黄宇等译,北京:中国轻工业出版社,2002年版,第157页。
③ 刘良华:《论行动研究的"合作"伦理问题》,大连:《教育科学》,2002年第4期。

行动研究似乎并没有保持绝对意义上的研究者与行动者的"合作",恰恰相反,行动研究导致了他们之间的冲突。但正是在这些冲突中,行动者不再沦落为"沉默的大多数",真正的合作有可能在冲突中实现。

3. 反思

自我反思也就是对自己的行动以及对他人的行动不断地做出某种解释。不过,抽象地谈论自我反思还不足以使行动研究走出实证主义的阴影,因为在传统的实证主义操作中并不缺乏自我反思,实证研究的过程原本就是自我反思的过程。实证主义的问题只在于它总是以部分人比如专家的自我反思代替他人的自我反思。行动研究面临的任务是把"自我反思"的权利还给教师以及其他所有的实践者,使"反思性实践者"或"教师成为研究者"成为所有教育中人的基本生存方式。[①]

以教育行动研究为例,教师在行动中反思,通常需要四个步骤:(1) 行动;(2) 对行动进行描述:尽量白描,将行动的主体、发生发展的过程、有关人员的思考等详细记录下来;(3) 对行动的描述进行反思:分析自己为什么这样做、这样想,挖掘行动背后的理论;(4) 对行动的描述的反思进行反思:反思自己反思的方式、思维习惯和定式,同时在技术层面和人际互动层面上反思,如师生互动模式是民主协商的还是权威控制的,自己所处的教育系统和社会系统中的权力结构、自己在其中的角色和作用等。[②]

行动研究虽然可以是教师个人化的反思性教学,但行动研究更理想的方式是一种群体的反思,或者说,是基于教师个体反思的合作性研究。[③]

4. 系统

"系统"主要是指行动研究必须使用某种"科学的方法"而不致沦落为"随意性问题解决"。1963 年博格在《教育研究导论》一书中以列表的方式提出了10 条"正规的教育研究、行动研究与随意性问题解决法的差别"。其中,"正规的研究"是指"基础研究"与"应用研究"。与"基础研究"和"应用研究"相比,行动研究的"控制性"和"精确性"显得较弱;但与"随意性问题解决办法"相比,行动研究却有较强的"控制性"和"精确性"。比如,需要做必要的文献阅读、确定问题之后形成某种假设、使用一些简单的统计分析,等等。

斯腾豪斯也特别提出了行动研究作为一种"研究"的前提性资格问题。他

---

① 刘良华:《论行动研究的"合作"伦理问题》,大连:《教育科学》,2002 年第 4 期。
② 陈向明:《参与式行动研究与教师专业发展》,北京:《教育科学研究》,2006 年第 5 期。
③ 刘良华:《论行动研究的"合作"伦理问题》,大连:《教育科学》,2002 年第 4 期。

认为研究可以简单地表述为公开而系统的探究。①

因此,真正意义上的行动研究必须同时具备实践、合作、反思、系统四个特征。

第二节 行动研究法的理论基础

作为一种新兴的研究方式,研究者对行动研究的理论基础有着浓厚的兴趣。从理论上考察行动研究可以看出研究者的价值取向:他们或侧重其认知功能,或侧重其改进功能,或侧重其批判功能。

一、解释学的解释

由于解释学对"前见"和"偏见"的重视(实际上是倡导"开放"的偏见或前见),于是行动研究的倡导者埃利奥特等人将解释学引入行动研究。

(一)解释学在行动研究中的运用

埃利奥特认为:"如果按照解释学的观点来看,人的活动既不像理性主义所建议的那样由理论派生出实践,也不像行为主义者所建议的那样将理论付诸实践。解释学的基本原则是某种'情境理解'(situational understanding)。这个原则暗示实践总是根植于将特殊情境作为一个整体的解释,没有相关的解释则不可能产生实践的改进。"而且这种解释并非像理性主义者理解的那样,是从日常实践文化的"偏见"(biases)和"前见"(prejudices)中摆脱出来而具有某种"客观性"。相反,"从解释学的视角看,偏见乃是情境理解的条件,因为所有的解释总是受实践文化如价值观和信仰系统的影响,而这些价值观和信仰系统又总是受实践关怀的制约。解释学的情境理解并非抛弃某人的偏见而获得改进,相反,它取决于对情境的公开以便敞开接纳问题,作为解释的基础。为了达成对情境的理解,人不得不通过修正自己原始的偏见来接纳不同的意见。情境理解并非通过消除偏见而是通过修正偏见来获得改进"。解释学对"前见"或"偏见"的解释很类似行动研究中对"内隐理论"的指认,即教师在采取行动时,其大脑中并非一片空白,而总是"受某种内在的解释框架的指引,这些解释框架深深地根植于教师的个人化经验尤其是学校经验中"②。可见,解释学将"前见"或"偏见"作为解释和理解的前提条件,行动研究则将行动者的"内隐理论"作为行动者"反思"的前提条件。

---

① 刘良华:《行动研究:是什么与不是什么》,武汉:《教育研究与实验》,2001年第4期。
② 刘良华:《教育行动研究——解释学的观点》,太原:《教育理论与实践》,2001年第11期。

埃利奥特在借用解释学来为他的"实践的行动研究"辩护时,他已经将解释学做了两次转换。第一次转换是将解释学视域中的理解文本的"前见"转换为行动研究中的"实验性行动策略"或"假设"(或"偏见")。即埃利奥特利用了解释学对"偏见""前见"的辩护而肯定了教师个人化的"内隐理论"(相当于教师的"偏见""前见")在理解实践情境中的重要价值,也使他找到了让教师接受"实践性教学策略"的理论支持。第二次转换是将解释学强调的"文本的解释与理解"转换为行动研究所重视的"实践性情境理解"。埃利奥特所做的第一次转换大致是符合解释学原理的,观点虽显老调,但还不至于引起误导。而当他做第二次转换时,即当他执行了从"文本的解释和理解"到"情境理解"的转换之后,进一步排斥"文本的解释和理解"时,他已经放弃了解释学的基本精神。虽然可以将实践作为某种等待解释和理解的文本,但解释学所要理解的基本文本,乃是那些隐藏在语言中的历史和艺术以及世界观,或者说,是包容了历史、艺术与世界观的语言。解释学更重视的是人在与历史和艺术对话的流程中追求一种历史与个人的"视界融合",从而获得对人的生命体验并达成对人的实践意义的理解。[①]

(二) 解释学的本意

与实证主义范式相比,解释学范式有自己基本的操作规范。第一,解释学范式在"假设—验证"的过程中偏重"假设",而且往往以对话、阅读、解释之前的"前见"或"偏见"作为自己的假设。第二,在解释学范式中,假设的验证是一种"阅读理解"的过程。假设总是在阅读和理解中不断地显现、修改和逐步敞亮。假设依赖于"阅读理解"的验证而获得"假设"的名义。在阅读之前浮现的"假设"如果不经过持续地阅读他人的意见或"阅读"自己的经验,那么,它至多只能算是一闪而过的"念头",够不上假设的资格。从这个意义上说,解释学范式的确是一种"从书本到书本"的阅读理解活动。读者的假设与作者的假设一旦发生"视界融合",假设就成为一种有价值的、有说服力的、被证明了的"结论"。因此,行动研究应重新重视阅读历史文本,与历史文本对话,而不限于教师个人对自己的教学实践进行反思并获得所谓"情境理解"。

行动研究的"阅读"与传统教育研究的"阅读"虽然都是一种以自己的"前见"(或"偏见")对文本的解释和理解,也都"倾听"文本并向文本"提问",但是,参与行动研究的教师在阅读时,以自己特殊的"提问"方式不同于传统的教育研究:行动研究的阅读是一种"自下而上"的方式,传统教育研究中的阅读却

[①] 刘良华:《教育行动研究——解释学的观点》,太原:《教育理论与实践》,2001年第11期。

是"自上而下"的方式。这就是说,行动研究中的教师在阅读之前,就已经带入了实践情境中的"问题",这些问题作为教师的阅读理解的前见,它规定了教师的"提问"方式。①

行动研究是否能够真正地以自己的方式走向解释学范式并由此找回行动研究的"自我意识",也许就在于参与行动研究的行动者能否以自己的方式展开阅读并制作出个性化的"理论"。

二、实用主义

如果说将解释学作为行动研究理论基础的学者侧重于认知方面的话,那么信奉实用主义的学者则从解决问题、改进现实的角度看待行动研究的作用。

实用主义哲学扎根于美国资本主义市场经济的社会现实,立志成为一种贴近现实生活、回应现实需要、引导社会方向的新哲学。走到19世纪的近代西方哲学对哲学问题的研究已经达到了形而上学思维方式的极端地步,旧唯物主义和唯心主义都固守各自哲学的象牙塔,精心营造体系,而无视现实生活世界。实用主义区别于其他西方哲学流派的最主要特点,在于它更强调哲学应立足于现实生活,把获得效用当作最高目的,因而从价值论的角度对现实世界进行了注解。它既不把世界的一切存在归于主体的纯粹意识所构成的主观世界、精神世界,又不认可与人无关的客观世界,认为这样的世界是无从得知的,并且是无价值、无意义的,而认为真正有价值、有意义的世界是现实的生活世界,即经验世界,它是由主体的实践、行动而使主体与外部世界相联系所形成的,所以实用主义"把哲学和科学研究的对象限定于人的现实生活和经验所及的范围"。

研究真理与效用的关系,或者说突出真理与效用的联系是实用主义在真理问题上的特色所在。这突破了以往真理问题的研究仅局限于主观认识是否正确反映客观世界,即更多地强调"真"与"否"的方面,忽视了不但要"真",还要有价值和效用,或者说从价值、效用的角度追求真理这一方面。杜威认为,观念、意义、概念、学说和体系的效能和价值就全系于它们工具性工作的成功与否。如果成功了,它们就是可靠、健全、有效、好的、真的,否则,它们便是虚妄。坚信、确证、凭据,系于作用和效果。但杜威认为有效并不是仅仅对个人有效或私欲的满足,而应当包含公众的和客观条件。② 杜威是他的纽约社区工人培训学校的咨询人员,这使得行动研究与杜威的"实用主义"有着更为直接的联系。

---

① 刘良华:《教育行动研究——解释学的观点》,太原:《教育理论与实践》,2001年第11期。
② 周育国:《实用主义的哲学创新与启示》,长春:《社会科学战线》,2003年第5期。

三、"反思理性"与"解放认知的旨趣"

从批判的角度认识行动研究,可以溯源至亚里士多德对"理论知识"和"实践知识"的区分。与之一脉相传,康德在其《纯粹理性批判》(1781)中认为,人的理性活动可以区分为"科学理性"和"实践理性",前者指的是人对物质世界的理解,而后者是人的行为决策过程。前者不能决定后者,因为人类对世界运作方式的了解不等于知道如何行动。人们如何行动不仅与现存的事实有关,而且与应该怎样行动有关。行动研究探究的就是行动者的"实践理性"和"实践智能",目的是探究他们的决策方式和过程。"实践智能"的特点是:实践者能够轻松自如地获得和使用"心照不宣的知识",而这种知识是过程式的,与行动密切相连。学习这种知识的基本形式是通过习惯和习俗"懂得如何做",而不一定要"懂得那是什么"。[①]

行动理论的积极倡导者西雄提出了"技术理性"和"反思理性"之间的区别。"技术理性"作为概念化政治和行政干预的方式有三个基本的假设:(1)实际的问题可以有通用的解决办法;(2)这些解决的办法是可以在实际情境之外的地方(如行政或研究中心)发展出来的;(3)这些解决办法是可以由出版物、训练或行政命令等途径转换成实践者的行动的。"技术理性"是在一种"研究—发展—传播"的模式中进行运作的:"研究"产生"理论",理论被用来解决实际问题,应用的结果是生产出一套为特定消费群体服务的产品(如一套课程及教材),这套产品被传播给实践者(如教师),各种相应的策略被用来训练、刺激或压迫实践者,以使他们接受这一新产品,并且照章使用。这种工具理性的做法带来一种信誉上的等级,发展理论和制定决策的人地位最高,专家比教师的可信度要高,而教师又比学生更加可信。这种阶层制度对实际工作者极不信任,使他们处于理论知识的最底层,他们的任务就是运用那些在权力上高于他们的学术和行政管理人员所预先界定的知识。而"反思理性"有三个与"技术理性"不同的假设:(1)复杂的实际问题需要特定的解决办法;(2)这些解决办法只能在特定的情境中发展出来,因为问题是在该情境中发生和形成的,实际工作者是其中关键的、起决定性作用的因素;(3)这些解决办法不能任意地使用到其他的情境之中,但是可以被其他实际工作者视为工作假设,并在他们自己的工作环境中进行检验。"反思理性"是行动研究的基本理论基础,它表达的是实践者的"实践理论"。在这个过程中,实践者的知识整合在行动之中,他们对自

---

① 陈向明:《质的研究方法与社会科学研究》,北京:教育科学出版社,2002年版,第453页。

己行动的反思揭示和发展了那些潜在于他们身上的实践理论,这些理论的发展导致他们产生行动的意念,然后产生相应的行动。[1]

哈贝马斯提出的知识旨趣的三分法也可以作为论证行动研究的一个理论基础。针对亚里士多德曾经提出的社会理论中最根本的问题:"知识在道德抉择和社会实践中担当着怎样的角色?"哈贝马斯认为,一切人类知识最终都靠旨趣指引,都是一种意识形态。而知识的旨趣分为三种类型:技术认知旨趣、实践认知旨趣和解放认知旨趣。"技术认知旨趣"是一种工具性的、"对客观化的过程实行技术控制的认知旨趣",关注的是自然科学知识,其意义存在于经验事实的范围之内,体现的是实证主义的思路。"实践认知旨趣"关注的是历史—阐释型知识,在主体间的交往活动中发挥作用,通过解释人们日常语言中所交流的信息和符号,将人类的文化传统在人们的社会行为中传承下来。"解放认知旨趣"关注的是以批判为导向的知识,使认知旨趣本身具有反思能力,揭示出一切认知旨趣的意识形态。"技术认知旨趣"完全否定社会批判,"实践认知旨趣"将这种批判附属于传统继承的前理解,只有"解放认知旨趣"具有批判的反思能力,才是社会科学发展最重要的知识。行动研究就是一种获得"解放知识"的方式,这种研究的目的是为了转化研究对象的自我诠释,认识到人类社会文化生活中的权力宰割,向权势挑战。[2]

第三节 行动研究法的类型及其运用

行动研究法有很多争论,其中之一是行动研究法究竟是方法技术还是研究范式?中国教育界更多地将"行动研究"作为一种与观察法、调查法、实验法相并列的研究方法。王文科在《教育研究法》中对行动研究法与实验研究法从十个方面作了系统的比较分析,影响较大。[3] 近年来,有些人开始关注行动研究法的方法论思想,把它作为一种新的研究范式来对待,如陈向明在《质性研究方法与社会科学研究》一书中,不仅把它看作方法技术,而且称之为"行动型研究"。

一、方法论定位

早期的行动研究普遍信奉实证主义,崇尚以科学的方法、手段(如统计、测

---

[1] 陈向明:《质的研究方法与社会科学研究》,北京:教育科学出版社,2002年版,第453—454页。
[2] 同上书,第454—455页。
[3] 王文科:《教育研究法》,台北:五南图书出版公司,1987年版。

量、实验等)研究问题,坚信社会生活也存在着犹如自然科学所揭示的那种普遍、客观的规律性,深深打上了量性研究方法论的烙印。20世纪60—70年代后的行动研究,则深受异军突起的质性研究方法论影响,尽管它并不绝对排斥量性的方法,但60—70年代后大部分的行动研究以质性研究为导向,或以质性研究为主,力图在复杂的背景中把握事件的质。由于质性方法更适合于行动研究的研究过程,因此更易为教师和教育工作者所接受,60—70年代后的行动研究表现出质性研究的特征。例如,西方有的学者在分析英国教育质性研究的不同根源时,将盛行于英国中小学开放课堂中的行动研究运动视为七大来源之一。①

总的看来,当代行动研究多半属于质性性质,但质性的行动研究并不绝对排斥量性的方法,常常与量性方法并用,量性资料常被作为基本研究的依据,质性资料用于描述分析,并提供范例。

二、具体方法

最初的行动研究倡导者并不认为行动研究应用了什么特别的方法,而是认为行动研究在方法上表现出综合性。如勒温及其同事曾将行动研究分成诊断性、参与性、实证性和实验性四类,几乎囊括了所有的方法技术。后来美国学者麦克尔南在《课程行动研究:反省参与者的方法资料手册》一书中归纳出43种质性与量性的观察技术、记录技术和数据资料采集分析技术,唯一例外的就是控制实验方法。行动研究方法技术丰富多样,将这么多的方法技术都网罗在"行动研究"的门下,缺少一以贯之的主线,就成了方法技术的大杂烩,让人无所适从。②

实际上,作为一种独立存在的研究范式,行动研究具有独特的方法技术。埃利奥特将行动研究收集资料的主要技术和方法分为以下几类。

(1) 日记(Diaries)。日记包含着"观察、情感、反映、理解、反思、奇想、假设、加速"等个人记录,记录并不是对情境的"纯事实"的报告,而是传递意欲参与的情感。会话和口头交流的记录,在与事件、环境的相互作用的情感、态度、动机理解的回顾中都有其价值。学生也可以记日记,日记是私人的,使用要经过作者的同意,教师不应强迫收日记,可采用开评估会的方式,让学生根据其日

---

① 洪明:《西方教育研究的方法论和转向》,北京:《国外社会科学》,1999第1期。
② J. McKernan (1996), *Curriculum Action Research: A Handbook of Methods and Resources for the Reflective Practitioner*, Second ed., London: Kogan Page.

记发言。

(2)"传记"(Profiles)。传记是有关情境或个人的历时性记录,某种程度上也可以归结为日记,它既可以是有关课堂教学情境的,也可以是有关某个或某些学生表现的。

(3)文献分析(Document Analysis)。文献包含着与问题有关的信息,与课堂行动研究背景有关的文献包括工作大纲和计划,学校课堂报告,已用过的试卷、会议记录、工作卡和分配单、教科书、学生作业的样本等。

(4)图片资料(Photographic Evidence)。照片能捕捉到情境的视觉方面。课堂行动研究的照片包括学生课堂学习、教师"背后"发生什么、教室的物质设备、教室社会组织的模式。照片可以是观察者拍,也可以是自己拍,它在研究者与其他参与者讨论时常用上。

(5)录音/录像和抄录(Tape, Video Recordings and Transcripts)。录像常由观察者完成,研究者使用常会分散精力,固定录像往往会忽略非课堂教学片段、学生与某个特定学生的语言交流。带麦克风的手提录音机较少分散教师的注意力。将录音转抄成文字有利于教师更加重视发生了什么而不是简单地听和看。

(6)"局外观察者使用"(Using an Outside Observer)技术。这一技术主要是在课堂教学的背景中,通过外部观察者对课堂教学的真实记录和描述,使教师能够从"外部"来观察和反省自己的教学活动。外部观察者在观察前,可先行对被观察者所关心或认为有意义的问题做必要的了解,以使自己观察的问题与教师所关心的问题相吻合。从观察者的角度说,可使用的技术包括拍摄照片并注上附言、录音、录像、作详细的课堂观察记录、让教师与观察者会谈并让教师接触到上述记录,等等。

(7)访谈(Interviewing)。访谈是一种从他人角度探讨教学过程的途径。访谈可以是结构化的、半结构化的和非结构化的。结构化访谈的问题是访谈者预先设定好的,非结构化访谈则由被访者提出问题和论题,当被访者提出问题和论题后,采访者再请他们进一步解释。半结构化处于这两者之间。埃利奥特认为,行动研究的初始阶段最好采用非结构化访谈方式,以尽可能对到底收集什么样的问题信息保持开放,在对应收集哪些相关信息较为明确后,再转向较为结构化的访谈方式。但即使进行结构性访谈,埃利奥特认为也应给被访者留下提出问题空间。

(8)连续评述(the Running Commentary)。参与者停下手头的工作对所进行的事情进行一段持续时间(至少5分钟以上)的观察。尽可能具体地记录下学生的所说所行,包括语调、姿态等,尽可能使评述与描述并重,但评述要具体,尽量避免模糊的评述(如讲学生学习得很好之类)。这种技术可在观察学生工作时使用,但不应干扰或打断学生的工作,不要使学生感到自己被观察。

(9) 跟踪研究(the Shadow Study)。对参与者进行一段时间的跟踪研究,并对其行为及回应的行为进行持续的评论。课堂中,被跟踪者既可以是教师也可以是学生,观察者可以是来自局外的顾问,也可以是现场的同伴。观察可以由行动研究组的成员共同进行,在不同的时间段由小组成员轮流跟踪目标,观察结束后,召开小组碰头会,将各成员的观察汇总起来。观察报告的陈述要简明扼要,要能够为行动研究者所运用。

(10) 清单、调查表、目录单(Checklists, Questionnaires, Inventories)。清单是指所罗列的一系列由自己回答的问题,它通过指明所需回答问题的信息类型来指导观察。清单应在开放的、较少结构化的监控技术中应用,如录音、自由观察、连续述评、非结构化访谈等。调查表是一系列希望别人回答的问题,它是检验清单中自己回答的问题与其他参与者回答的问题是否一致的途径。目录单是一系列他人对有关情境的陈述同意与否的目录,由从强到弱的一系列选项构成:坚决同意——同意——不确定——不同意——坚决不同意。它是发现他人是否同意或不同意某一观察或解释的极好途径。调查表和目录单可使观察、解释和态度量化,它们应作为质性方法的辅助性技术。如埃利奥特在一次请学校部分家长评价学校时,先进行了非结构化访谈,发现一半以上的家长对学校评论道:"既关心孩子个性和社会方面的发展,又重视学业成绩","孩子在这里很幸福","教师关心每一个孩子",这大大超乎埃利奥特原来曾想安排的对结构化问题的回答,如"考试成绩好"、"纪律好"、"一致"等。如果先进行调查表或目录单调查就会忽略了上面家长的评价。上面家长的评价应整合到目录单里使其更具有代表性。

(11) 三角互证法(Triangulation)。三角互证法的基本原则是从多个角度或立场收集有关情况的观察和解释,并对它们进行比较。这种方法最早运用于军事和航海领域,埃利奥特率先将之引用到教育研究领域,他要求行动研究者不仅用不同的技术去研究同一个问题,而且应该从不同的角度,让不同的人去分析评价同一现象、问题或方案,他们观点之间的一致性和差异对行动研究的结果都极为重要。在这种教学评估方法中,教师处在最易获得教学实践者有关教学目的和意向方面的内省资料的位置,学生处在解释教师的教学如何影响自己的最佳位置,参与观察者则处在可收集教学中师生互动特点资料的最佳位置。最后通过比较从各种不同立场获得的资料,使三角互证法中的每一方都可以获得更加充足的资料来测试和修正自己的观点。在福特教学计划,埃利奥特就运用了三角互证法,从教师、学生、参与观察者三个方面来收集关于教学情境的记录。埃利奥特指出,"三角互证法是一种对课堂责任的民主的、专业的自我评估的方法"。通过三角互证法,教师可以比较自己、学生和观察者有关教学行为的观点。在对所获资料进行比较时,资料提供者应对自己提供的资料进行认真的检验,也可就资料的不一致之处,由持有各种不同观点的团体参加的讨论,当然这种讨论应由"中立者"来主持。

（12）分析备忘录(Analytic Memos)。分析备忘录是对所收集的证据进行系统的思考,并适时制作出来,一般是在监控和探察的末期。备忘录可记载的事件包括:一是在研究中对情境进行理论认识的新方法;二是已形成的并将进一步检验的假设;三是将要收集的证据类型的引证,以便使即时出现的概念和假设的基础更为牢固;四是对在行动中所收集的范围内所出现的问题的陈述。备忘录尽可能不要超过 2 页,其中的分析应对分析所立足的相关证据相互参照,即可用三角互证法。①

在埃利奥特提出的行动研究的诸多方法技术中,最具特色的应是日记和三角互证法。这里仅就日记做进一步的补充。

日记是一个伴随着研究全过程的重要方法,而不仅仅是一个收集和分析资料的工具。日记的意义在于:(1) 这种方法为实践者所熟识,比较简单可行;(2) 可以记录很多方面的资料,包括那些可以通过观察、访谈和对话等方式收集到的资料;(3) 可以随时记下自己的灵感和偶发事件,反省每天的研究结果,对原始资料作解释性评论;(4) 可以对研究者自己的身份和使用的方法进行反思,增加对自我的了解;(5) 日记中记录的思想可以发展为理论架构,凭借这个架构可以进一步收集资料和分析资料。②

人们通常把写日记看作是写自传,但是专业日记与个人日记有所不同——它们关注不同的问题、有着不同的目的。奥汉隆分析了大量的专业日记,发现有四种自发的、原始的专业日记类型:

（1）报道性写作:真实地记录发生的事件。它是在记录观察得到的数据,叙事性地描述专业方面发生的事件或存在的事实。

（2）解释性写作:报道事实,也包含作者对事件的解释。解释性地写日记是作者从个人角度解释事件,这可能包含作者对他白天所遇到事件的看法与感

---

① 洪明:《当代英国行动研究的重要主张》,长春:《外国教育研究》,2003 年第 5 期。
② 陈向明:《质的研究方法与社会科学研究》,北京:教育科学出版社,2002 年版,第 457—458 页。

受。作者在文章中解释他对事件或事故的理解。

(3) 审思性写作:包括报道与解释。在描述、解释之余,作者在文章中还加入了自己的猜测与推理。这种写作具有反思性与交流性。它包括作者的思考、自我评价,还会涉及作者的反省性、期待性想法和他们期望的或预想不到的结果,这是反思的表现之一。作者想解释他对情境的反应,所以文章就包括他的情感、判断与意图。作者有很强的自我意识感,愿意去批评他自己及调查研究的各方面。

(4) 完整性写作:包括以上三种类型即报道、解释与审思,但是,作者将三者融合起来,从个人及专业角度完整地表达了他对事件的看法。作者从整体出发解释、分析专业行为与事件,并没有把公与私截然分开。作者并没有刻意隐瞒或保留自己的想法和观点,他的写作目的具有完整性,就是想真实地探讨事件的方方面面。为了完整地了解情境,作者会记录不同的观点与看法。在写作时,作者完全处于反思性的状态,他想评论性地分析、概括事件,进而了解问题。他将个人价值观与他的专业实践相结合。

这四种写作方式反映了思维与反思的四种模式。从深度上看,最浅的是仅仅描述教育事件或问题,较深的是包含自我意识、对问题进行评估。这四种类型并不互相排斥,反映了人通过日记反思自我专业身份的水平与层次。[①] 行动研究者可以在持续的日记中不断反思和内省,从报道性写作逐步过渡到完整性写作。

三、研究报告

行动研究的研究报告有自己的特色,允许采取很多不同的写作形式。其最大的特点是把"他人"纳入研究报告的写作中,让所有的参与者都参与写作,让具有批判能力的朋友、协同研究者和同行参加到研究报告的评议中。比如,参与者可以共同撰写叙事故事,一起创造试验性的杂乱文本,让不同的、多元的声音一起说话;也可以编制一系列自传、个人的叙述、生活经验、诗歌、甚至文学文本,让当事人直接向公众说话。行动研究的文本已经超出了科学与文学的界限,正在向科学研究的极限挑战。[②]

[①] 〔美〕Sandra Hollingsworth 主编:《国际视野中的行动研究——不同的教育变革实例》,黄宇等译,北京:中国轻工业出版社,2002 年版,第 200—201 页。
[②] 陈向明:《质的研究方法与社会科学研究》,北京:教育科学出版社,2002 年版,第 458 页。

四、结果检验

行动研究在理论与方法上都对传统的研究提出了挑战,而它的创新也给研究的评估带来了一定的难度。比如,传统意义上的"信度"和"效度"等问题不能在这个框架内进行讨论,传统评价社会研究的方式在这里已不再奏效。行动研究不仅抹平了本体论和认识论之间的区别,而且引入了价值观和权力等维度。此外,行动研究中的研究与行动之间是相互渗透的,两者无法真正分离开来。建构知识的过程是一个行动的过程,而行动的过程也是一个检验知识的过程,行动的结果就代表了对知识的检验。知识的建构(反思)与检验(行动)之间也是不可分割的,反思就是在行动中发生的。行动研究的严谨性表现在实践者是否可以敏锐地感觉到自己理论所存在的问题,在情境中进行一种"回顾式交谈"。通过这种交谈,实践者反思的结果可以转化为实践,而实践又反过来激发反思理性和实践知识,从而推动它们向前发展。通过行动与反思之间持续的互动,实践理论中的弱点会逐步地暴露出来,而有用的行动策略会被识别并得到发展。于是,实践者的行动品质以及他们的研究过程便得到了检验。

基于上述评价行动研究的特点,行动研究的质量标准可以归纳为以下五个方面:(1)研究是否有利于发展和改善目前的社会现实,是否解决了实际的问题或者提供了解决问题的思路;(2)研究是否达到了解放实践者的目的,使他们不再受到传统科学研究权威的压迫,提高了他们自己从事研究的自信和自尊;(3)研究设计和资料收集的方式与实践的要求是否相容(如时间、经济条件、职业文化等);(4)研究是否发展了实践者(如教师、社会工作者、护理人员)的专业知识,加深了他们对实践的了解,改进了他们的工作质量和社会地位,使他们的职业受到社会更大的重视;(5)研究是否符合伦理道德方面的要求,研究的方法是否与具体情境下的行动目标以及民主的价值观念相容,伦理原则是否制定成具体的伦理守则,使其更加具体化、情境化,让所有的参与者事先进行讨论,并随时对其进行修改。[①]

第四节 行动研究法的实施程序

就行动研究基本起点来说,是反对传统的科学研究。原因是,一方面社会科学研究仅凭个人兴趣从事研究,不能满足社会需求,另一方面实际工作者既

[①] 陈向明:《质的研究方法与社会科学研究》,北京:教育科学出版社,2002年版,第458—459页。

得不到研究者的帮助,又不研究自己身处的环境和面临的问题。它所倡导的是实践工作者通过研究手段来对实践作出判断和采取行动。如此,开展行动研究首先面临的问题,就是从日常的工作向研究性的实践活动转化。那么,这种转化的标志是什么?换句话说,怎么才能算是在从事研究呢?这样就涉及行动研究的程序问题。一般认为,行动研究的程序步骤(有的称之为模式)由计划、行动(实施)、观察、反思等四个环节组成,这一螺旋式上升过程又被称为"迪金大学行动研究模式",其他模式如阿特莱奇特模式也有相似的环节步骤。[1]

一、迪金大学行动研究模式

迪金大学行动研究模式是由凯米斯提出的,凯米斯主要采纳的是行动研究的创始人勒温的有关思想,认为行动研究是一个螺旋式加深的发展过程,每一个螺旋发展圈又包括四个相互联系、相互依赖的环节:计划、行动、考察和反思。

"计划"是行动研究的第一个环节。

计划应以所发现的大量事实和调查研究为前提。它始于解决问题的需要和设想,设想又是行动研究者(行动者和研究者)对问题的认识,以及他们掌握的有助于解决问题的知识、理论、方法、技术和各种条件的综合。计划包括"总体计划"和每一个具体行动步骤的计划方案,尤其是第一、二步行动计划。

"行动"是第二个环节,即实施计划或者说按照目的和计划行动。实施行动应该是:行动者在获得了关于背景和行动本身的信息,经过思考并有一定程度的理解后,有目的、负责任、按计划采取的步骤。行动应是灵活、能动的,包含行动者的认识和决策在内的。实施计划的行动还要重视实际情况变化,重视实施者对行动及背景的逐步认识,重视其他研究者、参与者的监督观察和评价建议,行动是不断调整的。

"考察"是第三个环节。考察主要指对行动过程、结果、背景以及行动者特点的考察。由于教育教学受到实际环境中多种因素的影响和制约,而且许多因素又不可能事先确定和预测,更不可能全部控制,因此,为了使考察系统、全面和客观,行动研究的倡导者鼓励使用各种有效的技术。

"反思"是第四个环节。它是一个螺旋圈的结束,又是过渡到另一个螺旋圈的中介。这一环节包括:整理和描述,即对观察到的、感受到的与制订计划、实施计划有关的各种现象加以归纳整理,描述出本循环过程和结果;评价解释,即对行动的过程和结果作出判断评价,对有关现象和原因作出分析解释,找出计

---

[1] 柳夕浪:《反思行动研究》,济南:《山东教育科研》,2002年第10期。

划与结果的不一致性,从而形成基本设想、总体计划和下一步行动计划是否需要修正以及需作哪些修正的判断和构想。

行动研究的这一运行程序可举例如下:

第一个循环:

设想——学生认为科学只是回忆事实,而不是探索。怎样才能使学生进行探索? 是改革课程,还是改变提问策略? 看来,应该首先建立新的提问策略。

计划——把提问的中心转移到鼓励学生为解决问题而寻找答案上来。

行动——试验提一些让学生说出想法和兴趣的问题。

考察——用磁带录制几堂课的提问,观察记录情况,并记下有关印象。

反思——为了使全班按教师的设想走,起初以为需对情境进行控制,但现在看来,对情境的控制会破坏探索性提问。

第二个循环:

修正后的计划——继续贯彻基本设想和计划,但要减少控制性陈述。

行动——在几节课中减少控制性陈述。

考察——用磁带录制提问及控制性陈述,并记下对学生行动的影响。

反思——学生的探索精神虽然得到了发展,随之而来的问题是如何能使他们步入正轨? 让他们相互倾听彼此的回答?

埃里奥特虽大致同意这种对行动研究程序的划分,但又认为,考察不应该仅涉及事实发现,也应该有分析;并且应该不断地出现在整个螺旋式活动中。行动步骤的实施并不是一帆风顺的,人们只有在对实施的内容进行考察后才能对行动效果进行评价。埃巴特(Ebbutt)认为,埃里奥特还是没有能够把行动研究的整个过程如实地、恰当地表现出来。因为它是一种直线式的过程,没有回路,难以形成信息的反馈;在埃里奥特那里,如果想修正最初的想法,须沿来路返回,而这是不现实的;此外,该图虽然是阶梯走向的,但没能反映出上升到一个新的阶段的趋势。①

二、阿特莱奇特模式

与凯米斯一样,阿特莱奇特等人也认为行动研究可以由四个环节组成。虽然他们提出的四个环节与上述四个环节有重叠之处,但是在有些方面又有所不同。

(1) 寻找起点。这个起点可以从社会团体共同关心的问题出发,也可以从

---

① 郑金洲:《行动研究:一种日益受到关注的研究方法》,上海:《上海高教研究》,1997年第1期。

社会成员个人的生活事件中发展出来,应该是参与者个人有意投注心力去探究的一个问题。寻找起点可以从"第一印象"开始,参与者可以询问自己:"对这个问题我的第一印象是什么?这个第一印象是否忽略了其他已有的信息?这个第一印象是否隐含了一些模糊、暧昧的概念?它是否只处理到事情的表面?我是否对其他的可能性解释进行了足够的检验?我是否在对其他可能性解释进行检验之前就已经接受了这个第一印象?"参与者在研究的过程中可以激发一些额外的知识和自己隐含的知识,借助于内省、对话等方式有意识地审视自己的行动,拒斥自己所熟悉的意义,将熟悉视为陌生,然后在既存情境中引发行动上的改变。之后,参与者可以发展出更加精致的实践理论,拟定该理论的要素,并且在各个要素之间建立联系。

(2) 理清情境。通过对话、访谈、观察、记录、收集实物、录音录像、书面调查以及其他方法收集有关资料,然后对资料进行分析,以理清研究的情境。参与者在理清情境时可以就资料写内容摘要,对资料进行归纳和编码,撰写理论笔记等。在收集资料时,研究者应该给弱者的观点以更多的关注,减低弱者所受到的压力,同时引发各方参与讨论。对资料进行分析时,参与各方对研究的初步发现进行讨论,对研究的交流效度进行检验,即通过对话检核解释的效度,以建立一个各方面都同意的观点。

(3) 发展行动策略并付诸实施。"行动策略"指的是这样一些方案,它们与实践有关,将其作为行动研究的结果,可以用来解决实际问题。设定行动策略的目的是在不同层面上引发实践者在行动上作出改变。行动策略不一定能够解决所有的问题,不一定完全按照行动者事先设定的目标完成任务,有可能产生一些副作用。因此,行动者在实施一个行动策略以后应该问的问题是"我们喜欢自己所得到的收获吗?",而不只是"我们达到了预定的目标吗?"。行动策略的来源有如下几个渠道:行动研究者自己对实践的理解、行动研究者收集的资料、行动研究者自己的价值观念和终极关怀、行动研究者与同行和同事讨论的结果。行动研究者可以首先选择一个行动策略,运用到自己的实际工作中,然后交叉核对其可行性。如果新的行动策略无法如期解决问题,实践者需要检核自己的行动,从经验中学习,以便进一步改进行动策略。于是,研究过程又回到了上面的2),进入一个新的理清情境阶段,然后再回到3),重新发展新的行动策略。

(4) 公开实践者的知识。行动策略发展并实施以后,实践者可以公开自己的知识。具体公开的方式有:口头报告或书面报告、图表、影视媒体手段、电脑网络、展览、开始行动。通过这些方式,实践者的收获与洞察得以开放地在批判性讨论中得到检验。公开知识对实践者非常重要,因为这样做不仅可以强化他们的自信心,提高他们的自尊,而且可以增加他们的反思能力,提高他们所属职业的责任要求和社会地位。这么做有利于他们的职业发展,特别是在对新手进行培训时。此外,公开实践者的知识可以使他们的知识免于被遗忘或被忽略,让他们的知识参与到社会公共决策的过程之中。

上面的四个环节组成了一个理性的社会管理过程,其中包括一系列规划、行动、发现结果和检核结果的步骤。其运作过程也是一个不断螺旋上升的循环,所有的步骤完成以后,马上又进入新的一轮循环。①

近年来,行动研究的一般操作程序又有三方面的新发展。第一,"允许基本设想的游移变更",即研究者不仅可以依据逐步深入的认识和实际情况,修改总体计划,而且可以更改研究的课题。在实际生活中,这种情况经常发生。第二,"监督"行动的全过程。其内容包括行动者的主观态度、努力程度的变化、行动者在遇到意外阻力时表现的机智和采取的应急措施以及行动对象和背景在行动作用下的变化和反作用。第三,"反馈"和"开放性"。行动研究过程不是"必然的"线性过程,它强调的是一般操作程序为各个环节间的及时反馈(特别是正反馈)和依据反馈调整行动的开放性。②

第五节 行动研究法的应用

早期的行动研究广泛运用于社会学、社会工作、社会心理学和教育学等学科,但自六十年代以后,出现了教育行动研究一枝独秀的状况。这固然与教育本身就是一种行动有关,同时也说明其他学科对行动研究的忽略。所以,这里收集的案例以教育学为主,兼顾其他学科。

一、早期的行动研究案例

行动研究的创始人勒温从事"改变食物习惯""改进人际关系""改善生活质量""解决少数民族冲突"等实际生活问题的研究,不仅把研究结果以研究者的见解或建议发表,而且特别注重将结果反馈到实践中去,达到影响和改进社

---

① 陈向明:《质的研究方法与社会科学研究》,北京:教育科学出版社,2002年版,第455—457页。
② 李志河:《行动研究及其在教育领域的应用》,临汾:《山西师大学报(社会科学版)》,2002年第1期。

会行动的目的,表现出明显的"生活取向"。① 如他当时与犹太人和黑人合作进行研究,这些实践者以研究者的姿态参与到研究之中,积极地对自己的境遇进行反思,力图改变自己的现状。

另一位行动研究的早期倡导者与实践者约翰·科利尔曾是主管印第安人事务的官员,与妻子开办了"家庭学校",试图将工作、休息与研究结合起来,还与一些机构合作研究对孩子们有益的社区项目,重视社区从研究中获益的需求和咨询专家们的非指导性角色。② 科利尔还为"印第安重建法案"而实施行动研究计划,推进双语教学、本地语的学习,达到本土性的满足,而不是"单纯掌握主流民族的文化",以推进所谓"民主进程"与"社会进程"。

二、当代行动研究案例

(一)美国小学班级中的性别平等问题

莱斯利·特纳·米纳里克(L. Minarik)是一名美国小学教师,她一直关注老师教学平等问题,以下案例就是她从事的关于操场行为、运动项目与性别的关系研究。

1. 提出行动研究问题

莱斯利说:"看起来,一旦我意识到班级环境并不是平等的……我开始以新的方式看待班级,并尽力让环境变得更加平等,让每个孩子都感受到成功的乐趣。"她发现许多情况中存在性别歧视问题,特别是在体育运动中。她描述了这一情况,"每年我都听到'唉,女孩不会玩球。她们是女孩'"。这种发现及想研究自己教学实践的愿望促使莱斯利提出了一系列的问题,并列出了一个框架,渐渐形成了这一行动研究项目。

2. 行动研究项目

因为莱斯利对行动研究方法并不生疏,她沿用了她以前使用过的方法:(1)观察情况;(2)界定问题;(3)寻找她认为可行的解决方案;(4)在自己的班级进行调查;(5)得出结论;(6)对自己的研究方法进行修改;(7)带着其他问题,在其他情境中继续这一过程。

她所在的班是个混合班,由二、三两个年级组成,共 30 名学生。其中有 3 位学生是二年级水平。与学生最早的访谈表明了学生对于性别角色的最初看法。当然,进一步调查显示,他们所持的观点与他们在家的真实状况并不一致。

---

① 柳夕浪:《反思行动研究》,济南:《山东教育科研》,2002 年第 10 期。
② 同上。

在家里,许多男生做一些"女性化"的工作,女生也做一些"男性化"的事情。社会常常出现强调性别差异的性别隔离现象。特别指出的是,男孩认为在体育方面男性比女性更有天赋。在莱斯利的班上,她问了3个男孩有关踢足球的性别歧视问题,他们的反应是:A."女孩不可能更好";B."男性更为努力";C."女孩容易受伤"。

莱斯利开始时想通过间接性的教学(这种方法是平铺直叙的、传统的)来引导班级男女生进行沟通与交流。莱斯利尽量通过记录男女生交谈内容、作田野笔记来了解实际情况,她还尽力处理好"男/女"问题,如休息时让女生当小组长,给女生分配设备管理任务,经常表扬女生的努力与表现等。她非常注意她的点名方式,以确保平等地对待每位学生;延长等待女生回答问题的时间;关注学生的值日情况,以防出现只有女生做值日的现象。在那时,尽管她从学生那儿不断了解到体育运动是男生感兴趣的活动、是他们交流的场所、也是歧视女生的主要领域,但她还仍然认为消除歧视的解决方法在于改变我们教室里的一些传统做法。

进一步研究男女生之间的对话后她发现事实上女孩在家有运动经历,然而在学校里她们却不愿意参加体育活动,造成这种现象的部分原因是男生对她们的负面反应,还因为她们本身很矜持,不太好意思参加。不幸的是,莱斯利意识到,通过她的间接的、传统的教学,女生的行为并没有太大的改变,而却发现了一些更为明显的问题,如男生的歧视态度与行为。面对这种情况,莱斯利决定采用一种不同的教学策略,即走出教室、步入操场。

再三考虑各种可能性之后,她决定采用莉萨·德尔皮特所提倡的方法——"直接教学法"。通常情况是女生面对男生的歧视会保持沉默,为了避免这种情况,莱斯利就在课上让学生说出这种不平等以及体育运动方面的规则。莱斯利采用这种直接的方法来挑战班上女生所受的歧视。

8月初,莱斯利与班上同学进行了一次直接对话,讨论"歧视"的内涵,讨论在教室里、操场上及运动时歧视是如何发生的。会议记录表明,6个女生有5个说自己在家中运动。随着交谈的进行,当讨论显得冷淡时,有一些男生会主动表明自己的观点表示支持女生运动。莱斯利在她的笔记中写道:"可以看出,一些男生对于这样的讨论是表示支持的。有一个男生竟然转变了自己的看法。"8月中旬,一些男生更加支持这种讨论,并公开表示支持女生。男生开始公开承认女生是他们的朋友,意识到他们应该让女生加入他们的体育活动小组。8月末,男生出现了非常明显的变化。莱斯利写道:"我听到更多的男生说他们支持女生,这是我七年来首次听到这样的话。"莱斯利为她所看的、所感受到的感到欣慰。

莱斯利接着去探讨这个命题假设:运动是创造男女生之间支持性、平等性关系的关键活动。男生过去常用他们在体育方面的成绩来吹嘘他们的天生优越性,最明显的表现是绝大多数的性别歧视总出现在运动方面。莱斯利制订计划来改善班级男女生之间的关系,计划内容如下:(1) 教女生学习她们缺乏的运动技能;(2) 修改运动规则,减少运动的竞争性;(3) 鼓励"友谊第一,比赛第二"的做法,只要学生玩得尽兴就好。

在一位志愿者的帮助下,莱斯利把班级分成几个小组进行教学指导。对于女生及不太具有竞争性的男生来说,他们更愿意在同一个小组里参加体育活动。如果小组里学生的体育技能差不多,他们在一起活动就比较放得开、愉快。在休息期间和体育课上,各个小组都有自己的特色,练习特定的体育技能。那些有竞争力的男生可以继续进行他们的团队性运动。有趣的是,一段时间之后,几个男生竟然申请与女生一起活动。同时,两个女生也想参加足球比赛。

在田野笔记中,莱斯利描述了学生的这一进步:"我不仅注意到男生态度的变化(尽力向女生表示友善),而且看到男生开始喜欢与女生沟通、欣赏她们的体育运动。几次交谈表明,整个班已意识到他们在做一件正确的事,说他们会因为他们所做的事情会使男女生之间的关系变得更好。他们为自己感到自豪。"

学生的行为与态度仍在发生变化。莱斯利在她的笔记中写道,在休息的时候,男女生越来越喜欢在一起玩。当女生感觉到体育设施分配不公时,她们会大胆地指出。

3. 行动后的反思

迪尤尔(Dewar)认为运动是历史产生的,社会建构的,文化界定它为某一特定的社会阶层服务,运动可以被看作是社会关系的文化体现。这种预想不到的结果很少受到挑战与破坏。但是,体育运动也提供了学生们玩乐的空间,在其中,男生与女生可以走到一起、相互学习。莱斯利的研究表明,运动可能是促使男女生改变关系的场地。

莱斯利的研究在理念上是非常公开的,她对自己的兴趣与关注点作了明确的界定。她这样做的目的只是改变学生的行为,在班级里形成新的社交规则。莱斯利起初想采用更为传统的方法来支持、建构女生的自尊心,但这种方法并没有消除她班上存在的性别歧视问题。而在听取学生的故事中,在研究能量来源与关系中,她逐渐形成新的方法,改变班级状况。这种解放性的研究需要采用一些与传统经验方法相悖的做法。研究者的方法需要与他的目标相一致——致力于改变实践。

为了增进男女生之间的交流,推动合作关系的形成,莱斯利采用其他标准而不是性别来分组;强调、承认合作的价值;组织学生组成小型的、异质的、合作性的小组;训练女生的体育技能,让她们参加体育活动,进而增强她们的自尊心、得到男生的认同;积极改变学生原有的观点。

如果没有莱斯利的指导与正面干预,男生仍会持有原来的性别观点,女生仍会处于班级权力构建的边缘。①

(二) 社会资本与英国诺丁汉社会行动研究

社会行动研究项目(social action research project, SARP)是一项旨在探讨社会资本能否在社区内充分建立起来的行为研究项目。1999—2002年,英国的两个地区诺丁汉和索尔富德在卫生发展署(health development agency, HDA)的资助下,着重研究了不平等、社会资本与健康之间的关系。诺丁汉社会行动研究项目的具体实施是由来自资助方的代表、市议会的议长助理、公共卫生事务的负责人,以及来自卫生发展署的代表所组成的合作项目董事会共同参与管理,同时,对诺丁汉地区的圣安斯、克里夫顿两地由工人和普通市民所组成的目标人群分别进行了研究。

1999年,在圣安斯和克里夫顿两地开始了社会资本水平的基线调查,当地居民接受培训并作为访问的对象。在上述两地各选1 000人进行询问调查,问题涉及面广,包括他们对本地区的了解、个人的健康、是否为当地群体组织的成员、对当地一系列情况的看法,以及如何积极参与建立良好邻里关系的诸多有影响的事务等。基线调查之后,社会行动研究项目与圣安斯和克里夫顿两地的项目合作人一道,共同探讨如何在他们的社区中富有成效地构建起社会资本。社会行动研究项目将提供资金帮助那些愿意进一步丰富社会资本的群体,同时,鉴于这些群体将社会资本纳入其正在从事的工作的一部分,社会行动研究的全体工作人员也将提供相关的咨询服务和实践支持;另一方面,社会行动研究与德蒙特福特大学的社会行动研究中心达成协议,共同成立了行动研究进展小组(action research development team, ARDT),其作用是围绕有助于构建社会资本的系列评估过程,为当地的项目开展提供培训、咨询和相关的技术支持。因此,社会资本与健康之间的关系,以及英国诺丁汉SARP推广和采用的社会资本模式是该项目关注的核心问题。②

---

① 〔美〕Sandra Hollingsworth 主编:《国际视野中的行动研究——不同的教育变革实例》,黄宇等译,北京:中国轻工业出版社,2002年版,第209—220页。
② 杨小兵等:《社会资本与英国诺丁汉社会行动研究》,武汉:《国外医学·社会医学分册》,2004年第4期。

（三）上海市青浦县的数学教改实验

上海市青浦县的数学教改实验通过运用行动研究法提高了本县的数学教学质量,教师的教学水平也提高了,并且建立了一套行之有效的操作模式和方法。其数学教改实验是以全县为单位进行教改实验研究的。其研究过程体现了行动研究的基本思想和基本操作程序。教改实验的进程为：

第一阶段,调查。具体做法是：通过对教师的教学和学生的学习状况的调查以及行之有效的教学经验调查,初步掌握了全县数学教学的基本情况和存在的主要问题。

第二阶段,筛选。对第一阶段积累的众多教学经验进行分析,鉴别,验收,做到逐一筛选,以建立能大面积提高全县数学教学质量的经验系统。在此阶段必须进行：提出实施计划——实施计划——考查、评价计划——再计划——实施、评价计划,最后筛选出有效的教学措施。

第三阶段,实验。在一个学校筛选的主要经验要在全县范围内实施,还需要收集这些经验在不同类型的学校、不同程度班级中运用时的资料,以考察其适用性、可行性。为此采用教育实验的方法深入研究筛选所得到的经验,如调查法、问卷法等。

第四阶段,传播发展。即将从全县范围内筛选的教学经验归纳为"诱导——尝试——归纳——变式——回授——调节"的教学模式。再将这种模式在全县范围内试行,推广应用。这种试行、推广应用的过程是个不断循环、不断提高的过程。

通过对以上四个阶段的说明不难看出,青浦县的教改实验是以筛选有效的教学经验为特征的研究过程,在研究过程中体现了行动研究的基本内涵。其一,该研究的主要目的是为了提高本县数学教学质量,改变落后面貌,即着眼于改进教学实践,而不是旨在通过研究确立教学的普遍规律。其二,该研究的整个教学研究过程是由执教人员和研究人员结成一体,对众多的经验进行淘汰、优化或发展新经验的过程。其三,该研究进行过程是在开放性的学校进行的,是不断地探索研究方法和完善教学经验的过程,形成了"青浦数学教改实验"的研究模式。因而我们可以认为青浦教改实验的成功,在一定意义上是较为成功地运用了行动研究的方法。[①]

[①] 李志河：《行动研究及其在教育领域的应用》,临汾：《山西师范大学学报（社会科学版）》,2002年第1期。

第十二章

德尔菲法

德尔菲法作为一种重要的质性研究方法,最初被人们用作预测工具和技术。20世纪50年代至90年代间,曾一度盛行于西方公共政策与教育研究领域,后来又扩展到其他研究领域。国内对德尔菲法的研究起步较晚,在20世纪80年代才被引进并得到应用。本章介绍德尔菲法的含义与特性,阐述德尔菲法的主要类型,讨论德尔菲法运用的具体步骤,并举例说明德尔菲法的应用。

第一节 德尔菲法的含义与特性

一、德尔菲法的起源与演变

德尔菲(Delphi)这一名称起源于古希腊有关太阳神阿波罗的神话。德尔菲是古希腊地名,相传太阳神阿波罗在德尔菲杀死了一条巨蟒,成了德尔菲的主人。阿波罗不仅年轻英俊,而且对未来有很强的预见能力,于是人们就借用此名,作为这种预测方法的名字。

作为一种科学预测工具的德尔菲法是由O.赫尔姆和N.达尔克在1948年发明的,后经T.J.戈尔登和兰德公司完善而最终形成的。德尔菲法着重于通过非面对面的互动来整合各方面专家的意见,避免团体参与可能带来的负面影响,为科学决策提供参考。

德尔菲法不仅是科学的预测工具,而且还用来进行评价、决策和规划工作,在识别团体目标、建立团体目标的优先顺序、澄清团体价值、收集信息和教育成员等方面发挥着重要作用。德尔菲法有广泛的的应用领域:不仅用于科学技术和公共政策领域,而且还用于教育、医疗保健、人口、商业等领域。随着科学技术的发展与进步,一些政策分析者或组织团体对传统的德尔菲法做了一些修正,如兰德公司在传统的德尔菲技术基础上加入价值分析等因素,发展出即时德尔菲法、政策德尔菲法等各种改良方法,以便分析复杂的政策问题。

二、德尔菲法的含义

虽然德尔菲法在很多领域得到广泛应用,但究竟什么是德尔菲法,却有不同的看法。Gupta 与 Clarke(1996)将德尔菲法视为一种质性研究的技巧,主要是通过反复过程找出一群人或专家的共同意见作为特定现象长期预测的目的。台湾地区学者王秀红等人认为,德尔菲法是一种跨学科的研究方法,在研究过程中,研究者针对设定的议题,经由多次的思考程序,引导专家以其专业技能、经验与意见,建立一致性的共识,以提升决策的品质,解决复杂的议题。Linstone 与 Turoff(1979)将德尔菲法定义为:一种结构式团体沟通过程的方法,在整个沟通过程中将参与者对议题的讨论限制在一定范围内,让成员针对一项复杂的议题进行充分、有效的讨论。① 徐国祥认为,德尔菲法是根据有专门知识的人的直接经验,对研究的问题进行判断、预测的一种方法,也称专家调查法,一般适用于长期预测。②

从上述对德尔菲法的不同定义中可以看出,大部分学者倾向于把德尔菲法当作一种团体决策过程来看待,它强调通过团体一致的决策过程,来作为一项公共政策的决策参考,或作为预测未来的参考标准。据此,可以把德尔菲法看成是一种质性研究方法,本质上是一种背对背群体决策咨询过程,它依据固定而系统化的步骤和模式,采用匿名发表意见的方式,即群体成员之间不得互相讨论,不发生横向联系,只能与调查人员发生关系,通过多轮次调查专家对问卷所提问题的看法,经过反复征询、归纳、修改,最后汇总成专家基本一致的看法。

德尔菲法不同于头脑风暴法、名义群体法等其他群体决策的方法。德尔菲法通常采取匿名方法或背对背方式来收集专家的意见。而头脑风暴法等其他群体决策的方法一般是在面对面的情境中直接表达自己的看法或意见,这有可能带来负面的影响。比如,有些专家为了避免与其他成员发生冲突或是迷信权威而让自己的意见"随大流"。这也是当初兰德公司把德尔菲法发展为一种新

---

① 潘淑满:《质性研究理论与应用》,台北:心理出版社,2003 年版,第 298 页。
② 徐国祥:《统计预测与决策》,上海:上海财经大学出版社,1998 年版,第 13 页。

的专家调查法的基本背景。

三、德尔菲法的特性

德尔菲法运用于社会科学研究过程,与其他专家调查法比较,具有匿名性等多项特质和优点,德尔菲法的基本特征有以下四个方面:

(1) 匿名性。匿名是德尔菲法最重要的特点。德尔菲法在收集专家意见的过程中,接受咨询的专家彼此互不知道还有哪些人参加了调查,他们完全是在匿名或背对背的情况下交流思想和信息的。

(2) 一致性。德尔菲法的主要目的就是通过一系列的问卷回应或互动来获得可信赖的专家的一致性的意见。

(3) 反馈性。多次有控制的反馈也是德尔菲法的基本特征。参与德尔菲法调查的专家成员的交流是通过回答组织者的问题来实现的。它一般要经过若干轮反馈才能完成预测和判断。

(4) 统计性。为了对专家们的预测和判断意见进行科学的综合,并以定量指标来预测结果,德尔菲法的每一轮预测反馈都采用统计方法对专家意见进行统计。

四、德尔菲法与其他群体决策方法的比较

如果把群体决策方法比喻为一个"方法家族"的话,那么,这个"家族"的成员除了德尔菲法之外,还包括头脑风暴法、名义群体法、电子会议法、互动群体法等。我们这里将德尔菲法与其他群体决策方法做一简单比较,可能更能凸显德尔菲法的特性,见表12-1。

表12-1 不同群体决策方法的比较

效果标准/决策方法	互动群体法	头脑风暴法	名义群体法	德尔菲法	电子会议法
观点的数量	低	中等	高	高	高
观点的质量	低	中等	高	高	高
社会压力	高	低	中等	低	低
财务成本	低	低	低	低	高
决策速度	中等	中等	中等	低	高
任务导向	低	高	高	高	高
潜在的人际冲突	高	低	中等	低	低
成就感	从高到低	高	高	中等	高
对决策结果的承诺	高	不适用	中等	低	中
群体凝聚力	高	高	中等	低	低

1. 与头脑风暴法的比较

头脑风暴法(Brainstorming)又称脑力激荡法,是由美国创造学家亚历克斯·F.奥斯本(Alex F. Osborn)提出的,这种方法是为了克服产生创造性方案的遵从压力的一种群体决策方法。在典型的头脑风暴会议中,一些人围桌而坐,群体领导者以一种明确的方式向所有参与者阐明问题。然后成员在一定的时间内"自由"提出尽可能多的方案,不允许任何批评,并且所有的方案都当场记录,留待稍后再讨论和分析。

德尔菲法与头脑风暴法这两种方法都是集体决策方法,都有相同的优缺点:在非完全信息的前提下,集体决策,参与决策的人越多,决策失误的可能性越小,但决策的成本越高;反之,参与决策的人越少,决策失误的可能性越大,决策成本越低。但是两种方法又存在较大的差异:头脑风暴法是参与决策的人面对面的信息交流,虽然决策的原则是不受约束、畅所欲言,但是假如参与决策的人员都是某一方面的专家,由于心理方面的影响,这种原则很难得到贯彻执行。使用德尔菲技术进行决策时,参与决策的人员也都是专家,从心理学方面考虑,背对背地交流要比面对面的头脑风暴方法更能让专家们放下思想包袱,畅所欲言,创造新思维。虽然专家们互不相见,但并不缺乏彼此之间的交流。这种交流是通过组织决策小组的信息整理和反馈来实现的。每次反馈,专家都可以了解别人的观点、想法,并且可以毫无思想包袱地修改自己的观点,通过几次反馈,其实起到了与头脑风暴方法相同的面对面交流的作用。从以上分析来看,德尔菲技术考虑了参与预测的专家心理,相对于头脑风暴法而言,更具人性化,因此应用更广泛。

2. 与名义群体法的比较

名义群体法(Nominal Group Technique)又称 NGT 法,指在决策过程中对群体成员的讨论或人际沟通加以限制,不允许参加决策的人相互进行口头沟通,但群体成员是独立思考的,所以称作"名义群体法"。名义群体法可协助决策者认明所面临的问题、设计出解决问题的各项适当方案以及找出解决问题的优先顺序。

与名义群体法一样,德尔菲法隔绝了群体成员之间过度的相互影响。它还无须参与者到场,名义群体法则要使群体成员都出席会议,因而德尔菲法比名义群体法更能将潜在的人际冲突降低。

3. 与电子会议法的比较

电子会议法(Electronic Meetings)是群体预测与计算机技术相结合的预测方法。在使用这种方法时,先将群体成员集中起来,每人面前有一个与中心计算机相连接的终端。群体成员将自己有关解决政策问题的方案输入计算机终端,然后再将它投影在大型屏幕上。电子会议法的特点有:(1)匿名性。参与公共政策决策咨询的专家采取匿名的方式将自己的政策方案提出,参与者只需把个人的想法输入键盘就可以了。(2)可靠性。每个人作出的有关解决公共问题的政策建议都能如实地、不会被改动地反映在大屏幕上。(3)高效性。在使用计算机进行政策咨询时,不仅没有闲聊,而且人们可以在同一时间中互不干扰地交换见解,它要比传统的面对面决策咨询的效率高出许多。

与电子会议法类似,德尔菲法也具有匿名性高等特征。电子会议法决策速度较高,但花费的成本也较大。

4. 与互动群体法的比较

互动群体法(Interacting Group Technique)是指通过召开会议的形式,让成员面对面地相互启发,从而获得决策意见和观点的方法。

与互动群体法比较,德尔菲法获得观点的数量和质量都较高,而面临的团体压力较低,潜在的人际冲突的可能性也较低。

与其他群体决策方法比较,德尔菲法无论是在观点的数量还是质量上都占有明显优势,而且其低成本性和低社会压力感也使其在很多领域被广泛应用,而且德尔菲法还能使人际冲突趋于最小。正是由于德尔菲法具有以上这些特点,使它在诸多判断预测或决策手段中脱颖而出。

五、德尔菲法的优点

1. 一种计划、预测和决策的工具

德尔菲法是通过匿名的或背对背的方式,收集一群专家的意见与看法,以作为决策的参考。由于专家对问题有一定的时间准备,能保证对问题的思考比较成熟;在征询意见的几轮反复中,专家能了解不同的意见,而经过不同的分析后提出的看法较为完善。

2. 匿名性高

为了避免成员与成员因意见不同导致冲突,德尔菲法很多时候采取非面对面的方式,来收集成员的意见与观点。征询过程中的匿名性,有利于各位专家

敞开思想，独立思考，不为少数权威意见所左右；同时，组织者也能以较低的成本收集到多种不同意见。

3. 兼具学习与研究的工具

当团体成员被视为是决策成员时，那么德尔菲法的运用就会被视为是催化团体决策的工具，如果团体成员被视为是协同学习，那么德尔菲法就会被当作催化团体互动的工具。

4. 整合个人意见作为预测未来的依据

将德尔菲法运用于预测过程，主要是整合个人意见成为集体意见，进而作为预测的工具。

5. 应用范围广泛

德尔菲法可以广泛应用于科学技术、公共政策、教育、医疗保健、人口、商业等领域。此外，还可用来进行评价、决策和规划工作等。

六、德尔菲法的不足

1. 方法与概念框架不严谨

德尔菲法在执行过程中可能会显现出相当松散、无结构的缺点，加上粗略的研究问题和专家代表性的问题，都会影响回馈的意见是否有价值，及研究的结果是否具有可信度。

2. 停止或继续收集意见的关键点很难判定

研究者如何拿捏停止或继续收集团体成员的参考意见的关键点？什么是团体成员一致的意见？要达到何种程度的一致，才可以停止资料的收集呢？对这些问题的判断都是"仁者见仁、智者见智"。

3. 专家的选择缺乏统一标准

目前对于专家的界定不统一，使得德尔菲法在运用过程中，研究者如何挑选专家成员的标准受到质疑。

4. 德尔菲法预测周期长

德尔菲法的运用过程比较复杂，花费时间长，一般要经过四轮，有时甚至是五轮的反馈。

5. 预测结果受专家主观因素影响

德尔菲法预测结果取决于专家对预测对象的主观看法，受专家的学识、评价尺度、生理状态及兴趣程度等主观因素的制约。

第二节　德尔菲法的主要类型

通常,德尔菲法可以根据其研究目的、资料收集方式与运用将之区分为三类,即传统德尔菲法、即时德尔菲法、政策德尔菲法。①

一、传统德尔菲法

所谓传统德尔菲法(Conventional Delphi)是透过"纸—笔"(Paper-and-pencil Version)方式,来进行专家意见的收集,这是一种最常被运用,也是最为传统的方式。此种收集资料的方法,主要是由工作人员设计问卷,将设计完成的问卷寄给特定的一群专家,并请专家完成问卷的填答。在第一轮问卷回收之后,工作人员必须将问卷结果进行摘要说明,并根据第一轮问卷回复结果较为不一致的问题,设计第二轮问卷;然后,再将第二轮问卷寄给回答第一轮问卷的专家,进行第二轮问卷的填答。这种德尔菲法方法的运用,同时结合了投票和会议两种步骤,不过,在一来一往之间,往往也会耗费许多时间。

二、即时德尔菲法

即时德尔菲法(Real-time Delphi)与传统的德尔菲法最大的差异,就是在专家意见的收集上,是透过面对面或电脑会议的方式来进行。即时德尔菲法最大的特色,必须让所有参与者同时参与整个会议过程,或是所有参与者必须同时在终端机前,透过电脑连线针对议题提出自己的看法与意见。相对于传统德尔菲法,即时德尔菲法可以节省问卷发放与收集过程所耗费的时间;同时,为了让资料收集更有效率,研究者更可以借重电脑与资料处理软件的协助,来进行资料分析与整理。当然,即时德尔菲法最大的缺陷是参与成员的匿名性相对降低。

无论是传统德尔菲法还是即时德尔菲法,在实际运用过程中都需要经历几个阶段,如图12-1:

(1)议题讨论。

让成员有充分讨论的机会,提出个人对议题的观点与看法。

(2)讨论与沟通。

经由成员充分讨论过程,逐渐形成对议题的一致看法。

(3)不同意见的评估。

---

① 潘淑满:《质性研究理论与应用》,台北:心理出版社,2003年版。

如果成员对议题有不同的看法,那么必须让成员有机会充分讨论这些不同的看法。

(4) 达成一致看法。

分析与综合成员表达的看法,并将分析结果回馈给成员。

图 12-1　德尔菲法运用的过程

三、政策德尔菲法

政策德尔菲法(Policy Delphi)最主要的目的,就是在确保所有的意见都能被充分讨论的基础上,同时也能对任何特定情况来预先估量其可能的冲击与影响。根据莫尔(1987)的观察,政策德尔菲法的运用必须建立在几个前提假设基础上:(1) 不强调透过意见的集整来达成决策推论,反而是强调找寻不同意见作为支持决策者的考量;(2) 不可被视为是决策的机制;(3) 达到一致性并非最主要目的。

Moore 引用 Turoff(1975)的观点,认为政策德尔菲法在运用于沟通过程时,其步骤主要有六个:

(1) 议题形成。讨论议题时应考虑的因素是什么?如何描述这些议题?

(2) 提出可能选择。针对这项议题,什么是可能的政策方案之选择。

(3) 决定对议题的立场。哪些议题是大部分的参与者都有一致看法的?哪些是不重要可以忽略的?哪些议题是大多数参与者具有不同看法的?

(4) 讨论不同意的原因。对这些不同的意见与观点,应进一步讨论每个不同立场背后的假设、观点与事实。

(5) 仔细评估这些被重视的原因。团体通常如何用一些观点与主张来捍卫立场?在一定的基础上,如何比较这些观点与主张?

(6) 重新评估可能的选择。重新评估时所注重的是证据与各种立场的关联性。

为了让政策德尔菲法的运用更有效、更精简,那么就必须有系统的完成上述六个步骤。在该方法运用之前,工作成员必须根据相关文献报告的回顾设计问卷,然后再运用团体讨论技术,去收集团体成员间的观点与意见。

从表面上看来,德尔菲法似乎是一项既简单又容易运用的技术,正因为如此,使得许多人常在对问题没有充分考量之下,就直接进入德尔菲法的步骤而导致失败。最常见的德尔菲法运用失败的原因包括:(1) 将工作者的观点强加在参与者身上,且未给参与者足够时间充分讨论问题;(2) 将用德尔菲法所收集的意见过度讨论;(3) 主持人对于意见的摘述与结论呈现的技巧不娴熟;(4) 忽视对不同意见的讨论,导致有不同意见者半途退出;(5) 低估德尔菲法的本质,事实上,参与者可被视为咨询的角色。

第三节 德尔菲法的运用步骤

从上述有关德尔菲法的定义与类型的介绍,有助于了解德尔菲法在社会科学的运用。在整个德尔菲法的研究进程中,首先,必须先确定研究的主题;其次,由于参与研究专家的抉择,往往是整个德尔菲法研究的关键,所以必须谨慎考虑参选成员的名单,以确保德尔菲研究能圆满完成;再次,问卷的设计、发放、回收与分析也是德尔菲法研究极重要的步骤。通常第一轮的德尔菲法问卷是以开放式问题为开端的,借以提供参与者足够思考空间并以能引起他们的兴趣为原则。在第二轮的德尔菲法问卷中,主要以第一轮问卷结果整合而成,加上简单明了的统计资料,作为此步骤中参与者意见整合参考之用。第三轮德尔菲法问卷的制定,也是与第二轮问卷编制过程相似的,主要是以第二轮问卷的成果,加上更进一步的统计资料而成。

一、德尔菲法的运用步骤

林振春在《德尔菲法》一文中,将德尔菲技术运用于研究过程,区分为十一个步骤[①]:

步骤一:确定研究主题。

这是运用德尔菲法的关键所在。研究者可以向决策者或以自问的方式来澄清问题,首先了解为何要用该方法进行研究,其次要明确通过该研究想获得什么资讯,最后要确定如何运用该研究的结果。

步骤二:决定问卷的调查形式。

为了确保参与者的匿名性,德尔菲法一般都是采用邮寄问卷的方式来收集资料,但是,研究者也可以视情境不同而采取不同形式,如可以采用集体散发填答的方式,也可以采用个别递送方式。

其中,邮寄方式是最常使用的调查方式。至于何种情况下采用邮寄调查方

---

① 林振春:《德尔菲法》,台北:《民意学术专刊》,1992 年总第 168 期。

式,有学者指出要考虑四个因素:(1)参与者极力要求获得匿名的保证;(2)参与者不愿意或不可能有机会参加聚会,或是参与者不同意接受当面访问;(3)空间阻隔和经费庞大,无法从事面访或聚会;(4)成员过多,无法采取其他方式从事调查。

步骤三:选择回答问卷的成员。

对于德尔菲法的研究设计,研究者除了考量运用何种方式进行资料收集外,同时也需要考量抽样原则。换句话说,研究者需要考虑如何选择及选择哪些人来回答问卷。基本上,德尔菲法强调对固定样本进行连续的调查,所以对于回答问卷者应仔细审慎考虑。

研究者在选择样本时,应当考虑下列四大因素:(1)关心研究问题;(2)对研究问题有足够的认识和知识;(3)在调查期间能完成回答问卷的工作;(4)对收集资料的方法具有信心并认为有价值。

至于应该有多少人参与此项回答问卷的工作并没有一致的结论,如果是同质性高的团体,15 人至 30 人便已足够。如果是异质性高的团体或包括多种不同性质的团体,可能需要数百人的参与。

步骤四:编制第一轮问卷。

在编制问卷时,首先应注意的是,介绍信是独立于问卷本文的一封信,是研究者向受访者介绍此项研究的有关信息,并详细说明希望受访者配合的相关事宜,以引发受访者的填答动机并在期限内寄回给研究者,因此相当重要。

基本上,介绍信的内容撰写,应注意下列几个因素:(1)列出执行研究的单位和负责人,以取得信任;(2)信件应尽可能私人化,不是大宗印刷品,因此应列出受访者姓名及问候语,信的末尾应有负责人的个人签名或签章;(3)诉求的重点是感谢其愿意接受填答此问卷,说明其协助填答的重要性,并解释研究结果将如何使用;(4)可借由小小的礼物,如一支笔、一块小毛巾或一本记事本等,提高回收率;(5)须将研究结果的报告,主动提供给受访者;(6)必须在信中再次保证研究的匿名性;(7)信中应说明截止日期,如果采用限时邮寄,大约寄发日期的十天内为截止日期;如亲自投送,约五天内即可[①]。

问卷本身是德尔菲法的主体,所以问卷内容应当包括三部分:(1)作答说明。第一次问卷大都采用开放式问题,因此作答说明必须配合举例说明,同时必须避免引诱性的问题出现,应该保持中立的角色。(2)受访者基本资料。基本资料常引起答者的疑虑,因此除非研究必需,应尽可能减少,以免匿名性受到

---

① 林振春:《德尔菲法》,台北:《民意学术专利》,1992 年总第 168 期。

挑战。(3)问题陈述。问题陈述要有明确性,文字要易懂、合乎思考逻辑,问题数目不宜过多,相似题目应归为一类,以方便作答。

步骤五:邮寄问卷调查。

德尔菲法在进行邮递问卷时,需注意下列事项:(1)事先通知。研究者可采用不同策略事先告知受访者,以便提高回收率,这些策略包括:亲自征求受访者、问卷寄发前打电话通知受访者、以私人信函或明信片事先通知等。(2)寄发问卷。问卷最好采用亲自递送方式,如有困难,才采用邮寄方式。而且最好直接送达受访者的办公场所,不要送至住宅,因为在办公场所,较为方便其填答问卷并将之寄回。如果采用邮寄方式,千万不要以印刷品形式交寄,最好采用限时或挂号方式交寄。

步骤六:回收问卷与催促寄回问卷。

大约在寄出问卷十天后,可以清点回收数,直到截止期止,还未收到满意的件数,便应办理催促工作。

步骤七:分析第一轮问卷。

第一轮问卷的整理与分析,主要是作为第二轮问卷设计的基础。问卷设计的重点有二:(1)问卷的分析应该由小组成员及决策者共同组成,不宜由单独一人进行分析。(2)先将回收的问卷系统编号,然后分别复印一份,将回答的项目分别剪贴在分属各题的卡片上,将其置于工作桌上,桌上分别有笔和纸,及整理结果用的摘要表。

步骤八:编制第二轮问卷。

根据第一轮问卷分析的结果,将受访者一致的意见再次送给受访者评议,对于分歧意见,则由受访者再次评估作答,以便让受访者了解彼此看法的异同之处。

第二轮问卷的格式,通常需包括三部分:中间一栏是整理第一份问卷的分析结果,并将其转化为语意完整的项目或问题。右边一栏是要求受访者对此项目分别做同意、不同意或质疑的填答栏。左边的一栏供受访者评价这些意见的优先次序或重要性,及评价的方式。

步骤九:分析第二轮问卷。

对于第二轮问卷的分析之重点有二:评分结果的分析与对于意见的分析。第二轮问卷的分析与第一轮问卷的分析基本一致。

步骤十:编制第三轮问卷。

通常,德尔菲法可以进行多次问卷调查,直到受访者对所有的议题都达成了共识,并且不再有增列新的项目时,此时就可以进入最后一轮问卷调查了。

这里所谓的第三轮问卷,并非真正的第三轮问卷,只不过不再重复第二轮问卷的做法罢了,所以也可以称之为最后一轮问卷。

在设计第三轮问卷,应该注意的事项有:(1)如果项目已归类,应分类呈现。(2)各类项目依投票得分的次序排列,使受访者了解其以前参与的结果已经呈现出来,且这是最后一次工作了。(3)意见部分并非每题都有,列出的项目可以让受访者了解有不同的意见表现,供投票之参考。(4)填答说明应清楚地让受访者知道,他可以改变以前几次的投票方式,也可以坚持同样的意见,不受投票结果和意见阐述两栏的影响。(5)项目不宜过多,以20—30分钟内能完成为原则。

步骤十一:分析第三轮问卷及撰写结果报告。

第三轮问卷的分析同第二轮问卷的分析一样,只不过这次为结果的总整理,以作为撰写研究报告的资料,让受访者知道在德尔菲研究期间,由其参与所带来的成果。

在具体应用德尔菲法过程中,上述十一个步骤不一定面面俱到,可以根据具体情境化约为如下几个基本步骤,如图12-2。

二、德尔菲法的运用范围

(一)德尔菲法的运用领域

就目前来说,德尔菲法经常被运用于以下几项领域的研究:

(1)收集那些未被正确了解或无法获取的历史资料。

(2)评估可行的预算配置状况。

(3)检验历史事件的显著性。

(4)探讨都市与区域新规划之意见。

(5)规划大学校园与课程发展。

(6)构建结构性预测模式。

(7)叙述公共政策正反两方面的意见。

(8)在复杂的政治、经济情境中构建出社会变迁的因果关系。

(9)对真实现象与动机做区隔。

(10)彰显个人价值和社会目标。

(二)判定适用德尔菲法情境或问题的标准

下列七种标准可以提供研究者作为判定是否选择德尔菲法的参考:

(1)研究的问题不需要用精细的分析技术去仔细研究,而着重于如何集合一群人的主观判断。

第十二章 德尔菲法

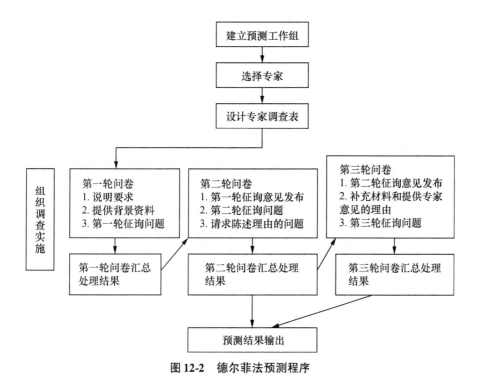

图 12-2 德尔菲法预测程序

（2）代表成员不曾有顺畅沟通的经验，或是代表成员因为不同专业或经验的缘故，不容易建立起彼此之间的共识。

（3）由于研究的时间与经费的限制，使得成员无法通过面对面的团体讨论达成目的。

（4）参与的成员过多，不适合通过面对面的讨论会议来收集相关资料。

（5）参与成员之间的意见分歧较大，或是因为政治对立的关系，使得团体沟通方式必须运用匿名方式，以避免利益关系或权威因素的影响。

（6）必须确保成员的差异性，让每个成员有平等机会参与并表达意见，避免权威者的影响或干扰。

三、运用德尔菲法应注意的事项

一项德尔菲法研究能否圆满完成，应注意以下五点：

（1）要有足够的时间。

完成每一轮德尔菲法资料的收集与整理，大约需要四十五天时间，因此，匆匆忙忙地安排，不能保证研究的圆满完成。

(2) 慎重挑选专家小组成员。

参与研究的专家必须具备专业知识及经验，具有良好的书写表达和参考统计资料的能力，并且愿意完成及分享整个德尔菲法研究冗长的过程与结果。

由于德尔菲法研究大多是以"纸—笔"方式来进行，所以不具有书写及参考统计数字能力者，不应被邀请进入德尔菲团体中。

(3) 问卷的编制以能诱导，并整合参与者的一致性意见为原则。

问卷设计的问题要集中，要有针对性，不要过于分散，以便使各个事件构成一个有机整体。问题要按等级排队，先简单，后复杂；先综合，后局部，这样易于引起专家回答问题的兴趣。

(4) 调查组织者不应在调查中强加自己的意见。

德尔菲法调查过程中，要防止出现诱导现象，避免专家的评价向组织者的意见靠拢，以致得出迎合组织者观点的预测结果。如果出现这种情况，其预测的可靠性是值得怀疑的。

(5) 避免组合事件。

如果一个事件包括两个方面：一方面是专家同意的，另一方面则是不同意的，这样专家就难以作出回答。

第四节 德尔菲法的应用

德尔菲法应用范围非常广泛，几乎各个领域都有运用德尔菲法进行规划决策的实例。我们这里选用几个典型实例加以说明。

一、德尔菲法在企业项目管理中的应用

运用德尔菲法预测企业实施项目管理技术所涉及的问题，预测过程与结果如下：

(1) 专家组：专家小组成员 7 名，其中包括 PMRC（中国项目管理研究委员会）的专家 2 名；企业老总 4 名（来自 3 个不同的行业）；高级工程师（咨询师）1 名。

(2) 活动组织者：西安 H 项目管理咨询有限责任公司咨询部。

(3) 时间：2004 年 9 月 13 日到 10 月 22 日，共分三轮进行。本次活动通过邮件的方式进行。到 9 月 30 日第一轮截止日期时，专家信息反馈率 100%。

问题 1：企业项目管理的应用前景如何？优势表现在什么地方？

专家 A：国内市场部分行业发展迅速，总体来说，项目管理处于低迷发展

期,前景看好。

项目管理优势:能有效改进传统职能管理的弊端,特别是项目主导型企业能在进度、成本方面有效地提高管理效果。

专家B:应用前景比较广阔,在企业发展到一定阶段,同时管理成熟度达到相应水平时,企业项目管理会有良好的应用前景。优势主要表现在对企业多项目的高效优质管理,特别体现在资源优化问题上。

专家C:以"一切皆项目"的观点看来,企业项目管理的应用将全面开花,无论何种类型的企业,无论何种类型的活动。其优势体现在项目管理是一个易学、易用的管理工具,具有计划平台、沟通平台、控制平台的功能。

专家D:企业项目管理(EPM)的应用前景应该是很广阔的,这一点从国外,特别是发达国家的实施就可看出来。市场经济的发展,竞争的加剧,客户需求的多变,要求企业要作出快速的反应。以项目为核心或企业以工作(任务)为核心来组织调配资源能很好地适应或应对这种变化。

专家E:就目前来看,项目管理这一管理理念在中国还并未被广大企业所接受。企业项目化管理优点明显:企业对外部环境变化响应迅速,目标导向保证了有较高的执行力,但是企业项目化管理解决方案一般针对的是具有大企业病的大中型企业,要改变企业的管理方式具有较高的风险。

专家F:项目管理作为一种能够给企业带来变革的管理模式,在未来的发展中将会得到越来越多企业的应用,特别是随着竞争的激烈、科技的飞速发展,项目管理将更加表现出其管理的灵活性和可操作性。

专家G:应用前景良好。项目管理(PM)的思维和方法能有效地提高工作效率和管理水平。

问题2:企业项目管理应用的难点和关键是什么?

专家A:项目管理与企业实际业务的有机结合,即项目管理技术如何在企业中实际有效应用,以及其动力源是难点。关键还是企业主要负责人对项目管理的认知度和重视度。

专家B:应用企业项目管理,要从根本上改变企业旧有的组织管理模式,重新设计流程、考核方式。因此,首先面对的难点将是企业管理层对该模式的认可和了解,否则将无法真正实现企业项目管理。

专家C:和企业其他类管理工具应用成功的关键一样,关键是领导的态度,难点是人力资源素质的匹配。

专家D:要改变过去职能式(或纵向式)管理方式对于企业来说是一种变革,企业需要搭建或组建以项目为核心的管理平台。如:领导思想观念的改变,员工思想意识的改变及项目管理技能的提高,组织结构、组织方式、管理方式的改变等。

专家E:难点在于项目的文化、绩效考核体系、权利分配制度的建立,关键在于高层领导对企业项目管理的支持。

专家F:管理理念及对项目管理应用过程的了解是企业项目管理应用的难点,关键是企业高层领导的认同以及如何有效地界定部门经理与项目经理的权力。

专家G:企业领导的意识,对项目管理的思想和方法的接受程度。企业要创造一种项目管理的氛围、机制和环境。企业项目管理的培训要跟上,执行层掌握项目管理的观念和方法,并将理论变成可操作的管理程序,贯彻执行。在企业形成领导层、执行层、操作层三个层面上的管理机制。

问题3:企业项目管理体系框架建设的核心内容是什么?

专家A:组织结构和业务流程。

专家B:搭建合理的组织体系,重建企业工作流程。

专家C:思想上,管理项目化;组织上,设立项目管理办公室;方法上,建立程序和标准。

专家D:组织结构体系,人力资源配备体系,与之相配套的考核体系,以项目为核心的组织管理流程,管理办法,将是体系标准操作规程。

专家E:核心是项目的优选分级系统,它决定了项目的控制沟通授权等各个方面。

专家F:企业项目管理体系框架建设的核心内容是要建立符合企业管理框架下的项目管理体系,包括企业层次的项目管理规范体系和项目层次的项目管理流程体系。

专家G:全面、系统的思维方法和模式,将按阶段划分项目划分的项目管理的内容,有机分解到企业三个层面上。

问题4:工程建设类企业项目管理应用的欠缺和不足有哪些?

专家A:缺乏组织级别的项目配置。

专家B:工程建设项目作为单项目时,在应用项目管理方面已相当成熟,但在实行企业项目管理中经验较少,缺乏对多项目的宏观调控。

专家C:信息化程度需要进一步提高,且发起、设计、施工、监理、评审各方信息的对等性要改善。

专家D:在我国大型工程中,一般都有政府参与,带有政治色彩,因此多采用"指挥部模式"而不能按现代项目管理方式来管理,目前的国情给企业项

第十二章 德尔菲法

管理实施带来难度。

专家E：基础数据管理不好，不能做到量化管理。

专家F：工程建设类企业项目管理应用的不足之处在于企业层次项目管理框架体系的不完善及企业层次对项目层次的监控体系不完善。

专家G：前期项目决策的内容应用不足，项171的策划过程中应用理论方法不同。

问题5：IT类企业如何有效应用项目管理来开发项目？

专家A：IT业与建设类项目很大的不同就是IT项目是一种智力知识转移。IT类企业最重要的是完善组织级别的项目管理机制。

专家B：范围的界定，人力资源的有效配置。

专家C：以顾问的工作方式，让客户也用项目管理的理念来思考。

专家D：建立企业以项目为核心的管理体系。

专家E：已经在应用，着重在提高项目管理成熟度水平。

专家F：做好范围管理和人力资源的有效发挥是IT类企业应用项目管理的难点，IT类企业应该加强对项目过程的控制及文档体系的建立。

专家G：按项目管理过程的思想来管理，按里程碑、节点控制的管理来控制软件开发过程。

问题6：研发类企业项目管理的关键和不足有哪些？

专家A：对项目管理极端化，一是认为无用论，一是认为万能论。此外，企业职能式机制是制约项目管理的最大障碍。

专家B：无论是IT类还是研发类企业，在实际工作中，都具有比较明显的项目特征。因此，在实施企业项目管理上较为便利。

专家C：关键是从委托方利益出发界定需求和项目范围。不足是项目变更的控制手段有限。

专家D：国防类多采用指挥部模式；企业如研发，我国大多数企业不主持研发。

专家E：不能从企业整体角度去审视企业中的项目。

专家F：研发类企业项目管理的关键是企业项目管理制度的合理性，目前表现的不足是项目经理的权限界定相对欠缺。

专家G：充分授权，严格监控，项目部门与职能部门权力的界定。

问题7：制造业、职能类企业如何应用项目管理？

专家A：弄清项目管理的适用性和功能，结合企业实际，对企业内部许多符合"项目"特征的业务活动，采用项目管理流程来管理。

专家 B：对制造业、职能类企业而言，企业内的工作没有明确的项目特性，因此，要实施企业项目管理，首要工作是将企业工作进行详细分类，确立哪些可以按项目实施，哪些不能，在这个基础上再进行后续的工作。

专家 C：先进行团队工作模式的变革，再导入项目管理方法。

专家 D：将企业"作业""运作"项目化，按项目来管理，这可能只是局部的。

专家 E：建立项目管理办公室，对企业中的活动进行项目化，制定企业项目管理体系。

专家 F：制造业、职能类企业要应用项目管理，需对其业务工作进行项目化界定，突出日常业务目标项目的特色，强调最佳地利用企业资源。

专家 G：主要应用项目管理的思想和系统思考问题的方法来指导企业的管理工具。即将运作类的事件和职能管理类的事务性工作的执行过程，按 PM 的方法定义操作的程序。

通过将各位专家第一次意见汇总后，汇总表再次分发给各位专家，让专家比较自己同他人的不同意见，修改自己的意见和判断。10 月 9 日，第一轮汇总结果通过邮件的方式分发出去，约定第二轮结果在 10 月 15 日前反馈。

通过上列汇总信息，我们不难发现，在部分问题上，专家们的观点存在着 80%—90% 的吻合点，见表 12-2。[①]

表 12-2 专家们观点汇总情况

问题	相同观点	支持度(%)
1	企业项目管理应用前景看好	86
	优势．企业项目管理的应用能有效提高管理效果．表现出管理的灵活性和可操作性	90
2	企业高层领导的认同及支持是关键也是难点所在	100
3	企业项目管理体系框架建设的核心内容：建立项目管理体系及管理流程	90
7	对业务工作进行项目化界定．继而实施项目管理是制造业、职能类企业应用项目管理的前提	100

但在问题 4、5、6 上专家持有不同的观点，对于相异的观点，部分缘于当时专家的选择，考虑到专家背景，最少有 2 名专家是属于业内项目管理专家，要求其既熟悉行业情况，又熟知项目管理。所以行业背景的差异导致了问卷答案的

---

① 胡春萍、杨君：《德尔菲法在构建政府绩效指标体系中的应用》，西安：《陕西行政学院学报》，2007 年第 4 期。

相异。通过汇总信息的反馈,进行了第二轮调查。

通过第二轮调查的汇总,有六个问题看法得到了较好的统一,关于问题6"研发类企业项目管理的关键与不足",各位专家还存在异议。在10月20日发出了第三次征询,此次征询周期为三天,要求在22日前反馈结果。

关于研发类企业存在的问题,人员问题是关键。用一个比喻来说明研发项目经理和领导之间的区别,研发项目经理相当于运动场上的教练,他不仅是场上的指挥,而且是训练比赛战略战术的策划者,教练需要精通业务,知己知彼,方能百战不殆。领导则相当于球队的管理者,他们关注投资的效益,他们有权罢免教练,但是无权干涉教练的工作。所以高素质的项目经理的培养成为关键所在。

10月25日,工作组将反馈回来的信息最后一次整理,并对PMRC三位专家进行了意见征询,现将此次调研结果公布如下:

问题1:企业项目管理的应用前景如何?优势表现在什么地方?

项目管理作为一种能够给企业带来变革的管理模式,在未来的发展中将会得到越来越多企业的应用,特别是随着竞争的激烈,市场经济发展态势要求企业要作出快速的反应,运用项目管理来组织调配、优化资源,能很好地适应或应对这种变化,所以企业项目管理(EPM)的应用前景应该是很广阔的。

优势主要表现在对项目的高效优质管理,特别是在资源优化问题上。项目管理表现出其管理的灵活性和可操作性。

问题2:企业项目管理应用的难点和关键是什么?

项目管理与企业实际业务的有机结合,管理理念及对项目管理应用过程的了解是企业项目管理应用的难点,和企业其他类管理工具应用成功的关键一样,关键是高层领导的态度,以及如何有效地界定部门经理与项目经理的权力。

问题3:企业项目管理体系框架建设的核心内容是什么?

企业项目管理体系框架建设的核心内容是要建立符合企业管理框架下的项目管理体系,构建合理的组织结构和有效的工作流程。

问题4:工程建设类企业项目管理应用的欠缺和不足有哪些?

工程建设类企业项目管理应用的不足之处在于企业层次项目管理框架体系的不完善及项目管理层级关系不清晰及协调监控不到位,信息沟通不畅,数据共享平台无法实现。

问题5:IT类企业如何有效应用项目管理来开发项目?

项目范围的界定,人力资源的有效配置,设立合理的组织结构,清晰的授权与归口部门的有效衔接将是软件项目成功的有效保障。

问题 6：研发类企业项目管理的关键和不足有哪些？

在研发项目中，能否圆满地完成项目目标，关键在于人员，而不是程序和技术，程序和技术只是协助人员工作的工具，因此，培养高素质的研发项目经理，成为企业研发项目管理的核心工作。目前表现的不足是项目经理的权限界定相对欠缺。

问题 7：制造业、职能类企业如何应用项目管理？

制造业、职能类企业要应用项目管理，需对其业务工作进行项目化界定，对企业内符合"项目"特征的业务活动，优化企业资源，采用项目管理流程来进行管理。

二、采用德尔菲法制定目标的优先顺序

除了作为预测工具，德尔菲法在确定团体目标的优先顺序，及寻找解决问题的策略方面也是一项收集意见与判断的有用工具。下面我们通过一个老人院舍的例子，说明如何使用德尔菲法制定目标的优先顺序。

某老人院舍现有九个目标，该院舍一个由六人组成的年度策划小组要决定这些目标的优先顺序。他们可决定这些目标是"十分重要"（得 5 分）、"很重要"（得 4 分）、"重要"（得 3 分）、"有些重要"（得 2 分）或"不重要"（得 1 分），然后计算得出的结果，见表 12-3。①

表 12-3　采用德尔菲法制定目标的优先顺序

目标	重要性程度					得分
	十分重要	很重要	重要	有些重要	不重要	
一、协助这些老人的亲属了解老人的一般怪异行为	√√	√		√√		(5×2)+(4×1)+(3×1)+(2×2)=21
二、鼓励老人每星期至少打一次电话向其亲人问好	√√	√	√√	√		(5×2)+(4×1)+(3×2)+(2×1)=22
三、增加老人亲属探访老人之次数由每季一次增至两次	√√√√	√	√			(5×4)+(4×1)+(3×1)=27
四、保证老人每日获得两餐适当的营养正餐	√√	√√	√√			(5×2)+(4×2)+(3×2)=24
五、增加老人认识三种促进身体健康的运动		√	√	√√	√√	(4×1)+(3×1)+(2×2)+(1×2)=13

---

① 梁伟康：《社会服务机构行政管理与实践》，香港：集贤社，1990 年版，第 69 页。

(续表)

目标	重要性程度					得分
	十分重要	很重要	重要	有些重要	不重要	
六、减低老人接触服务提供者所遭遇之困难由每星期两次减至一次	√	√	√√	√√		$(4×1)+(3×1)+(2×2)+(1×2)=13$
七、增加老人义工数目由目前二十名增至三十名		√	√	√√√	√	$(4×1)+(3×1)+(2×3)+(1×1)=14$
八、鼓励老人每日做基本的家务工作半小时至一小时不等	√	√√	√√		√	$(5×1)+(4×2)+(3×2)+(1×1)=20$
九、鼓励百分之五十住院老人每星期至少参加一次小组集会	√	√	√	√√√		$(4×1)+(3×1)+(2×1)+(1×3)=12$

从表12-3可见,目标(三)获得分数是27分,故其优先顺序是排第一,其次是目标(四),再其次是目标(二)。目标经初步排定后,小组成员再公开讨论上述排比是否合理,然后再将上述目标重新再排比。但这次并不是每个目标都要排比,而是由每位成员选择3—5个目标排比(数目多少由小组决定),然后再计算结果,决定目标的优先顺序。

三、德尔菲法在构建乡镇政府绩效指标体系中的应用

德尔菲法作为一种质性研究方法,不仅可以用于预测领域以及建立目标的优先顺序,而且可以广泛应用于各种评价指标体系的建立和具体指标的确定过程。下面是德尔菲法在构建乡镇政府绩效指标体系中的一个应用实例。

在应用德尔菲法进行乡镇政府绩效指标体系设计时。主要有以下几个关键环节:(1)选择专家。根据应用德尔菲法的任务以及要达到的目标,选择有代表性的专家;(2)编制专家咨询问卷。介绍研究的主题、目的和相关背景资料,并明确专家的任务;(3)多轮征询和数据处理。向专家发放咨询问卷,逐轮收集意见并进行相应的数据处理。根据前一轮咨询结果拟订下一轮专家咨询问卷并进行征询。直到专家的意见比较一致。

1. 咨询专家的选择

政府绩效评价指标体系研究需要的专家可以是掌握公共管理知识、了解政府职能、熟悉政府绩效评价理论和方法的研究人员,也可以是拥有政府工作经

验的实践者,包括本级政府的工作人员及其上下级政府的工作人员。

具体到乡镇一级政府,咨询专家主要有以下三种类型:(1)某县部分县、乡镇工作人员(简称"政府代表");(2)某高校地方政府绩效评价研究课题组的部分成员及行政管理专业部分本科生(简称"研究人员");(3)某高校部分MPA学员(简称"MPA学员")。作为政府部门的在职人员,MPA学员有政府部门实际工作经验,熟悉政府管理实践;作为公共管理专业学位研究生,他们具备了公共管理领域的理论知识,并通过选修"绩效管理"课程了解了一定的现代绩效管理理论知识,在一定程度上可以说兼具了第一、二类专家的特点。参与此次整个德尔菲法研究的专家总数约为30—50人(三次咨询过程中专家人数有所增减)。

2. 初始指标集的拟定

根据在山东、陕西等地实地调研的情况,基于乡镇政府的职能定位,以吴建南和常伟应用逻辑模型设计的乡镇政府绩效评价指标体系为基础。参考"中国政府绩效评价指标体系""我国农村全面小康社会评价标准"等相关成果。拟定了由70项指标组成的乡镇政府绩效评价的初始指标集,见表12-4。[①]

表12-4　乡镇政府绩效评价初始指标集

二级指标	三级指标
经济与社会发展	乡镇税收收入,工农业总产值;人均GDP,乡镇企业经济与社会发展效益,乡镇固定资产投资及增长率;促进外贸出口;贫困人口占总人口比例,农业科技人员数,非农业人口所占比重;农村小城镇人口数量。
生活质量	人均可支配收入,农村居民消费水平,农村居民家庭人均储蓄存款余额,农村居民家庭住房情况;居民物质条件;群众满意度。
人口与环境	环境与生态,人口自然增长率,农村人口平均寿命。
经济调节	人均财政收入及增长率,产业结构调整,重点建设项目完成情况,乡镇政府人员数量和待遇,乡镇行政管理和各项事业费,人均财政教育经费支出额。
市场监管	执法状况,市场化程度,乡镇企业满意度。
社会管理	法制建设和综合治理,乡镇基础设施建设,村容村貌整治,改善综合治理情况,加大城镇化建设投入,改善人员机构状况。
公共服务	认真对待群众意见,劳动者平均受教育年限,专业技术公共服务人员占总劳动力人数的比例,促进农田水利基本建设和林业生产。

[①] 胡春萍、杨君:《德尔菲法在构建政府绩效指标体系中的应用》,西安:《陕西行政学院学报》,2007年第4期。

(续表)

二级指标	三级指标
政府效率	社会劳动生产率及增长率;乡镇政府工作效率;科技示范企业的数量及增长率。
公共事业	加强精神文明简化,文、教、卫、医、科技发展,文化娱乐支出比重,适龄儿童入学率,九年义务教育普及率,青壮年扫盲率;科普知识和法律法规宣传。
社会保障与福利	最低生活保障覆盖率,乡镇居民的养老保险覆盖率,农村合作医疗覆盖率,人均社会救济费,征地农民的基本生活保障覆盖率,征地农民的就业率。
行政成本	行政经费占财政支出的比重,行政人员占总人口的比重,教育支出占乡镇财政支出的比重,科技事业费三项费占财政支出的比重,技术改造支出。
自身建设	领导班子团队建设,党风廉政建设,公务员管理与队伍建设,农民对村务公开的满意度,信息管理水平。
自然资源	人均土地面积,有效灌溉面积占土地总面积的比重,常用耕地变动幅度,乡镇森林覆盖率。

3. 咨询过程及结果

按照德尔菲法的实施程序,就以乡镇政府绩效评价初始指标集为主体内容的咨询问卷,通过信函、电子邮件的方式分别向50位选定的专家进行调查。从第一轮专家咨询的统计结果可以看出,各位咨询专家普遍认为在评价乡镇政府绩效时应注重经济与社会效益。与此同时群众满意度和政务公开方面的指标也受到重视。但专家反馈意见的离散程度普遍较高,这反映出专家们对乡镇政府绩效评价初始指标集的意见分歧较大,协调性差,需继续进行征询。根据对第一轮专家咨询的统计结果,从70个初始指标中选出了51个指标进入第二轮调查问卷的评价指标集。参加第2轮专家咨询。根据专家反馈回的结果,从第二轮的指标集中选择出了42个指标作为第三轮专家咨询的指标集。经过第一轮专家咨询结果的反馈与第二轮对新的指标集的咨询与调查,各个专家的意见不断融合。在第三轮咨询中专家的意见已基本确定。根据专家咨询结果的统计,从42个指标中最终选择出了37个指标构成了乡镇政府绩效评价指标体系,见表12-5。[①]

[①] 胡春萍、杨君:《德尔菲法在构建政府绩效指标体系中的应用》,西安:《陕西行政学院学报》,2007年第4期。

表 12-5　乡镇政府绩效评价指标体系

二级指标	三级指标
生活质量	农村居民消费水平,群众满意度。
经济与社会发展	工农业总产值,乡镇企业经济效益,人均GDP,乡镇税收收入,农村居民家庭人均储蓄存款;贫困人口占总人口比重。
人口与环境	环境与生态;人口自然增长率;农业科技人员数。
经济协调	重点建设项目完成情况;产业结构调整;乡镇政府执法情况。
市场监管	市场化程度;乡镇企业满意度;法制建设及综合治理情况。
公共服务	乡镇基础设施建设;村容村貌整治;认真对待群众意见。
政府效率	乡镇政府工作效率。
公共事业	乡镇文、教、卫、医、科技发展,文化娱乐支出比重,劳动者平均受教育年限,九年义务教育普及率。
社会保障	最低生活保障覆盖率,乡镇居民养老保险覆盖率,农村合作医疗覆盖率。被征地农民的就业率。
行政成本	教育支出占乡镇财政支出的比重,专业技术人员占劳动力人口的比重,行政经费占财政支出的比重。
自身建设	领导班子团队建设,党风廉政建设,农民对村务公开的满意度。
自然资源	人均土地面积,有效灌溉面积占土地总面积的比重。

社会科学研究对于德尔菲法的运用已有约六十年的历史。近年来,社会科学研究对德尔菲法的运用,主要是针对特定的议题,经由多次思考程序,诱导专家以其专业能力、经验与意见,达成一致性的共识,作为提升决策的品质、解决复杂问题的工具。与质性研究其他收集资料的方法相比较,德尔菲法强调受访者的匿名表达方式的运用。由于匿名性高,所以可以避免受访者相互冲突或是从众效应。然而,并不是所有的情境或问题都适合运用德尔菲法来收集资料,研究者必须谨慎思考,哪些议题较适合运用德尔菲法,然后再根据研究目的与受访对象的特质,选择一项合适的德尔菲法类型。

主要参考文献

英文文献:

Babbie, Earl (1995), *The Practice of Social Research*, Wadsworth Publishing Company.

Benoliel, J. Q. (1996), Grounded Theory and Nursing Knowledge, *Qualitative Health Research*, 6(3):406-428.

Berg, B. L. (1998), *Qualitative Research Methods for The Social Sciences*, Boston: Allyn and Bacon.

Bryman, Alan (2006), Integrating Quantitative and Qualitative Research: How Is It Done? *Qualitative Research*, 6:97-105.

Burr, V. (1995), *An Introduction to Social Constructivism*, London: Routledge.

Carter, Stacy M. and Miles Little (2007), Justifying Knowledge, Justifying Method, Taking Action: Epistemologies, Methodologies, and Methods in Qualitative Research, *Qualitative Health Research*, 17:1326-1328.

Collins, R. (1989), Sociology: Proscience or Antiscience? *American Sociology Review*, 54: 124.

Connerton, P. (1976), Introduction, in Connerton, P., ed., *Critical Sociology*, Harmondsworth, Eng:Penguim.

Creswell, John W. (1994), *Research design: Qualitative & Quantitative Approaches*, London: SAGE.

Denzin, N. K. and Y. S. Lincoln (2003), *Collecting and Interpreting Qualitative Materials*, Newbury Park, Calif. : Sage.

Dickson-Swift, Virginia, Erica L. James, Sandra Kippen and Pranee Liamputtong (2007), Doing Sensitive Research: What Challenges do Qualitative Researchers Face? *Qualitative Research*, 7:327-355.

Ellis, Carolyn, Arthur Bochner, et al. (2008), Talking and Thinking About Qualitative Research, *Qualitative Inquiry*, 14:254-284.

Fontana, A. and J. H. Frey (2000), The Interview: From Structured Questions to Negotiated text, in Denzin, N. K. and Y. S. Lincoln,eds. , *Handbook of Qualitative Research* (2nd edition), Newbury Park, Calif.: Sage.

Geertz, C. (1973), *The Interpretation of Culture*, New York: Basic Books.

Hollyway, I. (1997), *Basic Concepts for Qualitative Research*, Oxford: Blackwell Science.

Ingersoll, B. (1983), Approaches to Combining Quantitative and Qualitative Social Support Research, paper presented at the American Psychological Association Meetings, Anaheim, CA.

Krippendorff, K. (1980), *Content Analysis: An Introduction to Its Methodology*, Newbury Park, CA: Sage.

Maxwell, J. A. (1996), *Qualitatve Research Design: An Interactive Approach*, Thousand Oaks, CA: Sage.

Meyrick, Jane(2006), What Is Good Qualitative Research? A First Step Towards a Comprehensive Approach to Judging Rigour/Quality, *Journal of Health Psychology*, 11:799-808.

Moser, C. A. (1965), *Survey Methods in Social Investigation*, London: Heinemann.

Neuman, W. L. (1997), *Social Research Methods: Qualitative and Quantitative Approaches*, Boston: Allyn and Bacon.

Potter, W. James (1996), *An Analysis of Thinking and Research about Qualitative Method*, New Jersey: Lawrence Erlbum Associates.

Rubin, A. and E. Babbie (1997), *Research Methods for Social Work* (7th ed.), Pacific grove: Brooks/Cole.

Seidman, Irving (1998), *Interviewing as Qualitative Research: A Guide for Researchers in Education and The Social sciences* (2nd ed.), New York: Teachers College Press.

Shaw, Ian F. (2003), Ethics in Qualitative Research and Evaluation, *Journal of Social Work*, 3:9-29.

Spivey, N. (1997), *The Constructivist Metaphor: Reading, Writing, and The Making of Meaning*, San Diego: Academic Press.

中文文献：

〔美〕J. M. Arhar, M. L. Holly and W. C. Kasten:《教师行动研究——教师发现之旅》,黄宇等译,北京:中国轻工业出版社,2002年版。

〔美〕Earl Babbie:《社会科学研究法》,李美华等译,台北:时英出版社,1998年版。

〔美〕Sandra Hollingsworth 主编:《国际视野中的行动研究——不同的教育变革实例》,黄宇等译,北京:中国轻工业出版社,2002年版。

〔英〕J. Mckernan:《课程行动研究》,朱细文等译,北京:北京师范大学出版社,2004年版。

〔美〕R. D. Parsons and K. S. Brown:《反思型教师与行动研究》,郑丹丹译,北京:中国轻工业出版社,2005年版。

〔美〕R. Sagor:《行动研究与学校发展》,卢立涛等译,北京:中国轻工业出版社,2006年版。

〔美〕Strauss and Corbin:《质性研究概论》,徐宗国译,台北:巨流图书公司,1997年版。

〔德〕Uwe Flick:《质性研究导论》,李政贤、廖志恒、林静如译,台北:五南图书出版公司,2007年版。

〔德〕阿特斯兰德:《经验性社会研究方法》,李路路等译,北京:中央文献出版社,1995年版。

〔德〕胡塞尔:《纯粹现象学通论》,李幼蒸译,北京:商务印书馆,1992年版。

〔德〕埃德蒙德·胡塞尔:《逻辑研究(修订本)》第二卷第一部分,倪梁康译,上海:译文出版社,2006年版。

〔美〕艾尔·巴比:《社会学研究方法》,邱泽奇译,北京:华夏出版社,2000年版。

〔美〕安德斯·汉森等:《大众传播研究方法》,崔保国等译,北京:新华出版社,2004年版。

安维复:《社会建构主义评介》,北京:《教学与研究》,2003年第4期。

〔法〕奥古斯特·孔德:《论实证精神》,黄建华译,北京:商务印书馆,1996年版。

〔英〕巴里·巴恩斯、大卫·布鲁尔、约翰·亨利:《科学知识:一种社会学的分析》,邢冬梅、蔡仲译,南京:南京大学出版社,2004年版。

陈伯璋:《教育研究方法的新取向:质性研究方法》,高雄:丽文文化公司,2000年版。

陈庆德、郑宁:《民族志文本与"真实"叙事》,北京:《社会学研究》,2006年第1期。

陈向明:《"质性研究"中研究者的个人倾向问题》,北京:《教育研究》,1998年第1期。

陈向明:《参与式行动研究与教师专业发展》,北京:《教育科学研究》,2006年第5期。

陈向明:《教师如何做质性研究》,北京:教育科学出版社,2001年版。

陈向明:《社会科学中的定性研究方法》,北京:《中国社会科学》,1996年第6期。

陈向明:《质性研究方法与社会科学研究》,北京:教育科学出版社,2002年版。

陈向明:《资料的归类与分析》,长春:《社会科学战线》,1999年第4期。

仇立平:《社会研究方法》,重庆:重庆大学出版社,2008年版。

〔美〕大卫·费特曼:《人种志:步步深入》,龚建华译,重庆:重庆大学出版社,2007年版。

〔德〕德罗伊森:《历史知识理论》,胡昌智译,北京:北京大学出版社,2006年版。

〔德〕狄尔泰:《精神科学引论》第一卷,童奇志、王海鸥译,北京:中国城市出版社,2002年版。

范伟达:《现代社会研究方法》,上海:复旦大学出版社,2004年版。

方长平:《国家利益的建构主义分析》,北京:当代世界出版社,2002年版。

费孝通:《学术自述与反思》,北京:生活·读书·新知三联书店,1998年版。

风笑天:《社会学研究方法》,北京:中国人民大学出版社,2001版。

〔德〕伽达默尔:《真理与方法》上卷,洪汉鼎译,上海:上海译文出版社,1999年版。

高丙中:《民族志的科学范式的奠定及其反思》,昆明:《思想战线》,2005年第1期。

高丙中:《民族志发展的三个时代》,南宁:《广西民族学院学报》,2006年第28卷第3期。

高宣扬:《解释学简论》,台北:源流出版公司,1988年版。

龚群:《生命与实践理性——诠释学的伦理向度》,北京:中国社会科学出版社,2004年版。

古志超:《德尔菲法的特点及应用》,北京:《中外企业文化》,2005年第8期。

何卫平:《通向解释学辩证法之途》,上海:上海三联书店,2001年版。

〔德〕黑格尔:《历史哲学》,王造时译,北京:生活·读书·新知三联书店,1956年版。

洪明:《当代英国行动研究的重要主张》,长春:《外国教育研究》,2003年第5期。

洪明:《基于"行动研究"的教师教育》,长春:《外国教育研究》,2004年第9期。

洪明:《西方教育研究的方法论和转向》,北京:《国外社会科学》,1999第1期。

胡春萍、杨军君:《德尔菲法在构建政府绩效指标体系中的应用》,西安:《陕西行政学院学报》,2007年第4期。

胡涤菲:《西方女性主义认识论与科学批判》,杭州:《浙江学刊》,2002年第6期。

胡幼慧:《质性研究理论、方法及本土女性研究实例》,台北:巨流图书公司,1996年版。

黄仁宇:《万历十五年》,北京:生活·读书·新知三联书店,1997年版。

黄瑞祺:《社会理论与社会世界》,北京:北京大学出版社,2005年版。

黄瑞琴:《质性研究方法》,台北:心理出版社有限公司,1991年版。

继红:《当代西方女权主义》,北京:《马克思主义与现实》,1997年第3期。

简晟峰、陈秀涵:《内容分析法》,台北:辅仁天主教大学,2004年。

姜义华等:《史学导论》,上海:复旦大学出版社,2003年版。

蒋逸民:《论量性研究与质性研究的结合及其对调查研究的启示》,载《和谐社会与社会建设——中国社会学会学术年会获奖论文集(2007·长沙)》,北京:社会科学文献出版社,2008年版。

〔美〕杰弗里·亚历山大:《社会学二十讲》,贾春增等译,北京:华夏出版社,2000年版。

鞠玉翠:《行动研究何以连接教育理论与实践》,济南:《山东教育科研》,2002第7期。

巨瑛梅、刘旭东编著:《当代国外教学理论》,北京:教育科学出版社,2004年版。

〔美〕卡拉·亨德森等:《女性休闲——女性主义的视角》,刘耳等译,昆明:云南人民出版社,2000年版。

〔德〕康德:《任何一种能够作为科学出现的未来形而上学导论》,庞景仁译,北京:商务印书馆,1982年版。

〔美〕克利福德·吉尔茨:《地方性知识——阐释人类学论文集》,王海龙、张家瑄译,北京:中央编译出版社,2004年版。

〔美〕克利福德·吉尔茨:《文化的解释》,韩莉译,北京:译林出版社,1999年版。

〔美〕肯尼思·贝利:《现代社会研究方法》,许真译,上海:上海人民出版社,1986年版。

孔云梅:《关于"女性主义"问题研究综述》,郑州:《中州学刊》,2003年第2期。

〔美〕劳伦斯·纽曼:《社会研究方法:定性和定量的取向(第五版)》,郝大海译,北京:中国人民大学出版社,2007年版。

李炳德:《教育科学研究方法》,北京:人民出版社,2001年版。

李臣之、刘良华:《行动研究兴衰的启示》,武汉:《教育研究与实验》,1995年第3期。

李炯英:《行动研究:概述、理据及应用》,重庆:《四川外语学院学报》,2003年第11期。

李克东编:《教育技术学研究方法》,北京:北京师范大学出版社,2002年版。

李培林、覃方明主编:《社会学:理论与经验》,北京:社会科学文献出版社,2005年版。

李绍明编:《民族学》,成都:四川民族出版社,1986年版。

李霞:《传统女性主义的局限与后现代女性主义的超越》,北京:《社会学》月刊,2001年第6期。

李晓凤、佘双好编著:《质性研究方法》,武汉:武汉大学出版社,2006年版。

李志河:《行动研究及其在教育领域的应用》,临汾:《山西师大学报(社会科学版)》,2002年第1期。

梁伟康:《社会服务机构行政管理与实践》,香港:集贤社,1990年年版。

〔法〕列维·斯特劳斯:《忧郁的热带》,王志明译,北京:生活·读书·新知三联书店,2005年版。

林聚任、刘玉安主编:《社会科学研究方法》,济南:山东人民出版社,2004年版。

林耀华主编:《民族学通论》,北京:中央民族学院出版社,1990年版。

刘辉雄:《试论警察职业倦怠的行动研究》,北京:《北京人民警察学院学报》,200年第3期。

刘军:《女性主义方法研究》,北京:《妇女研究论丛》,2002年第1期。

刘良华:《教育行动研究——解释学的观点》,太原:《教育理论与实践》,2001年第11期。

刘良华:《论行动研究的"合作"伦理问题》,大连:《教育科学》,2002年第4期。

刘良华:《行动研究:是什么与不是什么》,武汉:《教育研究与实验》,2001年第4期。

刘良华:《重申"行动研究"》,北京:《比较教育研究》,2005年第5期。

刘世闵:《质性研究资料分析与文献格式之运用》,台湾:心理出版社,2006年版。

刘素霞:《行动研究的传承与发展——浅探我国教育科研中的行动研究》,长春:《现代教育科学》,2003年第4期。

刘文旋:《知识的社会性:知识社会学概要》,北京:《哲学动态》,2002年第1期。

刘晓春:《民族志写作的革命》,北京:《文化研究》,2006年第1期。

柳夕浪:《反思行动研究》,济南:《山东教育科研》,2002年第10期。

〔美〕罗伯特·K.默顿:《科学社会学散忆》,鲁旭东译,北京:商务印书馆,2004年版。

〔美〕罗伯特·K.殷:《案例研究:设计与方法》,周海涛等译,重庆:重庆大学出版社,2004。

罗金增:《内容分析法与图书馆学》,西安:《情报杂志》,2003年第4期。

罗萍:《论略女性主义诸流派的理论与实践》,杭州:《浙江学刊》,2000年第6期。

〔英〕洛克·布拉克斯特、克里斯蒂娜·休斯、马尔克姆·泰特:《怎样做研究》,戴建平、蒋海燕译,北京:中国人民大学出版社,2005年版。

〔澳〕马尔科姆·沃特斯:《现代社会学理论》,杨善华等译,北京:华夏出版社,2000年版。

〔英〕马林诺夫斯基:《西太平洋的航海者》,梁永佳、李绍明译,北京:华夏出版社,2002年版。

马文峰:《试析内容分析法在社科情报学中的应用》,长春:《情报科学》,2000年第4期。

〔美〕马歇尔、罗斯曼:《质性研究:设计与计划撰写》,李政贤译,台北:五南图书出版公司,2006年版。

〔美〕梅雷迪斯·D.高尔等:《教育研究方法导论(第六版)》,许庆豫等译,南京:江苏教育出版社,2002年版。

倪梁康:《现象学及其效应——胡塞尔与当代德国哲学》,北京:生活·读书·新知三联书店,1994年版。

〔美〕诺曼·K.邓津、伊冯娜·S.林肯主编:《定性研究(第3卷):经验资料收集与分析的方法》,风笑天等译,重庆:重庆大学出版社,2007年版。

〔美〕诺曼·K.邓津、伊冯娜·S.林肯主编:《定性研究(第4卷):解释、评估与描述的艺术及定性研究的未来》,风笑天等译,重庆:重庆大学出版社,2007年版。

〔美〕诺曼·K.邓津、伊冯娜·S.林肯主编:《定性研究(第1卷):方法论基础》,风笑天等译,重庆:重庆大学出版社,2007年版。

〔美〕诺曼·K.邓津、伊冯娜·S.林肯主编:《定性研究(第2卷):策略与艺术》,风笑天等译,重庆:重庆大学出版社,2007年版。

潘淑满:《质性研究:理论与应用》,台北:心理出版社,2003年版。

彭兆荣:《民族志视野中"真实性"的多样形态》,北京:《中国社会科学》,2006第2期。

邱均平、邹菲:《国外内容分析法的研究概况及进展》,武汉:《图书情报知识》,2003年6期。

荣维毅:《女性主义与后现代主义的相遇》,北京:《首都师范大学学报(社会科学版)》,

2000年第6期。

阮云星:《民族志与社会科学方法论》,杭州:《浙江社会科学》,2007年第2期。

〔美〕萨林斯:《甜蜜的悲哀》,王铭铭、胡宗泽译,北京:生活·读书·新知三联书店,2000年版。

上海社会科学院哲学研究所外国哲学研究室编:《法兰克福学派论著选辑》,北京:商务印书馆,1998年版。

沈奕斐:《被建构的女性——当代社会性别理论》,上海:上海人民出版社,2005年版。

沈映珊:《关于行动研究的研究》,北京:《中国电化教育》,2000年第9期。

石中英:《行动研究本体论假设的再思考》,北京:《教师教育研究》,2004年第7期。

〔德〕舒茨:《社会实在问题》,霍桂桓、索昕译,北京:华夏出版社,2001年版。

宋虎平:《行动研究》,北京:教育科学出版社,2003年版。

宋林飞:《社会调查研究方法》,上海:上海人民出版社,2002年版。

〔古罗马〕塔西陀:《编年史》,王以铸、崔妙因译,北京:商务印书馆,1981年版。

陶保平、黄河清:《教育调查》,上海:华东师范大学出版社,2005年版。

陶东风:《现代与后现代之间》,济南:山东友谊出版社,2002年版。

王建民:《民族志方法与中国人类学的发展》,昆明:《思想战线》,2005年第5期。

王铭铭:《西方人类学思潮十讲》,桂林:广西师范大学出版社,2005年版。

王铭铭:《远方文化的谜》,兰州:《西北民族研究》,1996年第2期。

王宁、薛晓源主编:《全球化与后殖民批评》,北京:中央编译出版社,1998年版。

王文科:《质的教育研究法》,台北:师大书苑有限公司,1990年版。

〔美〕威廉·维尔斯曼:《教育研究方法导论》,袁振国等译,北京:教育科学出版社,1997年版。

〔德〕韦伯:《内容分析法导论》,林义男等译,高雄:巨流图书公司,1989年版。

〔德〕韦伯:《社会学的基本概念》,顾忠华译,桂林:广西师范大学出版社,2005年版。

文军:《传承与创新:现代性、全球化与社会学理论的变革》,上海:华东师范大学出版社,2004年版。

文军:《论社会学理论范式的危机及其整合》,天津:《天津社会科学》,2004年第6期。

文军:《论社会学研究的三大传统及其张力》,南京:《南京社会科学》2004年第5期。

文军主编:《西方社会学经典命题》,南昌:江西人民出版社,2008年版。

文军主编:《西方社会学理论:经典传统与当代转向》,上海:上海人民出版社,2006年版。

吴文藻:《现代社会实地研究的意义与功用》,北京:《社会研究》,第66期。

吴增基等主编:《现代社会调查方法》,上海:上海人民出版社,1998年版。

夏光:《后结构主义思潮与后现代社会理论》,北京:社会科学文献出版社,2003年版。

夏征农主编:《辞海》,上海:上海辞书出版社,1999年版。

谢地坤:《狄尔泰与现代解释学》,北京:《哲学动态》,2006年第3期。

谢卧龙:《质性研究》,台北:心理出版社,2004 年版。

徐国祥:《统计预测与决策》,上海:上海财经大学出版社,1998 年版。

许艳丽、谭琳:《女性主义方法论:向男女不平等挑战的方法论》,杭州:《浙江学刊》,2000 年第 5 期。

严平:《走向解释学的真理——伽达默尔哲学述评》,北京:东方出版社,1998 年版。

杨国枢等:《社会及行为科学研究法》,台北:东华书局,1989 年版。

杨淑娴:《行动研究之思考》,乌鲁木齐:《新疆教育学院学报》,2004 年第 9 期。

杨小兵等:《社会资本与英国诺丁汉社会行动研究》,武汉:《国外医学·社会医学分册》,2004 年第 4 期。

〔德〕于尔根·哈贝马斯:《后形而上学思想》,曹卫东、付德根译,南京:译林出版社,2001 年版。

于海:《西方社会思想史》,上海:复旦大学出版社,1993 年版。

余娟:《论心理学研究中的内容分析法》,张掖:《河西学院学报》,2006 年第 1 期。

余玉眉、田圣芳、蒋欣欣:《质性研究:田野研究法於护理学之应用》,台北:巨流图书公司,1991 年。

袁方:《社会调查原理与方法》,北京:高等教育出版社,1990 年版。

袁方:《社会研究方法教程》,北京:北京大学出版社,2004 年版。

袁方、谢立中:《社会学的认识论的初步探讨》,北京:《社会学研究》,1993 年第 5 期。

〔美〕约翰·W.克雷斯威尔:《研究设计与写作指导:定性、定量与混合研究的路径》,崔延强译,重庆:重庆大学出版社,2007 年版。

〔英〕约翰·希克斯:《经济史理论》,厉以平译,北京:商务印书馆,1987 年版。

〔美〕约瑟夫·A.马克斯威尔:《质性研究设计:一种互动的取向》,朱光明译,重庆:重庆大学出版社,2007 年版。

张隆栋:《大众传播学总论》,北京:中国人民大学出版社,1993 年。

章启群:《意义的本体论——哲学诠释学》,上海:上海译文出版社,2002 年版。

郑金州:《行动研究:教师教育科研的定位》,北京:《人民教育》,2004 年第 3 期。

郑金洲:《行动研究:一种日益受到关注的研究方法》,上海:《上海高教研究》,1997 年第 1 期。

周晓虹:《西方社会学历史与体系》第一卷,上海:上海人民出版社,2002 年版。

周育国:《实用主义的哲学创新与启示》,长春:《社会科学战线》,2003 年第 5 期。

朱孝远:《史学的意蕴》,北京:中国人民大学出版社,2002 年版。

庄孔韶:《人类学概论》,北京:中国人民大学出版社,2006 年版。

后 记

在整个社会科学的研究体系中,质性研究与量性研究是两种最为基本的研究取向。然而,长期以来,在我们的社会科学研究方法的训练科目之中,过于强调量性研究而忽视质性研究的现象司空见惯,这从我们大学各个专业的方法类课程设计和教学时间安排之中就可以看到——至今我们很少发现有大学能够为自己的本科生开设专门的质性研究课程。可以说,质性研究方法与各种量性研究方法的训练存在着严重的不平衡性。

与源于自然科学模式,强调实证的(empirical)、可量化的(quantifiable),希望能建立普遍法则和一般理论来解释客观行为和现象的量性研究相比,质性研究则源自人文学科的传统,重视整体的(holistic)、质性的(qualitative)资料和信息,并以了解主观意义、解释人类行为与社会生活的丰富内涵为宗旨。质性研究相信社会现象的主观性,主张从行动者的立场,以行动者的生活体验和经验故事来阐述社会现象的性质与意义,强调对资料的诠释和社会现象的"批判与解构"。一般来说,量性研究方法偏重于"客观事实",重视"普遍规则",对于数据的处理着重"解释与预测"。而质性研究方法则倾向于搜集少数人或个案的丰富又详尽的资料,以增进我们对所研究个案和情境的了解。因此,从某种意义上说,质性研究具有强烈的人文关怀和平民意识,它提倡研究者对研究情境的参与,并致力于与研究对象建立良好的互动关系,对研究对象的生活故事和意义建构做出"解释性理解",对事物的复杂性和过程性进行长期深入的考察与体悟。

因此,在我看来,质性研究在某种意义上比量性研究更为重要,也更具有挑战性。量性研究方法具有较强的技术性,一般学会之后不容易忘记,具有一定的可操作性和可重复性。而质性研究则不然,它对研究者本人具有较高的挑战性。同一个研究者,在不同的时间和地点,即使是研究同一个对象,采取了同一种研究方法,也可能会得出完全不同的研究结果。其动态性和复杂性,对研究者个人素质和研究能力都提出了很高的要求。从社会理论的角度来看,质性研究比量性研究似乎具有更强烈的"理论"意味,在每一种质性研究方法中,都蕴含着丰富的社会理论思想,都具有深厚的社会理论基础。也许正因为如此,许多高校觉得难以专门开设出这样一门课程,因为它的教学过程虽然可能饶有趣味,但传授的知识却是比较难以令人熟练掌握的,相对于量性方法而言,质性研究方法的掌握与运用均具有一定难度。

从目前在校大学生、研究生做毕业论文所运用的研究方法来看,越来越多的学生倾向于运用质性研究方法。这一方面是由于量性的研究常常需要较多的投入,比如做问卷调查,样本量太少说明不了问题,样本量太多,学生的经费和时间不允许;另一方面,质性研究能够充分展示学生的个性特征和情感偏好,不必受制于量性研究中过多的价值中立性影响,而且运用起来相对比较自由。为提高学生质性研究能力,我们在华东师范大学精品教材基金的资助下,根据近几年来我校开设"质性研究"课程的经验,调动社会学、社会工作、政治学、公共管理、教育学、心理学等多学科的师资力量,共同撰写了本教材。

因此,本教材是一个跨学科联盟的结晶。参与本教材编写的教师绝大多数都是拥有社会科学博士学位的青年教师,他们具有较高的研究能力和良好的方法基础。前后写作历时三年,经多次研讨才得以最终完成。本书由文军教授和蒋逸民副教授共同策划和拟定写作提纲,并由文军教授牵头成功申报为2007年度华东师范大学精品教材建设项目。本书的具体分工为:马菱、蒋逸民撰写第一章;文军撰写第二章;赵鑫撰写第三章和第七章;耿文、蒋逸民撰写第四章;韩春雨撰写第五章;周勤、张文明撰写第六章;刘拥华撰写第八章;徐连明撰写第九章;宋锦洲、李勇撰写第十章;李俊撰写第十一章;范志海撰写第十二章。书稿完成以后,由文军和蒋逸民分别进行统稿,并对其中部分章节内容进行了较大的修改。黄锐、陈彧和桂家友等同学对书稿进行了逐一校对。全部书稿最后由文军修改和定稿。在本书写作过程中,得到了北京大学出版社编辑诸葛蔚东老师自始至终的关心,在此,我代表全体编撰人员对诸葛先生的辛勤付出表示衷心的感谢。同时,也感谢华东师范大学教务处和社会学系领导的支持,如果没有入选学校精品教材建设行列,或许,我们的压力和动力会远远不足以在三年之内完成这项富有开拓性意义的教学工作。愿质性研究方法在中国人文社会科学界应用的更广泛,前景更美好!

文 军
2009年6月8日于
华东师范大学闵行校区法商楼